独立以来的巴基斯坦经济发展研究

(1947—2014)

殷永林◎著

中国社会科学出版社

图书在版编目（CIP）数据

独立以来的巴基斯坦经济发展研究：1947~2014 / 殷永林著 . —北京：
中国社会科学出版社，2016.8

ISBN 978 - 7 - 5161 - 7386 - 2

Ⅰ.①独… Ⅱ.①殷… Ⅲ.①经济史—研究—巴基斯坦—1947~2014
Ⅳ.①F135.39

中国版本图书馆 CIP 数据核字（2015）第 313150 号

出 版 人	赵剑英
责任编辑	陈雅慧
责任校对	黎玲玲
责任印制	戴　宽

出　　版	中国社会科学出版社
社　　址	北京鼓楼西大街甲 158 号
邮　　编	100720
网　　址	http://www.csspw.cn
发 行 部	010 - 84083685
门 市 部	010 - 84029450
经　　销	新华书店及其他书店

印刷装订	三河市君旺印务有限公司
版　　次	2016 年 8 月第 1 版
印　　次	2016 年 8 月第 1 次印刷

开　　本	710×1000　1/16
印　　张	27.75
插　　页	2
字　　数	473 千字
定　　价	99.00 元

凡购买中国社会科学出版社图书，如有质量问题请与本社营销中心联系调换
电话:010 - 84083683

目　　录

第 一 章

经济发展的基础和背景

　　影响一个国家经济发展的首要因素是政府的经济发展战略、政策和措施。但是，一个国家的自然资源禀赋情况、经济发展的起始条件、政治发展状况、文化背景等，是该国经济发展的基本条件、基础和背景，在不同程度上影响到该国的经济增长和发展。因此，在分析独立以来巴基斯坦经济发展各方面的情况之前，有必要先说明和分析这些基本条件和背景。

第一节　自然条件

一　位置、地形地貌和气候

　　巴基斯坦于 1947 年 8 月 14 日印度和巴基斯坦分治后独立和建国，全称巴基斯坦伊斯兰共和国，面积 796095 平方公里，目前列世界第 35 位。该国位于南亚次大陆的西北部，东北部与中国接壤，东面与印度为邻，西部及西北部与阿富汗相连，西南部与伊朗交界，南面濒临阿拉伯海。海岸线长 1064 公里。[①] 巴基斯坦是南亚连接西亚、中亚的陆上交通要道，是南亚进入中国的重要通道之一，也是中亚国家出海的捷径，地理位置十分重要。

　　巴基斯坦地形复杂多样。依据地理景观的不同，可以把巴基斯坦全国分为 6 个区域，即北部高山区、西部低山区、俾路支高原、坡托哈尔（Potohar）高地、旁遮普平原和信德平原。山地和高原占全国总面积的 3/5。

---

　　① Ministry of Information, Government of Pakistan, *Know Pakistan*, http://www.infopak. gov. pk/.

印度河冲击平原是世界上最大的冲积平原之一，在巴基斯坦境内的部分分为旁遮普平原（又称上印度河平原）和信德平原（又称下印度河平原）。巴基斯坦境内的印度河平原约占全国面积的1/3，南北延伸长1280公里，东西平均宽约320公里，最宽处长550公里。旁遮普平原面积9万平方公里，平均海拔高度200—300米。信德平原位于旁遮普平原和阿拉伯海之间，面积12.4万平方公里，平均宽约160公里。平原区是巴基斯坦重要的农业区，灌溉系统发达，人口密集。信德平原南部还是巴基斯坦最重要的工商业区，经济较发达。除印度河平原区外，山区、高原区和高地区的不少区域适宜畜牧业，其间的冲积平原、盆地、河谷及缓坡地等也适宜农耕。

北部高山区从东到西有喜马拉雅山、喀喇昆仑山和兴都库什山三大山脉，它们将巴基斯坦与东亚的中国、中亚的塔吉克斯坦、西亚的阿富汗（也有把阿富汗列为南亚国家的）分隔开。这里是世界上高山最集中的地方，亚洲16座最高峰中，7座在巴基斯坦境内，世界上14座超过8000米的高峰中，5座在巴基斯坦境内，世界上50座最高峰中，20座在巴基斯坦境内。因此，这里被认为是世界登山者的乐园。这里也是世界上除南极和北极以外冰川面积最大的地方，冰川面积达13680平方公里，占上印度河流域山区面积的约13%。[①]

西部低山区中有许多山间走廊，它们从古到今都是西亚、中亚进入南亚的交通要道。著名的有开伯尔山口、托奇山口、戈马尔山口、波兰山口，有的还是著名的旅游胜地。

巴基斯坦西部沿海地区为热带季风气候，少部分地区属亚热带气候，多数地区属热带干旱和半干旱气候。可分为四个气温区。一是印度河三角洲地区。这里空气湿度大，4月至6月天气闷热，平均气温29℃，12月至次年3月天空晴朗，阳光明媚，气候宜人，1月平均气温可达20℃。二是印度河平原区。这里是典型的大陆性气候，热季4月至6月气温在25℃以上，5、6月平均最高气温一般可达40℃以上，绝对最高气温达53℃。三是西部俾路支高原地区。这里冬夏之间、白天和黑夜之间温差较大，7月白天气温可达35℃以上，早晨则只有15℃，11月至次年2月早

---

① Ministry of Information, Government of Pakistan, *Know Pakistan*, http://www.infopak.gov.pk/.

晨最低气温在 0℃ 以下。四是北部高山区。这里气温较低，12 月至次年 3 月天气寒冷，1 月平均气温为 2.8℃，最低达零下 7℃，4 月至 6 月气候凉爽，6 月平均气温 21.2℃，最高气温 27℃。[1]

巴基斯坦一年的气候可分四季。12 月至次年 3 月是凉季，湿度低，温差大，阳光充足，平均最低和最高气温分别为 4℃ 和 18℃；4 月到 6 月为热季，天气炎热干旱，湿度小，温度达 40℃ 以上，但沿海地区湿度大，气温在 25℃ 至 35℃ 之间；7 月至 9 月为季风季，西南季风带来大量降雨；10 月到 11 月为后季风季，是最干旱的季节，10 月白天气温在 34℃ 至 37℃ 之间，夜晚凉快，气温约 16℃，11 月最高气温和最低气温下降约 6℃。[2]

总体讲，巴基斯坦降水较少，较为干燥，全国 3/5 的地区年降雨量在 250 毫米以下。俾路支高原和西北山区以冬春雨为主，降雨量自北向南递减，北部为 250—400 毫米，南部为 100—200 毫米，哈兰沙漠仅 50 毫米。北部高山区以春夏雨为主，是全国多雨区，喜马拉雅山脉南麓的雨量在 1270—1600 毫米。东南部平原区以夏雨为主，集中在 4 月至 6 月的西南季风期，占全年降雨量的 60% 至 70%，多暴雨。旁遮普平原山麓地带年降雨量为 350—500 毫米；信德平原为 100—200 毫米；塔尔沙漠地区在 100 毫米以下；沿海地区为 150—250 毫米。另外，北部高山区热季有部分冰雪融水。

二　资源禀赋

1979—1981 年，巴基斯坦的人均可耕地面积为 0.24 公顷。[3] 在巴基斯坦的土地中，耕地面积 1990 年占 26.6%，2007 年占 27.9%；1990 年，森林面积占 3.3%，2005 年占 2.4%。1990—1992 年，人均耕地面积为 0.152 公顷，2005—2007 年为 0.134 公顷（世界平均数分别为 0.228 公顷和 0.217 公顷）。[4] 按照巴政府的统计，2011—2012 年度，在巴有报告的国土面积（area reported，为 5780 万公顷）中，森林面积为 427 万公顷，

---

[1]　杨翠柏、李德昌编著：《当代巴基斯坦》，四川人民出版社 1999 年版，第 10—11 页。

[2]　Ministry of Information, Government of Pakistan, *Know Pakistan*, http: //www.infopak. gov. pk/.

[3]　世界银行：《2000/2001 年世界发展报告》，中国财政经济出版社 2001 年版，第 293 页。

[4]　世界银行：《2010 年世界发展指标》，中国财政经济出版社 2010 年版，第 155—156 页。

不可耕作的面积为 2315 万公顷，可耕废地为 830 万公顷，耕地面积为 2205 万公顷，净播种面积为 1536 万公顷。[①] 在巴基斯坦的国土上，主要农作物为小麦、水稻、玉米、小米、土豆、鹰嘴豆、棉花、甘蔗、油菜籽、烟草等；主要水果有芒果、葡萄、香蕉、梨、苹果、桃子、李子、香木瓜、石榴、柑橘、杏子、樱桃等；主要野生动物有绵羊、山羊、野山羊、羚羊、黄羊、野驴等，鸟类有 100 多种。巴基斯坦专属海洋区内海洋资源较为丰富，据考察，鱼类资源有 400 多种，具有较高经济价值的有 100 余种，捕获量可达到年产 100 万吨。[②] 卡拉奇附近是世界上最好的渔场之一，盛产龙虾、小虾、墨鱼、鳎、石斑鱼等各种各样的水生动物。

巴基斯坦的水力资源较丰富，但主要集中于印度河上游地区，著名的塔贝拉（Tarbela）水电站（装机容量 34.78 亿瓦特）就建在印度河上游。但由于多数地区干旱少雨，巴基斯坦的水资源显得紧缺。由于自然水资源较缺乏，再加上人口高增长率和水资源的低效率利用，巴基斯坦已经成为南亚地区水资源短缺压力最大的国家。巴基斯坦所有的农业、工业和国内生活用水基本依赖印度河水域，居民大部分生活在印度河及其支流附近。随着人口快速增长，巴基斯坦人均可用水量正逐年减少，从 1951 年的每年人均 5000 立方米降低到 2006 年的每年人均 1274 立方米。而据人口统计学家估计，2025 年巴基斯坦的人口将达到 2.21 亿，到那时该国人均可用水量预计将不足 700 立方米，完全进入"水资源奇缺"国家的行列。另外，该国水资源利用率很低，农业灌溉导致土地大量浸水，降低了水的质量和流量，而工业污染和地下水的过度抽取又造成河水的高盐度。[③] 巴基斯坦的矿藏资源较为丰富，正在开采的品种约 58 种。根据巴基斯坦地质勘探中心及专家咨询委员会提供的数据，储量较多的有铬铁矿、铁矿（超过 6 亿吨）、铜矿（约 5 亿吨）、铝矿（铝红土/铝矾土，0.74 亿吨）、铅/锌矿（0.46 亿吨）、煤炭（1850 亿吨）、重晶石（0.3 亿吨）、陶土/瓷土（0.34 亿吨以上）、耐火土（1 亿吨）、石膏和硬石膏（3.5 亿吨）、

---

① Ministry of National Food Security and Research, Government of Pakistan, *Agricultural Statistics of Pakistan 2011 - 12*, Islamabad, 2012, Table 61.

② 中国农业网：《巴基斯坦渔业发展现状及中巴渔业合作》，http://www.zgny.com.cn/ifm/consultation/2004 - 03 - 04/66738. shtml。

③ 刘思伟：《水资源与南亚地区安全》，《南亚研究》2010 年第 2 期。

菱镁矿（0.12 亿吨）、磷酸盐（0.22 亿吨）。此外，还有储量很大的石灰石、砂石、白云石、大理石/纹石、盐矿、硅沙，各种宝石储量也很丰富。金属矿藏主要分布在俾路支和西北部、北部，许多非金属矿藏也分布于这些地区。[①]

巴境内气多油少。油气资源主要分布在北部波特瓦尔（Potwar）盆地、南部印度河盆地和近海大陆架（共约 82.7 万平方公里）。初步估算天然气总储量约为 79848 亿立方米，探明可采储量为 14914 亿立方米，其中已开采 5377 亿立方米。石油总储量约为 270 亿桶，探明储量 8.83 亿桶，其中已开采 5.59 亿桶。[②]

此外，考虑到巴基斯坦有多样的地形地貌和自然奇观，高山、高地、冰川、河流、河谷、山口、平原、海岸、沙滩、沙漠，以及众多的著名历史文化遗址和名胜古迹，巴基斯坦的旅游资源是很不错的。

综上所述，就巴基斯坦的自然资源禀赋而言，虽然谈不上好和优异，无法与海湾产油国、南非、俄罗斯等某一方面或众多方面资源禀赋丰富的国家相比，但也差不到哪儿去，好于世界上许多国家，且不乏亮点，对经济发展有一些有利的方面，制约不太大。较遗憾的是水资源很少，已经探明的石油储量十分有限。水资源对农业生产和环境产生了制约，对人们的生活也产生了不利影响。石油资源不足，导致巴基斯坦需要大量进口石油。从本书后面对外贸易部分及余论部分相关内容可以看出，20 世纪 70 年代以来，石油及石油产品日渐成为巴主要进口商品，吞食了巴大量宝贵的外汇资源，严重影响了巴的对外贸易平衡。

第二节　独立时的经济基础

在英国殖民统治时期，巴基斯坦不是当时英属印度的经济中心，而主要是产粮区和原料供应地，有些地区属于当时印度的边缘地区。因此，印巴分治后，巴基斯坦自然经济居于支配地位，商品经济极不发达，相对于

① 中国驻巴基斯坦大使馆经商处：《巴基斯坦矿产资源情况》，http://pk.mofcom.gov.cn/aarticle/wtojiben/m/200905/20090506216157.html。

② 中国驻巴基斯坦大使馆经商处：《巴基斯坦石油和天然气情况》，http://pk.mofcom.gov.cn/aarticle/wtojiben/m/200905/20090506216174.html。

印度，除农业外，经济基础更薄弱，经济发展水平更低。

一　农业居于支配地位

印巴分治时，巴基斯坦的经济主要以农业为主。1950—1951 年度，在巴按要素价格计算的 2074 亿卢比的国民生产总值中，农业占 59.6%（其中畜牧业占 12%，渔业占 3.5%，林业占 0.3%），采矿业和采石业占 0.1%，制造业占 6.1%（其中小型制造业占 4.4%），建筑业占 0.9%，运输、仓储和通信占 5.1%，批发和零售贸易占 11.9%，银行和保险占 0.3%，房地产业占 5.6%，公共行政管理和国防占 4.4%，其他服务业占 6.0%。[①]

据 1951 年的人口统计，巴基斯坦的人口约为 7300 万（东巴基斯坦即今天的孟加拉国 4193.2 万，西巴即今天的巴基斯坦 3106.1 万），农村人口占 89.6%，城镇人口占 10.4%，劳动力为 2239 万（东巴 1288.6 万，西巴 950.7 万），占总人口的 30.7%。在总劳动力中，75.5% 的从事农业，从事非农业的为 549 万（包括 43.3 万自雇人员）。西巴从事农业的劳动力为 620 万，占 65.1%，东巴从事农业的劳动力为 1070 万，占 83.2%。西巴从事制造业、建筑业和运输业的劳动力占 11.5%，从事贸易和商业的占 6.8%，从事国内和个人服务业的占 4.9%，从事公共行政管理、专业和艺术活动的占 3.5%，从事其他活动的占 7.7%；东巴从事相应活动的劳动力比例分别占 6.6%、3.9%、1.5%、2.0% 和 0.8%。[②]

印巴分治后，巴基斯坦分得原英印殖民地领土面积的 1/4，人口的 1/5，耕地面积的 21.6%（即 4730 万英亩。其中，2200 万英亩为有灌溉设施、可灌溉的，占 32%。而且，东巴基斯坦的耕地由于处于三角洲地区，河系众多，雨量大，几乎不需要灌溉设施）。分治后的巴基斯坦有粮食剩余，每年可出口 50 万—70 万吨，棉花产量占英印殖民地时期的 40%，黄麻产量占 80%。与印度相比，分治后的巴基斯坦在农业生产条件方面有一定优势。

[①] B. M. Bhatia, *Pakistan's Economic Development 1948 - 88*, Konark Publishers PVT. LTD., New Delhi, 1989, p. 44.

[②] Ibid., pp. 45, 38 - 40.

二　工业十分落后

在分治前的原英印殖民地，共有 14677 家工业企业。巴基斯坦独立后，分得 1414 家，占 9.6%；分得的产业工人为 20 万，占 6.3%，巴只分得工业企业的约 10%，产业工人的约 1/16。巴基斯坦分得的企业还具有季节性特征，黄麻加工厂、碾米厂和轧棉厂都是如此。分治后印度有 6 种工业雇佣的工人在 10 万人以上，另外 6 种为 5—10 万，巴基斯坦没有这么大规模的工业。在雇佣工人 1—5 万的工业中，巴基斯坦有 6 种，印度有 32 种；在雇佣工人 5000 至 1 万的工业中，巴有 1 种，印度有 8 种；在雇佣工人低于 500 人的工业中，巴有 23 种，印度有 4 种。当时巴基斯坦还没有钢铁、机械等基础工业。1947—1948 年度，印度有注册合股公司 22674 家，已缴资本额为 569.5 亿卢比，巴基斯坦有 2889 家（其中东巴 1352 家，西巴 1537 家），已缴资本额为 15.96 亿卢比，相当于印度的 2.8%。[1] 印巴分治后，巴有 16 家棉纺厂，11 家制糖厂，5 家水泥厂，3 家皮革厂，7 家火柴厂。东巴有 291 家工厂，雇佣工人 45284 人；西巴有 967 家工厂，雇佣工人 14.153 万人。[2] 这些数据和情况以及表 1—1 中的数据说明，巴基斯坦独立初的工业非常落后，表现是种类少，规模小，在国民经济中占的比例很低，远远落后于印度。

而且，印巴分治打乱了两国原有的经济联系，当时巴基斯坦的工业企业对印度的依赖很强。东巴是黄麻的主要产区，但它生产的黄麻的 80% 要出售到印度境内加尔各答附近的胡格利（Hoogly）去加工。西巴生产大量的棉花，占英属印度棉花产量的 40%。在印巴分治前，英属印度共有 394 家棉纺厂，其中 380 家位于分治的印度境内，14 家位于分治后的巴基斯坦境内，占 3.6%。因此，巴生产的棉花也要大量出售到印度去加工、纺织。此外，西巴生产的羊毛、矿物油、石膏，东巴生产的用于造纸的竹浆、烟草、动物皮革等，要出售到印度的不同地区加工和使用。巴基斯坦的电力主要由印度供给。[3]

---

① B. M. Bhatia, *Pakistan's Economic Development 1948 – 88*, Konark Publishers PVT. LTD. , New Delhi, 1989, pp. 27 – 30.

② Ibid. , p. 45.

③ Ibid. , pp. 31 – 32.

三　经济水平低，经济结构落后

据巴基斯坦政府 1959 年 6 月出版的《经济调查》，1949—1950 年度，巴基斯坦的国民总收入为 172.38 亿卢比，其中农业为 104.62 亿卢比，工矿业为 12.14 亿卢比，贸易等为 55.62 亿卢比，分别占 60.69%、7.04%、32.3%。1948 年工业产值占国民收入的 5.8%。巴基斯坦当时缺乏经济社会基础设施，无对外贸易、无货币体系，交通设施紧缺。[①] 1947年 8 月，巴仅有铁路 4999 公里。[②] 到 1955—1956 年度，公路里程也只达到 62244 公里。其中，高等级公路 15048 公里，低等级公路 47196 公里。公路交通车辆有 7.5 万辆。[③] 在当时巴基斯坦居于主导地位的农业部门，虽然已经产生资本主义性质的农业经营，但以落后、过时的封建土地制度为主，租佃制盛行，地主阶级力量强大，生产率低下。到 1950—1955 年间，巴基斯坦拥有 5 英亩及以下土地的农户占农户总数的 64.4%，他们占有耕地面积的 15.3%；拥有 5—25 英亩土地的农户占农户总数的28.7%，他们占有耕地面积的 31.7%；拥有 25—100 英亩土地的农户占农户总数的 5.7%，他们占有耕地面积的 21.8%；拥有 100—500 英亩土地的农户占农户总数的 1.1%，他们占有耕地面积的 15.8%；拥有 500 英亩及以上土地的农户占农户总数的 0.1%，他们占有耕地面积的 15.4%。[④]对此，本书的农业经济一章将作深入分析。从表 1—1 中还可以看出，当时巴基斯坦除工业水平低外，服务业中也没有先进的、高级的行业，金融业几乎为零。因此，独立初巴基斯坦先进的资本主义经济力量还很弱小，商品经济极不发达，处于自然经济、封建经济包围中，市场经济要素仅有一定的、不统一的商品市场存在，资本市场、劳动力市场微弱，技术市场缺乏，市场经济力量无力发挥有效调节作用。巴基斯坦独立初经济发展水平和经济结构的进一步情况可参看表 1—1 和表 1—2。

独立初巴基斯坦的人力资源开发程度很低，人口素质较低，主要表现是教育、医疗卫生事业落后，人口识字率很低。1951 年，巴国民的识字

---

① 铎生:《巴基斯坦的政治和经济》，世界知识出版社 1960 年版，第 55、24 页。

② K. Amjad Saeed, *The Economy of Pakistan*, Oxford University Press, Karachi, 2007, p. 164.

③ Robert E. Looney, *The Pakistani Economy*, Praeger Publishers, Westport, 1997, p. 137.

④ S. Akbar Zaidi, *Issues in Pakistan's Economy*, Oxford University Press, Karachi, 2000, p. 35.

率仅 13.2%，其中男性为 17.0%，女性为 8.6%；[1] 1947 年，巴仅有 292 家医院，1954 年的注册医生数为 99 人。[2]

表 1—1　　　　　1949—1950 年度巴基斯坦净国民生产总值结构 *

类别	项目	比重（%）	类别	项目	比重（%）
一	农业	59.6	四	建筑业	0.9
	主要作物	34.3	五	电、气、水和卫生服务	0.1
	非主要作物	9.5	六	交通、仓储和通信	5.1
	畜牧业	12.0	七	批发和零售商业	11.9
	渔业	3.5	八	银行和保险	0.3
	林业	0.3	九	房产	5.6
二	采矿、采石业	0.1	十	行政管理和国防	4.4
三	制造业	6.1	十一	服务业	6.0
	大型制造业	1.7		净国民生产总值	100.0
	小型制造业	4.4			

注：* 按 1959—1960 年度不变要素成本价格计算。

资料来源：巴基斯坦政府：《1949 年经济调查》，第 34 页。转引自 B. M. Bhatia, *Pakistan's Economic Development 1948 – 88*, Konark Publishers PVT. LTD. , New Delhi, 1989, p. 44。

表 1—2　　　　　1951 年巴基斯坦的民用劳动力分布情况　　　　　单位：千人

地区	人口	劳动力	劳动力百分比（%）	农业部门劳动力	农业劳动力百分比（%）	非农业部门劳动力	自雇人员	依附人口
东巴	41932	12886	30.7	10715	83.2	2171	128	28918
西巴	31061	9507	30.6	6188	65.1	3319	305	21249
全巴基斯坦	72993	22393	30.7	16903	75.5	5490	433	50167

资料来源：B. M. Bhatia, *Pakistan's Economic Development 1948 – 88*, Konark Publishers PVT. LTD. , New Delhi, 1989, p. 39.

据联合国的研究，1949 年，巴基斯坦的人均收入为 51 美元，在列入

---

[1]　S. Akbar Zaidi, *Issues in Pakistan's Economy*, Oxford University Press, Karachi, 2000, p. 356.

[2]　K. Amjad Saeed, *The Economy of Pakistan*, Oxford University Press, Karachi, 2007, p. 143.

统计的 70 个国家中排名第 57 位，当年印度为 57 美元，阿富汗为 50 美元，斯里兰卡为 67 美元，中国为 27 美元，美国为 1453 美元，巴是世界上最贫穷的国家之一。[①] 根据另外一份统计数据，1949—1950 年度，巴基斯坦的人均收入为 311 卢比。[②]

第三节　政治发展

独立后的巴基斯坦由两大部分组成，即位于东部的殖民地时期的东孟加拉省和位于西部的印度河流域等地，分别称为东巴基斯坦和西巴基斯坦，简称东巴和西巴，被印度分隔开，相距 1600 公里。1972 年 1 月 12 日孟加拉国正式脱离巴基斯坦，单独建国。此后的巴基斯坦由原来的西巴基斯坦构成，分为旁遮普省、信德省、西北边境省（也称西北边省）、俾路支省、联邦直辖区（也译为联邦部落直辖区）、首都区和巴基斯坦控制的克什米尔地区。2010 年 3 月 31 日，巴基斯坦宪法修改委员会签署了宪法"第 18 修正案"，将该国"西北边境省"正式更名为"开伯尔—普什图省"（Khyber Pakhtunkhwa），也有译为开伯尔—普什图赫瓦省、开伯尔—普赫图赫瓦省等的。政治因素是影响发展中国家经济发展的主要因素之一。独立后巴基斯坦的政治发展，表现为民族国家的构建和整合举步艰难，但民众的国家认同感在孟加拉国独立后有所增强；议会民主制的政治制度建设一波三折，但这种制度日益深入人心；政权更迭频繁，军人长期执政，军队在国家中的影响巨大。这样的政治发展状况，对巴基斯坦的经济发展，产生了明显的影响，文人执政期间政局动荡，经济增长缓慢，军人统治期间因政局稳定等，经济增长更快。

一　民族国家构建和整合艰难进行

巴基斯坦是原英属印度在 1947 年 8 月 14 日实行印巴分治后的产物。巴基斯坦刚独立时，既无中央政府，也无完整的省级政府，更没有自己的军队，有能力和经验的各级政府机构工作人员也很少，急需建立国家管理

---

① B. M. Bhatia, *Pakistan's Economic Development 1948 – 88*, Konark Publishers PVT. LTD., New Delhi, 1989, p. 45.

② Ibid., p. 55.

机构和国家机器，寻找和培育管理人员，还要安置因印巴分治带来的大量难民。从 1947 年 8 月到 1951 年 4 月，因印巴分治产生的两国难民流量高达 1400 万，其中从印度流入巴基斯坦的穆斯林约 800 万，从巴基斯坦流入印度的印度教教徒和锡克教教徒约 600 万。[①] 因分治造成的交通和水利设施破坏也急需恢复。因此，经济建设不可能成为巴基斯坦独立初的首要任务。

印巴分治的主要原则是宗教信仰，巴基斯坦是 20 世纪世界上唯一一个按照宗教信仰组建的国家。在历史上，组成印巴分治后的巴基斯坦的几个地区，要么分属不同的国家统治，要么被一个强大的王朝统治，从来不曾是一个单独的国家，在英国殖民统治期间才被全部纳入英属印度。主要民族旁遮普族、孟加拉人、信德人与普什图人、俾路支人和其他人数更少的民族、族群和部落的发展差别、利益分歧较大，文化背景也不一样，相互缺乏信任，因而人民的国家认同感是较弱的。这样，正如有的学者所言，巴基斯坦从建国始，就一直被民族国家认同和国家分裂倾向困扰着，[②] 面临着繁重的民族国家构建任务。

由于巴基斯坦政府政策的失误，即在经济方面把更多资源分配给西巴，把东巴作为西巴工业产品的销售市场和原料来源地，剥夺东巴对外贸易顺差获得的外汇，致使东巴经济发展缓慢；政治方面联邦政府主要由西巴人控制，不承认 1970 年大选东巴主要政党人民联盟的胜利，加上地理上组成巴基斯坦的东西两部分被印度领土分隔，相距 1600 公里，历史上东西巴之间没有共同的政治经济发展历程；文化上双方之间差异较大，西巴和东巴民族构成不同，独立后东西巴人民之间缺乏有效交流，巴基斯坦在民族国家构建的过程中矛盾丛生，有过重大失败，这就是 1972 年 1 月 12 日孟加拉国正式从巴基斯坦中分离出，单独建国。

孟加拉国独立出去以后，巴基斯坦的民族国家构建依然面临着一些困难。主要是如何平衡地区之间、民族之间的利益，尤其是如何照顾人口较少民族和族群的利益。孟加拉国独立后，旁遮普族成为巴人口最多的民族，他们不论是在中央政府中，还是在军队中都占有优势，人口较少的俾路支族、帕坦族甚至信德族，更不用说人数更少的民族和部落，认为在国

---

① 李德昌：《巴基斯坦经济发展》，四川大学出版社 1992 年版，第 33 页。

② William B. Milam, *Bangladesh and Pakistan*, Columbia University Press, 2011, p. 76.

家发展中自身利益受到损害,所以他们开展过不同的不满、抗议、抵制活动和运动,甚至出现过分离主义倾向。时至今日,巴基斯坦国内的利益集团往往只代表本地或本省,家族和个人的私利以及地位超过了公共利益和公民意识。① 有的研究甚至认为,巴部落地区的部族认同深深扎根于部落人员思想中,严重影响着巴国家认同的重构。巴国内民众尤其是部落人员的国家认同观念没有强化甚至还有弱化的趋势,近年来表现得尤其突出。② 在开伯尔—普什图省、俾路支省、联邦部落直辖区,特别是部落直辖区,恐怖主义势力、分离主义势力、宗教极端主义势力,甚至塔利班势力长期存在,破坏了巴基斯坦的稳定,对巴基斯坦联邦中央权威构成挑战。③ 巴基斯坦在国家构建和整合过程中碰到的种种问题,影响到了国内各民族及族群的团结,难于达成全国发展共识,造成政局不稳,带来了矛盾冲突、恐怖活动甚至局部战争,从而影响了经济发展。

尽管民族国家构建困难重重,但是,应该承认,经过几十年的努力,巴基斯坦国民在国家认同方面还是取得了一定进展,越来越多的国民对国家的认同感增强。在孟加拉国分离后,巴基斯坦一直保持着国内的统一,目前分离主义势力在主要民族中已经不太大。

二　文人政府治国不力,军人长期执政

由于殖民地时期受到民主政治制度的影响以及主要领导人真纳等精英阶层的坚持,巴基斯坦在建国初,建立了近似议会民主制的政治制度。但是,在真纳等主要领导人去世后,由于国内矛盾突出,统治精英内部不和,文人政府处理不力,经济发展缓慢,人民群众不满,国内混乱动荡。从1947年8月14日独立到1958年10月军人接管政权的11年中,巴基斯坦五易总督,七易总理。④ 1958年10月7日,巴基斯坦军人接管国家政权,实行军法管制,随后建立了由陆军总司令阿尤布·汗领导的军人政府,1962年实行总统制。阿尤布·汗统治时期,政局稳定,巴基斯坦的经济增长较快,但却留下了经济结构不合理、地区发展严重不平衡,收入

---

① 杨翠柏主编:《南亚政治发展与宪政研究》,巴蜀书社2010年版,第386—387页。
② 王胜:《巴基斯坦部落区部族认同与国家认同关系探析》,孙红旗主编《巴基斯坦研究》(第一辑),中国社会科学出版社2012年版,第127页。
③ 杨翠柏主编:《南亚政治发展与宪政研究》,巴蜀书社2010年版,第374页。
④ 杨翠柏、李德昌编著:《当代巴基斯坦》,四川人民出版社1999年版,第113页。

严重不均，各方面的利益难于平衡，相当一部分政治势力反对军人执政等问题。因此，阿尤布·汗的统治在后期遭到了各方面的反对，致使阿尤布·汗辞职，第一轮军人统治在 1969 年 3 月 25 日结束。此后至 1971 年 12 月 30 日，由另外一位陆军司令叶海亚·汗进行军人统治。叶海亚·汗统治期间，迫于各方面的压力，在 1970 年 12 月举行了中断 13 年的大选。在大选中，谢赫·穆吉布·拉赫曼领导的东巴政党人民同盟获得胜利，但由于佐·阿里·布托领导的巴基斯坦人民党等西巴政治势力的压力，叶海亚·汗不但没有让拉赫曼组阁，还以莫须有的"叛国"罪逮捕拉赫曼，激起了东巴人民的独立运动和内战，进而引发第三次印巴战争，促成东巴独立成为孟加拉国。

　　1971 年 12 月 30 日，叶海亚·汗被迫辞去总统职务，巴基斯坦人民党主席佐·阿里·布托接任巴基斯坦总统和军法管制首席执行官后，建立了文人政府，开始对经济发展战略和经济结构进行调整。但是，布托政府的调整和改革政策多有超越巴基斯坦实际之处，加上国际因素和自然灾害的冲击，这期间巴基斯坦的经济增长缓慢。1977 年 3 月，巴基斯坦再次举行全国选举，巴基斯坦人民党获得全胜，获得国民议会 192 个议席中的155 个。然而，反对党巴基斯坦民族联盟不承认选举结果，指责人民党在选举中舞弊，掀起大规模抗议集会，要求布托辞职，重新举行大选。7 月5 日，在全国局势因为反布托运动面临失控的情况下，巴基斯坦陆军参谋长穆罕默德·齐亚·哈克发动不流血的军事政变，结束了布托 5 年 7 个月的统治。齐亚·哈克的军人统治一直持续到 1988 年 8 月 17 日他因飞机失事去世为止。这期间，哈克在 1985 年 3 月举行选举后，开始向民选政府部分移交权力，但最高权力仍然掌握在他手中。哈克统治时期，把大批在职或退休的高级军官安排到了政府的重要管理职位上，还以修改宪法的方式，确定了军队在国家决策和政治中的地位，规定总统可以解散国民议会，解除总理的职务，扩大了军人在国家政治中的作用。哈克政权还大力推行伊斯兰化运动，过分依赖内外举债发展经济，没能对经济结构进行必要的调整。有的学者甚至认为，哈克政权的统治，对巴基斯坦政治经济社会发展的影响基本都是负面的，且对巴基斯坦此后的发展产生了不利影响。[1]

① William B. Milam, Bangladesh and Pakistan, Columbia University Press, 2011, pp. 93 - 94.

1988 年 11 月联邦国民议会选举后，佐·布托的女儿贝·布托领导的巴基斯坦人民党获得的席位数最多。在向军队首脑承诺不干预军队事务，继续执行看守政府与国际货币基金组织和世界银行达成的协议，执行经济调整政策，对外政策不做原则性调整的前提下，[①] 人民党上台执政，巴基斯坦又进入文人政府执政时期。此后至 1999 年 10 月，由贝·布托领导的人民党和纳瓦兹·谢里夫领导的穆斯林联盟轮流执政。但受哈克时期确定的政治制度及军人势力的影响，加上经济改革困难，民选政府软弱，政府更迭频繁，平均每届政府的任期不满 3 年。这期间，军队仍控制着国家政治的重要领域。每一届文官政府都有军事统治的痕迹并受到军队的干预。每一届文官政府都是在执政结束之前就被军队解散了。[②] 1999 年 10 月，巴基斯坦陆军参谋长穆沙拉夫颠覆谢里夫政府，接管政权，再次开始实行军人执政，直到 2008 年 2 月，才又由文职政府执政。

由于军队在国家政治中地位重要，军人长期执政，1977 年以前巴基斯坦的军费开支也就为数巨大，挤占了经济发展的资金。1947 年至 1959 年，国防费用占巴基斯坦联邦政府经常性支出的 51.32%—73.06%，占国内生产总值的 4.43%—6.26%。其中，1948—1949 年度占联邦政府经常性支出的 71.32%，1949—1950 年度占 73.06%，最低的 1950—1951 年度占 51.32%。[③] 20 世纪 60 年代，国防支出进一步增加，占国内生产总值的 4.66%—9.86%，占联邦政府经常性支出的 46.16%—74.21%，1965—1966 年度曾占国内生产总值的 9.86%，1966—1967 年度占联邦政府经常性支出的 74.21%。20 世纪 60 年代末以来到 1993—1994 年度，国防费用占国内生产总值的比例依然较高，但占联邦政府经常性支出的比例在降低。这期间，国防费用占国内生产总值的比例为 5.10%—8.56%，但占联邦政府经常性支出的比例自 1975—1976 年度后已经降到 40% 以下。[④]

不过，尽管在巴基斯坦独立后至今近 67 年中，呈现文人和军人轮番

---

① 杨翠柏主编:《南亚政治发展与宪政研究》，巴蜀书社 2010 年版，第 248 页。

② 危机集团亚洲报告:《巴基斯坦：向民主转型?》，转引自杨翠柏主编《南亚政治发展与宪政研究》，巴蜀书社 2010 年版，第 254 页。

③ Hasan Askari Rizvi, *The Military & Politics In Pakistan 1947–77*, Sang-E-Meel Publications, Lahore, 2000, p. 57.

④ 杨翠柏、李德昌编著:《当代巴基斯坦》，四川人民出版社 1999 年版，第 338—351 页。

执政的局面，四次军人执政时间前后加起来长达约 33 年，但军人统治期间始终面临不同程度的要求恢复议会民主制的呼声和压力，军人执政一段时间后，迫于各方面的压力，巴基斯坦又重归民选政府执政。而且，1999 年 10 月至 2008 年 2 月虽然由穆沙拉夫将军领导的军人政权执政，但他的"政权依靠军人集团和国会多数党双重支持，军人集团的政治参与方式更加间接。穆沙拉夫的巴基斯坦军政权体制更近于威权加民主的混合政体而不是经典的军人独裁政权。"① 尽管步履蹒跚，文人政府身后站着军人，但在 1988—1999 年，巴基斯坦还是坚持了约 11 年的不断大选和文人执政，2008 年以来也是文人执政。2008 年上台的巴基斯坦人民党联合政府成为巴独立后首个任期满的文人政府，2013 年 5 月顺利举行了新一届大选。事实表明，巴基斯坦民众对议会民主制的政治制度还是比较认同的，军人政权日益不受认可，军人政权自身信心日益不足，议会民主制的政治制度日益深入人心，民主政治制度的建设在巴基斯坦取得了进展。

巴基斯坦在阿里·真纳去世后缺乏杰出领导人，管理国家的文职行政人员不足，军队组织的特点及其在巴的地位、政治制度不完善等，是造成军人在巴反复执政、长期执政，政权在文职人员和军人间交替掌控的原因。对于这些原因，本书余论部分将作深入分析，为避免重复，在此不再多言。

三　外交政策的一些方面

巴基斯坦与印度长期敌对，且实力明显弱于印度，深感生存危机，迫使巴基斯坦政府在相当长的时间内奉行对外结盟政策，争取大国支持。1954 年 5 月，巴基斯坦与美国签订《美巴共同防御协定》，同年 9 月加入东南亚条约组织，1955 年 9 月加入巴格达条约组织，1959 年 3 月，又与美国签订《双边合作协定》。而巴基斯坦重要的地理位置，也使得巴基斯坦在冷战期间尤其是苏联 1979 年入侵阿富汗后成为美国为首的西方阵营积极支持的对象，世界上其他一些机构和国家也以不同形式给予了巴基斯坦支持。因此，外援在独立后的巴基斯坦经济发展过程中，发挥了巨大作用，巴基斯坦对外援的依赖也一直很大。为向巴基斯坦提供援助，美国、英国、挪威、荷兰、日本、意大利、德国、法国、加拿大、比利时 10 国

---

① 陈峰君主编：《世界现代化历程·南亚卷》，江苏人民出版社 2012 年版，第 405 页。

和亚洲开发银行、国际复兴开发银行、国际开发协会、国际金融公司和国际农业发展基金组成了援巴财团。此外，海湾国家、苏联、中国、澳大利亚、罗马尼亚等也向巴基斯坦提供了大量援助。20世纪50年代，巴基斯坦平均每年获得的外援为1.57亿美元，60年代上升到5.85亿美元，70年代再升至10亿美元，80年代高达20亿美元。到1991年6月底，外国答应给巴的经援累计已经达到430亿美元。[①] 在2001年发生的"9·11"事件后，美国将阿富汗的基地组织和恐怖势力作为主要打击对象，巴基斯坦政府积极支持美国的反恐政策，成为美国反对恐怖主义的前线国家，因而获得大笔的美国援助，仅2001—2002年度，巴就得到了美国7亿多美元的赠款，[②] 巴的外债偿还日期得到重新安排，为巴基斯坦的经济注入了活力，巴经济重新恢复较快增长势头。

巴基斯坦建国初期，奉行不结盟政策，积极发展与世界上伊斯兰国家的关系。后来，由于实行结盟政策，与伊斯兰国家的关系受到影响。自佐·布托政府开始，巴基斯坦利用自己的伊斯兰国家身份，积极开展与中东伊斯兰国家及其他伊斯兰国家的政治和经贸关系，获得了它们的各种支持，输出了大批劳动力和商品，对巴的经济发展产生了积极作用。

巴基斯坦获得外援和发展对外贸易的具体情况，本书相关章节将做深入叙述和分析。

第四节　宗教影响

文化背景也是影响一个国家经济发展的重要因素。巴基斯坦是20世纪世界上唯一一个按照宗教信仰组建的国家，绝大多数人口信仰伊斯兰教，伊斯兰教文化对巴基斯坦的发展影响巨大而深远。1956年通过的巴基斯坦第一部宪法，就已经确立国家和宪法的伊斯兰性质，1973年的宪法宣布伊斯兰教为国教，齐亚·哈克执政期间开展了一系列伊斯兰化运动。有学者指出："是伊斯兰教，而不是地理或印度河流域文化的多元性

---

①　杨翠柏、李德昌编著：《当代巴基斯坦》，四川人民出版社1999年版，第252页。

②　Economist Intelligence Unit, *Country Profile*, *2007*, *Pakistan*, London, 2007, p. 35.

精神，一直在塑造着巴基斯坦人的感性认识和生活方式"。[①]

一　巴基斯坦国民信仰不同宗教的情况

关于信仰不同宗教的巴基斯坦国民人数，笔者没有看到巴官方公布的确切数据，能够查阅到的相关数据，来源不一，存在一定差异。鉴于要获得巴国民宗教信仰的准确数据难度很大，笔者在这里引用维基百科有一定弹性的数据。

根据维基百科网站公布的数据，在目前巴基斯坦约 1.87 亿人口中，信仰伊斯兰教的占 95%—98%，信仰其他宗教的占 2%—5%。在信仰伊斯兰教的人口中，85%—90% 的是逊尼派，以尊奉哈乃斐（Hanafi）学派教法为主；10%—15% 的是什叶派，以尊奉伊特纳阿萨瑞亚（Ithnā 'Ashariyyah）学派教法为主；2.2% 的是艾哈迈迪亚派（Ahmadiyya）。但是，巴基斯坦政府不承认艾哈迈迪亚派是伊斯兰教派，1974 年 2 月巴国民议会还通过决议，正式取缔艾哈迈迪亚派，将其列入非法组织。信仰其他宗教的人口情况是：信仰印度教的约占 1.85%，330 万人；信仰基督教的约占 1.6%，280 万人；信仰巴哈伊教（Bahá'ís）的有 4 万—7.9 万人；信仰锡克教的有 2 万人；信仰琐罗亚斯德教的有 1600—20000 人；信仰卡拉什教（Kalash）的有 3000 人。[②] 可见，信仰伊斯兰教的人口在巴基斯坦占有绝对优势地位。

二　伊斯兰教对巴基斯坦经济发展的影响

首先，伊斯兰教宗教政党、宗教组织和宗教势力通过不同方式影响政府决策和政治稳定，从而影响巴基斯坦各方面的发展包括经济发展。巴基斯坦国父真纳是巴最有权威和影响力的人物，但他也不得不多少迁就和利用伊斯兰教势力。巴基斯坦建国后先后通过的几部宪法，都在不同程度上受到伊斯兰教的影响。阿尤布·汗军人执政期间，曾试图推进巴基斯坦的世俗化，1961 年颁布伊斯兰家庭法和家庭发展计划，但遭到了穆斯林促进会等宗教政党和势力的反对和抵制。1962 年宪法曾取消巴国名中的

---

① ［巴］伊夫提哈尔·H. 马里克：《巴基斯坦史》，张文涛译，中国出版集团 2010 年版，第 18 页。

② Wikipedia, *Religion in Pakistan*, http：//en. wikipedia. org/wiki/Religion_ in_ Pakistan.

"伊斯兰"一词，并删除了有关法律必须与《古兰经》和《逊奈》保持一致的条文。但是，由于乌里玛和穆斯林公众的压力，1963 年巴政府被迫对 1962 年宪法作出修改，又在国名中加入"伊斯兰"一词，并正式授权伊斯兰意识形态委员会研究使现存法律与《古兰经》和《逊奈》保持一致的问题。[①] 宗教政党和势力对促使阿尤布·汗下台发挥了重要作用。佐·布托执政期间通过的宪法，比此前通过的两部宪法包括了更多的伊斯兰条文，他还在巴基斯坦开展过温和的伊斯兰化运动。齐亚·哈克执政期间，为巩固自己的统治，一度借助伊斯兰促进会等宗教政党和势力，还开展了广泛的伊斯兰化运动，推进巴基斯坦法律、政治制度、经济制度和教育制度的伊斯兰化。穆沙拉夫执政期间，试图建设"温和伊斯兰国家"，努力缓和与印度的关系，积极支持美国的反恐战争，对传统宗教文化尤其是教育和妇女问题进行改造，但这些符合巴基斯坦长远利益的开明政策，却不被本国强大的宗教势力接受，并引起政府与宗教力量频繁冲突。[②] 今天，巴基斯坦以宗教为背景的政党和组织为数众多，诸如巴基斯坦穆斯林联盟（谢里夫派）、伊斯兰促进会、穆斯林联盟（领袖派）、穆斯林联盟（机能团结派）、穆斯林联盟（志同道合派）、伊斯兰大会党、伊斯兰神学者协会、巴基斯坦伊斯兰神学者协会、巴基斯坦加法里运动等。

其次，教派冲突和斗争，宗教极端主义和恐怖活动，引发国内动荡和国内安全问题，直接或间接影响经济发展。早在 1953 年，巴基斯坦旁遮普省就发生过反对艾哈迈迪亚派的骚乱，造成不少人员死伤和财产损失。在政党内部包括宗教政党内部，不同教派的矛盾和斗争，导致政党内部不团结，难于达成党内共识，力量削弱，政党不断分裂甚至瓦解。主要是从 20 世纪 80 年代以来，巴基斯坦国内的伊斯兰宗教极端主义活动日益扩大，一些极端组织还坚持开展圣战运动，宗教极端分子不断制造恐怖活动，导致巴基斯坦的国内安全形势恶化。穆沙拉夫将军执政期间，宗教极端势力几次对他实施暗杀，只是没有获得成功。巴基斯坦人民党领袖贝·布托则在 2007 年 12 月 27 日参加竞选集会时被刺杀。"新美国基金会"（New American Foundation）调查巴国境内恐怖事件，结果发现：2008 年 33 次（死亡 274 至 314 人），2009 年 53 次（死亡 369 至 725 人），2010

---

① 杨翠柏、李德昌编著：《当代巴基斯坦》，四川人民出版社 1999 年版，第 262 页。

② 陈峰君主编：《世界现代化历程·南亚卷》，江苏人民出版社 2012 年版，第 394 页。

年 118 次（死亡 607 至 993 人），2011 年 70 次（死亡 378 至 536 人），2012 年 26 次（死亡 144 至 176 人）。① 近些年来，巴基斯坦塔利班及其盟友一直在巴境内开展各种形式的恐怖活动，其他恐怖组织和势力也在制造恐怖活动。在巴塔及其盟友发动的恐怖活动及巴政府的清剿活动中，2011 年，巴军警死亡 417 人，平民死亡 777 人；2012 年，军警死亡 228 人，平民死亡 472 人。在联邦部落直辖区，巴塔、哈卡尼网络等反政府武装组织持续不断通过路边炸弹、自杀式炸弹袭击、定点暗杀、伏击等方式发动针对巴政府军、边境警察、部落民兵的袭击。同时，以库拉姆地区为代表的什叶派和逊尼派之间的宗教冲突连年不断，造成大量人员伤亡。②

另外，一些伊斯兰经济观念和制度直接影响巴基斯坦经济的发展。在齐亚·哈克执政期间，开展经济制度伊斯兰化。1980 年 6 月，巴基斯坦正式征收天课和什一税。1983 年，政府对部分农产品征收什一税，税率占产量的 5%。设立天课基金，中央天课基金会统一管理全国各地的天课基金。地方天课基金会由 8 名成员组成，其中 7 名由当地穆斯林选举产生。1979 年 7 月，在三个国家投资机构中，免除利息。向渔民和农民提供无息贷款。1981 年 1 月，在国有银行中开设无息存款账户。从 1985 年 4 月开始，在银行强制实行伊斯兰法。③ 此后，从本书后面金融部分可见，巴基斯坦的伊斯兰金融业不断获得发展，今天已经具有一定规模和影响。

还有，借助伊斯兰国家身份，主要是在佐·布托政府执政以后，巴基斯坦政府积极发展与伊斯兰国家的关系尤其是经贸关系，巴从中东伊斯兰国家获得了大量援助，开展了广泛的经贸活动，向中东伊斯兰国家大量输出劳动力，获得了巨额的侨汇收入，对巴的经济发展产生了很大的积极作用。对此，本书后面的有关章节将做深入分析。

再有，伊斯兰教的一些婚姻观念和生育观念，例如主张早婚多育以及一夫多妻观念的残留，使巴基斯坦成为二战后人口增长最快速的国家之一，对巴的经济政治社会等产生了广泛而深远的影响，今天巴已是世界第六人口大国。

---

① 黄绮淑：《政治十字路口的巴基斯坦发展的喜与忧》，[新加坡]《联合早报》2012 年 9 月 3 日。

② 陈继东、晏世经等：《巴基斯坦报告（2012）》，云南大学出版社 2013 年版，第 61、76 页。

③ 杨翠柏：《伊斯兰教与巴基斯坦的政治发展》，《南亚研究季刊》1996 年第 4 期。

　　最后，伊斯兰教文化观念中的一些落后观念，巴基斯坦穆斯林大众对西方文明的一些保守看法，尤其是伊斯兰宗教极端分子对现代化的保守观念进而对现代化的抵制，在不同程度上直接或间接影响了巴的经济发展。穆斯林的一些饮食禁忌和习惯，则影响到一些养殖业、食品加工业和服务业在巴的存在和发展。

第 二 章

独立以来的经济发展概况

独立以来，经过巴基斯坦历届政府和全国的努力，巴的经济获得了显著发展，经济增长速度一度处于发展中国家的前列，总体处于中上水平，第一、二、三产业都有不同程度的发展，经济结构发生巨大变化，由以农业为主转变为以服务业为主，人民生活水平大幅度提高。但是，巴的经济发展还面临不少问题。

第一节 经济发展的历程

根据不同时期巴基斯坦政府实行的经济发展政策和措施，结合政府政权的性质及特点，我们把巴基斯坦立国后的经济发展大致分为五个时期。

一 试行议会民主制阶段（1947.8—1958.10）

1947 年 8 月 14 日，巴基斯坦宣布独立，新国家在政治上实行西方的议会民主制，在经济上建立混合经济体制。这个时期，巴基斯坦国内政局动荡，中央政府和省政府不稳。从独立到 1958 年 10 月的 11 年中，巴五易总督，七易总理。1947—1955 年，旁遮普省和西北边省六易省督，信德省七易首席部长。中央政府解散的东、西巴省政府近 10 个。[①] 当时巴基斯坦的经济发展不能不受到政局动荡的影响。

在安置因印巴分治产生的大量难民，恢复因之破坏的交通、通信和水利设施，建立行政机构和国家机器，建立国内经济体系的同时，巴基斯坦政府发展经济的主要战略和措施是，主要依靠私人投资和国际援助，也欢

---

① 杨翠柏、李德昌编著：《当代巴基斯坦》，四川人民出版社 1999 年版，第 113 页。

迎外国投资，实施进口替代，严厉保护国内市场，实行高关税，将本国货币币值高估，通过压低农产品价格从农业部门获得部分工业化所需资金，重点发展大型轻工业企业，大力推进工业化。这种战略、政策及其措施有利于消费品工业快速发展，但缺点是没有优先利用巴基斯坦劳动力丰富以及农业条件较好的比较优势，农业生产缓慢问题日益严重，使巴基斯坦资本稀缺和技术人才较少的劣势暴露得更加突出。

这期间巴基斯坦开始实行经济计划。1948 年初，巴基斯坦政府建立国家发展局，同时还建立由政府官员和私营部门代表组成的计划咨询委员会。1952 年 1 月，创立巴基斯坦工业发展公司，政府指定该公司负责发展黄麻、造纸、水泥、制糖、钢铁、化工、电力、制药、煤气、修船、棉纺、毛纺、矿产等 13 种工业，筹集工业建设资金。1953 年成立计划局（1957 年改称计划委员会）。1950 年制定、1951 年公布"六年开发计划"（1951—1957 年，不是系统、成熟的计划，主要是拟发展项目和方案的集合），目标是为将来经济的迅速发展建立基础，创造必要的现代通信、电力、灌溉等基础设施，发展局已经批准的一些计划纳入了该计划。原定投资 26 亿卢比（由公营部门投资 22 亿，私营部门投资 4 亿），加上计划外支出 4.5 亿卢比，总费用为 30.5 亿卢比，其中 17 亿由国内筹集，12 亿由外援提供，1.5 亿来自战时的英镑结余。[①] 执行一年后，又制订"两年优先开发计划"（1952—1954）作为六年计划新的组成部分，计划投资 51.83 亿（含原计划的 26 亿）。两年计划在农业发展方面以水利建设为主，投入 19.97 亿卢比，占计划支出的 38.4%。[②] 1953 年，计划局认为六年计划不适应新需要，遂制定第一个五年计划（1955—1959）。第一个五年计划到 1958 年才获得政府批准，主要预期目标是：增加国民收入，提高人民生活水平；迅速提高经济增长率，特别是东巴和落后地区的增长率。预计国民收入增长 15%，人均收入增长约 7%，人口年均增长 1.4%，国际收支盈余 2 亿卢比，粮食产量增长 9%，工业生产增长 60%。第一个五年计划最后共投入 108 亿卢比，其中政府投资 75 亿，私人 33 亿。国内筹资 66 亿卢比，其余由外援和外资解决。计划实施的结果不尽

---

① B. M. Bhatia, *Pakistan's Economic Development 1948 - 88*, Konark Publishers PVT. LTD., New Delhi, 1989, p. 52.

② 铎生：《巴基斯坦的政治和经济》，世界知识出版社 1960 年版，第 100、101、107 页。

令人满意。国民收入实际增长 11%，由于人口增长 12%，人均收入还略有下降，1956—1957 年度到 1958—1959 年度，外贸逆差达 16.08 亿卢比。虽然工业增长较快，但农业主要增长指标都没能实现，粮食需要大量进口。[1]

这期间，东巴基斯坦在 1950 年开始搞土地改革，通过"征收和租佃法案"。西巴基斯坦 1956 年提出土地改革方案，但遭到否决。总的来说，这段时期农业没有受到应有的重视，主要粮食价格被控制在较低水平上。农业的国内贸易条件按世界价格计算，仅相当于 40%，农业产值年均只增长 1.4%。[2]

这期间，巴基斯坦经济发展尤其是农业发展缓慢，人均国民收入增长停滞，但工业化取得一定进展。按 1959—1960 年度的不变要素成本价格，1949—1950 年度，巴基斯坦的国民总收入为 244.7 亿卢比，1958—1959 年度增加到 301.4 亿卢比，增长 23%，年均不到 2.5%；同期，人均国民收入分别为 311 卢比和 312 卢比，没有增加；1948—1949 年度，农业生产指数为 89，1958—1959 年度为 93，增长很少；人均可得的粮食从 1948—1949 年度的 15.82 盎司，降低到 1958—1959 年度的 12.55 盎司，这还是在进口了 133 万吨后才达到的；工业制成品的增加值从 1948—1949 年度的 14.33 亿卢比，提高到 1958—1959 年度的 28.18 亿卢比，即从占国民总收入的 5.4%，上升到占 9.3%。其中，大型工业制成品增加值由占工业制成品总增加值的 24% 提高到占 52.66%，小型工业的由占 76%，降低到占 47.34%；出口由 1948—1949 年度的 18.70 亿卢比，减少为 1958—1959 年度的 13.25 亿卢比，进口却由 14.87 亿卢比，提高到 15.78 亿卢比，对外贸易由盈余转为逆差。从 1954—1955 年度到 1959—1960 年度，农业年均增长 1.4%，制造业年均增长 5.3%（大型工业增长 8.4%，其他工业增长 3.0%），国民总收入年均增长 2.0%。[3] 这个时期巴基斯坦国民生产总值的具体增长情况请看表 2—1。

---

① B. M. Bhatia, *Pakistan's Economic Development 1948 - 88*, Konark Publishers PVT. LTD., New Delhi, 1989, pp. 53 – 54.

② Lloyd G. Reynolds, *Economic Growth in the Third World, 1850—1980*, Yale University Press, 1985, p. 351.

③ B. M. Bhatia, *Pakistan's Economic Development 1948—88*, Konark Publishers PVT. LTD., New Delhi, 1989, pp. 279, 259.

表 2—1　　　　1949—1958 年度巴基斯坦国民生产总值增长情况[*]

年度	国民生产总值			人均国民生产总值		
	总值（百万卢比）	指数	增长率	总数（卢比）	指数	增长率
1949—1950	24466	77.8	—	311	97.8	—
1950—1951	25373	80.7	3.7	315	99.1	1.3
1951—1952	25395	80.8	0.1	308	96.9	-2.2
1952—1953	26138	83.1	2.9	310	97.5	0.6
1953—1954	27776	88.3	6.3	322	101.3	3.9
1954—1955	27908	88.8	0.5	316	99.4	-1.9
1955—1956	27834	88.5	-0.3	308	96.9	-2.5
1956—1957	29407	93.8	6.0	319	100.3	3.6
1957—1958	29719	94.5	0.8	315	99.1	-1.3
1958—1959	30144	95.9	1.4	312	98.1	-1.0

注：[*] 表中数据是按 1959—1960 年的不变要素成本价格计算的；国民生产总值和人均国民生产总值的指数以 1959—1960 年度为 100，增长率指百分比。

资料来源：B. M. Bhatia, *Pakistan's Economic Development 1948 - 88*, Konark Publishers PVT. LTD., New Delhi, 1989, p. 56.

二　阿尤布·汗执政时期（1958.10—1969.3）

上个阶段政局动荡，经济发展缓慢，普通百姓的生活没有任何改善，人民不满，国内矛盾突出，最终导致文人政府控制不了国内局势，陆军总司令阿尤布·汗于 1958 年 10 月 7 日宣布实行军事管制法，建立军人统治。军人政权首先整顿和治理经济秩序，控制物价。计划局重组后改名为计划委员会，成为总统秘书处的一个部分，直接由总统控制。经济混乱局面得到控制后，在工业方面军人政权继续实行上一个阶段的进口替代战略，采取保护国内市场、减免税收、管制外汇、提供优惠信贷等多种措施大力鼓励私营企业发展工业，特别是发展大型棉纺织企业、白糖厂和植物油厂。以上战略措施存在的问题，除依然暴露了巴基斯坦资本稀缺和技术人才不足的问题外，还没有注意到工业经济结构的调整，即没能开始发展机械工业等基础工业和重工业。这期间还开始鼓励出口。在农业方面，1957 年建立的巴基斯坦农业银行，继续为农业发展提供资金。1959 年 2 月公布土地改革条例，在西巴开始搞土地改革，规定土地最高占有额，征收地主多余土地。1966 年开始绿色革命。

　　这期间执行了第二、第三个五年计划。第二个五年计划（1960—1965）原计划投资 190 亿卢比，后增加为 230 亿卢比（公营部门 146.2 亿卢比，私营部门 83.8 亿卢比，其中 80 亿通过外援提供），计划外投资 51.8 亿卢比。总投资主要分配给农业、水电、工业、交通和通信、物质计划（physical planning）及住房部门。修改后计划的主要指标是：国民收入增长 24%，人均国民收入增长 12%；粮食增产 21%；工业生产增加 60%。计划执行的结果好于预期，国民生产总值增长 30% 多，粮食总产增长 27%，工业生产增长 61%，外汇创收年均增长 7%（计划指标是年均 3%），私营部门投资的年均混合增长率达 9.9%，公营部门投资的年均混合增长率更是高达 16.5%。[①]

　　"二五"计划指标的超额完成，大大鼓励了巴基斯坦的计划官员，于是制订了一个 20 年远景计划，提出到 1985 年，使国民生产总值增长 4 倍，人均收入增加 1 倍多，即从 1965 年的 386 卢比，提高到 1985 年的 932 卢比。以 20 年远景计划为基础，又制订了第三个五年计划。"三五"计划（1965—1970）共投资 520 亿卢比，其中公营部门投资 300 亿卢比，私营部门投资 220 亿卢比。主要指标为：按不变价格计算，国民生产总值增长 37%，年均增长 6.5%；东、西巴国民生产总值各自增长 40% 和 35%，以减轻地区间和地区内的发展不平衡；到 1970 年，使外汇储备由"二五"计划末的 30.5 亿卢比增加到 48 亿卢比；高度重视农业发展，提高农业单产；加快社会事业发展，明显减少收入分配不均和地区发展不平衡。由于 1965 年爆发了第二次印巴战争，原计划用于发展的大笔资金用到了国防上，援巴集团的外援延迟约 1 年，1965—1966 年度和 1966—1967 年度连续严重干旱，巴基斯坦政府被迫对"二五"计划进行调整。调整后的计划，主要经济增长指标保持不变，但对农业更加重视，强调充分利用现有工厂的装机能力，不再新建企业或扩大现有企业，提高资本—产出比率。"三五"计划执行的结果是：国民生产总值年均增长约 6%，大型工业的增长与上个五年计划年均 15% 相比非常令人失望，1965—1966 年度增长 6.3%，1966—1967 年度增长 10.6%，1967—1968 年度增

---

　　① B. M. Bhatia, *Pakistan's Economic Development 1948—88*, Konark Publishers PVT. LTD., New Delhi, 1989, pp. 63 – 64.

长 7.7% ，1968—1969 年度增长 7.6% 。[1] 地区间发展不平衡和收入分配不均没有减少，反而更严重了。令人欣慰的是，随着"绿色革命"的开展，农业增长速度加快，1965—1966 年度农业生产增长 0.5% ，1966—1967 年度增长 5.5% ，1967—1968 年度增长 11.7% 。[2]

不过，就阿尤布·汗执政的整个时期看，由于政局稳定，加上对私人资本的倾斜性政策发挥了作用，巴基斯坦的经济增长速度较快。1959—1960 年度到 1968—1969 年度，农业年均增长 3.4% ，制造业年均增长 7.9% （其中大型制造业增长 10.9% ，其他部门增长 7.1% ），国民生产总值年均增长 5.4% ，人均国民生产总值年均增长 2.7% 。农业在国民生产总值中的比重由 53.3% 降低到 45.4% ，制造业的比重由 9.3% 提高到 11.8% ，其他部门的比重由 35.3% 增加到 37.5% 。[3] 另一份统计数据表明，1959—1960 年度到 1969—1970 年度，巴基斯坦国民生产总值年均增长 5.6% ，年人均增长 2.9% （东巴分别为 4.25% 、1.25% ；西巴分别为 6.7% 和 4.1% ）。巴基斯坦经济学家称这期间是巴基斯坦经济发展的"黄金时代"，联合国称是巴基斯坦经济发展的十年，是发展中国家发展经济的"典范"。[4] 而且，根据赛义德·阿萨德的研究，这期间巴基斯坦工业的全要素生产率增长较快，1960—1970 年达 5.06% ，比多数发展中国家都高。[5]

但是，这期间巴基斯坦的债务负担加重，地区间经济发展不平衡和收入分配不均的问题更加突出，工业产业多样化和产业升级进展不够快，贸易逆差增加，通货膨胀加剧，经济权力集中加重，价格扭曲更加突出，市场机制的培育未得到重视。从 1958—1959 年度到 1968—1969 年度，西巴基斯坦的区内国民生产总值增长了 76.4% ，东巴基斯坦仅增长 56.4% ；西巴的人均国民生产总值从 373 卢比增加到 507 卢比，增长 36% ，东巴

---

[1]　B. M. Bhatia, *Pakistan's Economic Development 1948 – 88*, Konark Publishers PVT. LTD. , New Delhi, 1989, pp. 65, 68 – 69.

[2]　S. Akbar Zaidi, *Issues in Pakistan's Economy*, Oxford University Press, Karachi, 2000, p. 92.

[3]　B. M. Bhatia, *Pakistan's Economic Development 1948 – 88*, Konark Publishers PVT. LTD. , New Delhi, 1989, p. 59.

[4]　孙培钧等主编：《南亚国家经济发展战略研究》，北京大学出版社 1990 年版，第 140 页。

[5]　S. Akbar Zaidi, *Issues in Pakistan's Economy*, Oxford University Press, Karachi, 2000, pp. 95 – 96.

的仅从 272 卢比增加到 304 卢比,增长 11.8%。地区发展不平衡和收入分配不均是 1972 年初东巴基斯坦独立为孟加拉国的重要原因。1958—1959 年度出口额为进口额的 84%,1964—1965 年度降低到 44.6%,1968—1969 年度为 66.2%。到 20 世纪 60 年代末,巴基斯坦的外债额达到 60.33 亿美元,偿债额从 1960—1961 年度的 1715 万美元、占创收外汇的 3.6%,增加到 1968—1969 年度的 1.54 亿美元和 17.5%。[①] 到阿尤布·汗下台时,巴基斯坦的主要工业产业还是只有棉纺织业、黄麻制造业、蔗糖业和水泥业。从 20 世纪 50 年代开始,巴基斯坦国内开始出现少数垄断集团,60 年代这些垄断集团的经济力量进一步增强。这些问题严重影响了巴基斯坦此后的经济发展。

三 动乱及佐·布托执政时期 (1969.3—1977.7)

1969 年 3 月 25 日,阿尤布·汗在一片反对声中下台,陆军总司令叶海亚·汗接管政权。叶海亚·汗无法解决 1970 年 12 月大选后激化的东西巴矛盾,东巴基斯坦要求独立,巴政府出兵镇压,印度入侵东巴干涉,第三次印巴战争爆发。1971 年 12 月 30 日,人民党的阿里·布托任总统和军法管制首席执行官,成立文官政府。1972 年 1 月,孟加拉国正式独立,巴基斯坦失去了它的东翼。

叶海亚·汗统治的短暂时期,由于政局混乱和第三次印巴战争的影响,巴基斯坦的经济增长缓慢。

孟加拉国的独立,使巴基斯坦已有的国内经济联系被打断,经济受到严重冲击。在东巴和西巴同为一国时,东巴基斯坦是西巴基斯坦重要的原料供应地、工业产品市场和外汇提供者。例如,1969—1970 年度,西巴 50% 的产品销往东巴,进口额的 18% 来自东巴,东巴的黄麻及与黄麻相关的制成品出口占整个巴基斯坦出口额的 47%。[②]

面对新的情况,布托政府确实有必要对经济发展战略和政策作出一些调整。在农业发展方面,除推进土地改革外,布托政府与前届政府的政策

---

① B. M. Bhatia, *Pakistan's Economic Development 1948 – 88*, Konark Publishers PVT. LTD., New Delhi, 1989, pp. 286 – 287.

② S. Akbar Zaidi, *Issues in Pakistan's Economy*, Oxford University Press, Karachi, 2000, p. 162.

措施无多大差别。但在工业和服务业发展方面，布托政府根据当时的国内经济形势及存在的问题，以及在 1970 年选举时作出的承诺，一反过去政府对私营经济的支持和保护，打出社会主义的旗帜，推行过激的国有化，从 1972 年起先后将主要基础工业、棉花和稻米贸易、银行业、人寿保险业、榨油业、农村工业等国有化，1976 年 7 月农村轧花厂、碾米厂和面粉加工厂等 4000 多家农村工业也国有化。同时，布托政府还调整工业产业结构，开始建设和发展一些公营机械工业和资本货物工业，试图让公营企业占领国民经济的"制高点"，以公营经济作为经济发展的主要引擎。布托政府还在 1972 年 5 月 11 日将巴基斯坦卢比贬值 131%，减少外贸管制，推动出口。

在这期间，原定投资 750 亿卢比，实现国内生产总值年均增长6.5%，优先发展农业及基础设施，提高民众生活水平，促进收入平均分配，增强自力更生等的第四个五年计划，① 因为印巴战争和东巴独立，未能执行。加上国内政治局势一直比较紧张，佐·布托政府终止了制订中、长期经济发展计划，只制订年度发展计划，因此 1970—1978 年被称为巴基斯坦经济发展的无计划时期。

由于布托政府的工业政策不尽符合巴基斯坦的实际，国有化使私人资本对政府的政策持怀疑态度，对经济发展的前景缺乏信心，私人投资大规模减少，政府只能大举外债和增加财政赤字来扩大公营部门投资，通货膨胀严重；以及布托政府工业调整和投资政策产生作用的滞后性；还有，阿尤布·汗时期积累的经济问题发酵；再有，政府对经济运行的过度干预导致效率低下，这些因素都严重阻碍了巴经济的发展。世界银行对 31 个发展中国家的调查研究表明，在 20 世纪 70 年代，巴等 12 国对经济的过度干预，造成市场价格偏差 2.44，结果它们的国内生产总值年均仅增长3.1%，农业年均增长 1.8%，工业年均增长 3.2%，明显低于政府干预少的其他国家；② 加上政局动乱、自然灾害严重（1973 年、1974 年和 1976年巴基斯坦均发生严重洪灾，1974 年还发生严重虫灾）和 1973 年石油危

---

① K. Amjad Saeed, *The Economy of Pakistan*, Oxford University Press, Karachi, 2007, pp. 214 – 215.

② 谈世中主编：《发展中国家经济发展的理论和实践》，中国金融出版社 1992 年版，第241—242 页。

机引发的世界经济危机影响，这期间巴基斯坦经济增长又慢了下来，制造业增速低于服务业，1968 年到 1978 年被巴基斯坦人称为"灾难的十年"。从 1969—1970 年度到 1976—1977 年度，巴基斯坦实际国民生产总值（已扣除东巴数）的年均增长率从 1959—1960 年度至 1968—1969 年度的 5.4% 降低为 4.4%，下降 18.5%，最低的 1970—1971 年度和 1971—1972 年度仅增长 1% 和 2.76%。同期，人均国民生产总值年均增长率从 2.7% 降为 1.1%，下降 59.3%。① 巴提亚提供的数据表明，这期间巴的经济增长波浪起伏，忽高忽低，总体较低。1970—1971 年度国内生产总值实际增长 0.1%，1971—1972 年度为 1%，1972—1973 年度为 7%，1973—1974 年度为 6.8%，1974—1975 年度为 1.9%，1975—1976 年度为 3.7%，1976—1977 年度为 1.4%。②

四　齐亚·哈克执政时期（1977.7—1988.10）

1977 年 7 月 5 日，巴基斯坦陆军参谋长齐亚·哈克宣布接管布托的人民党政府，巴独立后第三次进入军人执政时期。1988 年 8 月 17 日，哈克死于空难，其统治时代结束。

齐亚·哈克统治期间，实行了一系列自由化的经济政策，主要是实行非国有化政策和鼓励私营部门发展的工业政策，将 1972—1976 年间布托政府国有化的许多企业分阶段归还原主；加大鼓励外国投资的政策力度，1985 年新制定《外国私人投资促进法》，基本取消对外资限制；大力鼓励出口；推行政治经济社会伊斯兰化。其间，1979 年苏联入侵阿富汗，巴基斯坦成为美国阵营抵御苏联南进印度洋的前线国家，从而获得大量的外援，为巴的经济发展提供了巨大动力。

这期间，巴基斯坦又恢复实行五年计划，实施了第五、第六两个五年计划。"五五"计划（1978—1983）的投资总额为 2102.2 亿卢比，其中公营部门投资 1482.2 亿卢比，占 70.5%，私营部门投资 620 亿卢比，占 29.5%。政府的投资主要用于电力、运输和通信、工业、供水和农业，私人投资主要用于工业、住房、大众传媒和农业。计划欲实现的具体指标

---

① 李德昌：《巴基斯坦经济发展》，四川大学出版社 1992 年版，第 42—43 页。

② B. M. Bhatia, *Pakistan's Economic Development 1948 – 88*, Konark Publishers PVT. LTD., New Delhi, 1989, p. 72.

为：国内生产总值增长40%，年均增长7%，人均国内生产总值年均增长
4.2%，工业生产年均增长10%，农业生产年均增长6%。计划实施的结
果，工业、农业及经济增长的指标基本实现，粮食由短缺转变为有所盈
余，欠发达地区的发展加快。[①] "六五"计划（1983—1988）总投资为
4950亿卢比，其中公营部门为2950亿，私营部门为2000亿。投资的
18.1%用于农业和供水，20%用于电力，18.1%用于运输，15.6%用于工
业，11.5%用于医疗保健、教育等。主要经济增长指标是，国内生产总值
年均增长6.5%，农业生产年均增长5%，工业生产年均增长9%。计划
实施的结果，主要指标基本实现。[②]

哈克执政期间的经济发展政策，加上大量外援的流入，促进了巴基斯
坦的经济增长。第五、第六个五年计划期间，国民生产总值年均分别增长
6.4%和5.7%，工业年均分别增长9%和7.7%，农业的年均增长率分别
为4.4%和3.7%。1980年实现粮食基本自给，1985年巴基斯坦钢铁厂投
产。[③] 从1977—1978年度到1987—1988年度的10年间，巴基斯坦国民生
产总值年均增长6.5%，人均收入年均增长3.3%，达380美元。农业在
国内生产总值中的比重明显下降，工业比重提高。但是，有的宏观经济指
标恶化，在齐亚·哈克统治期间，巴国内投资率与其统治开始时相比，不
但没有增加，还略有减少，储蓄率除最后两个年度外，明显低于此前时
期，致使投资和储蓄之间的缺口扩大至1978—1979年度至1985—1986年
度的10.1%—11.8%，财政赤字率增加。[④] 巴政府的统计数据表明，20
世纪70年代，巴基斯坦的财政赤字率年均为5.3%，80年代为年均
7.1%，外债规模也迅速扩大。[⑤] 这些对此后巴的经济发展是不利的。还
有，巴对国内市场的保护程度依然很高，价格和市场扭曲严重。

---

① K. Amjad Saeed, *The Economy of Pakistan*, Oxford University Press, Karachi, 2007, pp. 216 – 218.

② Ibid. , pp. 219 – 220.

③ 木子：《巴基斯坦经济发展计划回顾》，《南亚研究季刊》1990年第4期。

④ B. M. Bhatia, *Pakistan's Economic Development 1948 – 88*, Konark Publishers PVT. LTD. , New Delhi, 1989, pp. 241, 245.

⑤ Ministry of Finance, Government of Pakistan, *Pakistan Economic Survey 2012 – 13*, Islamabad, 2013, Economic and Social Indicators.

五　1988 年以来的调整及改革时期（1988.10—2014.6）

这个时期可以再分为 3 个阶段。一是 1988 年 10 至 1999 年 10 月，巴基斯坦恢复议会民主制，以贝·布托为首的人民党政府及以谢里夫为首的穆斯林联盟政府轮流执政阶段。这个阶段政局不稳，政府更换频繁，先后产生过三任大选总理和三位看守总理，但实行的都是世界银行及国际货币基金组织指导下的以自由化、私有化和全球化为导向的经济结构调整及改革政策。二是 1999 年 10 月至 2008 年 8 月穆沙拉夫将军再次实行军人统治阶段。1999 年 10 月穆沙拉夫发动军事政变，推翻谢里夫民选政府，到 2008 年 8 月被迫下台。穆沙拉夫虽然在政治上实行军人统治，但政局基本稳定，其经济发展政策措施与民选政府时期并没有实质变化，还推进了自由化和私有化。三是 2008 年 9 月民选政府重新执政以来的阶段。这个阶段的经济政策措施与此前并没有质的不同，但政局不太稳定，国内安全形势严峻。

1. 贝·布托政府和谢里夫政府轮流执政阶段

贝·布托政府在 1988 年 11 月大选后上台。此前，从 1986—1987 年度开始，巴基斯坦政府就加快了经济自由化步伐，布托政府继续推进。主要做法是削减政府补贴，增加税收，削减政府财政赤字和政府投资；放松甚至取消对私营经济的管制，向私营部门开放更多的投资领域，让私营部门在经济发展中增加投资、发挥更大的作用；基本取消价格控制，降低公司税甚至免税；把一大批国有企业私有化；取消外汇管制，营造良好外资投资环境，加大鼓励外商投资的力度，外商可持股 100%；取消外贸管制，降低关税，汇率及进出口自由化。

这个阶段，巴基斯坦继续实行经济计划。第七个五年计划（1988—1993）作为 1988 年至 2003 年 15 年远景计划的一部分，支出 11490 亿卢比，其中公营部门支出 5530 亿卢比，私营部门支出 5960 亿卢比。预计国内生产总值年均增长 6.5%，农业年均增长 4.7%，制造业年均增长 8.1%，其他部门年均增长 6.7%。尽管受到国内政局不稳、洪水灾害、国外海湾战争、东欧及苏联剧变等影响，经济增长速度虽有所下降，但整体情况不算差。各项指标实现的情况是：国内生产总值年均增长 5.0%，农业年均增长 3.8%，制造业年均增长 5.9%，其他部门年均增长 5.3%。但政府财政赤字由 1989—1990 年度占国内生产总值的 6.5%，上升到

1992—1993 年度的 7.9%；内债由 1987—1988 年度的 2900 亿卢比，增加到 1992—1993 年度的 6050 亿卢比，经常账户赤字同期占国内生产总值的比率由 4.4% 上升为占 7.1%。1994 年 6 月，巴基斯坦政府公布了第八个五年计划（1993—1998）。计划支出 17010 亿卢比，其中公营部门支出 7520 亿卢比，私营部门支出 9490 亿卢比。预期国内生产总值年均增长 7.0%，农业年均增长 4.9%，制造业年均增长 9.9%，服务业年均增长 6.7%。这个五年计划进一步分解成年度计划来实施。"八五"计划期间，巴基斯坦国内生产总值实际年均增长 4.2%。① 巴还实施过第九个五年计划（1998—2003），这期间 1999 年 10 月前是谢里夫政府执政，此后是穆沙拉夫将军执政。该计划期间，巴国内生产总值年均增长 3.7%。②

由于政局不稳、国际货币基金组织等国际机构指导的经济结构调整政策幅度过大及不完全符合巴基斯坦国情，宏观经济存在问题，布托及谢里夫执政阶段巴基斯坦经济发展速度比以前放慢。1988—1989 年度，经济增长 4.81%，1989—1990 年度增长 4.58%。20 世纪 90 年代，国内生产总值年均增长 4.6%，农业年均增长 4.4%，制造业年均增长 4.8%，服务业年均增长 4.6%。年均财政赤字率为 6.9%。③ 20 世纪 90 年代，与较快增长的世界经济相比和此前巴基斯坦的经济增长相比，巴基斯坦的经济增长黯然失色。巴基斯坦国内许多人认为，90 年代是巴基斯坦失去的 10 年。

2. 穆沙拉夫执政时期

1999 年 10 月穆沙拉夫执政以来，继续采取改革税收制度，改革银行和公用事业部门，推进私有化，削减财政赤字和经常账户赤字，稳定宏观经济，放松经济控制，下放权力，加快人力资源开发等政策措施来发展经济。同时，2001 年 9·11 事件发生后，巴基斯坦政府决定加入美国为首的反恐阵营，获得了美国等发达国家的大量经济援助和支持，为巴基斯坦的经济发展注入了活力。

---

① K. Amjad Saeed, *The Economy of Pakistan*, Oxford University Press, Karachi, 2007, pp. 221, 229 – 233.

② 陈继东：《转型中的巴基斯坦经济——经济困境与结构矛盾分析》，《四川大学学报》2009 年第 4 期。

③ Ministry of Finance, Government of Pakistan, *Pakistan Economic Survey 2012 – 13*, Islamabad, 2013, Economic and Social Indicators.

穆沙拉夫执政期间，2003 年第九个五年计划执行完后，巴政府没有再制订五年计划，但制订过其他经济社会发展计划。2001 年，巴基斯坦政府制订了 10 年远景发展计划（2001—2011）以及三年滚动发展计划（2001—2004）。同年 9 月，巴基斯坦政府计划委员会公布了第九个五年计划（1998—2003）。10 年远景发展计划确定的投资额为 11.287 万亿卢比，其中通过政府预算筹集的 25400 亿卢比，占投资额的 22.5%，用于公营部门发展计划，剩余的 77.5% 的资金由私营部门投资。政府预算筹集的 4600 亿卢比，分配给 2001—2004 年度的三年滚动发展计划，用于供水、农业、农村发展等优先发展项目和计划。三年计划期间私营部门的投资额预计为 15190 亿卢比。10 年远景发展计划预计把食物贫困（food poverty，每人每天通过食物摄入的热量低于 2150 卡路里）人口由 2000—2001 年度的 30%，降低到 2003—2004 年度的 25% 和 2010—2011 年度的 15%；同期，把巴基斯坦的人类发展指数在世界上的排名由第 135 位逐步提高到第 120 位和第 90 位；把国内生产总值的增长率由 2.6% 逐步提高到 5% 和 6.3%；把人均收入由 24100 卢比逐步增加到 26200 卢比和 34500 卢比。还要大幅度降低人口出生率、失业率、政府债务、财政赤字率和经常账户赤字。[①] 与以往的计划相比，远景计划具有综合性和整体性，更加注重社会事业发展和人力资源的开发。

穆沙拉夫执政期间，巴基斯坦政府还制定过《2005—2010 年中期发展规划》和《2030 年展望》。前者预计 2005—2010 年度巴的国内生产总值年均增长 7.6%，农业年均增长 5.2%，制造业年均增长 11.6%，服务业年均增长 7.3%。提出建设成熟、宽容、民主、进步、温和的伊斯兰国家。后者的主要内容包括：以知识进步为动力，有效利用资源，坚持快速、可持续发展，建设经济繁荣发达、社会公平正义的巴基斯坦。到 2030 年，国内生产总值为 7000 亿美元，人均为 3000 美元。[②]

经过不断努力，加上美国等国和国际机构的大量援助和支持，在 2008 年美国次贷危机引发的国际金融危机和经济危机冲击前，巴基斯坦

---

① K. Amjad Saeed, *The Economy of Pakistan*, Oxford University Press, Karachi, 2007, pp. 234 – 235, 245, 253 – 254.

② 中国驻巴基斯坦使馆商经处：《巴基斯坦经济发展规划》，http：//pkmofcom. gov. cn/sys/ print. shtml？/wtojiben/zwing/20090506216044。

经济情况明显好转，保持较快增长。1999—2000 年度，国内生产总值增
长 3.9%，2000—2001 年度增长 1.8%，2001—2002 年度增长 3.1%，
2002—2003 年度增长 5.1%，[①] 2003—2004 年度增长 7.5%，2004—2005
年度增长 9.0%，2005—2006 年度增长 5.8%，2006—2007 年度增长
5.5%，2007—2008 年度增长 5%。[②] 世界银行的统计数据是，2000—2008
年巴基斯坦的国内生产总值年均增长 5.4%，农业年均增长 3.4%，工业
年均增长 7.6%，服务业年均增长 6.2%。[③] 而且，巴基斯坦的宏观经济形
势一度走向稳定，财政赤字率由 2000—2001 年度占国内生产总值的
4.3%，下降到 2004—2005 年度的 3.3%，但 2007—2008 年度又升至
7.4%。公共债务由 2000 年占国内生产总值的 85% 降为 2008 年 5 月的
53.5%。[④] 投资总额占国内生产总值的比率及国民储蓄率都曾提高。

3. 再度恢复议会民主制时期

2008 年 8 月 18 日，穆沙拉夫在各方面压力下辞去总统职务，巴基斯
坦再次恢复议会民主制，贝·布托的丈夫阿·扎尔达里领导的人民党联合
政府执政。尽管国内行政权、立法权和司法权之间斗争不断，巴基斯坦和
阿富汗边界地区动荡，宗教极端势力和恐怖主义活动猖獗，政局不稳，但
这届政府还是度过了整个任期，在 2013 年 5 月 11 日大选中败给谢里夫领
导的穆斯林联盟（谢里夫派）。

人民党执政这几年，经济发展政策措施总体延续此前的，没有实质性
变化。但是，由于 2008 年以来世界经济危机的冲击以及欧元区危机不断
深化的影响，世界经济恢复曲折缓慢，巴基斯坦得到的外援大量减少，国
内政治局势不稳，恐怖活动频繁，2010 年和 2011 年发生洪灾和降雨过
多，巴经济增长速度较慢，不过有逐步走稳的趋势，见图 2—1。2008—
2009 年度，巴国内生产总值仅增长 0.4%，2009—2010 年度增长 2.6%，
2010—2011 年度增长 3.62%，2011—2012 年度增长 3.84%，2012—2013

---

① Ministry of Finance, Government of Pakistan, *Pakistan Economic Survey 2003 - 04*,
Islamabad, 2004, Economic and Social Indicators.

② Ministry of Finance, Government of Pakistan, *Pakistan Economic Survey 2011 - 12*,
Islamabad, 2012, Table 1.3; *Pakistan Economic Survey 2013 - 14*, Islamabad, 2014, p. 2.

③ 世界银行：《2010 年世界发展指标》，中国财政经济出版社 2010 年版，第 227 页。

④ ［巴］法斯赫·乌丁和 M. 阿克拉姆·斯瓦蒂：《巴基斯坦经济发展历程——需要新的范
式》，陈继东、晏世经等译，巴蜀书社 2010 年版，第 189 页、185 页。

年度增长 3.70%，2013—2014 年度增长 4.14%。同期，农业分别增长
3.5%、0.2%、2%、3.6%、2.9% 和 2.1%；工业分别增长 - 5.2%、
3.4%、4.7%、2.5%、1.4% 和 5.8%；服务业分别增长 1.3%、3.2%、
3.9%、4.4%、4.9% 和 4.3%。[1] 服务业是经济增长的最大推动力。宏观
经济形势不够稳定，2008—2009 年度至 2011—2012 年度期间的财政赤字
率在 5.2% —6.8%，2012—2013 年度估计降到 4.6%。[2]

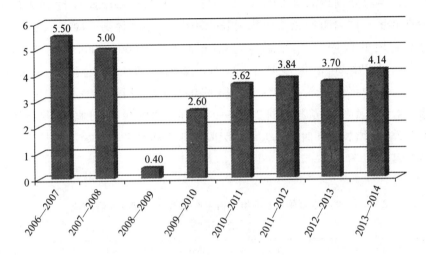

图 2—1　近期巴基斯坦国内生产总值增长情况，%

资料来源：Ministry of Finance，Government of Pakistan，*Pakistan Economic Survey 2013 - 14*，
Islamabad，2014，p. 2.

第二节　经济发展取得的主要成就

独立以来，巴基斯坦经济取得较大发展，成绩较为明显，主要表现
如下。

---

[1]　Ministry of Finance，Government of Pakistan，*Pakistan Economic Survey 2013 - 14*，
Islamabad，2014，pp. 2，6.

[2]　Ministry of Finance，Government of Pakistan，*Pakistan Economic Survey 2012 - 13*，
Islamabad，2013，Economic and Social Indicators.

一　经济始终保持中等及以上增长速度

经济始终保持中等及以上增长速度，一度处于发展中国家较前水平，总体处于发展中国家的中上水平。据巴基斯坦政府统计，按 1959—1960 年度价格计算，从 1949—1950 年度到 1987—1988 年度，国民生产总值从 147 亿卢比增至 888.87 亿卢比，实际人均收入同期从 340 卢比提高到 856 卢比，年均分别增长 4.85% 和 2.45%。[①] 从 1988—1989 年度到 2002—2003 年度，国内生产总值年均增长 4.4%。[②] 上文提到，1990—2000 年，巴基斯坦的国内生产总值年均增长 3.8%，2000—2008 年年均增长 5.4%。2009—2010 年度增长 2.6%，2010—2011 年度增长 3.62%，2011—2012 年度增长 3.84%，2012—2013 年度增长 3.7%，2013—2014 年度增长 4.14%。从独立到 2007—2008 年，"巴基斯坦的经济保持了年均 5.5% 的增长，同时国民人均实际收入年均也增长了 3%。"[③] 请进一步参看表 2—1 和表 2—2。

表 2—2　　1960 年以来的巴基斯坦国内生产总值（GDP）及各产业增长速度　　　　　　　　单位：%

	1960—1970	1970—1980	1980—1990	1990—2000	2000—2010	2010—2011	2011—2012	2012—2013	2013—2014
GDP	6.8	4.8	6.5	4.6	4.7	3.6	3.8	3.7	4.1
农业	5.1	2.4	5.4	4.4	3.2	2.0	3.6	2.9	2.1
制造业	9.9	5.5	8.2	4.8	7.1	2.5	2.1	4.5	5.6
商品生产部门	6.8	3.9	6.5	4.6	4.3	3.2	3.1	2.1	3.9
服务业	6.7	6.3	6.7	4.6	5.1	3.9	4.4	4.9	4.3

资料来源：Ministry of Finance, Government of Pakistan, *Pakistan Economic Survey 2013 - 14*, Islamabad, 2014, Economic and Social Indicators.

---

① 孙培钧等主编：《南亚国家经济发展战略研究》，北京大学出版社 1990 年版，第 141 页。

② 杨翠柏、李德昌编著：《当代巴基斯坦》，四川人民出版社 1999 年版，第 426 页。

③ 法斯赫·乌丁、M. 阿克拉姆·斯瓦蒂：《巴基斯坦经济发展历程——需要新的范式》，陈继东、晏世经等译，巴蜀书社 2010 年版，第 11 页。

与其他发展中国家相比，独立后至 20 世纪 50 年代，巴基斯坦的经济增长是较慢的。在 20 世纪 60 年代和 80 年代，巴基斯坦的经济增长速度曾是低收入发展中国家中最快的之一。据世界银行 1991 的发展报告，1965—1980 年，巴基斯坦的国内生产总值年均增长 5.2%，农业年均增长 3.3%，工业年均增长 6.4%，服务业年均增 5.9%；1980—1989 年度的相应数分别为 6.4%、4.4%、7.3% 和 7.1%。1965—1980 年，在列入统计的 41 个低收入经济体中，有 5 个国家的经济增长速度超过巴基斯坦，1980—1989 年有 3 个国家的经济增速超过巴基斯坦，1980—1989 年中等收入国家中经济增速超过巴基斯坦的也较少。[①] 美国经济学家雷诺兹对人口千万以上的发展中国家 1960—1980 年的经济增速做过比较，依增速高低把它们分为四等，增速最高的列入一等，增速最低的列入四等，巴基斯坦被列入第二等中。[②] 20 世纪 90 年代以来，巴基斯坦的经济增速只能算发展中国家的中等水平。1990—2000 年，巴基斯坦国内生产总值的年均增长率为 3.8%，比低收入国家的 3.5% 稍高，比中等收入国家的 3.9% 略低。[③] 2000—2011 年，巴基斯坦国内生产总值的年均增长率为 4.9%，比低收入国家的 5.5% 低 0.6 个百分点，比中等收入国家的 6.4% 低 1.5 个百分点。[④] 综合巴基斯坦独立至今的经济增速看，巴基斯坦算得上中上水平。

二　经济结构发生显著变化

几十年的经济持续增长，尤其是第二、第三产业的较快增长，使巴基斯坦的经济结构发生了巨大转变。根据巴基斯坦政府的统计数据，扣除当时东巴基斯坦的数据后，1949—1950 年度，农、林、渔业占国内生产总值的 53.2%；矿业占比几乎为零，制造业占 7.7%（大型制造业占 2.2%，小型制造业占 5.5%），建筑业占 1.4%，电、气供应占比也几乎为零，工业包括矿业、制造业、建筑业和供电供气占 9.54%；运输仓储通信占 5%，批发和零售贸易占 11.9%，金融和保险业占比几乎为零，房产占 5.1%，行政管理和国防占 7%，其他服务业占 7.7%。2013—2014

①　The World Bank, *World Development Report 1991*, Oxford University Press, 1993, pp. 206 - 207.

②　Lloyd G. Reynolds, *Economic Growth in The Third World*, *1850—1980*, Yale University Press, 1985, pp. 390 - 391.

③　世界银行：《2010 年世界发展指标》，中国财政经济出版社 2010 年版，第 226—228 页。

④　世界银行：《2013 年世界发展指标》，中国财政经济出版社 2013 年版，第 71—72 页。

年度，农、林、渔业占21%；工业占20.8%，其中矿业占3%，制造业占13.5%（大型制造业占10.9%，小型制造业占1.7%），建筑业占2.4%，电、气供应占1.9%；服务业占58.1%，其中运输、仓储和通信占13%，批发和零售贸易占18.6%，金融和保险占3.1%，房产占6.8%，行政管理和国防占7%，其他服务业占9.7%。更为详细的情况请参看表2—3。数据表明，巴基斯坦的工业化取得明显进展，服务业有很大发展，巴基斯坦大型制造业，批发和零售贸易业，运输、仓储和通信业，金融和保险，采矿业等的发展，给人留下了深刻印象。现在，巴基斯坦经济增长的主要推动力，已经由农业转变为服务业和工业，主要是服务业。劳动力的产业分布也说明了巴基斯坦经济结构发生的明显变化。1950—1951年度，巴基斯坦的劳动力65.3%在农业部门就业，9.5%在制造业就业，25.2%在以贸易和服务业为主的其他行业就业。[①] 2012—2013年度，巴在农林渔猎业就业的劳动力占43.7%，在制造业就业的占14.1%，在建筑业就业的占7.4%，在批零贸易业就业的占14.4%，在运输、仓储和通信业就业的占5.5%，在社区、社会及个人服务业就业的占13.3%，在其他部门就业的占1.6%。就业人员中，26.4%在正规部门就业，73.6%在非正规部门就业。[②]

表2—3　　独立以来巴基斯坦国内生产总值部门构成百分比变化情况*　　　　（%）

	1949—1950	1959—1960	1969—1970	1979—1980	1987—1988	2000—2001	2009—2010	2013—2014
1. 农、林、渔业	53.2	45.9	38.9	30.6	24.5	24.7	22.0	21.0
2. 工业	9.54	15.44	22.7	25.53	29.62	25.2	21.0	20.8
矿业	0.22	0.42	0.49	0.43	0.62	0.5	3.2	3.0
制造业	7.7	12.0	16.0	17.0	20.0	17.7	13.6	13.5
大型制造业	2.2	6.9	12.5	12.4	14.7	12.5	11.3	10.9
小型制造业	5.5	5.1	3.5	4.6	5.1	5.2	1.4	1.7

---

① S. Akbar Zaidi, *Issues in Pakistan's Economy*, Oxford University Press, Karachi, 2000, p. 3.

② Ministry of Finance, Government of Pakistan, *Pakistan Economic Survey 2013 - 14*, Islamabad, 2014, pp. 187 - 188.

续表

	1949—1950	1959—1960	1969—1970	1979—1980	1987—1988	2000—2001	2009—2010	2013—2014
屠宰业							0.9	0.9
建筑业	1.4	2.5	4.2	5.1	5.6	3.4	2.7	2.4
电、气供应	0.22	0.52	2.0	3.0	3.4	3.6	1.5	1.9
3. 服务业	37.14	38.75	38.4	43.9	45.8	50.3	56.9	58.1
运输仓储通信	5.0	5.7	6.3	6.8	7.3	10.3	13.3	13.0
批发和零售贸易	11.9	12.5	13.8	14.3	14.9	15.3	19.1	18.6
金融和保险	0.44	0.95	1.8	2.5	2.9	2.5	3.3	3.1
房产	5.1	5.0	3.4	3.0	3.5	6.1	6.7	6.8
行政管理和国防	7.0	6.2	6.4	10.1	10.1	6.4	5.7	7.0
其他服务业	7.7	8.4	6.7	7.2	7.1	9.7	8.9	9.7
国内生产总值	100.00	100.0	100.0	100.0	100.0	100.0	100.0	100.0

注：＊表中数据是按不变要素成本价格计算的，1970 年以前的数据已经扣除原东巴基斯坦数。空白栏表示没有找到或缺乏相应数，有的数据由笔者计算所得。由于计算上的四舍五入等原因，各栏数据加总后，不完全等于 100.00。

资料来源：巴基斯坦政府：《1987—1988 年度经济调查》，转引自李德昌《巴基斯坦经济发展》，四川大学出版社 1992 年版，第 50 页；Ministry of Finance, Government of Pakistan, *Pakistan Economic Survey 2002 – 03*, Islamabad, 2003, p. 9；*Pakistan Economic Survey 2013 – 14*, Islamabad, 2014, pp. 15 – 16, 经整理。

三 经济实力增强

独立以来，巴基斯坦的工农业产品大量增加，国民经济实力增强，经济规模扩大，人均收入有较大提高。1948—1949 年度，巴基斯坦生产小麦 400 万吨，稻米 73 万吨，甘蔗 544 万吨，棉花产量较少。[①] 2011—2012 年度，小麦总产为 2350 万吨，稻米为 620 万吨，甘蔗为 5840 万吨。20 世

---

① Ishrat Husain, *Pakistan The Economy of An Elitist State*, Oxford University Press, Karachi, 1999, p. 106.

纪 80 年代的棉花总产为年均 630 万包,2011—2012 年度为 1360 万包。可见,从建国到 2011—2012 年度,巴基斯坦的小麦总产增长了近 6 倍,稻米总产增长近 9 倍,甘蔗总产增长 10 倍多。工业产品产量的增长更迅猛,20 世纪 60 年代平均每年生产棉纱 560 万公斤,生产棉布 310 万平方米,21 世纪头 10 年,平均每年生产棉纱 22.36 亿公斤,生产棉布 7.63 亿平方米;20 世纪 70 年代,平均每年生产水泥 250 万吨,21 世纪头 10 年平均每年生产 1640 万吨;2011—2012 年度,生产棉纱 29.55 亿公斤,生产棉布 10.23 亿平方米,生产水泥 2950 万吨。[①]

按美元计算,1949 年,巴基斯坦的人均收入为 51 美元。[②] 1949—1950 年度,西巴基斯坦的国内生产总值约为 27.5 亿美元;[③] 1980 年国内生产总值为 236.9 亿美元,1998 年为 633.69 亿美元,1998 年的国民总收入为 615 亿,人均为 470 美元[④]。2013 年,国内生产总值为 2323 亿美元,人均国民收入为 1360 美元,巴基斯坦从低收入国家跨入中低收入国家。[⑤]从表 2—4 可以看出和算出,按本国货币卢比计算,按 1959—1960 年的不变价格,1949—1950 年的国内生产总值为 123.98 亿卢比,1987—1988 年度为 861.66 亿卢比,增长 6.95 倍。同期,农业产值从 65.95 亿卢比增至211.24 亿卢比,增长 3.2 倍;制造业产值从 9.61 亿卢比增至 172 亿卢比,增长 17.9 倍。按 1999—2000 年度不变要素成本价格计算,1999—2000 年度,巴的国内生产总值为 35602 亿卢比,2012—2013 年度为 98632 亿卢比,增长 2.77 倍;这期间,农业产值增长 2.29 倍,工业产值增长 2.48倍,服务业产值增长 3.15 倍。

---

① Ministry of Finance, Government of Pakistan, *Pakistan Economic Survey 2012 - 13*, Islamabad, 2014, Economic and Social Indicators.

② B. M. Bhatia, *Pakistan's Economic Development 1948 - 48*, Konark Publishers PVT. LTD., New Delhi, 1989, p. 45.

③ Zehadul Karim, *Three Factor for the Disintegration of Pakistan and the Emergence of Bangladesh*, Asian Profile, 1987 (2).

④ 世界银行:《2000 年世界发展指标》,中国财政经济出版社 2000 年版,第 185 页、第 9页。

⑤ The World Bank, *Pakistan*, http://data.worldbank.org/country/Pakistan.

表 2—4　　　　　独立以来巴基斯坦各产业产值增长情况 *　　单位：百万卢比

	1949—1950	1959—1960	1969—1970	1979—1980	1987—1988	1999—2000	2009—2010	2012—2013
1. 农业	6595	7711	12547	15826	21124	923609	1939132	2113930
2. 工业						830863	1851564	2059526
采矿采石	27	70	157	250	548	81050	282269	303547
制造业	961	2018	5187	8803	17201	522801	1197163	1297245
大型制造业	277	1159	4034	6417	12654	338602	990928	1048078
小型制造业	684	859	1144	2386	4547	184199	123083	156699
建筑业	179	427	1357	2644	4820	87386	237034	235178
供电供气	27	87	639	1531	2927	139626	135098	223556
3. 服务业						1807546	5010698	5689778
运输仓储通信	617	952	2026	3495	6332	400983	1170612	1350706
批发零售贸易	1477	2105	4457	7378	12836	621842	1682465	1790423
金融和保险	55	160	579	1312	2508	132454	286775	295865
房产	632	837	1112	1577	3028	110425	590718	664567
行政管理及国防	873	1048	2080	5209	8715	220291	499038	667559
其他服务业	955	1411	2169	3711	6137	321551	781089	920658
国内生产总值	12398	16826	32337	57736	86166	3562018	8801394	9863234
国民生产总值	12380	16803	32339	54888	88887	3514062	9111888	10242012
人均收入（卢比）	350	355	405（542）	628		25551	53059	56111

注：* 1987—1988 年度以前的数据是按照 1959—1960 年度的不变价格计算的，此后的数据是按照 1999—2000 年度的不变要素成本价格计算的；行政管理及国防目前改称一般政府服务；其他服务业有时称社区及社会服务，2012—2013 年度称其他私人服务；人均收入括号中的数据是另一出处的，1979—1980 年度的是 1977—1978 年度的；2012—2013 年度的数据是暂定数。

资料来源：S. Akbar Zaidi, *Issues in Pakistan's Economy*, Oxford University Press, Karachi, 2000, p. 3；B. M. Bhatia, *Pakistan's Economic Development 1948 - 88*, New Delhi：Konark Publishers PVT. LTD. , 1989, pp. 108, 291；Ministry of Finance, Government of Pakistan, *Pakistan Economic Survey 2006 - 07*, Islamabad, 2007, Statistical Appendices, Table 1. 1；*Pakistan Economic Survey 2012 - 13*, Islamabad, 2013, Table 1. 1；李德昌：《巴基斯坦经济发展》，四川大学出版社 1992 年版，第 50 页。

四　人类发展取得一定进步

从本书后面第十章表 10—4 可见，巴基斯坦的小学数 1947—1948 年度为 8413 所，2000—2001 年度 14.7 万所，2011—2012 年度为 15.46 万所；同期，初中数分别为 2190 所、2.55 万所和 4.2 万所，大学（university）数分别为 2 所、59 所和 139 所。从表 10—6 可见，1947 年，有 292 家医院，2011 年增为 980 家。同期，诊所从 722 家升为 5039 家，病床从 13769 张增至 107537 张。1951 年的识字率为 13.2%[①]，2012—2013 年度为 60%。[②] 1965 年，巴基斯坦人口的粗出生率为 48.0‰，粗死亡率为 20.9‰，[③] 2012—2013，粗出生率 26.8‰，粗死亡率为 7‰。[④] 1947 年，巴基斯坦国民的人均寿命只有三十出头，[⑤] 1990 年为 61 岁，2000 年为 63 岁，2011 年为 65 岁。[⑥] 根据联合国开发计划署发布的《2013 年人类发展报告》，在世界上 187 个国家和地区中，1980 年，巴的人类发展指数（该指数由预期寿命、平均受教育年限、预期受教育年限及人均国民收入四个因素的得分算出，最高值为 1）为 0.337，2012 年为 0.515，2012 年位列世界第 146。[⑦]

第三节　目前经济发展中存在的主要问题

独立以来，尽管巴基斯坦的经济发展成就是显著的，但是目前也还存在一些明显的不足和问题。

一　经济可持续发展能力不强

1. 国内储蓄和投资能力弱。独立以来，尽管巴基斯坦政府也认识到

---

① S. Akbar Zaidi, *Issues in Pakistan's Economy*, Oxford University Press, Karachi, 2000, p. 356.

② Ministry of Finance, Government of Pakistan, *Pakistan Economic Survey 2013 - 14*, Islamabad, 2014, pp. 151 - 152.

③ S. Akbar Zaidi, *Issues in Pakistan's Economy*, Oxford University Press, Karachi, 2000, p. 362.

④ Ministry of Finance, Government of Pakistan, *Pakistan Economic Survey 2012 - 13*, Islamabad, 2013, Economic and Social Indicators.

⑤ ［巴］伊夫提哈尔·H. 马里克：《巴基斯坦史》，张文涛译，中国出版集团 2010 年版，第 16 页。

⑥ 世界银行：《2013 年世界发展数据手册》，中国财政经济出版社 2013 年版，第 163 页。

⑦ UNDP, *Human Development Report 2013*, New York, 2013, pp. 1, 43 - 46, 150.

了资本积累对经济发展的重要性，但是，由于工业财团、地主及其他既得利益者的反对和阻挠，政府官员也与各种既得利益者勾结，以及政府治理能力较弱等原因，巴在扩大税收基础、增加储蓄从而提高国家的投资率方面，一直做得不太成功。20 世纪 70 年代，巴基斯坦总投资年均占国内生产总值的 17.1%，21 世纪头 10 年年均占 17.9%，2013—2014 年度占 14.0%；同期，国民储蓄分别占国内生产总值的 11.2%、15.9% 和 12.94%。令人失望的是，20 世纪 80 年代以来，巴的投资总额占国内生产总值的比例不但没有提高，还有所下降，2004—2005 年度以后的国民储蓄占国内生产总值的比例也呈现下降趋势。更为详细的情况见表 2—5。巴基斯坦的投资能力在世界上是较低的。例如，2008 年，全世界的资本形成总值占国内生产总值的 22%。其中，低收入国家占 27%，下中等收入国家占 37%，东亚和太平洋地区占 40%，南亚占 36%，巴基斯坦占 22%。同年，全世界储蓄总额占国内生产总值的 21%。其中，下中等收入国家占 41%，东亚和太平洋地区占 48%，南亚占 35%，巴基斯坦占 20%。[①] 储蓄是投资的基础，投资是经济增长的基础。当代东亚及东南亚国家的经济发展过程十分清楚地表明，没有较高的储蓄和投资率，也就不可能有较高的增长率。巴基斯坦要使经济增长提速，必须进一步提高储蓄率和投资率。

2. 人口增长速度还较快，人力资本开发程度不高。独立以来，巴基斯坦的人口一直保持较高的增长率。1990—2008 年，世界人口增速为年均 1.3%，低收入国家为 2.2%，下中等收入国家为 1.4%，南亚国家为 1.7%，巴基斯坦为 2.4%，且预计巴基斯坦 2008—2015 年的人口还会以 2.2% 的速度增长。人口增长较快，会抵消相当大的一部分经济增长成果，还会对生态环境和社会发展带来一系列不利影响。2008 年，巴基斯坦的小学净入学率为 66%，中学净入学率为 33%。同期，低收入国家的小学净入学率为 80%，中等收入国家的为 88%，南亚国家的为 86%。2005—2008 年，低收入国家的成人（15 岁及以上人口）男性识字率为 76%，女性为 63%；中等收入国家分别为 88% 和 77%，巴基斯坦分别为 67% 和 40%。[②] 此外，巴基斯坦婴幼儿死亡率、孕产妇死亡率等也较高。上文指

---

① 世界银行：《2010 年世界发展指标》，中国财政经济出版社 2010 年版，第 255—256 页。

② 同上书，第 63—64 页，107—108 页，第 115—116 页。

出，在人类发展指数项目上，在有统计数据的 187 个国家和地区中，2012
年巴基斯坦仅排名第 146 位，排名较靠后。更深入的分析见本书第十章。

表 2—5   巴基斯坦总投资和国民储蓄占国内生产总值的百分比*

年度	总投资	国民储蓄	缺口	年度	总投资	国民储蓄	缺口	年度	总投资	国民储蓄	缺口
1970—1980	17.1	11.2	5.9	1994—1995	18.4	14.3	4.1	2005—2006	19.33	15.2	4.13
1980—1990	18.7	14.8	3.9	1995—1996	18.8	11.6	7.2	2006—2007	18.79	14.0	4.79
1990—2000	18.3	13.8	4.5	1996—1997	17.7	11.6	6.1	2007—2008	19.21	11.0	8.21
2000—2010	17.9	15.9	2.0	1997—1998	17.3	14.3	3.0	2008—2009	17.55	12.0	5.55
1980—1981	18.8	15.1	3.7	1998—1999	15.6	11.7	3.9	2009—2010	15.80	13.6	2.20
1984—1985	18.3	12.9	5.4	1999—2000	17.4	15.8	1.6	2010—2011	14.11	14.2	-0.09
1988—1989	18.9	14.1	4.8	2000—2001	17.2	16.5	0.7	2011—2012	15.08	13.0	2.08
1990—1991	19.0	14.2	4.8	2001—2002	16.8	18.6	-1.8	2012—2013	14.57	13.5	1.07
1991—1992	20.1	17.0	3.1	2002—2003	16.9	20.6	-3.7	2013—2014	13.99	12.94	1.05
1992—1993	20.7	13.6	7.1	2003—2004	17.3	18.7	-1.4				
1993—1994	19.4	15.7	3.7	2004—2005	16.6	17.9	-1.3				

注：*每 10 年的数据为年均数；缺口指国民储蓄占国内生产总值百分比与总投资占国内生产总值
百分比之间的百分比差额；2013—2014 年度的数据为暂定数；一些年度缺口数据为笔者计算数。

资料来源：K. Amjad Saeed, *The Economy of Pakistan*, Oxford University Press, Karachi, 2007,
p. 133；Ministry of Finance, Government of Pakistan, *Pakistan Economic Survey 2012 - 13*, Islamabad,
2013, Economic and Social Indicators; Ministry of Finance, Government of Pakistan, *Pakistan Economic
Survey 2013 - 14*, Islamabad, 2014, p. 18.

3. 政府债务负担较重。从 1980 年到 2008 年的 28 年，巴基斯坦的债
务剧增了 25 倍，2008 年 6 月达 62970 亿卢比，相当于人均负债 39000 卢
比。在这期间，内债所占比例从 38.5% 增加到 54%，外债所占比例从
61.3% 减少到 46%。① 1990 年债务最高时，曾相当于国内生产总值的

———————

① ［巴］法斯赫·乌丁、M. 阿克拉姆·斯瓦蒂：《巴基斯坦经济发展历程——需要新的范
式》，陈继东、晏世经等译，巴蜀书社 2010 年版，第 184—185 页。

91.7%，2008 年为 59.1%，2012 年 3 月为 58.2%；同期，债务额相当于政府收入的 505%、404% 和 419%。随着债务规模的扩大，偿债负担越来越重，严重影响了政府用于经济社会发展的资金。2010—2011 年度，偿债负担相当于政府收入的 37.7%，相当于政府经常性支出的 29.4%，2011—2012 年度的相应数分别为 41.3% 和 33.4%。从 2008 年到 2011 年，巴基斯坦的偿债负担增长率高于政府的收入增长率和国内生产总值的增长率，2011 年底公债达到政府收入的 4.7 倍（合理状况应在 3.5 倍及以下）。[①] 多年来，巴基斯坦政府都在举新债还旧债，债务甚至威胁到了国家主权。

4. 农业在国民经济中所占比率还较高，工业比率却不够高。具体论述见本节下文关于经济结构和工业化水平部分。

二　经济结构不尽合理，工业化水平不高

从表 2—3 可见，进入 20 世纪 90 年代以来，巴基斯坦农业产值在国内生产总值中所占比例下降缓慢。到 2011—2012 年度，巴农业总产值还占国内生产总值的 21%，45% 的劳动力在农业部门就业，60% 的农村人口依靠农业维持生计。[②] 因此，农业对巴基斯坦经济发展影响重大。可是，与工业和服务业相比，农业受自然因素的影响更大，农业部门的效益较低，农业不可能实现工业和服务业那样的持续高增长。且巴基斯坦的农业受到水资源紧张，基础设施不足、生产技术较落后及一些不合理制度等因素的制约，生产起伏不定。巴基斯坦农业的现状，在一定程度上限制了其经济增长的速度。

巴基斯坦建国以来，虽然工业化取得明显进展，但直到目前为止，其工业水平还较低，工业门类不齐全，重工业和基础工业不发达，高科技产业很少。主要工业产业是纺织业、食品业，而石化产品业、钢铁业、冶金业、重型机械业、化工业、电子业等要么规模很小，要么几乎不存在。2011—2012 年度，纺织业和服装业占制造业的 46%，在该行业就业的人

---

① Ministry of Finance, Government of Pakistan, *Pakistan Economic Survey 2011 – 12*, Islamabad, 2012, pp. 126, 128.

② Ibid., p. 35.

员占制造业就业人员的38%。[1] 从表2—3可以看到,进入21世纪以来,巴工业产值在国内生产总值中所占比例不但没有增加,还有明显下降。

在现代化的过程中,多数国家产业结构的变化趋势是,开始时,三次产业在国内生产总值中的比重依次为一、三、二排列。当工业化达到一定水平时,排列顺序变为二、三、一,当经济发展和现代化达到更高水平时,排列顺序变为三、二、一。可是,巴基斯坦建国近67年来,虽然农业在国内生产总值中的比重下降了30个百分点,但按巴基斯坦政府新系列的统计数据,工业比重最高时也只比建国初提高约13个百分点。[2] 服务业的比重,在农业和工业水平还较低的情况下,就过早超过了工业和农业。表2—3中的数据指出,2012—2013年度,服务业已经占巴基斯坦国内生产总值的58.1%。而就服务业看,高水平、高科技行业的比重不高,主要以批发和零售贸易、运输和仓储为主,金融、保险、教育、科技、商务等的比重较小。比较而言,2011年,在人均国民收入为2600美元(巴基斯坦同一年的人均收入为1120美元),因而经济水平还比巴高一些的埃及,农业增加值占国内生产总值的14%,工业增加值占37%,服务业增加值占49%;在已经属于中高收入经济体、经济水平比巴高得多的马来西亚(人均国民收入为8770美元),农业增加值占国内生产总值的12%,工业增加值占40%,服务业增加值占48%;就是比巴经济水平低的非洲的津巴布韦(人均国民收入为660美元),农业增加值占国内生产总值的16%,工业增加值占37%,服务业增加值占47%。[3] 巴目前的这种经济结构,显得不太健康和合理,也不利于经济的可持续发展和就业问题的解决。

三　基础设施显得薄弱

目前,电力和天然气短缺是巴基斯坦许多产业生产受限的主要原因,而因为巴本国生产的石油有限,需要大量进口,给政府造成了巨大经济负

---

[1]　Ministry of Finance, Government of Pakistan, *Pakistan Economic Survey 2011 - 12*, Islamabad, 2012, p. 41.

[2]　Ministry of Finance, Government of Pakistan, *Pakistan Economic Survey 2012 - 13*, Islamabad, 2013, Staistical Appendices, Table 1. 2.

[3]　世界银行:《2013年世界发展数据手册》,中国财政经济出版社2013年版,第75页,第136页,第231页。

担。估计电力危机造成的经济损失每年接近 3800 亿卢比，约为国内生产总值的 2%，2008—2012 年政府提供给电力部门的补贴约为 11000 亿卢比。每天的天然气短缺量超过 20 亿立方英尺。2010—2011 年度，巴基斯坦的原油供应量为 7530 万桶，其中 68.1% 是进口的，只有 31.9% 是国内开采的。[①] 石油进口费用已经成为巴基斯坦沉重的经济负担，也是造成其国际收支赤字的主要原因。2007 年，世界人均耗电 2846 千瓦时，低收入国家为 324 瓦，下中等国家为 1310 千瓦时，巴基斯坦为 474 千瓦时。巴基斯坦的电信业较落后。2008 年全世界每百人拥有固定电话 19 部，每百人的移动电话用户为 61 户；低收入国家分别为 5 部和 28 户，下中等收入国家分别为 14 部和 47 户；巴基斯坦分别为 3 部和 53 户。同年，世界每百人固定宽带网用户为 6.21 户，低收入国家为 0.26 户，下中等收入国家为 2.59 户，巴基斯坦为 0.10 户。[②] 此外，巴基斯坦的交通基础设施远满足不了经济社会发展需要。巴基斯坦的国土面积为 796095 平方千米，但到 2011—2012 年度，全国公路总长仅 261595 公里，且主要靠约 12000 公里（只占全国公路总长的 4.6%）的国家公路承担运输任务，国家公路承担了 80% 的商业运载量。巴基斯坦的铁路长度仅 7791 公里。[③] 对于巴的基础设施建设情况，本书基础设施一章将深入展开论述。

四　多种非经济因素还将在不同程度上阻碍经济发展

从建国到目前，巴基斯坦经历了 1958 年前、1988 年至 1998 年频繁更换政府，以及佐·布托政府及 2008 年 8 月以来称不上稳定的民选政府时期，还有 4 位军人统治的 30 多年。2008 年 8 月非多数派的民选政府执政后，巴基斯坦议会、司法部门、总统和总理冲突不断，党派斗争激烈，政府腐败严重，司法系统效率较低。2013 年 5 月 11 日大选结束产生的谢里夫政府，也不是多数派政府。所以，我们还不能断言巴基斯坦已经建立较适合本国国情、有利于经济发展的稳定的政治制度。巴基斯坦还面临国

---

① Ministry of Finance, Government of Pakistan, *Pakistan Economic Survey 2011 - 12*, Islamabad, 2012, pp. 195 - 196, 203.

② 世界银行：《2010 年世界发展指标》，中国财政经济出版社 2010 年版，第 333—334 页、第 337—338 页。

③ Ministry of Finance, Government of Pakistan, *Pakistan Economic Survey 2011 - 12*, Islamabad, 2012, pp. 117, 180.

内安全局势严重，恐怖活动频繁，犯罪率高，教派冲突不断等问题。巴基斯坦中央与地方、各省区、各民族和各族群之间还存在各种矛盾，宗教极端势力、传统势力和现代势力之间存在不和及冲突，卡拉奇移民人口和原住民之间长期争斗，国内凝聚力有待增强，国家整合还需作出很大努力，加速推进。这些因素将继续在不同程度上影响巴基斯坦的经济发展。例如，巴国内发生的恐怖袭击加上安全部队的军事行动及其与武装分子的冲突、民族—政治暴力事件、无人机袭击、部落之间和武装分子之间的冲突、教派冲突、宗教—社区暴力事件、跨边界袭击和冲突、犯罪集团之间和犯罪集团与安全部队之间的冲突，2010 年为 3393 次，造成 10003 人死亡，10283 人受伤；2011 年为 2985 次，6736 人死亡，7107 人受伤；2012 年为 2217 次，5047 人死亡，5688 人受伤。[1]

　　巴基斯坦开伯尔—普什图省、俾路支省和中央直辖部落地区一些少数民族和族群，还处于部落社会管理方式下，社会发育程度较低，人们的观念较保守和传统，成人识字率极低，人口整体素质较低，也在一定程度上制约着巴的经济发展。

　　此外，巴基斯坦的经济发展还受到水资源短缺等环境因素的限制。世界银行在《2003 年世界发展报告》中已经提到，据 IWMI 的资料，巴的水资源开采已经超过了环境限制。[2] 2000 年，当全球人均可再生水资源为每人每年 7077 立方米时，巴仅为 1756 立方米，处于很低水平。从 1950 年到 2020 年，南亚国家人均淡水资源可得量下降 80% 以上。[3] 由于巴是南亚国家中水资源最短缺的国家，巴人均淡水资源的下降幅度更大。

---

① 陈继东、晏世经等：《巴基斯坦报告》（2012），云南大学出版社 2013 年版，第 7 页。

② 世界银行：《2003 年世界发展报告》，中国财政经济出版社 2003 年版，第 87 页。

③ Ramesh Thakur and Oddny Wiggen Edited, South Asia in the World: Problem solving perspectives on security, sustainable development, and good governance, United Nations University Press, New York, 2004, p. 211.

第 三 章

农业经济

从表1—1和1—2可知，巴基斯坦建国之初的1949—1950年度，农业占净国民生产总值的59.6%（西巴为53.2%），75.5%的劳动力（西巴为65.1%）从事农业。当时，巴是名副其实的以农业经济为主的国家。后来，虽然工业化取得明显进展，服务业发展较快，农业产值在国内生产总值中所占比例不断下降。但是，巴基斯坦大部分人口依然以农业及其附属产业为生计来源，大多数人口居住在农村地区，农业还为工业生产和服务业活动提供了原材料，为从事二、三产业的人口提供了粮食等食品。依赖农业为生的人口1951年是82%，1961年为77.5%，1972年为74.3%，1981年为71.72%。[1] 到2011—2012年度，巴基斯坦的农业总产值还占国内生产总值的21%，45%的劳动力在农业部门就业，60%的农村人口依靠农业维持生计。[2] 所以，我们完全可以说，直到今天，农业仍然是巴基斯坦最重要的产业部门。因此，在分门别类追述和分析巴基斯坦独立以来各部门的经济发展时，我们先讲农业经济。

第一节　土地改革

在发展中国家中，政府的农业发展战略、政策和措施对农业发展绩效影响巨大。发展农业生产主要有三种战略选择。一是制度变革，主要是土地制度的变革和改革；二是生产技术的变革；三是扩大耕地面积。本节介

---

[1] K. Amjad Saeed, *The Economy of Pakistan*, Oxford University Press, Karachi, 2007, p. 38.

[2] Ministry of Finance, Government of Pakistan, *Pakistan Economic Survey 2011 - 12*, Islamabad, 2012, p. 35.

绍分析独立后巴基斯坦政府进行土地改革的情况及土地改革对农业生产产生的影响。

一　独立前巴基斯坦的土地制度

在前资本主义社会，由于农业是最大产业部门，因此土地制度是最重要的制度。在莫卧儿帝国统治期间，巴基斯坦的土地制度是这样的：名义上土地国有，国王是土地的最高所有者。国王把大部分土地交由各村社农民占有和耕种。在村社农民和国家之间，国王指定、委派中间人柴明达尔（zamindar）代表国王收税，每个柴明达尔负责收税的土地范围大小不一，他们没有土地的所有权和占有权。柴明达尔征收的税收中，规定数量的由柴明达尔上交国家，剩余部分的为柴明达尔自己占有。此外，国王还把一部分土地连同土地上的村民分封给对国王有功的扎吉达尔（jagirdars），扎吉达尔从自己领地上的村庄向农民收税，税收归自己享用。但是，扎吉达尔对国王承担义务，即要为国王服务，国王有战事时要出兵出力。扎吉达尔封地上的村社农民是土地的实际占有者和使用者，负责耕种土地，向扎吉达尔交税。

所以，在莫卧儿帝国统治时期，巴基斯坦还没有真正的土地私有制，土地所有权、占有权和使用权在国王（国家）、柴明达尔、扎吉达尔和村社农民之间分割。

英国人统治巴基斯坦后，正如在英印帝国的其他地区一样，改变了原有的土地制度。英国人主要推行了两种土地制度。一种仍叫柴明达尔制，柴明达尔的职责仍然是负责征收土地税。但是，这时的柴明达尔在与土地的关系方面，已经发生了质的变化，他们对英国人交由他们负责收税的土地，有了出卖、抵押、转让的权利。当然，在柴明达尔土地上，购买和接手土地者，同时也就承担了向国家交税的柴明达尔的职责。所以，这时的柴明达尔，实际上已经是地主。英国人推行的另一种土地制度叫莱特瓦尔（ryotwari）制，即把土地分成小块，交给农民耕种，由农民直接向国家交税。莱特瓦尔对自己占有的土地，也可以买卖、抵押和转让。所以，莱特瓦尔制实际上是小农土地所有制。后来，由于经营不善、自然灾害、高利贷剥削、强权欺凌等原因，许多莱特瓦尔失去了自己的土地，变成了佃农或农业劳工。这样，英国人就把土地私有制带入了印度，使巴基斯坦的土地制度发生了实质变化。

根据艾哈迈德·哈桑·汗的统计数据，1947 年，在信德和旁遮普，75% 的 农 业 人 口 是 小 农 土 地 所 有 者 和 佃 农（peasant-proprietors and tenants）。信德的大部分农场是由叫哈里斯（haris）的自愿佃农（tenants-at-will）耕种的，他们租种的面积占可耕地的 50% 以上。在旁遮普，58% 以上的耕地面积由叫穆扎林（muzaraeen）的自愿佃农租种。拥有 5 英亩及以下土地的小农土地所有者占有地农户的 67%，他们占有总耕地面积的 30%。[①] 从表 3—1 可见，到 1950—1955 年间，巴基斯坦拥有 5 英亩及以下土地的农户占农户总数的 64.4%，他们占有耕地面积的 15.3%；拥有 5—25 英亩土地的农户占农户总数的 28.7%，他们占有耕地面积的 31.7%；拥有 25—100 英亩土地的农户占农户总数的 5.7%，他们占有耕地面积的 21.8%；拥有 100—500 英亩土地的农户占农户总数的 1.1%，他们占有耕地面积的 15.8%；拥有 500 英亩及以上土地的农户占农户总数的 0.1%，他们占有耕地面积的 15.4%。1946—1947 年度，信德拥有 5 英亩及以下土地的农户占农户总数的 29.8%，他们占有耕地面积的 3.6%；拥有 5—25 英亩土地的农户占农户总数的 46.0%，他们占有耕地面积的 18.8%；拥有 25—100 英亩土地的农户占农户总数的 16.2%，他们占有耕地面积的 23.2%；拥有 100—500 英亩土地的农户占农户总数的 7.1%，他们占有耕地面积的 25.3%；拥有 500 英亩及以上土地的农户占农户总数的 0.9%，他们占有耕地面积的 29.1%；旁遮普拥有 5 英亩及以下土地的农户占农户总数的 66.3%，他们占有耕地面积的 15.7%；拥有 5—25 英亩土地的农户占农户总数的 28.9%，他们占有耕地面积的 39%；拥有 25—100 英亩土地的农户占农户总数的 4.1%，他们占有耕地面积的 21.9%；拥有 100—500 英亩土地的农户占农户总数的 0.6%，他们占有耕地面积的 13.6%；拥有 500 英亩及以上土地的农户占农户总数的 0.1%，他们占有耕地面积的 9.9%。可见，信德的土地集中情况比旁遮普严重，旁遮普以小农土地所有制为主，信德以地主土地所有制为主，盛行租佃制。

大多数拥有大量土地的柴明达尔把土地划分成 15 英亩以下的地块，租给佃农耕种，还派监工监督佃农耕种。在旁遮普，柴明达尔需要将收缴

① Khan, Mahmood Hasan, *Underdevelopment and Agrarian Structure in Pakistan*, Westview Press, Boulder, 1981, pp. 131 – 132.

的净地租的 50% 上交国家，信德的上交比例是 33%。租种柴明达尔土地的佃农是分成佃农，他们除付出劳力外，还要自带两头耕牛，提供农具和种子，交水费。他们在理论上获得租种耕地收成的 50%。在信德和旁遮普，佃农哈里斯和穆扎林的租佃权不受法律保护，他们与柴明达尔签订的契约（合同）是口头上的，且一年一签。但旁遮普叫毛如斯·穆扎林（maurusi muzaraeen）的佃农的土地租佃权以及与柴明达尔签订的契约受《1887 年旁遮普租佃法》的保护。[①] 拥有少量土地的小农，许多人因为土地面积太小，且随着人口增加，土地进一步碎分，不得不去租种柴明达尔的土地，生计艰难。可见，当时巴基斯坦的租佃制很不公平，对佃农十分不利，不利于农业生产发展。佃农的土地租种权得不到保护，租种的地块常常每年不一样，因而对增加农业投入和产量的积极性不高。柴明达尔对增加土地投入也缺乏动力，他们中的许多人是在缺地主，只管收租，不问农业经营。

由于英国人统治期间引入、承认、保护土地私有制及土地私有权，实行货币地租制，农产品市场产生，商品化农业经营不断发展，1860 年以后土地交易市场建立，大批无地自愿佃农存在，所以，我们可以推断，在英国人统治期间，巴基斯坦已经出现了资本主义农业，一些大土地所有者已经转向或实施了资本主义农业经营，资本主义农场主或农业资本家已经产生，传统的农业封建制度开始走向衰落。

二 独立后巴基斯坦政府的土地改革政策措施

上文已经指出，独立初巴基斯坦有一个不劳而获的柴明达尔地主阶级存在，大量存在的租佃制农业经营方式，剥削现象严重，既不公平，也不利于农业生产发展。与此同时，巴基斯坦还有大量只有很小一片土地的小农，他们拥有的土地不足以维持生计，还需要租种地主土地，生计艰难。因此，为促进巴基斯坦的经济社会发展，进行土地改革，十分必要，也非常紧迫。对此，巴基斯坦一些有远见的政治家和社会人士是有认识的。例如，以真纳为首的穆斯林联盟在巴基斯坦独立初的一份评论中明确指出："现行土地制度已经过时并且于农业发展有害，应作大规模的改变"。穆

---

① Khan, Mahmood Hasan, *Underdevelopment and Agrarian Structure in Pakistan*, Westview Press, Boulder, 1981, pp. 132 - 133.

盟还建立了土地改革委员会，指定该委员会专门调查巴基斯坦的土地制度，提出土地改革建议。该委员会 1949 年 6 月提出了报告，主张国家应当控制和管理农民土地分配制度，建议实行土地占有最高限额制，个人占有土地的最高限额灌溉地为 150 英亩，非灌溉地为 450 英亩，要求立即改实物地租为货币地租，取消佃农的额外劳役。[1]

但是，在独立初，巴基斯坦地主的势力非常强大。在巴基斯坦的穆盟委员会中，大地主占旁遮普代表的 50%，占信德代表的 60%。旁遮普、信德和西北边省政府的首席部长都是大地主。在 1951 年旁遮普省的议会选举中，大地主赢得了 80% 的席位，在 1953 年信德省的议会选举中，大地主赢得了 90% 的席位。[2] 所以，独立后西巴的土地改革一再拖延，1959 年才进行。

表 3—1　　　　独立初巴基斯坦的土地所有制情况（1950—1955）

农户及占有土地量 / 农场规模	全国		旁遮普省		信德省	
	有土地所有权的农户数	占有的土地数（英亩）	有土地所有权的农户数	占有的土地数（英亩）	有土地所有权的农户数	占有的土地数（英亩）
全部土地数	5068376 (100.0)	48642530 (100.0)	3555457 (100.0)	28309744 (100.0)	337665 (100.0)	10285021 (100.0)
5 英亩及以下	3266137 (64.4)	7425614 (15.3)	2358119 (66.3)	438517 (15.7)	100601 (29.8)	365817 (3.6)
5—25 英亩	1452421 (28.7)	15438138 (31.7)	1029108 (28.9)	11041708 (39.0)	155163 (46.0)	1937073 (18.8)
25—100 英亩	286470 (5.7)	10616308 (21.8)	146893 (4.1)	6198128 (21.9)	54792 (16.2)	2390358 (23.2)

[1] 李德昌：《巴基斯坦经济发展》，四川大学出版社 1992 年版，第 80—81 页。
[2] S. Akbar Zaidi, *Issues in Pakistan's Economy*, Oxford University Press, Karachi, 2000, pp. 28 – 30.

续表

农户及占有 土地量 农场规模	全国		旁遮普省		信德省	
	有土地所有 权的农户数	占有的土地 数（英亩）	有土地所有 权的农户数	占有的土地 数（英亩）	有土地所有 权的农户数	占有的土地 数（英亩）
100—500 英亩	57287 (1.1)	7671537 (15.8)	19401 (0.6)	3842986 (13.6)	24064 (7.1)	2600123 (25.3)
500 英亩以上	6061 (0.1)	7490933 (15.4)	1936 (0.1)	2788405 (9.9)	3045 (0.9)	2991650 (29.1)

注释：旁遮普省的是 1954—1955 年度的数据，包括以前的巴哈瓦尔普尔省（State of Bahawalpur）在内，信德省的是 1946—1947 年度的数据，包括以前的凯尔普尔省（State of Khairpur）在内。括号中的数据为百分比。

资料来源：Khan, Mahmood Hasan, *Underdevelopment and Agrarian Structure in Pakistan*, Westview Press, Boulder, 1981, p. 68. 转引自 S. Akbar Zaidi, *Issues in Pakistan's Economy*, Oxford University Press, Karachi, 2000, p. 35。

1. 20 世纪 50 年代初的租佃制改革

20 世纪 50 年代初，巴基斯坦各省都制定了改革租佃制的法案。主要目的是固定或降低佃农上交地主的地租，废除封建劳役，保证佃农的土地租佃权，使永久租佃制下的佃农获得土地所有权。例如，1950 年旁遮普通过的租佃法规定，地主除向分成佃农收取 50% 的作物收成外，不得再收取贡赋、杂税和其他任何徭役。1952 年旁遮普通过租佃法修正案，规定废除永久租佃制（occupancy tenancy），把土地所有权转让给佃农，将地主向分成佃农征收的农作物份额由 50% 减少为 40%。[①] 1950 年信德通过的租佃法，规定地租额最多不得超过收成的一半，如果佃农负责全部生产费用，地租额最高不得超过收成的 1/3；规定租佃权一经建立，必须受到保护。但是，如果地主要求自耕或机耕，可收回佃农的土地，地主从其他土地中给予佃农大体相当的土地，或按规定给予赔偿。1950 年西北边省的租佃法规定，废除永久租佃制，处于永久租佃制下的佃农，付给地主 10 倍地租额的现金，便获得耕种土地的所有权；同年规定了 3 年租佃权，

---

① S. Akbar Zaidi, *Issues in Pakistan's Economy*, Oxford University Press, Karachi, 2000, p. 28.

地主可在佃农不按期交租、不按当地习惯耕种或在未分产品前就拿走产品的情况下，收回土地。①

2. 1950 年东孟加拉省的土地改革

上述诸省的土地改革，只涉及租佃制，但 1950 年 2 月 26 日东孟加拉省通过的《东孟加拉土地征收和租佃法》，改革较全面和深入。它规定：取消"中间人"（柴明达尔）地主，一切田赋均由政府征收；取消中间人后，土地的实际耕种者成为国家的直接佃户，直接向国家缴纳地租，这种佃户和农民对耕地享有永久的继承权和转让权；平等、公平地确定新的地租，30 年内不得提高；所有自耕农户占有的土地最高限额为每个家庭 100标准必加（standard bighal，3.3 必加等于 1 英亩），或每个家庭成员 10 必加，在无论哪种情况下，都外加 10 必加住宅地。在特殊情况下，最高限额可放宽。超过最高限额的土地由政府有偿征收后分给无地农业劳工及拥有土地少得不经济的农户。东巴能够率先进行内容全面的土地改革，首先在于当时东巴的地主柴明达尔多是印度教教徒，他们在印巴分治时逃到了印度的西孟加拉邦，征收印度教教徒柴明达尔的土地，废除其中间人地位，不仅不会遭到反对，对东巴穆斯林统治者而言，还能使他们借机笼络人心，获得农民支持，巩固自己的统治。东巴当时能够推行内容较广的土地改革的另一个原因是当地人口密集，人均耕地面积比西巴少得多，这里的农民生活比西巴更苦，不满情绪更高，政府面对的压力更大。规定土地占有的最高限额，对无地农业劳工及少地农民来讲，并没有带来多少好处。因为，由于土地最高限额定得较高，政府征收到的土地很有限。根据巴基斯坦 1960 年的农业普查材料，东巴占地 25 英亩（合 82.5 标准必加，尚未达到最高限额 100 必加）及以上的地主仅占东巴农户总数的 0.5%，他们只占有东巴土地面积的 5%。另外，当时的东孟加拉省政府并没有实施土地改革最高限额立法的愿望。1958 年东巴政府任命收入委员会调查《土地征收和租佃法》的执行情况。该委员会提出的建议表明，《土地征收和租佃法》并没有得到执行。该委员会建议把土地最高限额从 100 必加提高到 300 必加，特别情况下甚至可以达到 400 必加；只有 1958 年直接向国家交地租的佃农，才可以成为他们耕种土地的所有者。这样一个倒退性质的建议公然得到接受，但没有得到执行。而且，土地改革法对耕种

---

① 杨翠柏、李德昌编著：《当代巴基斯坦》，四川人民出版社 1999 年版，第 190 页。

东巴全部耕地面积约 10%—19% 的叫布尔加达尔（burgardars）的分成佃农，没有给予任何保护。[1]

3. 1959 年西巴的土地改革

1958 年阿尤布·汗军人政权上台后，为树立同情农民反对大地主的"革命的"及"民粹的"形象，着手准备土地改革。它任命了一个土地改革委员会。根据该委员会的建议，1959 年 2 月 7 日，《西巴基斯坦土地改革条例》以"军法管制第 64 号令"的名义正式颁布执行。该改革条例的主要内容是：（1）每个农户占有的灌溉地的最高限额为 500 英亩，非灌溉地的为 1000 英亩。大学及其他教育机构、宗教和慈善机构、奶牛场和果园可增加 150 英亩。（2）超过最高限额由政府征收的土地，以为期 25 年的免息债券进行补偿。（3）政府征收到的土地，首先出售给正在耕种这些土地的佃农，佃农在 25 年内分期支付购买款。（4）所有永久佃农都应成为他们耕种土地的所有者。（5）保护临时佃农或信德叫哈里斯的佃农，以免被地主夺佃。（6）在分成租佃制下，地主和佃农各得收成的 50%。（7）禁止地主向佃农收取其他劳役及现金。（8）废除免税的扎吉尔封地，对扎吉达尔不给任何补偿。（9）在重新分配土地时，64 英亩的整块耕地为"经济持有地块"，12.5 英亩的地块为"维持生计持有地块"，两者不能再碎分。

由于军人政权的土地改革更多的是在政治上做姿态，在争取下层农民支持的同时，也不得罪地主阶级，所以，政府的《土地征收和租用法》为地主逃避法律留下了不少漏洞，政府对该法的实施也是半心半意的，同时土地记录方面存在的问题也使得土地改革难于顺利开展。结果，实施该法后，有 5064 个地主申报自家的土地持有量超过最高限额，但最后受到影响的只有 763 人，只占 15%，申报超过限额的土地面积为 5478945 英亩，最后政府征收的只有 1903788 英亩，仅占申报数的 34.75%。而且，政府征收到的 57% 多的土地，是山地、沙漠、荒地等不适于耕种的土地。到 1967 年，政府收回的土地中只有 50% 卖出，其中卖给无地佃农的只有 20%，其余的被政府拍卖给了富农、文职及军职官员。到 1994 年 6 月，政府征收到的土地为 1022927 公顷，政府处置了 955656 公顷，还有 67271

① B. M. Bhatia, *Pakistan's Economic Development 1948 - 88*, Konark Publishers PVT. LTD., New Delhi, 1989, pp. 161 - 163.

公顷未处置，受益人数为 186555 人。[①] 而且，地主得到 9.26 亿卢比的补偿。事实上，由于最高限额定得过高，土改法漏洞多，受到影响的地主较少，大多数地主还欢迎政府的土改政策。例如，信德的一个地主说，"由于总统宽宏大量"，政府的土改政策对他们是极其慷慨的。西北边省的一个领头地主则公开声称，"要是土地改革推迟，就可能发生破坏现存地主与佃农间友好关系的暴力革命"。此外，对佃农而言，他们需要的是对现耕种的土地的所有权，但改革很少触及这个问题。所以，这次土地改革并不像官方宣扬的那样具有革命性。[②]

4. 佐·布托政府的土地改革

接管政权后不久，为实现竞选诺言，争取农民支持，佐·阿·布托政府就于 1972 年 3 月 1 日颁布了重新确定土地最高限额的土地改革法令，推行新一轮土地改革。法令规定，土地最高限额灌溉地为 150 英亩，非灌溉地为 300 英亩，或相当于 1.2 万个产量指数单位（Produce Index Unit）的土地，拥有拖拉机及管井的农户，还可增加 2000 个产量单位指数的土地；政府征收的超额土地，不给补偿，无偿分给耕种这些土地的无地佃农及拥有土地数量少于最低生计额的小农或佃农；分成租佃制保持不变；田赋、水费和种子费由地主承担，化肥及杀虫剂的费用由地主和佃农平均承担；如果佃农不交地租、不耕种土地、转租租来的土地、把土地变得不适于耕种，可由田赋法庭决定驱逐佃农。[③]

1977 年佐·布托下台前，又通过了一个《土地改革法》。该法规定：每户持有的土地最高限额灌溉地为 100 英亩，非灌溉地为 200 英亩，或相当于 8000 个产量指数单位的土地；政府征收的超过最高限额的土地，按每个生产指数单位 30 卢比进行补偿；政府征收到的土地的分配办法按 1972 年的规定执行。但这个土地改革法在布托下台后，接管政权的军政府没有实施。[④]

---

① S. Akbar Zaidi, *Issues in Pakistan's Economy*, Oxford University Press, Karachi, 2000, pp. 29 – 31.

② B. M. Bhatia, *Pakistan's Economic Development 1948 – 88*, Konark Publishers PVT. LTD., New Delhi, 1989, pp. 164 – 166.

③ S. Akbar Zaidi, *Issues in Pakistan's Economy*, Oxford University Press, Karachi, 2000, p. 28.

④ Ibid..

　　佐·布托政府的改革，虽然从立法文辞上表现得更激进、更彻底，但从实施看，政治作秀的成分比军人政府有过之而无不及。尽管布托政府的土地改革法大大降低了每个农户可以占有的土地最高限额，但可以按产量指数单位折算，以及可以个人而不是家庭为实施单位等规定，实际上又使地主可以转移土地，可以占有远远高于最高限额的土地。例如，一个 5 口之家在穆尔坦县可占有灌溉地 1240 英亩，在穆扎法加尔县可占有 2000 英亩，在纳瓦布萨可占有 2480 英亩，在塔塔县可占有 2818 英亩。[①] 加上政府实施不力，地主千方百计逃避，政府收回的土地还不到 1959 年改革收回数的一半。在 1972—1978 年，政府分配了 308390 英亩收回的土地，受益人数为 50548 人，仅 1% 的无地佃农和小农受益。[②] 从表 3—2 可见，到 1994 年 6 月，政府总共才收回 481244 公顷土地，处置了 295937 公顷，185307 公顷还未处置，受益人为 71501 人。因此，布托政府的土地改革，并没有遭到地主反对，相反地主还支持布托政权。布托通过免征小农土地税、无偿分配宅基地等，使大约 800 万无地、少地农民和农业工人得到实惠，这批下层农村民众对布托政府也有好感。[③]

表 3—2　　　　到 1994 年 6 月巴基斯坦实施土地改革的进展　单位：公顷，个

省份	政府收回的土地面积	处理面积	剩余面积	受益人数	省份	政府收回的土地面积	处理面积	剩余面积	受益人数
1959 年改革					1972 年改革				
旁遮普	511244	505082	6162	109889	旁遮普	121593	94583	27010	36017
信德	346307	300091	46216	46131	信德	112920	72477	40442	17167
西北边省	112108	97287	14821	24314	西北边省	57415	55122	2293	12811
俾路支	53268	53196	72	6221	俾路支	189316	73755	115562	5506
总数	1022927	955656	67271	186555	总数	481244	295937	185307	71501

　　资料来源：Government of Pakistan, *Agricultural Statistics*, 1993 - 94, Islamabad, 1995, p. 129. 转引自 S. Akbar Zaidi, *Issues in Pakistan's Economy*, Oxford University Press, Karachi, 2000, p. 31。

---

① 李德昌：《巴基斯坦经济发展》，四川大学出版社 1992 年版，第 86 页。
② S. Akbar zaidi, lssues in pakistan's Econing, Oxford University, Katachi, 2002, p. 31.
③ 李德昌：《巴基斯坦经济发展》，四川大学出版社 1992 年版，第 86 页。

5. 土地改革的新情况

2004 年，穆沙拉夫政府强化实施佐·布托政府的《土地租赁改革修正案（1972）》，回收并分配的土地被认为超过了 1959 年、1972 年和 1977 年三次的总和。[①] 按巴基斯坦政府的统计，到 2012 年 6 月 30 日，政府共回收土地 354.84 万公顷，分配 130.72 万公顷，受益人数为 26.4 万人。[②]

6. 土地改革评价

从巴基斯坦政府的土地改革内容和实际实施情况看，我们认为巴基斯坦的土地改革是保守的、不彻底的，且只取得有限的成功，这就对此后巴农业和农村经济的发展带来了一些消极影响。

一是由于土地改革不彻底，封建半封建的土地所有制及其生产方式的残余得以长期保留，影响了农业发展。巴的土地改革不要求废除租佃制。土地改革后，不少地主对自己占有的土地，依然采取传统的出租剥削经营方式和耕作方法，缺乏足够的土地改良和投入；而租种地主土地的佃农，由于没有土地所有权，需要交最高达农作物收成一半以上的地租，加上经济能力有限，不愿意对土地进行必要的投入和改良，甚至不积极改变生产技术，这就影响了农业生产的发展。从表 3—3 可见，到 2010 年，巴还有 91.62 万个农场（占农场总数的 11%）是佃农农场，他们租种的土地面积为 589.4 万英亩，占耕地面积的 11%。

二是土地改革后，巴基斯坦的土地占有情况依然很不公平，造成了巴农村大面积的贫困状况。土地改革后，在大农占有大量土地的同时，许多农业劳工无一寸土地，许多小农只占有一小片土地。有材料表明，从 1960 年到 1990 年，巴基斯坦的土地分布基尼系数不但没有下降，还有所提高。1960 年，巴的土地分布基尼系数为 0.5137，1972 年为 0.5177，1980 年为 0.5353，1990 年为 0.5835。[③] 从表 3—4 可知，与 1960 年相比，2010 年，巴的土地占有更不均衡。1960 年 0.29% 的农场占有 10% 的土

---

① 林建永：《巴基斯坦土地所有权状况对农业规模经营的影响》，《农业展望》2008 年第 12 期。

② Ministry of National Food Security and Research, Government of Pakistan, *Agricultural Statistics of Pakistan 2011–2012*, Islamabad, 2013, Table 72.

③ Mahmood, Moazam, 1999 年《农用土地改革》，转引自林建永《巴基斯坦土地所有权状况对农业规模经营的影响》，《农业展望》2008 年第 12 期。

地，2010 年 0.16% 的农场占有 11% 的土地。有的研究说，巴不到农户总数 5% 的封建地主及其代理人，控制着约 2/3 的可耕地。根据 2010 年的农业统计，在信德省，50 多万农户经营的土地不到 5 英亩，占农户人口50% 多的边际农，人均土地不足 1/3 英亩。与此同时，规模达 50 英亩的地主农场占有 300 万英亩土地，规模达 150 英亩的地主农场占有 100 万英亩土地。[①] 在发展中国家，土地是农村人口最重要的可维持生计并创造收益的资产，还影响到他们的社会地位，只要拥有一定数量的土地，就能免于陷入贫困状态。土地改革后，由于巴还有大量农村人口没有土地，许多小农的土地不足以养家活口，他们因而成为农村贫困的主力，大量农村人口长期处于贫困的悲惨境地，巴贫困问题的解决也变得很困难。世界银行2002 年对巴基斯坦贫困人口的评估表明："有一半的农村人口没有土地，40% 的无地农民构成了贫困人口的 70%，而拥有 10 英亩以上土地的人口中只有不到 3% 属于贫困人口。"[②] 尽管 1950 年信德省的租佃制改革规定，在分成租佃制下，地主分成不得超过农作物收成的 50%。但是，直到目前，信德省一些农村分成佃农在向地主支付种子、化肥、杀虫剂、水的费用及债务利息后，得到的农作物收成不足 1/4。许多小农和佃农都被迫向地主举债，陷入了债务中，被地主束缚于土地上。[③]

三是不平等的农村经济政治结构限制了农业生产和农村的发展。土地改革后，在巴农村中，地主、大农由于占有很多土地，经济实力强，他们因而也是政治上最有影响的人物，一般把持着农村政权，巴政府为农业发展提供的各种补贴、水资源、电力和贷款等，首先被他们获得，广大小农处于不利地位。在这种局面下，巴的农业生产和农村发展当然受到了不利影响。封建租佃制及其残余的继续保留，也阻碍了农业生产的发展。

四是巴的工业化受到影响。土地改革后封建半封建因素以及农村政治经济结构对农业发展的制约，使得巴农业生产发展的潜力没能充分发挥，农民收入有限，大量农村贫困人口存在，致使以农产品为原料的工业产业

---

① Jan Breman, Land Flight in Sindh, *Economic and Politica Weekly*, Vol-XLVIII No. 09, March 02, 2013.

② 转引自林建永《巴基斯坦土地所有权状况对农业规模经营的影响》，《农业展望》2008 年第 12 期。

③ Jan Breman, Land Flight in Sindh, *Economic and Politica Weekly*, Vol-XLVIII No. 09, March 02, 2013.

发展受到原料供应不足的限制，农民购买农用工业产品以及日用工业产品的能力有限，抑制了工业产品市场的扩大。

最后，土地占有不平均影响到了巴基斯坦的就业情况。一些经验性的研究表明，"和大农场相比，小农场有更大的劳动力吸收潜力。来自印度、智利、台湾、玻利维亚、秘鲁和墨西哥的材料，已被引用以说明小农场吸收的每单位耕地的劳动力比大农场更多"。① 巴农村存在大量失业和就业不足的现象，失业者和就业不足的人员主要是无地农业劳工以及土地极少的农民。在这种背景下，如果巴的土地分配较为平均，许多人的就业问题就能够得到解决或缓解。因为没有土地流入城市的农民，也很难找到工作。

但是，巴基斯坦的土地改革还是产生了一些积极影响。首先，一些佃农、小农、无地农业劳工从土地改革中受益，他们或获得了一些土地的所有权，或获得了宅基地，他们的生产积极性和社会地位因而得到提高，在一定程度上解放了农业生产力，促进了农业发展。其次，土地最高限额法的实施，使得地主大规模的土地兼并不再合法，使得更多的农民拥有了土地。从表3—3可见，1960年，巴41.1%的农场是所有者农场，它们占农场总面积的38.3%；2010年，82%的农场是所有者农场，它们占有农场总面积的75%。这种情况的出现，有多重原因，但土地改革无疑起了一定作用。另外，土地改革对佃农制的逐渐衰败起到了一定作用。土地改革的主要内容之一，就是租佃制改革。土地改革后，国家的政策法规对租佃制作出了系列限制，地主实行租佃制不再像以前有利可图了，加上别的一些原因，很多地主不再出租土地而自主经营，佃农制逐渐衰微。同样从表3—3可知，1960年佃农农场占农场总数的41.7%，佃农租种的土地占土地总面积的39.2%；2010年，相应数分别下降为11%和11%。在下文关于土地所有制的变化中，我们将对佃农制的衰弱深入论述，这里不再多言。最后，通过土地改革，原来免税的扎吉达尔贵族土地制被废除了，政府从中收回了30万英亩土地，每年增加约300万卢比的税收。②

---

① Amart Singh and A. N. Sadhu, *Agricultural Problem in India*, Bombay, 1986, p. 121.

② S. Akbar Zaidi, *Issues in Pakistan's Economy*, Oxford University Press, Karachi, 2000, pp. 29 – 30.

表3—3　　　　　五次农业统计中巴基斯坦土地所有制的变化情况

单位：万个、万英亩

	农场数	农场面积	所有者农场数	所有者农场面积	所有者兼佃农农场数	所有者兼佃农农场面积	佃农农场数	佃农租种面积
1960年，全国	485.9	4892.6	199.8 (41.1)	1872.1 (38.3)	83.5 (17.2)	1101.1 (22.5)	202.6 (41.7)	1919.4 (39.2)
旁遮普	322.6	2921.2	142.2 (42.8)	1116.8 (38.2)	62.3 (18.7)	718 (24.6)	128.1 (38.5)	1086.4 (37.2)
信德	69.4	1019	15 (21.6)	322.9 (31.7)	6.1 (8.8)	147.4 (14.5)	48.3 (69.6)	548.7 (53.8)
西北边省	67.4	546.3	32.5 (48.2)	118.7 (21.7)	13.7 (20.3)	187.1 (34.2)	21.2 (31.5)	172.2 (31.5)
俾路支	16.5	406.1	10.1 (61.2)	245.4 (60.4)	1.4 (8.5)	48.6 (12)	5.0 (30.3)	112.1 (27.6)
1972年，全国	376	4905.8	156.8 (41.7)	1939.8 (39.5)	89.6 (23.8)	1516 (30.9)	129.6 (34.5)	1450 (29.6)
旁遮普	237.5	3102.9	100.8 (42.4)	1195 (38.5)	68.3 (28.8)	1105.1 (35.6)	68.4 (28.8)	802.8 (25.9)
信德	74.7	945.9	17.8 (23.8)	290.9 (30.8)	9.7 (13.0)	175.9 (18.6)	47.2 (63.2)	479.1 (50.7)
西北边省	46.6	425.1	25.6 (54.9)	161.5 (38)	10.3 (22.1)	171.3 (40.3)	10.7 (23)	92.3 (21.7)
俾路支	17.2	431.1	12.6 (73.3)	292.4 (67.7)	1.3 (7.6)	63.7 (14.7)	3.3 (19.2)	75.8 (17.2)
1980年，全国	407	4709.4	222.7 (54.7)	2453.3 (52.1)	78.9 (19.4)	1239.6 (26.3)	105.4 (25.9)	1016.5 (21.6)
旁遮普	254.5	2889.8	138.5 (54.4)	1488.3 (51.5)	61.8 (24.3)	933.4 (32.3)	54.2 (21.3)	568.1 (19.7)
信德	79.5	920.6	32.3 (40.6)	435 (47.3)	8.5 (10.7)	152.8 (16.6)	38.7 (48.7)	332.8 (36.2)
西北边省	52.8	409.9	36.1 (68.4)	238.8 (58.3)	7.2 (13.6)	110.3 (26.9)	9.5 (18)	60.8 (14.8)
俾路支	20.2	389.1	15.8 (78.2)	291.2 (74.8)	1.4 (6.9)	43.1 (11.1)	3 (14.9)	58.4 (15)

续表

	农场数	农场面积	所有者农场数	所有者农场面积	所有者兼佃农农场数	所有者兼佃农农场面积	佃农农场数	佃农租种面积
1990年，全国	507.1	4731.9	349.1 (68.8)	3072.3 (64.9)	62.6 (12.3)	898.2 (19)	95.4 (18.7)	761.4 (16.1)
旁遮普	295.7	2710.7	205.4 (69.5)	1665.6 (61.4)	46.4 (15.7)	660.4 (24.4)	43.9 (14.8)	384.7 (14.2)
信德	80.2	860.4	40.6 (50.6)	509.8 (59.3)	6.1 (7.6)	104 (12.1)	33.5 (41.8)	246.6 (28.7)
西北边省	106.9	582.8	83.5 (78.1)	425.1 (72.9)	8.9 (8.3)	90.2 (15.5)	14.5 (13.6)	67.5 (11.6)
俾路支	24.3	578	19.6 (80.7)	471.8 (81.6)	1.2 (4.9)	43.6 (7.5)	3.5 (14.4)	62.6 (10.8)
2010年，全国	826.4	5291.0	674.3 (82)	3943.2 (75)	60.44 (7.0)	758.4 (14)	91.62 (11)	589.4 (11)
旁遮普	525.0	2932.6	432.5 (82)	2060.2 (70)	45.23 (9)	536.8 (18)	47.28 (9)	335.6 (11)
信德	111.5	986.9	78.4 (70)	783.0 (79)	4.51 (4)	74.6 (8)	28.61 (26)	129.4 (13)
西北边省	154.0	557.0	134.0 (87)	176.0 (78)	9.35 (6)	32.3 (14)	10.68 (7)	17.2 (8)
俾路支	35.95	814.5	29.6 (82)	665.2 (82)	1.35 (4)	67.3 (8)	5.05 (14)	82.1 (10)

注：括号外的数据为农场数和农场面积数，括号内的数据为各类农场占各类农场总数的百分比以及各类农场面积占农场总面积的百分比。

资料来源：Government of Pakistan, *Pakistan Economic Survey*, 1994 – 95, Islamabad, 1995. 转引自 S. Akbar Zaidi, *Issues in Pakistan's Economy*, Oxford University Press, Karachi, 2000, pp. 41 – 42; Ministry of National Food Security and Research, Government of Pakistan, *Agricultural Statistics of Pakistan 2011 – 12*, Islamabad, 2013, Table 66。

那么，巴基斯坦的土地改革为什么是保守的、不彻底的，且连保守的、不彻底的改革也只能取得很有限的成功呢？究其原因，首先是由于巴基斯坦独立初及独立以后相当长一段时期内国家政权的性质决定的。独立后巴基斯坦的国家政权不是通过资产阶级革命，更不是通过共产党领导的新民主主义革命建立的，独立后相当长一段时间内，国家政权掌握在官僚资产阶级、地主和军人手中，地主在地方上的影响尤其突出。1947 年，在穆斯林联盟（独立初巴基斯坦的主要政党和执政党）中央委员会中，来自旁遮普的有 50% 是大地主，来自信德的有 60% 的是大地主。从独立开始，旁遮普、信德和西北边省的首席部长都是大地主。

在 1951 年旁遮普省议会的选举中，大地主赢得了 80% 的席位，在 1953 年信德省议会选举中，大地主赢得了 90% 的席位。① 推行土地改革的佐·布托总理，其家庭出生就是大地主。这样的国家政权推行的土地改革，当然就会照顾地主阶级的利益，在改革立法中当然就会为地主留下可钻的漏洞。当时如果巴基斯坦的土地改革能够彻底进行，相反还成了怪事。其次，巴基斯坦广大下层农民缺乏组织，也没有真正代表他们政治利益的政治组织为他们谋利益。由于来自下层农民方面的压力很小，政府推进土地改革的态度就不认真，力度也不大，拖延情况突出。另外，土地记录的不齐全在一定程度上也影响了土地改革的实施。

三　土地所有制的变化

1. 基本情况

从有关材料和巴基斯坦政府 2010 年前进行过的几次农业统计和调查中，我们可以看出独立后巴基斯坦的土地所有制朝着以下几个方向演变：

第一，有土地所有权的农户数有巨大增加，他们占有的土地在总农场面积中的比例同样有巨大上升。从表 3—3 可见，1960 年，这类农户拥有的农场有 199.8 万个，占各类农场数的 41.1%，他们占有的土地为 1872.1 万英亩，占总农场面积的 38.3%；1980 年，这类农户拥有的农场有 222.7 万个，占各类农场数的 54.7%，他们占有的土地为 2453.3 万亩，占总农场面积的 52.1%；2010 年，这类农户拥有的农场有 674.5 万个，

① S. Akbar Zaidi, *Issues in Pakistan's Economy*, Oxford University Press, Karachi, 2000, pp. 29 - 30.

占各类农场数的 82%，他们占有的土地为 3943.2 万英亩，占总农场面积的 74.5%。可见，在 50 年间，这类农场总数增加了 40.9 个百分点，几乎增长一倍，他们占有的土地总量增加了 36.2 个百分点。

第二，土地所有者兼佃农（有一些有土地所有权的土地同时又租种土地的农户）的农场数量下降，由它们占的土地总量有所减少。从表 3—3 可见，1960 年，这类农户的农场有 83.5 万个，占各类农场数的 17.2%，他们占有的土地为 1101.1 万英亩，占总农场面积的 22.5%；1980 年，这类农户拥有的农场有 78.9 万个，占各类农场数的 19.4%，他们占有的土地为 1239.6 万英亩，占总农场面积的 26.3%；2010 年，这类农户拥有的农场有 60.44 万个，占各类农场数的 7%，他们占有的土地为 758.4 万英亩，占总农场面积的 14%。在 50 年间，这类农场总数减少 10.2 个百分点，他们占有的土地总量减少了 8.5 个百分点。

第三，佃农户数有巨大下降，他们租种的土地总量也有巨大下降。佃农场数的减少，意味着佃农户数的减少。从表 3—3 可见，1960 年，这类农户拥有的农场有 202.6 万个，占各类农场数的 41.7%，他们租种的土地为 1919.4 万英亩，占总农场面积的 39.2%；1980 年，这类农场拥有的农场有 105.4 万个，占各类农场数的 25.9%，他们租种的土地为 1016.5 万英亩，占总农场面积的 21.6%；2010 年，这类农户的农场拥有的农场有 91.62 万个，占各类农户数的 11%，他们租种的土地为 589.4 万英亩，占总农场面积的 11%。在 50 年间，这类农户的农场总数减少了 30.7 个百分点，他们占有的土地总量减少了 28.2 个百分点。在独立前佃农制非常盛行的信德省，1960 年的佃农农场占农场数的 69.6%，他们租种的耕地面积占 53.8%。可是，2010 年，佃农农场占比已经降为 26%，租种面积占比更降到仅占 13%。

第四，1990 年以前，每个农场的平均土地面积有所下降，边际农农场的平均面积有显著增加，中小型农场的平均面积有一定减少，大农农场的平均面积明显下降，但此后大农农场的平均面积显著增加。1960 年，巴基斯坦所有农场的平均面积为 10.07 英亩，1990 年为 9.38 英亩，减少 0.69 英亩；同期，边际农农场（占有的土地在 5 英亩以下的农场）的平均面积由 1.91 英亩增加到 2.98 英亩，增加 1.07 英亩，增幅达 56%；占有土地 5—12.5 英亩的小农农场的平均面积由 8.14 英亩降为 7.69 英亩，降低 0.45 英亩；占有土地 12.5—25 英亩的小农农场的平均面积由 17.19

英亩降为 16.4 英亩，降低 0.79 英亩；占有土地 25—50 英亩的中农农场的平均面积由 33.1 英亩降为 31.5 英亩，降低 1.6 英亩；占有土地 50—150 英亩的中农农场的平均面积由 74.31 英亩降为 70.33 英亩，降低 3.98英亩；占有土地 150 英亩及以上的大农农场的平均面积由 349.7 英亩降为311.44 英亩，降低 38.26 英亩。[①] 1990 年后，边际农户均土地不断下降，小农和中农户均占有的土地变化不大，略有增减，大农占有的土地在略有减少后又明显增加。从表 3—4 中的数据可以算出，2010 年，每个农场的面积降低到 6.4 英亩，边际农户均占有的土地退回到 1960 年的水平，为1.9 英亩；占有土地 5—12.5 英亩的小农农场的平均面积由 1990 年的7.69 英亩变为 7.44 英亩，降低 0.25 英亩；占有土地 12.5—25 英亩的小农农场的平均面积由 16.4 英亩变为 16.71 英亩，增加 0.31 英亩；占有土地 25—50 英亩的中农农场的平均面积由 31.5 英亩变为 31.88 英亩，增加0.33 英亩；占有土地 50—150 英亩的中农农场的平均面积由 70.33 英亩降为 69.79 英亩，降低 0.54 英亩；占有土地 150 英亩及以上的大农农场的平均面积由 311.44 英亩增至 435.3 英亩，增加 123.9 英亩，比 1960 年的水平还高不少。

第五，小农占有的土地面积有巨大增加，大农占有的土地面积陡然下降，比例已经不大，巴基斯坦已经由独立初地主土地所有制占绝对优势转变为小农土地所有制占绝对优势。从表 3—1 可见，1950—1955 年，巴基斯坦有 5 英亩以下土地的农户占全部有土地所有权农户数的 64.4%，他们占有的土地仅占巴土地总面积的 15.3%。而有 100—500 英亩土地的地主占全部有土地所有权农户数的 1.1%，他们占有的土地却占巴土地总面积的 15.8%，有 500 英亩以上土地的地主只占全部有土地所有权农户总数的 0.1%，他们占有的土地竟然占巴土地总面积的 15.4%。从表 3—4可见，到 2010 年，巴基斯坦规模在 5 英亩以下的农场占有的土地占总土地面积的 19%，规模在 5—12.5 英亩之间的农场占有的土地占总土地面积的 29%，规模在 12.5—25 英亩之间的农场占有的土地占总土地面积的18%，规模在 25—50 英亩之间的农场占有的土地占总土地面积的 13%，规模在 50—150 英亩之间的农场占有的土地占总土地面积的 10%，规模

---

① S. Akbar Zaidi, *Issues in Pakistan's Economy*, Oxford University Press, Karachi, 2000, pp. 40, 44.

表3—4

巴基斯坦各类农场数及其规模变化情况

农场规模	农场数	农场面积
1960年，全国	486	4893
5英亩以下	204.4 (49)	459.1 (9)
5—12.5英亩	134.0 (28)	1090.3 (22)
12.5—25英亩	72.9 (15)	1253.3 (26)
25—50英亩	28.6 (6)	946.8 (19)
50—150英亩	8.8 (2)	653.9 (13)
150英亩以上	1.4 (0.29)	489.6 (10)
1972年，全国	376.2	4906.1
5英亩以下	105.9 (28)	256.3 (5)
5—12.5英亩	150.1 (40)	1233.8 (25)
12.5—25英亩	79.4 (21)	1306.1 (27)
25—50英亩	28.9 (8)	921.5 (19)
50—150英亩	10.3 (3)	740.2 (15)
150英亩以上	1.6 (0.43)	448.2 (9.14)

农场规模	农场数	农场面积
1980年，全国	406.9	4709.5
5英亩以下	138.6 (34)	332.0 (7)
5—12.5英亩	160.4 (39)	1285.5 (27)
12.5—25英亩	70.5 (17)	1161.7 (25)
25—50英亩	26.4 (6)	838.6 (18)
50—150英亩	9.6 (2)	691.3 (15)
150英亩以上	1.4 (0.34)	400.4 (8.5)
1990年，全国	507.1	4757.5
5英亩以下	178.4 (35)	531.4 (11)
5—12.5英亩	169.9 (33)	1305.5 (27)
12.5—25英亩	62.3 (12)	1021.6 (21)
25—50英亩	23.8 (4.7)	749.5 (16)
50—150英亩	9.18 (1.8)	645.9 (14)
150英亩以上	1.54 (0.9)	478.2 (10)

农场规模	农场数	农场面积
2000年，全国	662.0	5042.6
5英亩以下	380.5 (58)	782.1 (16)
5—12.5英亩	185.7 (28)	1408.5 (28)
12.5—25英亩	58.0 (8.8)	961.5 (19)
25—50英亩	26.1 (3.9)	821.3 (16)
50—150英亩	9.3 (1.4)	653.3 (13)
150英亩以上	1.4 (0.21)	415.9 (8)
2010年，全国	826.4	5291.0
5英亩以下	535.1 (64)	1018.4 (19)
5—12.5英亩	204.9 (25)	1524.2 (29)
12.5—25英亩	56.07 (7)	936.1 (18)
25—50英亩	21.1 (3)	672.6 (13)
50—150英亩	7.95 (1)	554.8 (10)
150英亩以上	1.34 (0.16)	585.0 (11)

注：括号外的数据为农场数（万个）和农场面积（万英亩），括号内的数据为各类农场占农场总数的百分比（%）以及各类农场面积占农场总面积的百分比（%）。

资料来源：S. Akbar Zaidi, *Issues in Pakistan's Economy*, Oxford University Press, Karachi, 2000, Table 4.2, Table 4.3, Table 4.4, Table 4.5; K. Amjad Saeed, *The Economy of Pakistan*, Oxford University Press, Karachi, 2007, Table 3.6; Ministry of National Food Security and Research, Government of Pakistan, *Agricultural Statistics of Pakistan 2011–12*, Islamabad, 2013, Table 65. 经整理。

在 150 英亩及以上的农场占有的土地占总土地面积的 11%。如果我们把 2010 年占有土地 25 英亩以下的农民列为小农，那么他们占农场数的 96%，他们占有的土地占巴土地总面积的 66%，可是占有土地面积在 150 英亩及以上的大农仅占农场数的 0.16%，他们占有总耕地面积的 11%。但是，这种情况也表明，巴基斯坦的耕地碎分情况日益严重，许多小农和边际农的耕地远不足于养家糊口。

第六，各省之间的土地所有制情况存在较大差异。在有土地所有权的农户中，信德省的比例最低，目前开伯尔—普什图省的比例最高。从表 3—3 可见，1960 年，信德有土地所有权的农户占当地农户的 21.6%，旁遮普占 42.8%，西北边省（2010 年改称开伯尔—普什图省）占 48.2%，俾路支占 61.2%，巴基斯坦全国为 41.1%。2010 年，信德有土地所有权的农户占当地农户的 70%，旁遮普占 82%，开伯尔—普什图省占 87%，俾路支占 82%，巴全国为 82%。

在所有者兼佃农的农户中，目前旁遮普的比例最高，俾路支的最低。2010 年，信德所有者兼佃农的农户占 4%，旁遮普占 9%，开伯尔—普什图省占 6%，俾路支占 4%，全国为 7%。在佃农农场中，信德的比例最高，开伯尔—普什图省最低。2010 年，信德的佃农农场占 26%，旁遮普占 9%，开伯尔—普什图省占 7%，俾路支占 14%，全国为 11%。

在农场平均规模方面，信德起先大于旁遮普，后小于旁遮普，随后又超过了旁遮普，目前俾路支省最高。1960 年，巴基斯坦全国的农场平均规模为 10.07 英亩，旁遮普为 8.78 英亩，信德为 9.91 英亩。2010 年，巴全国的农场平均规模为 6.40 英亩，旁遮普为 5.6 英亩，信德为 8.8 英亩，开伯尔—普什图省为 2.9 英亩，俾路支省为 9.7 英亩。在土地集中即大中农场的比例方面，俾路支省最突出，但大农场的平均规模不大。2010 年，俾路支 150 英亩及以上的农场占 3.9%，信德占 0.21%，旁遮普占 0.077%，开伯尔—普什图省占 0.049%。与此相应，边际农数量开伯尔—普什图省的比例最高，俾路支的比例最低。2010 年，开伯尔—普什图省 5 英亩以下的农场占农场总数的 82%，旁遮普占 64%，信德占 56%，俾路支占 36%，全国为 64%。在农场数量和面积的比例方面，开伯尔—普什图省的比例明显增加，旁遮普的明显减少。1972—1990 年，旁遮普的农场面积由 3102.9 万英亩减少到 2710.7 万英亩，减少近 300 万英亩；信德的由 945.9 万英亩减少为 860.4 万英亩，但西北边省的由 425.1 万英亩增加到 582.8 万英亩，俾路支的由 431.9 万亩增加为 578 万英亩。2010年，全国土地面积为 5291 万英亩。其中旁遮普省为 2932.6 万英亩，信德省为 986.9 万英亩，开伯尔—普什图省为 557 万英亩，俾路支省为 814.5万英亩。1960 年，各省农场占全国的比例分别为旁遮普 68.5%、信德14.3%、西北边省 13.9%、俾路支 3.4%；到 2010 年，相应比例分别为63.5%、13.5%、18.6% 和 4.4%。开伯尔—普什图省农场数大量增加，与该省的边际农数量巨大相关。[①]

2. 土地所有制变化的原因

独立后巴基斯坦土地所有制发生上述变化的原因，主要可以归结为以下几点：首先，政府土地改革政策作用显著。上文指出过，巴基斯坦的土地改革十分保守，充分保护了地主阶级的利益。但是，由于实施了土地最高限额法，大多数地主还是把他们占有的土地分割小了，政府也征收到了一部分土地。在土地改革过程中，确实有一部分农民获得了土地，成为土地所有者。由于土地改革政策对佃农制做出了种种限制，地主实行佃农制再也没有改革以前那样有利可图了，政策和社会舆论环境也不支持佃农制，在新的农业政策及市场背景下，自主经营土地变得有利可图，从而使得许多原来的地主不愿再出租土地给佃农。加上大土地所有制的减少，能够出租的土地随之减少。这样，佃农制就逐渐衰微了，所有者兼佃农类的农户数也就不断下降。其次，人口大量增加及家庭模式变化导致农场不断分割，大中农场不断减少，小农农场和边际农农场不断增加。独立以来，巴基斯坦的人口由 1947 年的 2274 万，增加到 2013 年的 1.84 亿。人口大量增加及家庭规模朝着变小的方向变化，必然导致大量分家现象。而巴基斯坦家庭财产继承制度实行诸子继承而非长子继承，必然造成农场规模因不断分割而变小。另外，城市化的影响。旁遮普省和信德省是巴基斯坦开发较早、经济较发达的省份，城市化的推进自然较快，必然导致非农用地增加，耕地面积减少。独立以来，这两个省在新开发出不少耕地的同时，旁遮普省的总耕地面积几乎没有增加，信德省还有所减少。还有，西北边省和俾路支省有可以开垦的土地。俾路支省是巴基斯坦开发晚、经济不发

① S. Akbar Zaidi, *Issues in Pakistan's Economy*, Oxford University Press, Karachi, 2000, pp. 40, 44; Ministry of National Food Security and Research, Government of Pakistan, *Agricultural Statistics of Pakistan 2011 - 12*, Islamabad, 2013, Ttable 65.

达的地区，有些地方还处于部落制之下，面积较广袤。随着水利条件的改善和农业技术的改进，该省便开发出了大批新的耕地。而这个省经济社会发展的相对落后、水利设施少、游牧生产方式较流行，也为大土地所有制提供了条件和环境。

　　3. 土地所有制变化的意义和影响

　　首先，也是最重要的，是土地所有制的变化，使得巴基斯坦农业生产的生产关系和生产方式发生巨大变化。具体讲，就是封建生产关系日益式微，资本主义农业生产关系日益兴盛。从前文中，我们已经知道，1960年以来，所有者兼佃农的农户数有所减少，他们占有的土地也有所减少，佃农人数大量减少，以纯粹租佃制耕作的土地同样大量减少。同时，透过1980年巴基斯坦政府详细的农业统计数据，我们看到，有土地所有权的绝大多数大农和中农，对自己的土地实行自主经营。拥有25—50英亩土地的中农，65%的土地自主经营；拥有50—150英亩土地的中农，77%的土地自主经营；拥有150英亩以上土地的大农，86%的土地自主经营。[①]这些实行自主经营的大中农，由于生产的农产品主要用于市场销售，主要农业投入如化肥、电力、拖拉机等来源于市场，他们仅凭自己及家人不可能种那么多地，必然雇佣或多或少的无地农业劳工。因此，他们的农业经营性质主要是资本主义的，说他们的主要身份是资本主义农场主或农业资本家，恐怕并不过分。从表3—4可见，2010年，农场规模在12.5英亩以上的农场只占全部农场的11.16%，但它们占有的土地占52%，但鉴于这些农场所有者的土地规模以及他们的经济和政治实力，他们才是巴基斯坦农村的主导力量，也是巴基斯坦农业发展的主导力量，是商品粮和经济作物的主要提供者。

　　其次，巴基斯坦农业及农村变为以小土地所有者即小农在数量方面占绝对优势。从表3—3、表3—4以及上文分析土地所有制变化基本情况的第五点中，我们知道，独立初，有土地5英亩以下的农户占总农户的64.4%，有土地5—25英亩的农户占28.7%，合计占93.1%，在人数上占绝对优势，但他们拥有的土地仅分别占总耕地面积的15.3%和31.7%，在土地占有方面不占据优势。到1990年，拥有5英亩以下土地的农场占

---

　　① S. Akbar Zaidi, *Issues in Pakistan's Economy*, Oxford University Press, Karachi, 2000, p. 39.

农场总数的 35%，有土地 5—12.5 英亩的农场占 33%，有土地 12.5—25 英亩的农场占 12%，三者占有农场总数的 80%，它们分别占有总耕地的 11%、27% 和 21%，合计为 59%。由于小型农场的拥有者基本是小农，这样，小农不仅人数占绝对优势，他们占有的土地也超过全国的半数，居于优势。把 2010 年占有土地 25 英亩以下的农民列为小农，那么他们占农场数的 96%，他们占有的土地占巴土地总面积的 66%，达 2/3。显然，1990 年以后，巴基斯坦农村的土地所有制比独立初公平多了，从土地占有情况看，一部分农户的经济地位和社会地位得到了提高。可是，当考虑到在 1972 年巴基斯坦政府的土地改革法中，把 12.5 英亩土地作为一个家庭维持生计需要的土地量时，形势就不那么乐观了。2010 年，89% 的有地农户的土地持有量都在 12.5 英亩即维持生计所需要的数量下，其中持有土地量不到 1 英亩的农户就高达有地农户总数的 15%，1—2.5 英亩以下的有地农户占 28%。[①] 这种状况意味着巴农村大多数有地农户的土地不足于保障他们家庭的基本生存需求，他们中的许多人将陷入贫困状态，贫困程度很深，巴要解决农村贫困问题难度很大。

巴基斯坦独立后几十年间土地所有制发生的变化告诉我们，对于一个没有经历过资产阶级革命或新民主主义革命、人口规模又很大的国家而言，由于地主、资产阶级、官僚和军人联合控制着国家政权，不可能进行彻底的土地改革，因而封建半封建的土地所有制残余将长时间保留，相当长的一段时间内小农土地所有制将占主导地位，转向资本主义农业的过程将费时较长，虽然广大下层农民的地位也可以得到一定改善，但大多数只有很少土地的农民和农村无地农业劳工将长期处于贫困状态中。

第二节 绿色革命

独立后至 20 世纪 60 年代中期以前，巴基斯坦政府一直以工业化作为政府经济发展的中心，农业发展没有受到应有的重视，有的政策还对农业发展不利。这期间，巴政府推行了 20 世纪 50 年代初的土地改革和 1959 年的土地改革，但如上文所言，改革成效有限，所以通过制度变革为主的

---

① Ministry of National Food Security and Research, Government of Pakistan, *Agricultural Statistics of Pakistan 2011 – 2012*, Islamabad, 2013, Table 65.

战略发展农业生产没有多大成效。因此，巴基斯坦农业增长缓慢，由粮食净出口国变为每年需要大量进口粮食。在这种背景下，从 1965 年起，巴基斯坦政府开始重视农业发展，实施绿色革命，转为以技术变革为主的战略发展农业生产。

绿色革命是在引进、培育和推广高产农作物品种的基础上，积极兴修水利设施，增加灌溉面积，增施化肥和农药，辅以必要的农业机械、信贷等发展农业的战略和政策。它极大地促进了实施这种战略及政策的国家的农业生产，产生了深远的经济、政治和社会影响。

一 引进、培育和推广使用农作物高产品种

1965 年，巴基斯坦从墨西哥引进高产小麦品种，后来又从菲律宾引进高产水稻品种。此后，结合巴基斯坦的实际，巴政府通过农业科研和推广机构，不断改良、培育和推广使用高产农作物品种，并使高产品种的范围扩大到小麦、水稻外的主要农作物。起先，绿色革命主要在旁遮普省一些农业各方面发展条件较好的地区开展，后来才逐步扩大到其他地区。

种植高产小麦的耕地面积，由 1966—1967 年度的 25 万英亩，增加到 1971—1972 年度的 825 万英亩，1985—1986 年度达 1829 万英亩；种植高产水稻的面积由 1972—1973 年度的 159 万英亩，上升到 1986—1987 年度的 486.8 万英亩。[1] 进入 20 世纪 80 年代，高产品种扩大到甘蔗、棉花及粗粮等农作物。各种高产品种的供应量从 1982—1983 年度的 7 万吨，增至 1990—1991 年度的 10.7 万吨。[2] 改良种子的分配量从 1990—1991 年度的 8.327 万吨，提高到最高的 2010—2011 年度的 40.646 万吨。在高产品种中，巴基斯坦自己培育的有 NIBA - 78 和 MNH - 129 棉种及巴斯马蒂 -375 稻种等著名品种。近些年各种农作物使用改良种子的情况见表 3—5。从表 3—5 可见，近些年使用改良品种增长最多的是水稻，然后是玉米，再次是小麦，棉花使用的则大量下降，油料作物使用的有一定下降。数据说明，在小麦和水稻外，巴使用改良种子的空间还非常大。

---

① B. M. Bhatia, *Pakistan's Economic Development 1948 - 88*, Konark Publishers PVT. LTD., New Delhi, 1989, p. 160.

② 李德昌：《巴基斯坦经济发展》，四川大学出版社 1992 年版，第 94 页。

表 3—5　　　　　2004—2005 年度以来巴基斯坦各种农作物使用
改良种子情况　　　　　　　单位：千吨

	2004—2005	2005—2006	2006—2007	2007—2008	2008—2009	2009—2010	2010—2011	2011—2012	2013—2014 *
小麦	171.20	168.12	163.46	204.25	250.76	266.35	295.64	295.65	271.25
水稻	9.72	12.52	11.90	18.86	31.78	22.20	25.90	34.52	37.13
玉米	5.95	9.06	9.25	9.78	10.45	8.74	1.69	9.24	14.39
棉花	28.90	34.17	31.79	29.87	19.64	12.46	7.37	5.44	17.18
鹰嘴豆	0.57	0.41	0.38	0.26	0.18	0.20	0.30	0.30	0.69
油料作物	1.78	1.79	1.82	1.65	1.81	2.68	0.12	1.23	1.36
总数	218.12	226.07	218.60	264.67	314.63	312.63	331.02	356.38	342.00

注：* 2013 年 7 月至 2014 年 3 月的数据。鹰嘴豆的数据是豆类的。

资料来源：Ministry of National Food Security and Research, Government of Pakistan, *Agricultural Statistics of Pakistan 2011 – 12*, Islamabad, 2013, Table 72; Ministry of Finance, Government of Pakistan, *Pakistan Economic Survey 2013 – 14*, Islamabad, 2014, p. 32.

二　加强水利设施建设，扩大灌溉面积

巴基斯坦大部分适于农业生产的区域干旱少雨，发展农业急需兴修水利设施。开展绿色革命后，高产农作物品种对水的依赖更大。所以，历届巴政府都重视兴修水利设施，扩大灌溉面积，绿色革命实施后，则进一步加大水利设施建设的力度。

1960 年在联合国调停下与印度签署《印度河用水条约》后，巴基斯坦实施了"印度河流域发展计划"，将印度河及其西部两条支流的河水西水东调，向印度河东岸的比亚斯河、拉维河和萨特累季河三条印度河支流下游干涸地区供水。这项工程包括修建曼格拉水坝、塔贝拉水坝两座大型水坝，储水能力分别为 10.5 亿立方米和 140 亿立方米，到 20 世纪 90 年代初，两座水坝的发电量分别达到 80 万千瓦和 175 万千瓦；还包括 8 条运河，总长 626 公里，总排水量为 3.13 万立方米/秒，以及 5 个拦河堰，总长 5 公里，每秒放水 3.05 万立方米。该工程共耗资 35 亿美元。1974 年塔贝拉水坝完工，标志着"印度河流域发展计划"完成。此外，到 1986 年 6 月，巴政府还另外修建运河 48 条，运河及灌溉水渠总长 6.3 万公里，

总排水量为 7.625 万立方米/秒。①

　　巴基斯坦兴修水利设施的另外一项重要举措是以政府补贴等方式鼓励农民挖掘管井。绿色革命前的 1960—1961 年度至 1964—1965 年度，以大农和中农为主，共挖掘了 2.5 万口管井。绿色革命开展后，农民们挖掘管井的积极性空前提高。1964—1965 年度，巴有管井 3.4 万口，1975 年剧增至 15.6 万口。管井灌溉面积在 1959—1969 年间增加了 6 倍。② 1990—1991 年度，巴政府及私人挖掘的管井数达到 33.98 万口，2012—2013 年度再增为 110.44 万口。③

表 3—6　　　　　1990 年以来巴基斯坦农业投入供给的一些情况

	水可得量（MAF）	化肥用量（千吨）	贷款额（亿卢比）	公私管井（千口）	杀虫剂进口量（吨）	灌溉面积（百万公顷）	拖拉机产量（辆）
1990—1991	119.62	1892.90	149.15	339.8	13030	16.75	13841
1995—1996	130.85	2515.05	191.81	485.1	30479	17.58	16218
2000—2001	134.77	2964.00	447.90	659.3	21255	17.82	32553
2005—2006	137.98	3804.00	1374.74	999.6	33954	19.12	49439
2006—2007	137.80	3672.00	1688.30	1025.8	29089	19.10	54610
2007—2008	137.80	3581.00	2115.61	1016.1	27814	19.28	53607
2008—2009	131.51	3711.00	2330.10	1070.0	28839	19.37	60107
2009—2010	133.70	4360.00	2481.20	1070.4	38227	18.58	71730
2010—2011	137.16	3933.00	2630.22	1103.4	36183	18.68	70855
2011—2012	135.86	3861.00	2938.50	1104.4	31820	18.86	72455
2012—2013	137.51	2709.00	2310.37	1104.4	12665	18.86	51796

　　注：MAF 指百万英亩英尺；2012—2013 年的数据是 2012 年 6 月至 2013 年 3 月的。

　　资料来源：Ministry of Finance, Government of Pakistan, *Pakistan Economic Survey 2012 - 13*, Islamabad, 2013, Statistical Appendices Table 2.1B, Table 2.9, Table 2.11.

---

　　① 杨翠柏、李德昌编著：《当代巴基斯坦》，四川人民出版社 1999 年版，第 193—194 页。

　　② S. Akbar Zaidi, *Issues in Pakistan's Economy*, Oxford University Press, Karachi, 2000, pp. 24 - 25.

　　③ Ministry of Finance, Government of Pakistan, *Pakistan Economic Survey 2011 - 12*, Islamabad, 2012, p. 24.

由于不断兴修水利设施，巴基斯坦的供水能力不断提高，灌溉面积不断扩大。从表3—6可见，1990—1991年度，供水能力增加到1.1962亿英亩英尺（acre feet），2012—2013年度又进一步提高到1.3751亿英亩英尺。灌溉面积1950—1951年度为925万公顷，占耕地面积的61.1%，1986—1987年度扩大到1606公顷，占77.2%。[①]到2012—2013年度，巴的灌溉面积已扩大到1886万公顷，超过耕地面积的3/4，占耕地面积的比例在世界上是很高的。

三　增施化肥和农药

巴基斯坦的耕地缺乏养分情况突出。据研究测试，巴基斯坦所有的土地都缺少氮，80%—90%的土地缺少磷，30%的土地缺少钾。因此增施化肥能大大提高巴基斯坦的农作物产量。据测算，每增施1公斤化肥养分，可以提高8公斤谷物（小麦、玉米和水稻）产量，2.5公斤棉花产量和114公斤去叶甘蔗产量。[②]1952—1953年度，巴基斯坦的化肥消费量仅为1000营养吨，1964—1965年度增加到8.72万吨，此后迅速攀升到1981年的110万吨，[③]1990—1991年度的189.29万吨和2009—2010年度最高的436万吨（见表3—6）。

高产农作物易发生虫灾，因此需要施用和喷洒农药进行保护。在巴基斯坦，一般情况下，病虫害会使农作物产量减少15%—20%，遇到大灾减产可达50%。因此，巴政府很重视农作物病虫害的防治。1984—1985年度，地面施放农药面积为195万公顷，空中喷洒为19万公顷，1988—1989年度的相应数为285万公顷和49万公顷。农药进口量1982—1983年度为8860吨，1987—1988年度为1.6407万吨。[④]2003—2004年度进口杀虫剂41406吨，2011—2012年度为31820吨。

---

①　李德昌：《巴基斯坦经济发展》，四川大学出版社1992年版，第90页。

②　Ministry of Finance, Government of Pakistan, *Pakistan Economic Survey 2011 – 12*, Islamabad, 2012, p. 24.

③　B. M. Bhatia, *Pakistan's Economic Development 1948 – 88*, Konark Publishers PVT. LTD., New Delhi, 1989, p. 159.

④　杨翠柏、李德昌编著：《当代巴基斯坦》，四川人民出版社1999年版，第196页。

四　推进农业机械化

农业机械化主要表现于拖拉机的使用。随着绿色革命的开展，巴基斯坦农民购买和使用拖拉机的人越来越多。1960 年，巴仅有 1665 辆农用拖拉机，1968 年增至 16583 辆，1986 年剧增为 187225 辆。巴农民使用的拖拉机绝大多数是大型的。根据 1993—1994 年度的统计资料，79.9% 的拖拉机的马力数在 46—55 之间，16.9% 的在 56—65 之间。拥有拖拉机的农户以中小农为主，如 1984 年占有土地 25—50 英亩的农户，20% 有拖拉机，占有土地 12.5—50 英亩的农户，27% 的有拖拉机，占有土地 5—12.5 英亩的农户，29% 的有拖拉机。[①] 从表 3—6 可见，随着农民对拖拉机需求的增加，巴的拖拉机产量迅速增加，1990—1991 年度生产 13841辆，2011—2012 年度达 72455 辆。

五　绿色革命的影响

1. 积极影响

一是绿色革命大大提高了农作物的单产及农业生产率，从而提高了农作物的总产量。根据巴基斯坦政府的统计资料，1965—1966 年度，巴基斯坦水稻的总产量为 137.1 万吨，小麦的为 391.6 万吨，单产分别为每公顷 760 公斤和 984 公斤；到 1985—1986 年度，水稻总产提高到 291.9 万吨，小麦的提高到 1392.3 万吨，单产分别提高至 1567 公斤和 1881 公斤。[②] 从表 3—7 和表 3—8 可见，到 2013—2014 年，小麦每公顷的产量达2796 公斤，总产为 2526.8 万吨，是 1965—1966 年度的几乎 3 倍和 6.5倍；水稻每公顷的产量为 2437 公斤，总产为 679.8 万吨，是 1965—1966年度的 3 倍多和近 5 倍。

二是绿色革命提高了农民的收入，特别是大中农的收入，同时也拉大了农民间的收入差距。由于生产率提高，农作物总产量有较大增加，农民的收入自然增加。一项调查表明，1965—1966 年度，大农从农场获得的收入为 4458.8 卢比，小农为 2532.2 卢比，佃农为 1208.2 卢比；到

---

①　S. Akbar Zaidi, *Issues in Pakistan's Economy*, Oxford University Press, Karachi, 2000, pp. 66 – 67.

②　李德昌:《巴基斯坦经济发展》，四川大学出版社 1992 年版，第 97 页。

1970—1971 年度，三者的收入分别为 8309.8 卢比、5127 卢比和 2915.8 卢比。① 但是，考虑到小农、佃农的收入主要用于维持生计，没有更多农产品出售，大中农却更多是为市场而生产，追求利润，所以，农民间的收入差距实际上进一步扩大。

三是增强了农业与工业及服务业的联系，促进了城镇化发展。绿色革命开展后，农业发展需要大量工业部门制造的化肥、农药、管井设备、拖拉机等，需要大量农业研究开发机构培育和改良的高产农作物种子，需要提供上述产品的商业及农机修理服务等。同时，农业为相关工业企业提供的原料大量增加。这样，农业与上下游产业的联系增强，在农村地区兴起了一些以商业服务和农机修理为主的小城镇，增加了不少就业机会。据研究，20 世纪 60 年代末，农业设备制造业提供了 10.6 万个就业岗位，在 5 个工业城镇，管井制造提供了 7000—8000 个就业岗位。② 在实行密集耕作法的农场，对劳动力的需求也增加了。

四是绿色革命还改变了许多农民对教育的态度。因为他们看到，只有学习必要的知识，特别是学习农业生产和管理的知识，才能掌握新的农业生产技术，提高农场管理水平，促进农业生产发展，给自己带来更大收益。

2. 消极影响

当然，事物发展都具有两面性。绿色革命在带来系列深远的、有益的影响的同时，也产生了一定不良影响。除前面提到的农民收入差距扩大外，它拉大了地区间农业发展的差距。绿色革命的开展需要一系列较好的农业条件作支撑。实施绿色革命的地区，比那些不具备相应条件实施绿色革命的地区，不仅农业，其他一些方面发展得也都较好。另外，因为用水和使用农药增加，绿色革命带来了土地盐碱化、硬化、污染等问题。还有，绿色革命进一步加重了农村地区政治经济权力的不平衡。绿色革命后，大农在农村的政治经济权力增强，对农村发展的影响增大，广大小农、边际农和无地农业劳工处于更加不利的地位。大中农经济实力的提高，加上他们基本为市场而生产，对国家经济发展的影响扩大，他们的政治实力也提高，对权利的要求增加，对国家政治发展的影响增大。据桑德

---

① K. Amjad Saeed, *The Economy of Pakistan*, Oxford University Press, Karachi, 2007, p. 266.

② Ibid., p. 265.

拉特纳研究，20 世纪 70 年代初巴基斯坦人民党在选举中获胜，与绿色革命中受益农民的支持是分不开的。[①]

不过，与绿色革命带来的积极影响相比，不利影响是很次要的。

第三节   其他农业政策

除土地改革和绿色革命外，巴基斯坦政府的其他一些重要农业发展政策措施，对农业发展也产生了重要作用。

一   制定价格政策

农产品价格政策对农业发展有引导和激励作用。较高的、有较好利润空间的农产品价格政策，可以激励农民对农业耕作投入更多人力和物力，促进农业产量增加。相反，不稳定的、较低的农产品价格，则会挫伤农民的生产积极性。20 世纪 60 年代前，巴基斯坦政府的主要经济发展战略和政策是大力推进工业化，实行的是不利于农业发展的农产品价格政策，从农业中抽取工业发展需要的资金，同时使工业企业可以获得低价农业原料，使城市人口获得便宜的生活消费品，压低产业工人的工资。

巴基斯坦国家农业委员会在 1988 年的综合报告中指出，独立后的头 20 年，巴政府把食品零售价格固定在较低水平，以此压低相关农产品的市场价格；对棉花出口征收很高的出口税，使国内的棉纺织企业能够买到低价的棉花；禁止农产品在县际和省际流通，以低价垄断收购小麦和稻米；压低植物奶油（vegetable ghee）的价格，从而压低了籽棉及油菜籽等含油种子的价格；以高估本国货币比值的方式兑换农业出口所得外汇，1960—1971 年以这种方式等于从农业出口收入中平均征收89% 的兑换税；在易货贸易中，压低农产品价格，抬高工业产品价格；低价进口农产品，压低国内农产品价格。[②] 根据斯蒂芬·刘易斯的研究，1951—1952 年度至 1953—1954 年度，相对于世界价格，巴基斯坦国内的农产品价格很低，国内农业贸易条件仅为 39.8%。后来虽然不断提高农

---

① S. Akbar Zaidi, *Issues in Pakistan's Economy*, Oxford University Press, Karachi, 2000, p. 27.

② Ibid., p. 56.

产品价格，但到 1961—1962 年度至 1963—1964 年度，国内农业贸易条件还只是 61.9%。[①]

到 20 世纪 60 年代，鉴于日益严峻的粮食生产形势，巴基斯坦政府才调整了农业发展政策，开始采取激励农业发展的一些措施，主要是对农业投入提供补贴，补贴的范围先后扩大到化肥、种子、作物保护、管井挖掘、农业机械、用水用电等。随着时间的推移，在 90 年代实行经济结构调整、削减各种补贴之前，巴政府的各项补贴支出不断增加。1979—1980 年度，巴政府的各种补贴支出为 38.21 亿卢比，1987—1988 年度增至 83.43 亿卢比。[②] 这些补贴中的很大一部分是各种农业补贴。

巴基斯坦政府还实行农产品价格保护。从 20 世纪 70 年代起，开始提高农产品价格，1971—1972 年度，每 40 公斤小麦的价格已经提高到 18.22 卢比，而 1957—1958 年度仅 10.27 卢比。从 80 年代开始，对农产品实行价格保护，政府在农作物播种前，就公布农作物收获后的最低收购价格，保证农民能获得适当收益，提高生产积极性。后来，巴政府还建立了农业价格委员，作为政府制定农产品价格政策的咨询机构。巴政府实行支持价格的农产品包括小麦、稻米、棉花、甘蔗、油料作物、洋葱、土豆、鹰嘴豆等。随着农业经营成本的上升和物价上涨，农产品支持价格也在不断提高。1986—1987 年度，每 40 公斤小麦的收购价达到了 80 卢比。[③] 1990—1991 年度，小麦收购价为每 40 公斤 112 卢比，2000—2001 年度为 300 卢比，2012—2013 年度为 1200 卢比。同期，旁遮普每 40 公斤甘蔗的收购价分别为 15.3 卢比、35 卢比和 170 卢比。每 40 公斤普通质量稻米的收购价 1990—1991 年度为 127 卢比，2008—2009 年度为 1400 卢比。[④]

二 增加投入和信贷

巴基斯坦政府制订的经济发展计划中，都有农业发展资金。第一个五

---

① B. M. Bhatia, *Pakistan's Economic Development 1948 – 88*, Konark Publishers PVT. LTD., New Delhi, 1989, p. 104.

② Ibid., p. 257.

③ 李德昌:《巴基斯坦经济发展》，四川大学出版社 1992 年版，第 113—114 页。

④ Ministry of Finance, Government of Pakistan, *Pakistan Economic Survey 2012 – 13*, Islamabad, 2013, Table 2.12.

年计划的农业发展投资为 4.61 亿卢比，第二个五年计划为 9.02 亿卢比，第三个五年计划为 13.77 亿卢比，分别占政府投资总额的 9.5%、8.5% 和 10.4%。佐·布托政府的无计划期间 (1970—1978 年度)，总共投资 46.92 亿卢比，占 6.2%。第五、第六个五年计划的投资额各为 148.6 亿卢比和 180.18 亿卢比，分别占计划投资总额的 9.7% 和 9.3%。[①]

巴政府还通过国有化银行、并鼓励私人银行等金融机构，不断增加对农业发展的贷款。在主要银行国有化之前，为农民提供贷款的主要机构是信用合作社。1955—1960 年度期间，信用合作社为农民提供的贷款占 62%，巴基斯坦农业发展银行提供的占 14%。主要银行国有化后，银行提供的贷款迅猛增长。到 1990—1995 年度间，巴基斯坦农业发展银行提供的贷款占 56%，商业银行提供的占 25%，合作社提供的降为 19%。[②] 银行贷款额 1972—1973 年度为 30.7 亿卢比，[③] 从表 3—6 可以看到，1990—1991 年度增为 149.15 亿卢比，2000—2001 年度为 447.9 亿卢比，2011—2012 年度升至 2938.5 亿卢比，先后增长了近 100 倍。目前，巴基斯坦从事农业信贷的金融机构主要有 19 家商业银行、1 家伊斯兰银行、两家专门银行和 5 家小额信贷银行，它们在农村地区开设了约 3900 个支行。[④]

尽管正规金融机构为农民提供的贷款高速增长，但并不能满足农民的需要，在相当长的时期内，地主、高利贷者、亲属等非正规机构提供给农民的贷款和借款始终占有很大比重，小农主要依靠非正规机构获得所需资金，从机构贷款中获益最大的是大中农。巴基斯坦国家银行的调查材料表明，1972—1973 年度，90% 的农业贷款是由非机构提供的。到 1985 年，非机构提供的农业贷款依然占 68%。世界银行 1995 年公布的研究报告指出，在巴基斯坦，在农户获得的贷款中，32.16% 由机构提供，32.39% 的由亲戚提供，35.45% 由非正规渠道 (informal sources) 提供。获得机构贷款的以大中农为主。1973 年，有 25—50 英亩土地的农户贷款的

---

① 李德昌:《巴基斯坦经济发展》，四川大学出版社 1992 年版，第 110—111 页。

② S. Akbar Zaidi, *Issues in Pakistan's Economy*, Oxford University Press, Karachi, 2000, p. 62.

③ 李德昌:《巴基斯坦经济发展》，四川大学出版社 1992 年版，第 111 页。

④ Ministry of Finance, Government of Pakistan, *Pakistan Economic Survey 2012 - 13*, Islamabad, 2013, p. 28.

20.62%由机构提供，50英亩以上农户贷款的31.15%由机构提供；到1985年，相应比例为62.05%和65.18%。1985年，机构贷款占有5英亩以下土地的农民获得贷款的8.83%，占5—15英亩农户的33.10%，占15—25英亩农户的45.96%。[1]虽然非正规渠道的贷款利息很高，小农更愿意从非正规渠道获得贷款，因为非正规渠道不需要抵押或担保，手续简单，容易得到，放贷人不问贷款人贷款用途，农作物歉收时可以延期还款。

三 加强农产品市场管理

为保护生产者和消费者利益，巴基斯坦政府加强了农产品市场的建设和管理，在全国建立和扩大法定市场。国家所属公司如农业销售和供应公司、农产品储存服务公司等在农产品上市、市场价格偏低时，按政府支持价格用现金直接向农民收购农产品，使农民的合理利益得到保护；在农产品下市、市场价格上升时，则向消费者出售收购的农产品，保护消费者利益，平抑物价。公用物品公司在全国开设几百家商店，以便宜的价格向消费者供应生活用品。该公司还在边远山区和少数民族地区组建流动服务商店，送货上门。巴政府修建了许多农产品仓储设施，同时鼓励农民修建简易适用的仓库，保证农产品收购和存储。

巴基斯坦政府还对农产品实行分级、提供市场信息，便利农民出售农产品。巴政府粮食和农业部所属的农牧产品销售和分级局负责农牧产品的强制分级。该局还进行市场调查研究，向联邦政府和省政府的有关部门提供200多种农牧产品行情，通过巴基斯坦广播电台每天向全国城乡生产者和消费者公布80多种农牧产品价格。[2]

四 促进农村经济社会发展

20世纪50年代至80年代，巴基斯坦政府在农村实施过"乡村农业和工业发展计划（乡村援助计划）"（1953—1961）、"农村民主制"（1959—1970）、"农村工程计划"（1963—1971）、"人民工程计划"和

---

[1] S. Akbar Zaidi, *Issues in Pakistan's Economy*, Oxford University Press, Karachi, 2000, pp. 59 – 61.

[2] 李德昌：《巴基斯坦经济发展》，四川大学出版社1992年版，第114—115页。

"综合农村发展计划"（1972—1980）。[①] 齐亚·哈克执政时期，将"农村综合发展计划"和"人民工程计划"合并，改称"农村开发组织"，建立基层组织机构负责执行农村开发计划。1985 年居内久担任巴总理后，提出"五点计划"，主要目标是消除农村的文盲、疾病，向农村广大民众提供住房、教育、卫生、电力、公路等现代生活及基础设施，加快农村发展。1988 年 12 月贝·布托执政后，用"人民发展（工程）计划"取代"五点纲领"。[②]

巴基斯坦政府的每个五年计划，都重视农村发展问题，且从第五个五年计划开始增加农村发展支出。"五五"计划巴公共部门支出的 25% 用于农村发展，"六五"计划的支出比例提高到 32%，900 万卢比，"七五"计划的支出比例为 33%，1122 亿卢比，"八五"计划提出了 13 项发展目标。各个五年计划的主要发展项目是小学教育、乡村公路、安全饮用水、卫生设施、基本医疗保健室和农村医疗保健中心、农村电气化、无房穷人住房提供等。[③]

这些计划和措施在实施中虽然存在不少问题，有的收效很小，有的目标未能达到，但在建设农村基础设施，改善农村卫生状况，增加农村就业，开发农村人力资源，从而促进农业生产发展，提高农民生活水平等方面，或多或少都产生了一定作用和效果。

五　重视畜牧业、渔业、林果业发展

巴基斯坦 70% 左右的国土面积适宜放牧，俾路支省和开伯尔—普什图省有广阔的天然牧场，发展畜牧业的条件较有利。为此，巴政府采取了许多有力措施发展畜牧业。首先，引进国外良种进行杂交繁殖，培育优良高产品种；其次，建立兽区网，加强防病治病工作。另外，鼓励建立牲畜试验场、站和畜产品加工厂。还有，培养高级畜牧、兽医人才。[④] 再有，为方便和支持畜牧产品出口，允许畜产品加工厂免税进口机械设备，动物

---

① Khawaja Amjad Saeed, The Economy of Pakistan, Oxford University Press, Karachi, 2007, pp. 38 - 39.

② 李德昌：《巴基斯坦经济发展》，四川大学出版社 1992 年版，第 106—107 页。

③ Khawaja Amjad Saeed, The Economy of Pakistan, Oxford University Press, Karachi, 2007, pp. 39 - 41.

④ 李德昌：《巴基斯坦经济发展》，四川大学出版社 1992 年版，第 100—101 页。

检疫部门积极提供优质服务，有关部门积极促进畜产品出口。

巴基斯坦海岸线长 1064 公里，大陆架面积有 1 万平方公里，大陆架外专属经济区面积为 25 万平方公里，沿海总面积约为巴总面积的 30%，海洋动植物资源非常丰富，一些内陆湖泊、水库、水坝、河流、池塘等也适宜养鱼，具有发展渔业的良好条件。为此，巴基斯坦政府采取了保护渔场、开展沿岸近海水产养殖、湖泊及水库养鱼、调查和保护海鱼资源、修建渔港、现代化渔船、制定质量标准、加强渔业服务、增加高附加值品种、兴办水产品加工厂等措施发展渔业，取得了明显成绩。

巴基斯坦的森林覆盖率较低。所以，巴政府一方面采取保护林地的措施，一方面积极鼓励植树造林。巴政府制定的 1993—2018 年森林发展长远规划，计划在全国每年种植 4.7 万公顷幼苗。

巴基斯坦地形复杂，有热带气候区域，也有温带气候区域，许多地方适宜栽种经济果林。为此，巴政府鼓励农民种植经济林木，使柑橘、芒果、香蕉、苹果、番石榴、葡萄、杏子、杏仁等水果的品质和产量不断提高，出口量不断上升。

六　强化农业生产技术研发与推广

巴基斯坦自 20 世纪 60 年代中期开展绿色革命后，以技术变革作为促进农业发展的主要手段，从而加强了农业技术的研究，成立了许多相关机构。一是建立专门的农业大学，或在大学中设置农学专业或研究所，二是建立专门的农业研究机构如巴基斯坦农业研究委员会，三是建立有关机构如巴基斯坦土壤调查所、联邦种子鉴定与注册部等。这些学校和机构，结合巴的国情，促进了巴本国农业生产技术的研发及研发服务，使得巴不断有新的农业生产技术、新的农作物改良品种和畜牧业改良品种问世。

新的农业生产技术和农作物及畜牧改良品种研发出后，需要有机构和人员在农村进行推广，指导和帮助农民采用，才能产生广泛的效益。因此，巴政府十分重视和强化农业生产技术和新品种的推广，独立后多次对农业推广机制做出了调整和改进。巴农业推广的发展进程大致可以分为二个阶段：一是 1947—1988 年阶段，农业推广工作基本上全部由政府进行；二是 1988 年以来，巴政府开始尝试允许私营部门，尤其是农业生产资料的供应企业从事农业推广，并取得了良好的效果。巴政府部门的农业推广以省为单位组织开展，各省负责农业推广的主任是本省公共农业推广服务的总负责人。省农业推广主任下设区域农业推广处长，负责各区域的农业推广工作。在县一级，农业推广副处长（DDA）负责推广工作。在乡（Tehsil）一级，农业推广工作由特别助理农业处长负责，并负责监督农业官员和农田助理员在村级开展的所有农业推广活动。农田助理员是工作在农业推广第一线的人员，他们直接面对农民，选择联系户，并推动其采用新技术。[①] 巴还开展过农业技术推广创新，即对普选产生的地方议员（Local Counciloes）进行农业技术和推广方面的培训，然后再由他们向自己所在选区的农民推广农业技术，作为农业技术推广的辅助人员，被称为"地方议员推广制度"。[②]

第四节　农业生产发展情况

一　农业发展的几个阶段

1. 1947—1958 年慢速增长时期

在这个阶段，由于巴基斯坦政府以推进工业化为经济发展的中心目标，不但对农业不重视，还实行压低农产品价格，征收较高的农产品出口税，降低农产品进口税，保持较高的国内工业品包括农用工业品价格等不利于农业发展的政策，土地改革进展和农业生产技术改进很有限。结果，从 1947 年到 1958 年，巴基斯坦的农业生产发展令人失望，农业的年均增长率 1949—1950 年度至 1954—1955 年度仅为 1.3%，1954—1955 年度到 1959—1960 年度为 1.4%。[③] 1949—1958 年度的年均增长率是 1.43%，不到人口增长率的一半，人均粮食可得量下降，巴从有余粮出口的国家，变为需要净进口大量粮食。[④]

2. 阿尤布·汗统治的快速增长时期

1958 年阿尤布·汗军人政府掌权后，鉴于学术界及一些国际发展机

---

① 张斌：《巴基斯坦农业发展与中巴农业合作探析》，《中国农学通报》2012 年第 2 期。

② 李文河、李冰：《巴基斯坦农业推广服务新途径——对中国贫困地区农业推广机制创新的探讨》，《世界农业》2007 年第 12 期。

③ B. M. Bhatia, *Pakistan's Economic Development 1948 - 88*, Konark Publishers PVT. LTD., New Delhi, 1989, p. 89.

④ S. Akbar Zaidi, *Issues in Pakistan's Economy*, Oxford University Press, Karachi, 2000, p. 52.

构对农业在国民经济中的地位和作用的新认识,以及巴严重的农业形势,开始对农业政策作出调整,推进土地改革,加大政府对农业的投资,兴修水利基础设施,鼓励农民挖掘管井,从 1966 年开始推行绿色革命,从而大大促进了农业生产的发展。1958—1969 年,农业生产年均增长 4.1%,小麦总产量从 1960 年的 381.4 万吨,提高到 1970 年的 729.4 万吨,增长 91%;同期稻米总产从 99.5 万吨提高到 240.1 万吨,增长 141%,甘蔗总产从 1066.2 万吨提高到 2637 万吨,增长 147%。[1] 1959—1964 年,农业年均增长 3.7%,1965—1970 年年均增长 6.3%,1966—1967 年度的增长率甚至高达 11.7%。[2] 而巴政府的统计数据是,20 世纪 60 年代,巴农业生产年均增长 5.1%。(见表 2—2)

3. 佐·布托政府统治的缓慢增长时期

在 1971 年至 1977 年佐·布托政府统治期间,虽然推进了土地改革,但政府增强对农业发展的干预,1972 年禁止在市场上公开销售食糖,1973 年由国家垄断经营稻米和棉花出口,1974 年国有化植物油厂,1975 年建立两家半国营的农产品收购、仓储和销售公司,1976 年把所有面粉厂、碾米厂和轧棉厂国有化,政府对农业的投资减少,农业投入严重不足。这些政策措施对农业发展产生了一定不利影响。此外,严重的自然灾害、棉花发生病毒、对农业研究的不重视等,也阻碍了农业生产的发展。因此,这期间巴农业生产增速明显下降,1969—1979 年间,农业增长率为年均 1.8%。[3] 巴政府的统计数据是,20 世纪 70 年代,巴农业生产年均增长 2.4%。(见表 2—2)

4. 齐亚·哈克政府统治的恢复较快增长时期

1977 年 7 月 5 日,齐亚·哈克将军接管政权后,新政府对面粉厂、碾米厂和轧棉厂实行非国有化,解除对农药和化肥市场、蔗糖厂和农药厂的管制,开放化肥、棉花、稻米贸易,废除对稻米、棉花出口的政府垄断,提高了农产品价格,增大了农业投资,加强了农业研究,开发出新的

---

① Ishrat Husain, *Pakistan The Economy of An Elitist State*, Oxford University Press, Karachi, 1999, p. 108.

② S. Akbar Zaidi, *Issues in Pakistan's Economy*, Oxford University Press, Karachi, 2000, p. 24.

③ Ishrat Husain, *Pakistan The Economy of An Elitist State*, Oxford University Press, Karachi, 1999, p. 108.

棉花高产品种。加上气候较稳定，这期间巴基斯坦的农业恢复较快增长，棉花产量有很大提高。从表 2—2 可见，根据巴政府的统计，20 世纪 80 年代，巴基斯坦的农业年均增长 5.4%。

5. 1988 年以来的中速增长时期

20 世纪 80 年代末以来，巴基斯坦政府按照国际货币基金组织等国际机构的要求，进行经济结构调整，进一步开放了农产品市场，降低了农产品及农用工业品的进出口税，削减了化肥、电力、农药等农业投入的补贴，政府的农业投资因政府财力限制被迫减少。但是，市场调节作用增强，农民对农业的投资有增加，政府的农产品支持价格不断提高，农业贷款额扩大。在这种背景下，巴基斯坦的农业保持了中速增长。根据巴政府的统计，从表 2—2 可见，20 世纪 90 年代，巴农业年均增长 4.4%，21 世纪头 10 年年均增长 3.2%，2010—2011 年度增长 2%，2011—2012 年度增长 3.6%，2012—2013 年度增长 2.9%，2013—2014 年度增长 2.1%。

6. 总体情况

从上文可知，1949—1950 年度至 1954—1955 年度，巴基斯坦的农业增长率年均仅为 1.3%，1954—1955 年度到 1959—1960 年度为 1.4%。据世界银行的统计，1965—1980 年，巴基斯坦的农业年均增长 3.3%，1980—1989 年年均增长 4.4%。[①] 1990—2000 年年均增长 4.4%，2000—2008 年年均增长 3.4%，[②] 2008—2009 年度至 2012—2013 年度年均增长 2.5%。[③]

尽管巴基斯坦的农业一直保持增长，但由于其增长率低于工业，也低于服务业，所以，其在国内生产总值中所占比重不断下降。1949—1950 年度，农业占巴基斯坦国内生产总值的 53.2%（已经扣除东巴数），1959—1960 年度占 45.8%，1969—1970 年度占 38.9%，1979—1980 年度占 30.6%，1989—1990 年度占 25.8%，2000—2001 年度占 24%，[④] 2012—2013 年度占 21.4%。请进一步参看表 2—3。

---

① The World Bank, *World Development Report 1991*, Oxford University Press, 1993, pp. 206 – 207.

② 世界银行：《2010 年世界发展指标》，中国财政经济出版社 2010 年版，第 227 页。

③ Ministry of Finance, Government of Pakistan, *Pakistan Economic Survey 2012 – 13*, Islamabad, 2013, Economic and Social Indicators.

④ K. Amjad Saeed, *The Economy of Pakistan*, Oxford University Press, Karachi, 2007, p. 34.

与世界各国的农业发展情况相比，20 世纪 50 年代，巴基斯坦的农业增长较慢，此后至 90 年代，则达到或超过了世界平均水平。据世界银行数据，1965—1980 年，低收入国家的农业年均增长 2.6%，1980—1989年年均增长 4%；同期，巴基斯坦分别增长 3.3% 和 4.4%。[1] 1990—2000年，世界农业的增加值年均增长 2%，低收入国家的增长 2.9%，巴基斯坦的增长 4.4%；2000—2008 年间的相应数分别是 2.5%、3.8% 和3.4%。[2] 总之，独立以来，巴的农业增长处于世界上的一般水平。

二　农作物总产量和单产增长等情况

巴基斯坦种植的作物有小麦、水稻、珍珠粟、高粱、大麦、鹰嘴豆、甘蔗、油菜籽、芥菜、芝麻、棉花、烟草、葵花籽等。其中小麦、水稻、甘蔗、棉花、鹰嘴豆和玉米是主要作物。种植季节分两季。一是春夏季（Kharif），每年 4—6 月播种，10—12 月收割，主要种植水稻、甘蔗、棉花、玉米、高粱、珍珠粟等；二是秋冬季（Rabi），每年 10—12 月播种，次年 4—6 月收割，主要种植小麦、大麦、鹰嘴豆、油菜籽、芥菜、烟草、兵豆等。

1950—1955 年度，小麦的年均种植面积为 415.4 万公顷，水稻为94.7 万公顷，甘蔗为 24.56 万公顷，棉花为 127.58 万公顷；1970—1975年度，相应数为 601.74 万公顷、151.46 万公顷、59.76 万公顷和 186 万公顷。1964—1965 年度，小麦、水稻、甘蔗和棉花四种主要作物的种植面积平均占农作物总种植面积的 52.59%，1990—1995 年度占 63.32%。[3]1990—1991 年度，种植小麦 791.1 万公顷，水稻 211.3 万公顷，玉米84.5 万公顷，鹰嘴豆 109.2 万公顷，甘蔗 88.4 万公顷，棉花 266.2 万公顷；2012—2013 年度前三个季度，相应种植面积为 869.3 万公顷、231.1万公顷、108.5 万公顷、98.5 万公顷、112.4 万公顷和 287.9 万公顷。[4]该年度小麦、水稻、甘蔗和棉花的种植面积占总种植面积的 66.8%。从

---

①　The World Bank, *World Development Report 1991*, Oxford University Press, 1993, p. 206.

②　世界银行：《2010 年世界发展指标》，中国财政经济出版社 2010 年版，第 227—228 页。

③　S. Akbar Zaidi, *Issues in Pakistan's Economy*, Oxford University Press, Karachi, 2000, p. 52.

④　Ministry of Finance, Government of Pakistan, *Pakistan Economic Survey 2012 – 13*, Islamabad, 2013, Statistical Appendices, Table 2.3.

统计数据可知，独立后，在粮食作物种植方面，巴种植面积增加最多的是玉米，此前巴玉米的种植面积非常小。其次是水稻，2012—2013 年度的种植面积比1950—1955 年度增加 2.44 倍，小麦的种植面积也翻了一番。在经济作物种植方面，甘蔗的种植面积增长 4.58 倍，棉花的种植面积增长 2.26 倍。

表 3—7　　　　　　独立以来巴基斯坦主要农作物产量增长情况　　单位：万吨

	小麦	水稻	玉米	粮食总产*	鹰嘴豆	油菜籽和芥菜	甘蔗	棉花
1950—1951	393.3	86.5	+	595.6	+	+	550.6	25
1965—1966	391.6	137.1	48.6※	650	62.9※	21.7※	2230.9	41.4
1975—1976	869.1	261.8	69.4⊕	1283.1	50.2⊕	29.6⊕	2554.7	51.4
1985—1986	1392.3	291.9	+	1846.2	+	+	2785.6	120.8
1990—1991	1456.5	326.1	118.5	1958.8	53.1	22.8	3598.9	163.7
1995—1996	1690.7	396.6	150.4	2296.8	68.0	25.5	4523.0	180.2
2000—2001	1902.4	480.3	164.3	2598.7	39.7	23.0	4360.6	182.6
2005—2006	2127.7	554.7	311.0	3039.6	48.0	17.2	4466.6	221.5
2010—2011	2521.4	482.3	370.7	3430.2	49.6	18.8	5530.9	194.9
2011—2012	2347.3	616.0	433.8	3447.8	28.4	16.4	5839.7	231.2
2012—2013	2421.1	553.6	422.0	3489.7	75.1	20.5	6375.0	231.0
2013—2014p	2528.6	679.8	452.7		47.5	18.1	6646.9	208.0

注：*1985—1986 年度以前的是谷物产量，此后的是粮食总产量。+暂未找到。※1960—1965 年度的平均数；⊕1971—1972 年度的数据；P 暂定数。

资料来源：巴基斯坦政府：《1987—1988 年度经济调查》，转引自李德昌《巴基斯坦经济发展》，四川大学出版社 1992 年版，第 97 页；Ministry of Finance, Government of Pakistan, *Pakistan Economic Survey 2012 - 13*, Islamabad, 2013, Statistical Appendices, Table 2.4；B. M. Bhatia, *Pakistan' Economic Development*, New Delhi, 1989, pp. 149 - 152；Ministry of Finance, Government of Pakistan, *Pakistan Economic Survey 2013 - 14*, Islamabad, 2014, Chapter 2。

在产量方面，从表 3—7 可见，1950—1951 年度，巴基斯坦的小麦总产量为 393.3 万吨，水稻总产量为 86.5 万吨，谷物总产量为 595.6 万吨，棉花总产量为 25 万吨，甘蔗总产量为 550.6 万吨；1975—1976 年度，相应数为 869.1 万吨、261.8 万吨、1283.1 万吨、51.4 万吨和

2554.7 万吨。到 1990—1991 年度，小麦总产量为 1456.5 万吨，水稻总产量为 326.1 万吨，玉米总产量为 118.5 万吨，粮食总产量为 1958.8 万吨；2000—2001 年度的相应数分别为 1902.4 万吨、480.3 万吨、164.3 万吨和 2598.7 万吨，2012—2013 年度的相应数进一步提高到 2421.1 万吨、553.6 万吨、422 万吨和 3489.7 万吨。1990—1991 年度的甘蔗总产量为 3598.9 万吨，2000—2001 年度为 4360.6 万吨，2012—2013 年度为 6375 万吨；同期，棉花总产量分别为 163.7 万吨、182.6 万吨和 231 万吨。可见，1950—1951 年度到 2012—2013 年度，巴基斯坦的粮食总产量增长近 5.9 倍，棉花总产量增长近 8.86 倍；从 1950—1951 年度到 2012—2013 年度，巴小麦总产量增长 6.16 倍，水稻总产量增长 6.4 倍；甘蔗总产量增长近 11.58 倍。从 1965—1966 年度到 2013—2014 年度，巴玉米总产量增长 8.68 倍。

但是，从表 3—7 可见，巴基斯坦主要油料作物油菜籽和芥菜的总产量不但没有增长，还有下降，2013—2014 年度的产量还比 1960—1965 年的平均产量低。2012—2013 年度前三个季度，除棉花籽、油菜籽、芥菜外，巴种植的含油种籽还有 70 万英亩葵花籽，产量为 37.8 万吨，3 万英亩卡诺拉（canola），产量 1.8 万吨。各种含油种籽的种植面积为 832.5 万英亩，产量为 394.7 万吨，产油 61.2 万吨。在次要作物及蔬菜中，还种植土豆 17.2 万公顷，产量 376.72 万吨；种植洋葱 12.4 万公顷，产量 153.65 万吨；种植辣椒 6.27 万公顷，产量 15.03 万吨；种植玛素尔（masoor）1.96 万公顷，产量 9700 吨；种植蔓格（mung）13.61 万公顷，产量 8.93 万吨；种植玛什（mash）2.32 万公顷，产量 1.06 万吨。[1]

巴基斯坦水果的产量及出口量增长也较快，产量较大的是柑橘、芒果、苹果、番石榴和杏子。1990—1991 年度，巴生产柑橘 160.9 万吨、芒果 77.6 万吨、苹果 24.3 万吨、番石榴 35.5 万吨、杏子 8.1 万吨；2000—2001 年度，这几种水果的产量分别提高到 189.8 万吨、99 万吨、43.9 万吨、52.6 万吨和 12.6 万吨；2012—2013 年度前三个季度，它们的产量又分别提高至 233.4 万吨、168 万吨、68.4 万吨、50.8 万吨和 18.9 万吨。1990—1991 年度，各种水果的出口量为 11.2 万吨，价值 9.35

---

① Ministry of Finance, Government of Pakistan, Pakistan Economic Survey 2012 – 13, Islambad, 2013，p. 23.

亿卢比；2000—2001 年度，相应数增至 26 万吨和 45.75 亿卢比；2012—2013 年度再提高为 59.2 万吨和 309.32 亿卢比。[①] 农业生产的不断增长，来源于农作物单产的不断提高和栽种面积的增加。在单产提高方面，除表 3—8 中的数据外，另一组数据是，1950—1951 年度，小麦单产为每公顷 900 公斤，水稻为每公顷 894 公斤，棉花为每公顷 205 公斤，甘蔗为每公顷 29.29 吨；[②] 到 1975—1976 年度，分别提高到 1422 公斤、1531 公斤、278 公斤和 36.5 吨。1990—1991 年度，每公顷小麦的产量为 1841 公斤，水稻的为 1543 公斤，甘蔗的为 40.72 吨，玉米的为 1401 公斤，鹰嘴豆为 486 公斤，棉花为 615 公斤；2000—2001 年度，相应数分别为 2325 公斤、2021 公斤、45.38 吨、1741 公斤、388 公斤和 579 公斤；2012—2013 年度，相应数增加到 2796 公斤、2398 公斤、56.47 吨、3981 公斤、683 公斤和 769 公斤。可见，1950 年以来，小麦的单产提高了 3 倍多，水稻提高了 2.68 倍，甘蔗提高了 1.9 倍，棉花提高了 3.75 倍。2012—2013 年度玉米的单产比 1990—1991 年度提高了 2.84 倍。

表 3—8　　　　　　　独立以来巴基斯坦主要农作物单产
提高情况　　　　　　　单位：公斤/公顷

	小麦	水稻	玉米	鹰嘴豆	甘蔗	棉花
1950—1955 *	776.6	878.4	–	–	29180	212.0
1955—1960 *	782.2	846.8	425.47	212.74	28240	212.0
1960—1965 *	831.8	929.6	414.28	220.20	33580	254.6
1965—1970 *	977.0	1507.6	526.24 +	175.41 +	37840	289.4
1971—1972	1189	1554	1114	529	36100	364
1975—1976	1422	1531	1294	563	36496	277
1980—1981	1643	1616	1262	400	39223	339
1985—1986	1881	1567	1256	567	35713	515
1990—1991	1841	1543	1401	486	40720	615

---

① Ministry of Finance, Government of Pakistan, *Pakistan Economic Survey 2012 - 13*, Islambad, 2013, Statistical Appendices, Table 2.6.

② 李德昌：《巴基斯坦经济发展》，四川大学出版社 1992 年版，第 97 页。

续表

	小麦	水稻	玉米	鹰嘴豆	甘蔗	棉花
1995—1996	2018	1835	1602	607	46968	601
2000—2001	2325	2021	1741	388	45376	579
2005—2006	2519	2116	2985	467	49246	714
2010—2011	2833	2039	3487	471	55981	725
2011—2012	2714	2396	3991	282	55196	816
2012—2013	2796	2398	3981	683	56466	769
2013—2014P	2796	2437	4053		56666	773

注：*5 个年度的平均数；－数据未找到；＋1967—1968 年度的数据；P 暂定数。

资料来源：S. Akbar Zaidi, *Issues in Pakistan's Economy*, Oxford University Press, Karachi, 2000, p. 54；B. M. Bhatia, *Pakistan' Economic Development*, Konark Publishers PVT. LTD.，New Delhi, 1989, p. 153；Ministry of Finance, Government of Pakistan, *Pakistan Economic Survey 2012 - 13*, Islamabad, 2013, Statistical Appendices, Table 2. 4；*Pakistan Economic Survey 2013 - 14*, Islamabad, 2014, Chapter 2.

　　水利设施的改进及绿色革命，提高了农作物的复种面积和总种植面积。1947—1948 年度，巴基斯坦的总耕地面积为 1469 万公顷，总种植面积为 1163 万公顷，复种面积为 95 万公顷。至 1960—1965 年度，相应平均数增加到 1778 万公顷、1508 万公顷和 168 万公顷，1975—1980 年度相应平均数又增加到 1921 万公顷、1704 万公顷和 254 万公顷。[1] 1990—1991 年度，巴的总耕地面积为 2096 万公顷，总种植面积为 2182 万公顷，复种面积为 571 万公顷。此后，总耕地面积和总种植面积基本保持稳定，略有增加，但复种面积进一步提高。2012—2013 年度，总耕地面积为 2204 万公顷，总种植面积为 2245 万公顷，复种面积为 712 万公顷。[2] 总之，独立后的 65 年中，巴的总耕地面积增加 735 万公顷，即 50%；总种植面积增加 1082 万公顷，近 1 倍；复种面积增加 617 万公顷，达 7 倍多。

　　农业耕作技术也取得明显进步，主要表现在化肥使用量、农药使用

---

[1]　S. Akbar Zaidi, *Issues in Pakistan's Economy*, Oxford University Press, Karachi, 2000, p. 50.

[2]　Ministry of Finance, Government of Pakistan, *Pakistan Economic Survey 2012 - 13*, Islamabad, 2013, Statistical Appendices, Table 2. 2.

量、电力使用量、拖拉机等农机数量增加及灌溉面积增加上。相关数据见
上文绿色革命部分，这里不再赘述。

表3—9   1990—1991 年度以来巴基斯坦放牧和饲养的各种

动物数量   单位：百万头、匹、只

	水牛	黄牛	山羊	绵羊	家禽	骆驼	驴	马	骡子
1990—1991	17.8	17.7	37.0	26.3	146.9	1.1	3.5	0.4	0.1
1995—1996	20.3	20.4	41.2	23.5	350.0	0.8	3.6	0.3	0.1
2000—2001	23.3	22.4	49.1	24.2	292.4	0.8	3.9	0.3	0.2
2005—2006	27.3	29.6	53.8	26.5	433.8	0.9	4.3	0.3	0.2
2010—2011	31.7	35.6	61.5	28.1	663.0	1.0	4.7	0.4	0.2
2011—2012	32.7	36.9	63.1	28.4	721.0	1.0	4.8	0.4	0.2
2012—2013	33.7	38.3	64.9	28.8	785.0	1.0	4.9	0.4	0.2
2013—2014	34.6	39.7	66.6	29.1	885.0	1.0	4.9	0.4	0.2

注：2012—2013 年度和 2013—2014 年度的数据是估计数。

资料来源：Ministry of Finance, Government of Pakistan, *Pakistan Economic Survey 2012 - 13*, Islamabad, 2013, Statistical Appendices, Table 2.14; *Pakistan Economic Survey 2013 - 14*, Islamabad, 2014, pp. 37 - 39.

三　畜牧业、渔业和林业发展情况

巴基斯坦饲养的动物主要有水牛、黄牛、山羊、绵羊、毛驴、骆驼，另有少量的马和骡子。此外，还饲养各种家禽。放牧、饲养各种牲畜和家禽的主要是小农和农村中的穷人，因此畜牧业对增加下层农民收入、贫困缓解和就业发挥了重要作用。

我们没有找到 20 世纪 90 年代以前巴基斯坦畜牧业等发展的材料和研究成果，所以这里分析 1990 年以来它们的增长情况。1990—1991 年度，巴基斯坦水牛的存栏数为 1780 万头，黄牛为 1770 万头，山羊为 3700 万只，家禽 1.469 亿只；2000—2001 年度，相应数增为 2330 万头、2240 万头、4910 万只和 2.924 亿只；2012—2013 年度，再分别提高到 3370 万头、3830 万头、6490 万只和 7.85 亿只。在 1990—2013 年度，马匹的数量为 30 万—40 万，骡子从 10 万头增为 20 万头，骆驼最多时为 110 万头，近期为 100 万头，毛驴从 350 万头增为 490 万头。数据表明，1990 年以来，巴放牧和饲养的各种动物中，家禽增加最多，增长 6.02 倍；黄牛和

水牛增长1倍多，增长明显，驴的数量也有一定增长，但其他大牲畜的数量变化不大。更详细的情况请参看表3—9。

　　放牧和饲养的各种动物的增加，带来了肉类、畜奶、皮革、禽蛋等产量的增长。1990—1991年度，巴基斯坦生产肉类158.1万吨，奶1548.1万吨；2000—2001年度，两类产品的产量升至201.5万吨和2628.4万吨；2012—2013年度前三个季度，再提高到337.9万吨和3994.5万吨。[①] 期间，肉类增长2.13倍。2013—2014年度，巴估计生产肉353.1万吨，产奶5099万吨，产蛋145.56亿个。[②] 从表3—10可见，在动物肉类中，1990年以来增产最多的是家禽肉，2013—2014年度是1990—1991年度的6.5倍，牛肉增长约2.5倍。其他动物产品中，牛奶增长2.7倍，毛发（hair）增长3.2倍，骨头增长3.1倍，脂肪增长2.5倍，蛋增长3.2倍，成革增长2.5倍。

表3—10　　　1990—1991年度以来巴基斯坦畜牧业产品增长情况　　单位：千吨

	奶	牛肉	羊肉	家禽肉	羊毛	毛发	骨头	脂肪	血	蛋	成革	毛皮
1990—1991	15481	756	665	151	48.1	7.9	259.0	101.8	40.1	4490	5.9	32.7
1995—1996	22790	898	587	355	38.1	15.6	295.7	110.1	32.0	5757	7.0	32.7
2000—2001	26284	1010	666	339	39.2	18.6	331.4	123.5	41.8	7505	7.8	38.2
2005—2006	31970	1449	554	512	40.1	20.3	633.5	203.3	51.4	9712	11.4	43.3
2009—2010	36299	1655	603	707	42.0	22.6	713.4	228.1	56.8	11839	13.0	47.4
2010—2011	37475	1711	616	767	42.5	23.2	735.1	234.8	58.3	12857	13.5	48.5
2011—2012	38617	1769	629	834	43.0	23.8	757.5	241.7	59.8	13114	13.9	49.6
2012—2013	39855	1829	643	907	43.6	24.4	780.5	248.8	61.3	13813	14.4	50.7
2013—2014	41133	1887	657	987	44.1	25.1	802.9	255.8	62.8	14556	14.9	51.9

　　注：2005—2006年度的数据是2006年的牲畜统计数；2012—2013年度和2013—2014年度的数据是估计数；蛋的单位是百万个，成革和毛皮的单位是百万张，奶指人类消费的。

　　资料来源：Ministry of Finance, Government of Pakistan, *Pakistan Economic Survey 2012 - 13*, Islamabad, 2013, Statistical Appendices, Table 2.15；*Pakistan Economic Survey 2013 - 14*, Islamabad, 2014, pp. 37 - 38.

---

　　① Ministry of Finance, Government of Pakistan, *Pakistan Economic Survey 2012 - 13*, Islamabad, 2013, Statistical Appendices, Table 2.1B.

　　② Ministry of Finance, Government of Pakistan, *Pakistan Economic Survey 2013 - 14*, Islamabad, 2014, pp. 37 - 38.

　　到 21 世纪初，巴基斯坦的渔业年产值为 60 亿卢比，占国内生产总值的 1%。渔业人口 400 万人，直接从业人口 37.9 万人，间接从业 40 万人。由于渔业捕捞组织方式及捕捞技术落后，冷冻等基础设施严重不足，加工技术差，巴海洋实际捕鱼量远远低于预期捕捞量。预期捕捞量年可达 100 吨，但 1999 年的捕捞量仅 47.47 万吨，约 40% 的鱼货不得不用来加工鱼粉，造成了资源严重浪费；海水养殖几乎为零，众多优良的沿海浅湾、滩涂未得到开发利用。[①] 1990—1991 年度，巴基斯坦的鱼产量为 48.3 万吨（海鱼占绝大部分），2000—2001 年度为 62.96 万吨，2012—2013 年度达 72.88 万吨，增长明显。[②] 巴捕捞的鱼主要用于出口，受宗教因素影响（穆斯林不吃无鳞鱼），国内消费量小。巴渔业存在的主要问题是渔民捕捞、加工技术落后，加工能力不足，资源浪费严重；基础设施短缺，如港口条件差，码头缺乏相应的冷库、加工厂、维修车间等配套设施，许多渔船没有冷冻设备；缺乏掌握大型机械化捕捞技术的专业人员，渔民文化素质低，文盲率高；无完整的渔产品市场营销体系，鱼货市场售价低，水产利润大部分被鱼货中间人、高利贷者获取，渔民收入低。[③] 巴渔业还有很大发展空间。

　　独立初，巴基斯坦的森林面积为 321.1 万英亩（约合 126 万公顷）。[④] 1990—1991 年度，巴的森林面积提高到 346 万公顷，2012—2013 年度进一步上升为 427 万公顷。1990—1991 年度，巴的林产品为 107.2 万立方米（cu. mtr），2000—2001 年度为 47.2 万，2012—2013 年度为 35.4 万。[⑤]

四　农业内部的产业结构变化

　　狭义的农业主要指种植业，广义的农业包括种植业、畜牧业、渔业和

---

　　① 中国农业网：《巴基斯坦渔业发展现状及中巴渔业合作》，http：//www. zgny. com. cn/ifm/consultation/2004 - 03 - 04/66738. shtml.

　　② Ministry of Finance, Government of Pakistan, *Pakistan Economic Survey 2012 - 13*, Islamabad, 2013, Statistical Appendices, Table 2. 1B.

　　③ 中国农业网：《巴基斯坦渔业发展现状及中巴渔业合作》，http：//www. zgny. com. cn/ifm/consultation/2004 - 03 - 04/66738. shtml.

　　④ B. M. Bhatia, *Pakistan's Economic Development 1948 - 88*, Konark Publishers PVT. LTD. , New Delhi, 1989, p. 37.

　　⑤ Ministry of Finance, Government of Pakistan, *Pakistan Economic Survey 2012 - 13*, Islamabad, 2013, Statistical Appendices, Table 2. 2, Table 2. 1B.

林业。这里讲的农业内部的产业结构变化，针对的是广义农业。从表1—1可见，按 1959—1960 年度不变要素成本价格计算，1949—1950 年度，在巴基斯坦的国民生产总值中（含东巴数），农业占 59.6%。其中，主要作物占 34.3%，次要作物占 9.5%，畜牧业占 12.0%，渔业占 3.5%，林业占 0.3%。即主要作物占农业国民生产总值的 57.55%，次要作物占 15.94%，畜牧业占 20.13%，渔业占 5.87%，林业占 0.5%。1980—1981年度，巴基斯坦主要作物产值占农业国内生产总值的 51.87%，次要作物占 17.22%，畜牧业产值占 26.36%，渔业产值占 3.53%，林业产值占 1.02%。1995—1996 年，主要作物占 45.28%，次要作物占 18.03%，畜牧业占 32.03%，渔业占 3.87%，林业占 0.79%。[①] 2012—2013 年度，主要作物增加值占农业产值的 25.2%（为国内生产总值的 5.4%），其他作物的占 12.3%，畜牧业的占 55.4%。[②] 2013—2014 年度，畜牧业占农业增加值的 55.9%，占国内生产总值的 11.8%。[③] 可见，这期间，在农业内部，种植业的比重明显下降，畜牧业的比重迅速上升，渔业比重有下降，林业比重有所上升，巴农业内部的产业结构变化是很大的，畜牧业的产值已经超过了种植业，优于许多发展中国家。

　　2012—2013 年度，在主要作物中，小麦的增加值占农业增加值的 10.1%，占国内生产总值的 2.2%；水稻的分别占 2.7% 和 0.6%；玉米的分别占 2.2% 和 0.5%；棉花的分别占 7.0% 和 1.5%；甘蔗的分别占 3.2% 和 0.7%。[④] 在畜牧业内部，畜牧业占国内生产总值的 11.9%，家禽饲养业增加值占农业增加值的 5.76%，占畜牧业增加值的 10.4%，占国内生产总值的 1.2%，占肉类产量的 26.8%，为 150 万人提供了直接或间接就业。[⑤]

————————

　　[①] S. Akbar Zaidi, *Issues in Pakistan's Economy*, Oxford University Press, Karachi, 2000, p. 49.

　　[②] Ministry of Finance, Government of Pakistan, *Pakistan Economic Survey 2012 - 13*, Islambad, 2013, pp. 19 - 21.

　　[③] Ministry of Finance, Government of Pakistan, *Pakistan Economic Survey 2013 - 14*, lslamabad, 2014, p. 25.

　　[④] Ministry of Finance, Government of Pakistan, *Pakistan Economic Survey 2012 - 13*, Islamabad, 2013, pp. 19 - 22.

　　[⑤] Ibid., pp. 29, 31.

五　农业发展的特点

纵观巴基斯坦独立以来的农业生产发展和本章前面各部分的分析，可以看出巴农业发展有这么几个特点（由于相关数据的出处上文相应处都已经注释过，下文不再注释）：

第一，耕地面积不断增加，种植面积也相应增加，复种面积的增加令人印象深刻。独立至2012—2013年度，巴的总耕地面积增加735万公顷，即50%；总种植面积增加1082万公顷，近1倍；复种面积增加617万公顷，达7倍多。

第二，小麦、水稻、甘蔗、棉花四种主要作物的种植面积不断上升，后来玉米的种植面积也迅速扩大。与此相应，它们的总产量有较大提高。1950—1955年度至2012—2013年度，小麦的种植面积增长2.09倍，水稻的增长2.44倍，甘蔗的增长4.58倍，棉花的增长2.26倍。从1990—1991年度到2012—2013年度，玉米的种植面积增长约29%。1950—1951年度，巴基斯坦的小麦总产量为393.3万吨，水稻总产量为86.5万吨，谷物总产量为595.6万吨，棉花总产量为25万吨，甘蔗总产量为550.6万吨；2012—2013年度的相应数进一步提高到小麦2421.1万吨、水稻553.6万吨、粮食3489.7万吨、甘蔗6375万吨、棉花231万吨。1950—1951年度到2012—2013年度，巴基斯坦的粮食总产量增长近5.9倍，甘蔗总产增长近11.46倍，棉花总产量增长近9.24倍。产量增幅高于种植面积增幅，说明单产增幅较大。

第三，种植业生产起伏不定，但趋势是产量不断提高，农作物之间存在明显差距。20世纪50年代和70年代是两个明显的低增长时期，最高增长时期是绿色革命刚刚开始的几年，20世纪80年代以来变得较为平稳。此外，受各种自然灾害影响，年度间的起伏较大。

1950—1951年度出现9.1%的负增长，1983—1984年度和1992—1993年度出现过5%的负增长，1952—1953年度出现13.2%的增长，1966—1967年度出现11.8%的增长。但是，出现负增长的年份很少，1995—1996年度前只有5个年度出现负增长。[①] 各种农作物的增长情况也

---

① S. Akbar Zaidi, *Issues in Pakistan's Economy*, Oxford University Press, Karachi, 2000, p. 56.

起伏不定，有的农作物总产量和单产的增幅不大，参看表 3—7 和表 3—8。

第四，由于人口增长较快，尽管农业总产量不断提高，巴基斯坦主要农产品的人均可得量依然不高。20 世纪 50 年代，巴曾出现过人均粮食可得量下降的情况。1949—1950 年度，巴人均可得谷物 139.3 公斤，奶 107 公斤，1978—1980 年的可得量分别为 147.1 公斤和 94.8 公斤，1996—1997 年度的谷物可得量为 156.4 公斤。[①] 1986—1987 年度，人均可得小麦 112.11 公斤，水稻 20.22 公斤，肉类 12.15 公斤，奶 56.86 公斤；1993—1994 年度，可得小麦 131.91 公斤，稻米 22.3 公斤，肉类 14.84 公斤，奶 64.12 公斤。

第五，从广义农业的角度讲，巴基斯坦畜牧业的发展快于种植业。仅 1980—1981 年度至 1995—1996 年度，畜牧业在农业国内生产总值中的比重，就从 26.36% 提高到 32.06%。目前，畜牧业在农业增加值中的比重，已经达到 55.9%。

第六，巴基斯坦的农业生产关系和农业生产技术的变化显著。土地制度由地主、大农土地所有制为主日益转变为以小农土地所有制为主，小农已经占有巴基斯坦半数以上的土地，小农土地所有制占有重要位置；封建半封建的生产关系残余一直存在，但日益走向衰弱，土地租佃制也已经走向衰落，处于这种制度下的耕地面积已经较少；资本主义性质的农业经营模式成为农业发展方向，许多资本主义农场产生。使用现代种子、化肥、农药、机械等投入的现代农业技术不断推广。具体见土地所有制的变化和绿色革命部分。

第七，目前在以小农土地所有制为主的同时，保留了大中农拥有较大农场的规模经营。如果我们把 2010 年占有土地 25 英亩以下的农民列为小农，那么他们占农场数的 96%，他们占有的土地占巴土地总面积的 66%，另外 4% 的大中农场，占有耕地总面积的 34%，可开展适度规模经营。许多小农由于占有的耕地面积太小，已经不能凭借土地养家糊口，将来发展的方向应该是把更多农村人口转移到二、三产业。

---

① Ishrat Husain, *Pakistan The Economy of An Elitist State*, Oxford University Press, Karachi, 1999, p. 106.

六　存在的问题

独立以来，尽管巴基斯坦的农业发展成就不小，农业内产业结构变化显著，但目前还存在几个明显问题。

1. 土地所有制从多个方面阻碍农业生产发展。首先，巴基斯坦还存在相当数量的封建半封建土地制度残余，主要是佃农制。到 2010 年，由佃农耕种的土地占农场面积的 11%，由土地所有者兼佃农耕种的土地占农场总面积的 14%。佃农制一方面因存在地主对佃农的严重剥削而不公平，另一方面因佃农没有自己租种土地的所有权，在劳动积极性受到抑制的同时，存在对耕地利用不当的问题。其次，在大中农占有大量土地的同时，耕地碎分严重，许多小农拥有的土地因面积太小而不能养家糊口，还有大量无地劳工存在。这种情况既不公平、不合理，对扩大就业不利，又导致许多小农占有的土地不经济。到 2010 年，拥有 5 英亩以下土地的小农占巴基斯坦有土地农户的 64%（2.5 英亩以下的占 43%），他们仅占有耕地面积的 19% 和 8%，占农户数 1% 多一点的大中农占有耕地面积的 22%。[①] 而巴政府在 1972 年土地改革中提出的每个农户维持生计的最低土地占有量是 12.5 英亩（约为 5.06 公顷）。按 2012—2013 年度巴每公顷小麦的平均产量为 2787 公斤，收购价格为每公斤 30 卢比计算，[②] 扣除经营成本后，仅有 2.5 英亩以下土地的农民生计艰难的情况是可想而知的。

另外，在现有的土地制度下，大中农因其经济实力显著，同时在政治上和社会上有重要影响，他们并通过他们的代言人，对政府的农业政策发生着重要影响，政府用于促进农业发展的各种投入补贴包括化肥、农药、灌溉用水、电力、农机、管井等的补贴，主要被大中农获取，农业贷款尤其是有补贴的贷款，也主要由大农获得。由于有补贴，许多大中农存在滥用灌溉用水、使农业耕作资本密集化等问题。与此同时，需要大量农业投入的小农却得不到或不能及时、足额得到所需投入，影响了生产。来自巴政府的文件表明，在巴农村，能够得到正规金融机构贷款的农民仅 10%

---

① Ministry of National Food Security and Research, Government of Pakistan, *Agricultural Statistics of Pakistan 2011 - 2012*, Islamabad, 2013, Table 65.

② Ministry of Finance, Government of Pakistan, *Pakistan Economic Survey 2012 - 13*, Islamabad, 2013, Table 2.4, Statistical Appendices, Table 2.12.

多，广大小农被排除在外。① 政府的各种补贴政策甚至农产品收购政策，还扭曲了市场价格体系，助长了农村地区政府官员的寻租腐败行为。

2. 农业生产率低，主要农产品的人均可得量低。与土地的潜在产出能力和世界上多数国家相比，巴基斯坦的土地生产率是很低的。据估算，在20世纪80年代末，巴每公顷小麦的单产潜力为6425公斤，实际单产全国平均为1643公斤，实际产量与潜在产量的差距为74%；水稻的相应数为9489公斤、1611公斤和83%；甘蔗的相应数为183吨、39吨和79%；棉花的相应数为1400公斤、339公斤和76%。水牛潜在的年产奶量为6600公斤，实际为2400公斤，差距为63%。1985年，埃及每公顷小麦的产量为3300公斤，中国为2975公斤，巴为1510公斤；埃及每公顷水稻的产量为5310公斤，中国为5271公斤，巴为2507公斤。② 2005—2007年，世界灌溉用地占农业用地的1.8%，巴的占64.9%；世界每100平方公里耕地拥有的拖拉机数为198.7台，巴的为207.8台；世界每公顷耕地的化肥消耗量为117.7公斤，巴为160.8公斤。所以，应该说巴的农业耕作条件和技术比世界平均水平高，更好于许多发展中国家。但是，2006—2008年，世界每公顷耕地的谷物产量为3397公斤，下中等收入国家为3324公斤，毛里求斯为8381公斤，埃及为7537公斤，中国为5388公斤，孟加拉国为3896公斤，巴仅为2656公斤，还不到世界平均数，更无法与世界先进水平相比。③

主要农产品的人均可得量情况见农业发展特点部分，这里不再赘述。

随着人口不断增长和人们收入水平的不断提高，巴基斯坦国内对粮食、蔬菜、水果、肉类等农产品的需求量不断增大，巴面临提高农业生产率的较大压力。

3. 大面积土地漏水和盐碱化。巴基斯坦的绝大部分农业耕作区降雨量小，主要依靠运河、水库、水坝引水灌溉和管井灌溉。由于管理不善等原因，引起了大量漏水和土地盐碱化问题。据世界银行1996年的报告，

---

① Ministry of National Food Security and Research, Government of Pakistan, *Agriculture and Food Security Policy* (*Draft*), http://www.mnfsr.gov.pk/gop/index.php? q = aHR0cDovLzE5Mi4xNj guNz AuMTM2L21uZnNyL3BvbGljaWVzRGV0YWlscy5hc3hc3B4.

② 李德昌：《巴基斯坦经济发展》，四川大学出版社1992年版，第120—121页。

③ 世界银行：《2010年世界发展指标》，中国财政经济出版社2010年版，第159—160页，第162—164页。

在巴抽取的管井水中，3/4 的含有盐分，不适于或几乎不适于农业。专家估计在土地轻度盐碱化的地区，作物单产减少 1/3，在土地中度盐碱化的地区，作物单产减少 2/3。[①] 在有政府记录的 5790 万公顷土地中，315.87 万公顷受到盐碱化影响。旁遮普省有 161.38 万公顷土地受到盐碱化影响，其中 28.8% 的是轻度盐碱化的土地，7.8% 的是含钠盐（saline sodic）和石膏盐（saline gypsiferous）的土地，56.5% 的是严重盐碱化的土地，4.3% 的是高度盐碱化的土地。信德省和西北边省土地盐碱化的情况也较严重。[②] 目前每年有 10 万英亩的土地盐碱化，25% 的灌溉面积受到漏水和盐碱化的影响。[③]

4. 政府的农业投入不足，农业基础设施薄弱。在巴基斯坦，尽管目前农业增加值占国内生产总值的 21%，大部分人口是农村人口，以农业为生，但在国内固定资本形成总额中，投入农业的不足 10%。[④] 巴的农业信贷不充足，农村金融业不发达。在基础设施方面，许多农村还没有与全天候公路连接，农产品及农用工业品运销困难；仓储设施不足，农产品保存困难，遭到较大损失；水利设施维护和保养跟不上，管理不善，漏水严重，极易遭到自然灾害破快；农业教育和研究力量不强，农业科技人才少，农业创新机制活力不足，创新能力弱，新农业技术不能很好满足生产发展需要，农业技术推广人员不足，技术推广和传播较慢；农产品市场建设和发展不完善，信息传播不够及时有效。

5. 多数农民素质低。从表 10—5 可见，到 2012—2013 年度，巴基斯坦 10 岁及以上人口的识字率才达 60%，农村识字率仅 55%。识字率最低的是俾路支省，2012—2013 年度，该省人口的识字率为 44%，在该省农村，识字率为 37%，其中男性为 55%，女性为 15%。在这种背景下，巴许多农民对现代农业科技的态度较为保守，接受能力不强，生产技术改进慢，种植和养殖高附加值农产品的能力低。

---

① Ilyas, Muhammad, IBRD Proposes Land Reforms, *Dawn*, 12 September, 1996.

② K. Amjad Saeed, *The Economy of Pakistan*, Oxford University Press, Karachi, 2007, p. 36.

③ Zaraimedia Team, *Problems of Agriculture in Pakistan*, http://zaraimedia.com/2013/04/19/problems-of-agriculture-in-pakistan/.

④ Ministry of National Food Security and Research, Government of Pakistan, *Agriculture and Food Security Policy* (*Draft*), http://www.mnfsr.gov.pk/gop/index.php? q = aHR0cDovLzE5Mi4xNjguNzAuMTM2L21uZnNyNyL3BvbGljaWVzRGV0YWlscy5hc3B4.

6. 巴基斯坦的农业发展还受到水资源短缺的影响。在本书第二章最后一段，我们已经指出，早在 21 世纪初，巴的水资源开采已经超过了环境限制。农作物的生长离不开水。巴的许多地区，由于严重缺水，农业生产受到了巨大限制。

第 四 章

工 业 经 济

实现工业化是巴基斯坦政府自独立以来不懈的追求。为此，在相当长的时期内，巴政府还不惜以牺牲农业发展和农民利益的方式发展工业。60多年来，巴基斯坦在工业化进程中取得了明显成绩，工业在国民经济中的比重有较大提高，工业门类不断增加，许多工业制成品的产量有很大提高。但是，目前巴基斯坦的工业化水平依然较低，工业门类不齐全，纺织业等轻工业的比重过大。

第一节 工业发展战略及政策措施

在第一章中，我们已经指出巴基斯坦独立初期工业基础极其落后。英印帝国时代的巴基斯坦，不是经济发展中心，基本处于供应粮食和工业原料，作为轻工业产品消费区的地位，像俾路支这样的边远地区，根本谈不上有什么工业。巴基斯坦政府在1948年4月的工业政策声明中指出：一个生产世界上近75%黄麻的国家，却没有一家黄麻厂。年产150万包优质棉花，却仅有几家纺织厂利用它们。[①] 此外，当时的巴基斯坦国贫民穷，国内储蓄率很低，金融机构十分落后，融资能力非常有限。而第二次世界大战后至20世纪50年代国际上流行的经济发展理论也认为，发展中国家应以工业化为中心，追求经济增长，实现经济结构转型。

在这样的国内和国际背景下，独立后的巴基斯坦政府，选择了由国家政权大力提供各种支持和帮助，以私人资本为主要力量，实施进口替代战略（用本国生产的工业制成品逐步替代进口工业制成品，实现工业化的

---

① K. Amjad Saeed, *The Economy of Pakistan*, Oxford University Press, Karachi, 2007, p. 281.

一种发展战略），优先发展本国有大量原材料及市场需求的轻工业。这种战略和政策一直执行到 20 世纪 70 年代才开始做出调整。

一 独立至阿尤布·汗政权垮台时期

这个时期，巴政府主要推出了两个工业政策决议，并实施帮助私营企业筹集资金，保护国内市场，控制物价等工业发展政策措施。

1. 1948 年的工业政策决议

1948 年，巴基斯坦政府宣布了第一个工业政策决议，主要内容有：

巴基斯坦政府将凭借各种权力和手段，促进巴工业化；在政府的工业化计划中，优先发展以国内原材料诸如黄麻、棉花、皮毛为基础的工业；鼓励自由企业，把开始和推进工业化的任务委托给私营部门承担；公用事业由国家所有，由公营部门经营；在国家要立即实行的发展计划中，最优先发展从进口替代的角度看特别重要的那些消费品工业；重工业发展是计划的长期目标，是远景计划的部分。[①]

这些主要内容中，值得注意的有这么几点：巴政府实行的是进口替代战略，要优先发展的工业产业是本国有原材料优势的消费品工业，工业化的主力是私营企业，且政府将凭借国家权力、手段给予支持。

2. 1959 年的工业政策决议

阿尤布·汗的军人政权执政后，为推进工业化，于 1959 年 2 月宣布了新的工业政策决议。该决议的主要内容是：（1）继续依靠私营部门和自由企业制度发展工业。为使私营部门在政府指导原则和发展计划战略下发挥发展工业的作用，国家不但要鼓励私营部门，还要对它们给予积极帮助。（2）鼓励外国资本流入巴基斯坦，参与巴工业发展。为此，保证将来不对外国资本进行国有化，允许其汇回利润和本金。外资还享有巨大优惠。（3）为提高工业生产技术和效率，增加就业，提高产业工人收入，要大力扩大技术教育和培训设施。（4）为完全利用国内原材料，鼓励进一步发展农产品和原材料加工工业。（5）为消除现代大型工业在地区布局和增长方面的不平衡，在今后的发展计划中，新工业应优先布局在经济落后地区，以便使所有地区的人民能够平等分享发展好处。（6）要特别

---

① B. M. Bhatia, *Pakistan's Economic Development 1948 - 88*, Konark Publishers PVT. LTD., New Delhi, 1989, p. 85.

关注鼓励发展小型、中型和乡村工业。①

在这个决议中，值得注意的是：政府以私营企业为工业化的主力的态度不变，政府优先发展本国有资源优势的轻工业的态度不变，政府对私营企业的鼓励和支持不变，强调鼓励外国投资和提高工业效率，工业地区发展不平衡问题及中小企业发展问题引起了政府的注意。

3. 建立各种工业发展帮扶机构和组织

1948 年工业决议宣布后，为执行决议，巴基斯坦政府建立了一批扶持私营企业发展的机构。它们是：巴基斯坦发展委员会；巴基斯坦工业金融公司，后改称巴基斯坦工业发展银行；巴基斯坦工业信贷和投资公司；关税委员会；巴基斯坦工业发展公司；乡村工业和小型工业理事会；难民安置金融公司。1962 年 7 月工业发展由省政府负责后，巴基斯坦工业发展公司分为东巴基斯坦工业发展公司和西巴基斯坦工业发展公司。1950年建立的巴基斯坦工业发展公司实际上是半独立的国家代理机构，它不仅为私人企业发展工业提供资金、参与股份，帮助因为资金或技术困难无力创办的企业，而且还自己兴办企业。当公司兴建的企业能够生存并获利后，就将其交给私营部门管理。1950 年到 1973 年 12 月，该公司兴建了造价 12.43 亿卢比的 62 个大型工业工程。其中，在西巴的 43 个大型工业工程中，有 24 个变为公营有限公司，19 个在盈利后交给私营部门经营管理。② 巴基斯坦工业信贷和投资公司及巴基斯坦工业金融公司为大型私营企业提供贷款，保证使这些公司能够获得高额利润。

4. 从挤压农业中为工业化筹集基金

巴基斯坦政府把农产品的收购价格定得较低，而国内工业制成品的价格却较高，形成工业产品和农产品价格的剪刀差，使工业企业受益。同时，较低的农产品价格，降低了产业工人的生活成本，使企业主可以压低工人工资水平，获得更多利润。巴政府对棉花、黄麻等农产品出口征收较高关税，使农民把这些产品低价卖给国内企业主，既等于变相征收了农产品税，又使工业资本家得到了好处。巴政府高估本国货币币值，既抑制了农产品出口，又通过汇率使农民收入降低。请参看农业经济相关部分。

---

① B. M. Bhatia, *Pakistan's Economic Development 1948 – 88*, Konark Publishers PVT. LTD., 1989, New Delhi, p. 86.

② 李德昌：《巴基斯坦经济发展》，四川大学出版社 1992 年版，第 134 页。

5. 降低工业企业生产投入品的进口税，保护国内工业品市场

1955—1960 年度，巴基斯坦政府对进口机械设备仅征收 14% 的关税，1960—1963 年度也只征收 17%。同期，进口生产资本货物的未加工原材料分别征收 23% 和 28% 的关税，进口生产消费品的原材料分别征收 26% 和 27% 的关税，但进口基本消费品却要分别征收 35% 和 55% 的关税，进口奢侈品更是要分别征收 99% 和 140% 的关税。[①] 巴政府还通过发放进口许可证，禁止或限制进口某些工业品。

巴基斯坦政府给予私营企业系列税收等优惠。巴政府为私营部门向外国借款提供担保，还将外援款用于扶助私营部门。1959 年的工业政策决议宣布后，巴政府采取系列实现政策目标的措施。主要有：允许对工厂、机械和工厂建筑物自由折旧；免除政府批准建设的工业的资本投资税；对投资进行科研的资本，或给予有关机构进行科研及培训的捐款及赠款实行免税；免除外国贷款的利息；退还 5%—10% 的利润特别附加税，免除东巴公司建在西巴，或西巴公司建在东巴的子公司上交母公司的股息收益税；1959 年 4 月至 1970 年建立的企业，根据企业建厂地区、是否以本国原材料为基础、是否从事矿产资源勘探及开采，分别给予 2 年、4 年和 6 年的免税期，免税期满后，允许对已经降低过账面价值的资本进行资产折旧；提升、强化各种发展机构和金融机构，大力促进工业品出口。

当然，在这个阶段，1958 年阿尤布·汗上台后，还是做了一定的政策调整。主要是：对进口控制和国内价格的控制，由直接控制为主，转为间接控制为主；实施工业制成品出口补贴制，推动出口；1961 年实行开放普通许可证制，使更多企业能参与进口；确定"自由进口表"，允许不需要许可证进口某些货物；开始从消费品的进口替代转向中间品的进口替代。这些放松政府控制的政策措施一直实行到 1965 年。而且，1965 年前，外国援助的大量流入，对巴工业发展发挥了很大作用。

6. 这个时期的工业发展战略和政策措施评价

我们认为，巴基斯坦政府在当时的背景下，选择在政府干预、扶持和引导下，实行进口替代的工业化战略，以私营企业为主力军的工业化道路，基本上是合理的、符合巴基斯坦国情的，也取得了显著成效。在独立

---

① S. Akbar Zaidi, *Issues in Pakistan's Economy*, Oxford University Press, Karachi, 2000, p. 88.

后的头 20 年，巴基斯坦的工业化是取得了明显进展的，工业呈现高速增长态势。据统计，1949—1950 年度至 1969—1970 年度，西巴基斯坦制造业的年均混合增长率达 14.3%，制造业在国民生产总值中的比重由 5.9% 提高到了 11.7%。① 经过 20 年的努力，巴建立了一大批消费品工业企业，还有少数基础工业企业，巴的许多消费品已经不需要从国外进口，有的如黄麻制品、棉纺织品甚至还能出口，巴的工业化基础初步建立，工业在国内生产总值或国民生产总值中的比重大幅提高。

当然，这个时期的一些具体政策措施也存在明显问题：

一是过分挤压农业，剥削农民，挫伤了农民的生产积极性，致使 1965 年以前农业发展非常缓慢，巴基斯坦由有粮食出口的国家，变为净进口粮食的国家。依斯拉姆（Islam）指出，20 世纪 50 年代，巴农业部门的有效汇率为 1 美元兑换 3—4.25 卢比，但进口的工业制成品的有效汇率是 1 美元兑换 9—10 卢比。1960 年，农业部门在出售农产品时，1 美元兑换 5 卢比，购买工业品时，1 美元兑换 10 卢比。② 据凯斯·格瑞芬（Keith Griffen）计算，农业每年向城市部门转移其总产值的 15% 或 36 亿卢比。③

二是剥削东巴基斯坦，在很大程度上仅把东巴作为工业原材料的供应地、外汇供给者和工业品销售市场，致使东巴和西巴的发展差距拉大，矛盾加深。据维卡尔·艾哈迈德（Viqar Ahmed）等统计，1949—1950 年度至 1957—1958 年度，东巴基斯坦创收的外汇总额为 32.04 亿卢比，西巴基斯坦却有 24.18 亿卢比的贸易赤字。④ 据一个东巴基斯坦的经济学家小组估计，从巴基斯坦独立到 1968—1969 年度，东巴基斯坦向西巴基斯坦转移的资金总额高达 311.2 亿卢比。1959—1960 年度到 1969—1970 年度，按 1959—1960 年度的不变价格计算，东巴的人均国内生产总值年均增长 1.5%，从 269 卢比增至 314 卢比，可西巴的增长率却是年均 3.6%，从

---

① B. M. Bhatia, *Pakistan's Economic Development 1948 – 88*, Konark Publishers PVT. LTD., New Delhi, 1989, pp. 90 – 91.

② Ishrat Husain, Pakistan *The Economy of An Elitist State*, Oxford University Press, Karachi, 1999, p. 89.

③ B. M. Bhatia, *Pakistan's Economic Development 1948 – 88*, Konark Publishers PVT. LTD., New Delhi, 1989, p. 106.

④ S. Akbar Zaidi, *Issues in Pakistan's Economy*, Oxford University Press, Karachi, 2000, p. 91.

355 卢比提高到 405 卢比。① 1972 年初东巴基斯坦独立为孟加拉国，与这个时期巴基斯坦政府的经济发展政策措施是密切相关的。

三是过于追求工业化速度，对改善民生注重不够，人民生活水平提高很小甚至下降。据 A. 拉赫曼·汗（A. Rahman Khan）统计，1954 年，西巴所有产业工人的年均工资收入是 966.2 卢比，东巴是 794.5 卢比；到 1962—1963 年度，各自降为 870.6 卢比和 766.12 卢比。以 1954 年为基期，到 1966—1967 年度，西巴产业工人的实际工资指数为 88.8，东巴 1967—1968 年度为 101.1。② 据斯瓦德斯·鲍思研究，1949—1950 年度至 1953—1954 年度，东巴农民的收入从年均 275 卢比，降到了 253 卢比，1959—1960 年度到 1963—1964 年度，年均也才 268 卢比。③ 1949—1950 年度，巴人均国民生产总值为 311 卢比，农村的人均收入为 207 卢比，国民每天的粮食可得量为 15 盎司；1957—1958 年度，相应数为 317 卢比、195 卢比和 14 盎司；1963—1964 年度的相应数为 351 卢比、205 卢比、15 盎司。1970—1971 年度的人均每天粮食可得量依然为 15 盎司。④

四是导致经济权力过分集中。1959—1960 年度，西巴基斯坦收入最低的 5% 人口的人均年收入为 203 卢比，处于下中等收入水平的 45% 人口的人均年收入为 276 卢比，收入最高的 5% 人口年均收入为 995 卢比，最低收入人群的收入与最高收入人群的差距为 3.4 倍；在卡拉奇，收入最低的 5% 人口的年均收入为 80 卢比，收入最高的 5% 人口的年均收入为 2165 卢比，两者相差 25.55 倍。⑤ 帕潘纳克（Papanek）指出，20 世纪 50 年代，7 个个人、家族及外国公司，占有私营工业资产的 25%，24 个公司占有私营工业资产的近 50%。⑥ 巴基斯坦原计划委员会的首席经济学家马赫布仆·乌尔·哈克（Mahbub-ul-Haq）在 1968 年 4 月对西巴基斯坦管理协会的讲话中指出，20 个家族控制了巴基斯坦 80% 的银行，97% 的保险

① B. M. Bhatia, *Pakistan's Economic Development 1948 – 88*, Konark Publishers PVT. LTD., New Delhi, 1989, p. 108.

② Ibid. , p. 127.

③ Ibid. , p. 129.

④ Ibid. , p. 107.

⑤ Ibid. , p. 122.

⑥ S. Akbar Zaidi, *Issues in Pakistan's Economy*, Oxford University Press, Karachi, 2000, p. 90.

业务,66%的工业资本。剩余的34%的工业资本中,超过一半的由外国公司控制。劳伦斯·怀特在他著的《巴基斯坦的工业集中和经济权力》中指出,1968年,在卡拉奇证券交易所上市的197家非金融公司中,43个主要工业家族及集团控制了98家,总资产为51.66亿卢比,占197家公司总资产的53.1%。其中4个最大的家族控制了这些公司总资产的1/5,10个最大的家族控制了总资产的1/3。[①]

不过,巴基斯坦政府1984—1985年度的经济调查材料表明,在20世纪60年代,巴基斯坦的人均收入差距并没有变得更不平均,相反还有一定改进。1963—1964年度至1969—1970年度,巴收入最低的40%家庭的收入所占比例,由17.5%提高到20.2%,收入最高的20%家庭收入占比由45.3%降为41.8%。同期,巴的基尼系数由0.386减为0.336,其中农村由0.362减为0.304,城市由0.433降为0.367。[②] 所以,说这个时期巴政府的工业发展政策措施导致经济权力集中,但没有拉大收入差距,可能符合事实。

五是市场机制不能有效、合理发挥资源配置作用,引起价格扭曲,抑制了市场经济的正常发展,许多工业企业采用资本密集型的发展模式。巴政府对农产品价格和工业品价格的控制,对本国货币币值的高估,对资本货物进口的宽松政策,对消费品进口征收较高关税,对主要农产品出口征收出口税,对国内生产的工业制成品市场进行保护,20世纪60年代对工业制成品出口实行补贴等措施,扭曲了物价,引起了资源配置不当和资源的无效使用。巴政府高估本国货币价值及对私营企业进口工业机械的优惠政策,以及提供给私营企业的优惠低息贷款,使得许多私营企业采用资本密集型的生产技术和发展模式,对就业产生了负面影响,宝贵的资金和外汇被浪费。对中间产品工业和资本货物工业保护程度低于消费品工业,导致资本货物工业较基础工业发展缓慢、落后。消费品工业的高速增长,还带来过度消费,降低了储蓄率。对国内工业的过度保护,造成国内企业不重视提高效益,产品质量差但价格贵,国际竞争力不强。巴关税委员会对

① B. M. Bhatia, *Pakistan's Economic Development 1948 - 88*, Konark Publishers PVT. LTD., New Delhi, 1989, pp. 122—124.

② S. Akbar Zaidi, *Issues in Pakistan's Economy*, Oxford University Press, Karachi, 2000, p. 97.

本国生产的工业品出厂前的价格和进口的同类产品的价格进行了比较，结果发现，在 1951 年至 1966 年，巴 1/3 工业产品的出厂前价格比进口品的价格高 50%—100%，约 1/5 工业产品的出厂前价格比进口品价格高出 100—200%。[1] 到 60 年代中期，巴国内制成品的成本，要比国外同类产品的到岸价格高出 100% 以上。[2] 所以，昂·李托（Ian Little）、斯奇托夫斯基（T. Scitovsky）和斯科特、巴拉萨（Balassa）等人在 20 世纪 70 年代，以及维卡尔·艾哈默德（Viqar Ahmed）和拉希德·阿姆贾德（Rashid Amjad）在 80 年代都认为巴基斯坦 60 年代的工业结构是没有效益的。他们的统计数据和结论表明，如果按照世界价格计算巴基斯坦当时的工业投入和产出，则巴工业的增加值是负的。例如，李托等在《一些发展中国家的工业和贸易》一书第 75 页的统计数据表明，按巴国内价格计算，巴 1963—1964 年度的国内生产总值增长 7%，但如果按世界价格计算，则仅增长 0.4%。按照刘易斯（S. R. Lewis）和圭辛格（S. E. Guisinger）在《巴基斯坦的保护结构》一文中的数据，1963—1964 年度，巴食用油工业的有效保护率为 205，蔗糖业的为 167，汽车业的为 105，丝绸及人造丝绸业的为 99，服装的为 95。照此计算，巴的食用油、榨糖和汽车装配业产品产值低于投入品价值，另外两种工业的产品产值与投入品等值。[3]

　　但是，后来阿萨德·赛义德（Asad Saeed）、米卡尔·艾哈默德（Meekal Ahmed）、阿克巴·诺曼（Akbar Noman）以及凯末尔（A. R. Kemal）的研究表明，李托等人研究所用的材料、数据和方法是有大量严重问题的，他们的结论是极端夸大其词的。[4] 穆哈迈德·穆达萨尔（Muhammad Mudassar）在他的博士学位论文中，也赞同阿萨德·赛义德

① Ishrat Husain, *Pakistan The Economy of An Elitist State*, Oxford University Press, Karachi, 1999, p. 88.

② B. M. Bhatia, *Pakistan's Economic Development 1948 – 88*, Konark Publishers PVT. LTD., New Delhi, 1989, p. 113.

③ K. Amjad Saeed, *The Economy of Pakistan*, Oxford University Press, Karachi, 2007, pp. 55 – 56.

④ S. Akbar Zaidi, *Issues in Pakistan's Economy*, Oxford University Press, Karachi, 2000, pp. 145 – 148.

和米卡尔·艾哈默德等人的观点。[①]

我们认为,李托等人研究中引用的材料和数据以及运用的方法是存在问题,他们的结论确实也有夸大其词之嫌,不能说巴基斯坦当时的工业完全没有效益。但即便这样,也应该承认,当时巴的工业效益是不够高的。对于一个工业基础非常差,主要机械设备依赖进口,国民素质整体不高,科学技术水平很落后,企业管理存在不少问题的发展中国家而言,在工业化初期,工业效益不高是十分正常的。不能因为工业效益不高,就否定一个发展中国家的工业化努力,否则发展中国家将永远没有自己的工业,更不可能实现工业化。

二 佐·布托时期

1. 大规模实行国有化和大力发展公营部门

佐·布托成为巴基斯坦最高领导人后,于 1972 年 1 月 12 日开始推行前后持续了 5 年的工业国有化政策。主要有三次大的举动。

首轮工业国有化于 1972 年 1 月 12 日宣布,巴基斯坦政府接管了钢铁、基本金属、重型机械、电气设备、汽车装配和制造、拖拉机装配和制造、重型和基础化工、石油化工、水泥和公用设施等 10 类基础工业中的31 家大型公司。被接管的公司立即停止在证券交易所的交易活动,归属工业生产部领导的工业管理委员领导,由工人选举的工人委员会协同政府任命的公司经理及工厂厂长管理。后来,在被接管的 10 类工业的基础上,先后建立了联邦化学和陶瓷公司、联邦轻型工程公司、国家设计和工业服务公司、巴基斯坦国家化肥公司、巴基斯坦汽车公司、巴基斯坦工业发展公司、巴基斯坦钢铁公司、巴基斯坦国家水泥公司、国家重型机械和机床公司以及国家石油冶炼和石油化工公司。

第二次大举动是榨油工业和海运业国有化。1973 年夏天,巴基斯坦遭遇大洪灾,引起物价特别是食用油价格上涨,北部地区食用油价涨了两倍,国内局势不稳。布托对食用油价上涨十分不满,对私营企业家失去了信心。于是,1973 年 8 月 16 日,巴政府宣布对榨油工业实行国有化。

再次国有化是 1976 年 7 月的乡村工业国有化,巴政府宣布把农产品

---

① Muhammad Mudassar, *A Study on Industrial Structure Upgrading in Pakistan*, p. 45,武汉理工大学 2013 年的博士论文,用英文撰写。

加工的轧花厂、碾米厂和面粉厂等4000家乡村工业国有化。

此外，布托政府的国有化还涉及保险业和银行业。对此，将在本书相关部分作分析。

布托政府不仅实行国有化，还大力发展公营部门企业。最突出的表现是巴基斯坦的工业投资由此前以私营部门为主，转为以公营部门为主。据统计，1969—1970年度，公营部门的工业投资占全部工业投资的12.8%，1970—1971年度仅占5.3%。1973—1974年度，公营部门工业投资提高到33.0%，1976—1977年度提高到74.6%。同期，公营部门的投资额分别为1.771亿卢比、5830万卢比、1.137亿卢比和10.853亿卢比。[①]

布托政府还在1972年5月对卢比实行了较大幅度的贬值，由4.76卢比兑换1美元降为11卢比兑换1美元，后因美元贬值变为9.9卢比兑换1美元，卢比实际贬值一倍多。这就等于取消了对私营企业出口及进口的巨大保护。布托政府还大幅度提高了农产品收购价格，使原来有利于工业，不利于农业的价格政策发生很大改变。后来，布托政府又取消了出口补贴制度。

2. 背景和原因

布托政府为什么要大规模实行国有化和大力发展公营企业呢？

首先，东巴基斯坦独立为孟加拉国后，巴的经济情况发生巨大变化，面对严重的经济困难。东巴基斯坦未独立前，为巴基斯坦提供了主要的出口外汇收入，为西巴基斯坦的工业企业提供了大量原材料，同时是西巴工业企业产品重要的消费市场。1969—1970年度，西巴50%的工业品销往东巴，18%的进口商品来自东巴。[②] 东巴独立以后，对巴而言，这一切都失去了，使巴面临严重的经济困难。这就从客观上要求巴政府对经济发展政策措施作出必要的调整。

其次，阿尤布·汗政府的工业政策遭到普遍反对。阿尤布·汗政府的工业化政策，虽然有力地促进了巴工业的发展，但由于不注重民生改善，经济权力日益集中，人民大众感到贫富差距拉大，遭到了国内广大民众的不满和反对，最终激发了1968年冬和1969年春大规模的反阿尤布·汗的

---

① S. Akbar Zaidi, *Issues in Pakistan's Economy*, Oxford University Press, Karachi, 2000, p. 100.

② Ibid., p. 99.

运动。为稳固自己的统治，新上台的布托政府，当然要对经济发展政策作出调整。

另外，客观形势发展的需要。巴基斯坦依托私营企业，实行进口替代的工业发展战略，到布托政府上台时，已经执行了20余年。在20多年的时间内，巴的经济情况已经发生了很大变化，一些经济政策以及经济发展存在的问题，已经明显暴露出来。同时，巴当时的国内政治和社会情况，也已经发生了较大变化。形势的发展，早已要求对此前的工业发展战略及政策作出必要的调整，布托政府的调整，已经算是迟来的了。

还有，左翼势力的影响。在当时执政的人民党内，左翼力量非常强大。在人民党组建过程中，一批在西方受过教育、受社会主义思想影响的知识分子发挥了重要作用。人民党执政，他们在党内和1974年10月前的政府中占有重要地位。其中，担任财政、计划和经济发展部部长的穆巴希尔·哈桑，担任工业生产部部长的 J. A. 希拉姆，担任卫生部部长的谢赫·拉希德，担任决定国家干部人选的组织局局长的库希德·哈桑·米尔被称为"四大左派"，影响尤其显著。左翼力量认为，只有进行重大经济结构调整，才能解决巴基斯坦的经济问题。

再有，兑现竞选诺言，稳定政权的需要。在1970年的大选中，人民党提出经济社会主义的主张，反对阿尤布·汗的经济政策，许诺要将基础工业和金融机构国有化，得到了广大民众和阿尤布·汗反对派的支持。人民党上台执政后，为了稳定政权基础，宣布要兑现在大选中的许诺。

最后，抑制私人经济政治力量，保证国家权力运行。经济权力过分集中在少数私人家族和集团手中，对国家政权的顺利运行是一种威胁。为此，布托等人认为必须抑制私人权力，使国家控制国民经济的制高点。布托在1972年宣布第一轮工业国有化时说："我的政府负有消除经济权力集中的任务，以免个别企业家集团能够控制国民经济的战略高地并利用这种垄断地位来反对公众的利益"。[①]

3. 布托政府的工业发展战略和政策评价

在客观形势已经发生巨大变化的情况下，进行工业发展战略和政策的调整是必要的。从这个角度讲，布托政府的工业发展战略和政策调整并没

---

① 李德昌:《巴基斯坦经济发展》，四川大学出版社1992年版，第155页。

有什么可指责的。在调整内容方面，当消费品工业已经获得很大发展，发展一些重工业和基础工业，使工业产业多样化，调整工业内部的产业结构，促进产业升级，也是合理的。实际上也起到了这样的作用。经过布托政府的调整，巴基斯坦基础工业和重工业发展加快，实力增强。当国内工业企业的实力提高后，减少对它们的保护，促使它们改善经营，提高效益，增强竞争力，也是对头的。抑制私人经济权力的过度集中，减少私人财团对国家决策的影响，也可以理解。

问题在于，布托政府的一些具体做法不够恰当或过分了，不符合巴基斯坦的国情。表现是，在实行国有化时，由于宣传说服不够，也没有给予必要的补贴，引起资本家的疑虑和担心，使得资本家持观望态度，不再增加工业投资，私营企业的投资大幅度下滑，工业增长明显放慢。政府发展公营企业时，没有充分考虑政府收入和国内财力，而是大规模举借外债，从而造成政府财政严重赤字，引起宏观经济局势不稳定。大量公营企业办起来后，对经营管理人才培养不够、不及时，导致外行管企业，企业经营效益低甚至亏损。对 4000 余家乡村工业的国有化，是没有必要的，没有重要意义，更没有战略意义，反而增加了政府的负担，且有维护地主利益，助长农村落后势力之嫌（政府把许多国有化后的乡村工业交给地主管理）。抑制私人经济权力集中的措施也不太得当，应该采用税收、贷款等财政、货币调控手段，采取反垄断立法等行政手段，而不是简单、武断地不准其发展。还有，没能跟踪世界市场需求变化和发达国家产业变化，引导、帮助前期建立的消费品工业特别是纺织业更新技术和产品，实现换代升级。也正因为如此，在布托政府执政期间，巴基斯坦的工业增长率大为降低，纺织业开始落到韩国、中国香港地区后面。

三 齐亚·哈克时期

1977 年 7 月齐亚·哈克将军通过军事政变颠覆佐·布托政权上台后，一直执政到 1988 年 8 月他因空难去世为止。在齐亚·哈克统治期间，他的政权对布托政府的工业政策做出了巨大改变，同时还采取了许多新举措。

首先是把布托政府时期国有化的许多企业私有化，恢复私营企业主的投资信心。到 1979 年 9 月，近 4000 家国有化的碾米厂、面粉厂和轧花厂还给了原来的企业主，同时还把一些小机械厂非国有化，一些国有化的大中型企业也交回原主。对未交还的企业，政府答应付给适当利润。1979年，巴政府颁布《保护工业产权法》，规定不得粗暴将私营企业国有化，保护工商业投资。哈克政府的这些举措，主要是向私营企业家表明政府不会再实行国有化政策，恢复他们的投资信心。

哈克政府的非国有政策是有限的，并没有把布托政府时期国有化的企业都全部私有化，尤其是没有把主要银行私有化。原因是许多国有化的企业对国民经济发展具有重要意义；另外，许多人员和机构从布托政府的国有化中受益，政府不可能不考虑这些人员和机构的利益及非国有化可能产生的政治及社会成本。所以，尽管进行了非国有化，哈克政府还是保留了此前形成的混合经济体制格局，并且采取了一些加强公营部门企业管理、发挥其作用的措施，使联邦化学和陶器有限公司、国家化肥公司、巴基斯坦汽车公司等主要公营企业获得了进一步的投资和发展。

其次，鼓励私人投资，重新让私营部门发挥工业化的主导作用。主要做法一是扩大私营企业投资。在第五个五年计划中，私营工业部门投资195亿卢比，占公、私营部门工业投资总额的40%；在第六个五计划中，私营部门投资620亿卢比，占公、私营工业投资总额的79.6%。[①] 1978—1979年度，公营部门在工业投资额中占72.4%，1982—1983年度降到48.29%，1987—1988年度时已经只占17.85%。[②] 二是不断放松管制和实行自由化，简化投资程序，扩大允许私营部门投资的领域。哈克政府曾划定过公、私营企业经营的范围，但1984年的工业政策允许私营部门企业进入钢铁、化肥、水泥、石油冶炼和石化工业、汽车设备等原来由公营部门垄断的领域，还允许私营企业经过中央投资促进委员会审查和联邦政府批准，进入"特殊工业"即因设备能力过剩、因实行价格控制其零、部件实行国产化的工业，以及与国家安全有关或涉及宗教和社会经济目标的具有全国意义的工业。1987年初，宣布列入"特殊工业"需要批准的90%的项目不再作为特殊工业，9月又宣布取消11项特殊工业。投资额大、需要外汇多的工业虽还需要批准，但限额不断得到提高，由1978年

---

①　李德昌：《巴基斯坦经济发展》，四川大学出版社1992年版，第179—180页。

②　S. Akbar Zaidi, *Issues in Pakistan's Economy*, Oxford University Press, Karachi, 2000, p. 111.

时的 2000 万卢比，调高到 1987—1988 年度的 5 亿卢比。[①] 巴政府还放松
了企业的进口控制。1983 年后，只要没有列入负表中的商品，都可以进
口，原来的进口数量限制也改为了关税调节。三是鼓励企业出口工业制成
品尤其是高附加值的产品。出口工业品的企业可以得到出口退税和进口便
利，还可以得到税收优惠和贷款利息优惠。四是鼓励发展小型工业及在落
后地区发展工业。小型工业需要的投资少，技术不复杂，经营灵活性大，
能创造更多的就业岗位。小型工业在佐·布托政府时期加快了发展步伐。
鉴于小型工业的系列优点，哈克政府高度重视，采取了系列发展小型工业
的措施。首先，健全负责小型工业发展的组织机构。各省均成立了小型工
业公司或委员会、董事会，为本省的小型工业企业主提供各种咨询和服
务。其次，成立技术中心和培训中心，提供技术援助，开展人员培训，帮
助熟练的手艺人成立独立生产组织。另外，建立建有各种基础设施的工业
发展区。还有，争取国际金融机构的援助。从 1984 年到 1988 年，巴政府
先后三次从国际开发协会和世界银行获得 1.34 亿美元的小型工业发展贷
款。[②] 在发展落后地区工业方面，1984 年的工业政策规定，在落后地区
建立工业企业，免征 5 年的工业税，免征机器设备进口税；要求经济相
对发达地区对口支援落后地区，帮助落后地区优先发展电力、天然气、
交通通信等基础设施，为吸引私人资本到落后地区投资创造良好的投资
环境；根据投资者对当地发展的实际贡献，给予不同程度的创业资本补
贴；建立从属国家金融发展公司的地区金融发展公司，为投资者提供服
务和贷款。

　　应该说，齐亚·哈克执政时期巴政府的工业政策措施总体上是得当
的、合理的，较好处理了私营企业与公营企业之间的关系，放松了对私营
企业的管制和限制，使私营企业在工业发展中发挥主导作用，也努力促进
重要公营企业的发展，还鼓励发展小型工业，积极促进落后地区工业的发
展。因此，在这期间，巴基斯坦工业恢复了快速增长势头，也带动了整个
国民经济的发展。

　　但是，这个时期的工业政策也有一些缺点。一是在促进工业产业多样
化方面做出的努力不够，其间巴基斯坦的工业产业多样化进展不大。二是

---

① 李德昌：《巴基斯坦经济发展》，四川大学出版社 1992 年版，第 181 页。
② 同上书，第 183 页。

对进口替代战略调整不够，进口替代升级不理想，虽然在"六五"计划文件中已经提到出口导向的工业化战略，也采取了一些促进出口的措施，但进口替代的工业化战略并没有从整体上得到突破，对国内市场的保护依然较多，企业技术更新较慢。三是促进企业尤其是公营企业提高生产效益方面的措施不得力，从后文中可以看出，这期间巴工业企业的全要素生产率提高非常有限。四是在提高国内投资率，减少对外资的依赖方面重视不够，依然大量依赖外援发展工业和国民经济，对此后的经济发展产生了不良影响。

四   推行自由化以来的时期

早在 1986 年和 1987 年，当时的总理居内久就曾经进行过放松食用油、化肥、小麦价格控制，允许私营部门大宗进口食用油和化肥等自由化措施。1988 年 8 月齐亚·哈克死于空难后，巴基斯坦恢复了议会民主制，虽然此后又出现穆沙拉夫的军人政权，但不论是民选政府还是军人政府，它们的经济政策包括工业政策实质上都是一样的，都遵循国际货币基金组织和世界银行的结构调整指导原则，实行自由化、市场化、私有化和全球化的政策。巴政府与国际货币基金组织和世界银行分别在 1988 年、1993 年和 1997 年先后 3 次签订协议，2013 年 9 月又签订了一项为期 3 年的展期贷款协议。在两家国际机构的指导和监督下，进行经济结构调整，内容涉及经济发展的方方面面。在工业政策方面，主要做法是放松政府对经济的管制和干预，减少各种补贴及政府开支，降低税率，从公营企业撤资甚至将公营企业私有化，进一步扩大私营部门的主导作用，降低关税，实行进出口自由化，大力鼓励外国投资等。

例如，1988—1991 年为期 3 年的调整计划规定：减少特殊工业的数量，提高需要政府审批的投资限额（由 7 亿卢比提高到 10 亿卢比），3 年内分阶段取消工业地区布局政策，降低公营部门公司的股份，促进出口，降低不同工业的保护水平，减少限制进口的商品，到 1990 年 7 月将关税调整到 0—100% 的范围内，取消天然气、电力、电话、化肥补贴，减少 12.5% 的公营部门发展计划，等等。[①] 实施调整计划后，政府对私人投资

---

① S. Akbar Zaidi, *Issues in Pakistan's Economy*, Oxford University Press, Karachi, 2000, p. 114.

的审批和进口许可证废除了，技术及外汇贷款协议登记、外国工人就业程序也废除了，以前只允许公营企业投资的发电、商业和投资银行业、空中运输和海洋运输，向私营部门开放，准许私营企业投资，确定对 105 个公营企业私有化。[①]

又如，1994—1997 年的展期结构调整便利政策框架报告规定：继续取消对投资和价格的管制，继续鼓励私人投资；进一步将公营企业私有化，包括把巴基斯坦电信公司和巴基斯坦水电发展局私有化；向私营部门新开放服务行业及基础设施的投资；进一步简化投资审批程序和规定，特别是省级和地方的程序和规定。[②]

再如，1991 年 2 月 7 日实施外汇和外汇管理支付改革时，谢里夫政府对外国私人资本投资提供的优惠条件有：除武器弹药、票证和货币印制、酒精、高能量爆炸物和放射性物质等少数项目的投资需经政府批准外，外国人（包括有双重国籍的巴基斯坦人）不需要经事先批准，可在巴基斯坦境内投资新建各种工业，外国资本可拥有 100% 的股份。外国公司可不经巴基斯坦国家银行批准，自己发行公司股票和进行股票转让；外国人可在巴基斯坦股票交易所按市场价格用外汇对巴现有工业进行股票投资，在缴纳资本收益税后，红利的寄出和股票在外国人中的转让均不需巴国家银行批准；外国资本控制的在巴制造业公司，不管外资股份高低，只要其产品的 50% 及以上用于出口，均可向巴国内金融机构借取数量不受股本限制的周转资金。其产品只在巴国内销售的，可借取与其股本等额的周转资金。外国资本控制的在巴制造业公司可不经任何批准向巴基斯坦国内金融机构借取资金用于固定投资。[③]

1997 年新投资政策规定，优先鼓励外国投资进入高附加值工业或出口工业、高技术工业、优先发展工业、以农业为基础的工业四类产业；进口巴基斯坦不能生产的 a 类和 b 类大型机器及机械设备，征收零关税；修改劳工法，以提高生产率、技术和工作纪律；制定国家工业区综合方案，促进出口导向型企业发展；合理化联邦和省级关税，方便外国投资。[④] 按

①　S. Akbar Zaidi, *Issues in Pakistan's Economy*, Oxford University Press, Karachi, 2000, p. 319.

②　Ibid., p. 338.

③　李德昌：《巴基斯坦经济发展》，四川大学出版社 1992 年版，第 201—202 页。

④　K. Amjad Saeed, *The Economy of Pakistan*, Oxford University Press, Karachi, 2007, p. 295.

照调整计划,最高进口关税从 1987—1988 年度的 225%,降低到 1991—1992 年度的 90%,列入进口负表中的商品,从 136 种降为 21 种。① 私有化进程主要是在 2000 年以后加快的,主要集中在银行和金融、通信、能源和天然气领域。截至 1994 年 6 月,私有化的公营企业为 67 家,到 2000 年 6 月增为 103 家,2008 年 6 月达 167 家。② 2008 年以来私有化没有实质性进展,已经私有化的企业还是 167 家,政府从中获得的收入为 4764 亿卢比,包括 60 亿美元的外国直接投资和外国证券投资。2013 年 10 月,巴内阁私有化委员会决定加快实施 32 家公营企业的私有化。③

我们认为,20 世纪 80 年代末以来巴基斯坦的工业政策措施改革和调整总体看是必要的、合理的、符合经济发展规律的。存在的问题主要是有的调整如补贴削减、价格调整等步伐快了一些;工业发展与基础设施建设速度没能较好协调,基础设施建设投入不足,建设滞后,对工业产业多样化的推动不力。这些加上政治的、外部的一些原因,致使这个阶段巴基斯坦的工业发展除穆沙拉夫执政期间外速度不快。

第二节　工业发展情况

一　基本情况

1. 1971 年以前

1949—1954 年,巴基斯坦的大型制造业年均增长 23%,1954—1960 年年均增长 9.3%。1949—1958 年,西巴的大型制造业年均增长率更是高达 19.1%。④ 到 20 世纪 50 年代末,巴基斯坦已经能够出口棉纺织品和黄麻制品。在 20 世纪 50 年代前半期,工业的年均投资收益高达 50%—100%,后半期也有 20%—50%。⑤

---

① S. Akbar Zaidi, *Issues in Pakistan's Economy*, Oxford University Press, Karachi, 2000, p. 321.

② [巴]法斯赫·乌丁、M. 阿克拉姆·斯瓦蒂:《巴基斯坦经济发展历程——需要新的范式》,陈继东、晏世经等译,巴蜀书社 2010 年版,第 206 页。

③ Ministry of Finance, Government of Pakistan, *Pakistan Economic Survey 2013 - 14*, Islamabad, 2014, pp. 52 - 53.

④ S. Akbar Zaidi, *Issues in Pakistan's Economy*, Oxford University Press, Karachi, 2000, p. 85.

⑤ Ibid. , p. 89.

据米卡尔·艾哈迈德提供的数据，1960—1965 年，巴基斯坦制造业年均增长 16%，1965—1970 年年均增长 10%，1960—1970 年年均增长 12.0%。同期，消费品工业年均增长 10.6%、9% 和 10%；中间品工业年均增长 12%、8% 和 9%；投资品工业年均增长 20%、8% 和 13%。而且，1960—1970 年，巴工业的全要素增长率年均达 5.06%，在当时是发展中国家中最高的之一。例如，巴西的是 0.75%，墨西哥为 3.01%，阿根廷为 2.64%，印度 1959—1976 年年均为 0，只有韩国高出巴基斯坦，为 8.3%。[①]

工业快速增长，使工业增加值在国民经济中的比重大幅度提高。把矿业、建筑业和供水供气业计算在内，1949—1950 年度，工业增加值占 9.6%，1959—1960 年度占 15.5%，1969—1970 年度占 22.7%。其中大型制造业分别占 7.8%、12% 和 16%。[②]

据斯提芬·刘易斯研究，在增长的推动力方面，1951—1952 年度至 1954—1955 年度，进口替代占了 104.4%，消费品进口替代占 85%，出口占 0.9%，国内需求占 -5.3%。1954—1955 年度到 1959—1960 年度，国内需求占 52.4%，出口占 26.3%，进口替代占 24.3%。1959—1960 年度到 1963—1964 年度，国内需求占 86.5%，出口占 6.5%，进口替代占 2.2%，增加值系数占 4.9%。[③]

2. 佐·布托政府时期

在布托执政阶段，大型工业增幅大幅下降，1971—1972 年度为 -6.8%，1972—1973 年度为 11.9%，1973—1974 年度为 7.5%，1974—1975 年度为 -1.7%，1975—1976 年度为 -0.5%，1976—1977 年度为 -0.2%，平均为 1.7%。但是，小型工业增长速度却加快了，1949—1950 年度至 1959—1960 年度，巴小型工业的年均增长率为 2.3%，20 世纪 60 年代年均为 2.9%，1972—1973 年度至 1976—1977 年度上升到年均增长 7.4%。[④]

① S. Akbar Zaidi, *Issues in Pakistan's Economy*, Oxford University Press, Karachi, pp. 95 - 96.

② Ishrat Husain, *Pakistan The Economy of An Elitist State*, Oxford University Press, Karachi, 1999, p. 112.

③ S. Akbar Zaidi, *Issues in Pakistan's Economy*, Oxford University Press, Karachi, 2000, p. 90.

④ K. Amjad Saeed, *The Economy of Pakistan*, Oxford University Press, Karachi, 2007, p. 60.

表 4—1　　　　　　　　独立以来巴基斯坦制造业增长速度　　　单位：百分比

年度	制造业	大型制造业	小型制造业	年度	制造业	大型制造业	小型制造业
1949—1950 至 1954—1955	9.7	23.6	2.3	1954—1955 至 1959—1960	6.4	9.3	2.7
1959—1960 至 1964—1965	11.7	16.9	2.9	1965—1966 至 1969—1970	8.1	9.9	2.9
1972—1973 至 1976—1977		1.5	7.4	1976—1977 至 1981—1982		9.4	7.3
20 世纪 50 年代	7.73	15.75	2.30	20 世纪 60 年代	9.91	13.39	2.91
20 世纪 70 年代	5.50	4.84	7.63	20 世纪 80 年代	8.21	8.16	8.40
20 世纪 90 年代	4.8	3.6	7.8	21 世纪 00 年代	7.1		
2000—2001	9.3	9.5	5.3	2001—2002	4.5	4.9	5.3
2002—2003	6.9	8.7	5.3	2003—2004	14.0	18.1	7.5
2004—2005	15.5	15.6	7.5	2005—2006	8.7	9.0	9.3
2006—2007	9.0	9.6	8.3	2007—2008	6.1	6.1	8.3
2008—2009	−4.2	−6	8.6	2009—2010	1.4	0.4	8.5
2010—2011	2.5	1.7	8.5	2011—2012	2.1	1.1	8.4
2012—2013	4.5	4.1	8.3	2013—2014	5.5	5.3	8.4
1950—2012	7.53	9.21	5.32				

注：2013—2014 年度的数据是暂定数。

资料来源：B. M. Bhatia, *Pakistan' Economic Development*, Konark Publishers PVT. LTD. , New Delhi, 1989, p. 89；K. Amjad Saeed, *The Economy of Pakistan*, Oxford University Press, Karachi, 2007, p. 60；S. Akbar Zaidi, *Issues Pakistan's Economy*, Oxford University Press, Karachi, 2000, p. 122；［巴］法斯赫·乌丁等：《巴基斯坦经济发展历程——需要新的范式》，陈继东、晏世经等译，巴蜀书社 2010 年版，第 44—45 页；Government of Pakistan, *Pakistan Economic Survey*, various issues, Islamabad；Muhammad Mudassar, A Study on Industrial Structure Upgrading in Pakistan, p. 45，武汉理工大学 2013 年的博士论文，用英文撰写。

　　造成布托统治时期大型工业增速大幅下滑的原因是多样的。国有化政策致使资本家对政府的政策持怀疑态度，因担心进一步的国有化而减少了投资，甚至把资金转移到海外。S. J. 伯基在《布托统治下的巴基斯坦》中指出，按 1959—1960 年度的不变价格计算，阿尤布·汗统治的 1960—

1961 年度至 1964—1965 年度，私营部门对制造业的投资年均为 9.92 亿卢比，1965—1966 年度到 1969—1970 年度年均为 9.3 亿卢比。而 1971—1972 年度私营部门对制造业的投资为 7.67 亿卢比，1972—1973 年度为 5.72 亿卢比，1971—1972 年度至 1975—1976 年度年均为 6.82 亿卢比。[①] 而政府大力投资发展基础工业，因这类工业建设周期相对较长，产生效益慢，布托统治时期还未能收到实效。而且，公营企业投资的增加额，小于私营企业投资的下降幅度。1969—1970 年度至 1974—1975 年度，私营部门大型企业的投资年均增长 -21.9%，公营部门的为 27%，相互抵消后，年均增长率为 -10.1%。[②] 这样，大型工业增长速度自然就受到了影响。政府过度干预经济，造成效率低下也有影响。此外，巴基斯坦及西方有些经济学家所说的一些"厄运"因素，对当时巴经济的影响也是明显的。这些"厄运"包括：1973 年 8 月，巴发生大洪水；1973 年 10 月，首次石油危机，石油价格猛然上涨 4 倍，造成巴化肥、石油、基本投入品的进口费用大量增加，加上国内因素，巴通货膨胀严重；1974—1975 年度的严重虫灾，棉花严重减产。1974—1977 年，因石油危机造成世界经济衰退，巴出口受到严重打击；1976—1977 年度，巴又发生最严重的洪灾，大面积的农作物受损，粮食进口增加。所以，仅以布托政府国有化政策和管理不善解释当时巴基斯坦工业增长放慢，经济增速降低，是失之偏颇的。

这个时期小型工业增长较快的原因是：巴政府取消了对大型私营企业的许多保护措施，使小型工业在与大型工业竞争时，困难减小；自由化的进口措施，使小型工业能够进口所需机器设备；主要商业银行国有化后，小型工业获得贷款机会增加。1972—1974 年，小型工业获得的政府贷款增长了 122%；国有化政策引起资本家担忧，但他们认为政府不会对小型工业实行国有化，因而从对大型工业的投资转向投资小型工业；绿色革命后农业对农机设备需求持续增加。[③]

3. 齐亚·哈克执政时期

齐亚·哈克时期，工业增长快速。据世界银行的统计，1977—1986

①　李德昌：《巴基斯坦经济发展》，四川大学出版社 1992 年版，第 173 页。

②　Ishrat Husain, *Pakistan The Economy of An Elitist State*, Oxford University Press, Karachi, 1999, p. 115.

③　S. Akbar Zaidi, *Issues in Pakistan's Economy*, Oxford University Press, Karachi, 2000, pp. 127 - 130.

年，巴基斯坦制造业的国内生产总值年均增长 9.5%，大中型工业的投资年均增长 18.2%，私营工业投资年均增长 15.6%。而阿萨德·赛义德的研究表明，1978—1988 年，巴制造业年均增长 9.6%，劳动力年均增长 5.8%，资本存量年均增长 10.3%。日本发展经济研究所得出的增长率更高：1978—1988 年，巴工业年均增长 10.4%，其中"五五"计划期间年均增长 12.8%，"六五"计划期间年均增长 9.9%。① 这一成绩不比阿尤布·汗执政时期逊色，也好于许多发展中国家。

这期间小型工业继续保持快速增长，1976—1977 年度至 1981—1982 年度年均增长 7.4%，1981—1982 年度至 1988—1989 年度年均增长 8.4%。② 政府政策的一些支持，因巴基斯坦海外工人汇款大量增加引起国内对工业品需求的增加等因素促进了小型工业的发展。

这期间工业快速增长的原因是：（1）政府工业政策调整发挥了积极作用，私人投资大量增加。（2）布托时期工业结构调整、大力发展公营企业的政策显现成效，公营企业的发展激起了大量的国内需求。（3）来自海湾地区巴基斯坦工人的汇款大量增加，引发了强烈的国内需求。1976—1977 年度，巴海外人员的汇款为 5.48 亿卢比，1980—1981 年度猛增为 22.69 亿卢比，1985—1986 年度达到 41.36 亿卢比，占当年度国内生产总值的 8%。③ （4）1979 年苏联入侵阿富汗，巴基斯坦成为美国为首的西方阵营抗衡苏联的前线国家，因此获得了美国等西方国家及国际机构的大量外援，这既使巴有更多资金投资于工业，又进一步激发了巴国内需求，还保持了巴宏观经济的稳定。根据罗伯特·拉波特（Robert Laporte）等人的研究，在"五五"计划（1978—1983）期间，巴年均得到的外援承诺额是 14.5 亿美元，"六五"计划（1983—1988）期间年均再增为 22.9 亿美元。④

但是，这期间巴基斯坦的工业效益不高，主要是全要素增长率很低。

① S. Akbar Zaidi, *Issues in Pakistan's Economy*, Oxford University Press, Karachi, 2000, pp. 105 - 107.

② K. Amjad Saeed, *The Economy of Pakistan*, Oxford University Press, Karachi, 2007, p. 60.

③ B. M. Bhatia, *Pakistan's Economic Development 1948 - 88*, Konark Publishers PVT. LTD., New Delhi, 1989, p. 242.

④ S. Akbar Zaidi, *Issues in Pakistan's Economy*, Oxford University Press, Karachi, 2000, p. 113.

阿萨德·赛义德的研究表明，这期间巴工业产值的全要素增长率年均仅0.3%，且许多部门的全要素生产率还是负数，消费品工业除服装外，全要素生产率都呈现负增长。在促进工业增长的因素中，资本占82.33%，劳动力占14.50%，全要素仅占3.17%。[①] 还有就是政府的财政赤字不断增加，债务负担日渐沉重。巴政府财政赤字额1979—1980年度为146.63亿卢比，占该年度国内生产总值的6.3%；1987—1988年度，上升到536.49亿卢比，占国内生产总值的8.8%。[②] 巴基斯坦政府的外债规模由1977年6月的63.4亿美元，增加到1987年6月的120亿美元，偿债额由1976—1977年度的3.11亿美元上升到1986—1987年度的11亿美元，1977—1978年度的偿债额达11.54亿美元，而巴当年获得的外援只有11.45亿美元。所以，巴提亚评论说，齐亚·哈克时期巴基斯坦的繁荣是用它的未来作抵押换来的。[③] 此外，这时期的增长还伴随着基础设施建设投资不足，不利于后来的发展。还有，工业部门尤其是大型工业部门吸收的劳动力很有限。

4.1988年以来

实行经济结构调整以来，巴基斯坦的工业增长速度总体不够快，起伏不定。巴有的学者将1980—2008年巴大规模制造业的发展分为四个阶段，第一阶段是1980—1987年，大型制造业年均增长9%；第二阶段是1988—1991年，年均增长5.1%。固定投资下降、政局动荡和基础设施严重短缺是下滑原因；第三阶段是1992—1999年，年均增长3.2%。经济结构调整的影响、经济增长的一般性衰退、政局不稳、能源电力基础设施短缺、棉花生产表现不佳等，都影响到这段时间的工业增长。第四阶段是2000—2008年，年均增长10.0%。外援的大量获得、宏观经济稳定、政局相对稳定、投资增加和市场信心的恢复等，促进了工业增速的提高。[④] 世界银行的统计数据是，1990—2000年，巴基斯坦的工业年均增长

---

① S. Akbar Zaidi, *Issues in Pakistan's Economy*, Oxford University Press, Karachi, 2000, p. 106.

② B. M. Bhatia, *Pakistan's Economic Development 1948 – 88*, Konark Publishers PVT. LTD., New Delhi, 1989, p. 255.

③ Ibid., p. 242.

④ ［巴］法斯赫·乌丁等：《巴基斯坦经济发展历程——需要新的范式》，陈继东、晏世经等译，巴蜀书社2010年版，第75—77页。

4.1%，2000—2008 年年均增长 7.6%；同期，制造业年均分别增长 3.8%和 9.6%。[①] 实际上，我们还可以把 2008 年以来的几年单独列为一个时期。在这几个年度，受世界金融危机、经济危机及欧元区危机的影响，巴的工业发展也受到冲击，增速明显放慢，但在逐步恢复。2008—2009 年度，工业增长 - 5.2%，制造业增长 - 4.2%，2009—2010 年度分别增长 3.4%和 1.4%，2010—2011 年度分别增长 4.7%和 2.5%，2011—2012 年度分别增长 2.5%和 2.1%，2012—2013 年度分别增长 1.4%和 4.5%，2013—2014 年度分别增长 5.8%和 5.5%。[②]

从表 4—1 中可以看到，虽然统计数据存在一定问题，小型工业若干年的增长率都是一样的，但说这期间小型工业继续保持快速增长应该没有问题。经济结构调整政策使小型工业能够更容易获得各种投入，与大型工业竞争的能力增强是其快速增长的主要原因，政府的政策支持也发挥了一定作用。不过，小型工业在整个制造业中的比重变化不大。尽管小型工业所占比重不大，但小型工业在目前的巴基斯坦经济中，发挥着非常重要的作用。据 2011—2012 年度的巴基斯坦经济调查，巴 99%的企业是小型和中型企业，中小企业吸收了 80%的非技术劳动力，对国内生产总值的贡献为 40%，占制造业出口额的 30%。为此，巴政府采取了许多措施积极促进中小企业的发展。[③]

从表 4—3 和表 4—4 可以看出，这个时期增长较快的制造业分别是钢坯、汽车部件、电视机、水泥、棉纺织业、一些化工品、纸制品等。

除增长速度总体不高外，这个时期的工业发展存在的问题还有：工业产业门类的多样化及结构转变取得的进展不大，糖、纺织、水泥、机器、肥料和炼油等六个规模型制造业增加值所占的份额仍然保持在 1980—1981 年 40%的水平；[④] 国内生产的原材料供应不足；电力等基础设施供应滞后。

① 世界银行：《2010 年世界发展指标》，中国财政经济出版社 2010 年版，第 227 页。

② Ministry of Finance, Government of Pakistan, *Pakistan Economic Survey 2013 - 14*, Islamabad, 2014, p.6.

③ Ministry of Finance, Government of Pakistan, *Pakistan Economic Survey 2011 - 12*, Islamabad, 2012, p.48.

④ ［巴］法斯赫·乌丁等：《巴基斯坦经济发展历程——需要新的范式》，陈继东、晏世经等译，巴蜀书社 2010 年版，第 78 页。

5. 总体情况

综合巴基斯坦独立以来的情况看，从表4—1可见，1949—1950年度至1954—1955年度，巴制造业年均增长9.7%，1954—1955年度至1959—1960年度年均增长6.4%，是当时发展中国家中增速较快的。按巴政府的统计，20世纪60年代，巴制造业年均增长9.9%，70年代年均增长5.5%，80年代年均增长8.2%，90年代年均增长4.8%，21世纪头10年年均增长7.1%，1950—2012年制造业年均增长7.53%，请进一步参看表2—3和2—4。根据世界银行的统计，1965—1980年，巴基斯坦的工业年均增长6.4%，制造业年均增长5.7%。同期，低收入国家的增长率分别是7.6%和7.2%，下中等收入国家的分别是6.2%和6.1%。[1] 1980—1990年，巴工业增加值年均增长7.3%，低收入国家为5.4%，下中等收入国家为6.1%，南亚国家为6.8%。[2] 1990—2000年，巴工业年均增长4.1%，制造业年均增长3.8%，低收入国家分别增长4.6%和5%，下中等收入国家分别增长8.4%和9%，南亚国家分别增长6%和6.4%，全世界的工业年均增长2.4%。2000—2008年度，巴的工业年均增长7.6%，制造业年均增长9.6%；同期，低收入国家分别增长7.5%和7.6%，下中等收入国家分别增长9.5%和9.8%，南亚国家分别增长8.1%和7.9%，全世界分别增长3%和3.2%。[3] 60多年来，虽然巴的工业增长率在20世纪70年代和90年代低于同类或同地区国家平均水平，但整体看高于世界平均水平，与同类国家水平和同地区国家平均水平是接近的，可以说处于发展中国家的中间偏上水平。

经过独立后60多年的发展，巴基斯坦的工业化取得了较大进展。从表4—2可以看出，巴工业产值在国内生产总值中的比重，从独立初的9.6%，提高到1989—1990年度的25.5%，2012—2013年度是20.5%。工业的产业结构也发生明显变化。同期制造业的比重分别为7.8%、17.6%和13.3%；采矿业、电力工业和供气业从几乎没有，到目前分别占国内生产总值的3%和1.9%。如果按消费品工业、中间品工业、投资

---

① The World Bank, *World Development Report 1991*, Oxford University Press, 1993, p. 206.

② 世界银行：《2000/2001年世界发展报告》，中国财政经济出版社2001年版，第299页。

③ 世界银行：《2010年世界发展指标》，中国财政经济出版社2010年版，第227—228页。

品工业和资本品工业区分，变化也很明显。1954 年，消费品工业的产值
占制造业增加值的 84.4%，中间品工业占 3.5%，投资品工业占 8.8%，
资本品工业占 3.2%；到 1995 年，消费品工业所占比重降为 59.3%，中
间品的比重增加到 17.4%，投资品的增加到 14.0%，资本品的增加到
9.2%。[1] 就是说，巴的制造业产业结构得到了多样化和升级，工业结构
得到一定调整，采矿业、电力工业和供气业以及制造业获得明显进步和
发展。

表4—2   独立以来巴基斯坦工业产值占国内生产总值的比例 单位：百分比

	1949—1950	1959—1960	1969—1970	1979—1980	1989—1990	2001—2002	2005—2006	2010—2011	2012—2013
工业	9.6	15.5	22.7	25.6	25.5	23.8	20.6	21.2	20.5
制造业	7.8	12.0	16.0	17.0	17.6	15.9	13.8	13.4	13.3
大型制造业	2.2	6.9	12.5	12.4	12.7	10.4	11.7	11.0	10.8
小型制造业	5.7	5.3	3.8	4.6	4.9	5.6	2.1	2.4	2.5
矿业	0.2	0.4	0.5	0.5	0.5	2.4	3.3	3.0	3.0
建筑业	1.4	2.5	4.2	5.1	4.1	2.4	2.4	2.4	2.2
电力与供气	0.2	0.5	2.0	3.0	3.3	3.0	1.4	2.4	1.9

资料来源：Ishrat Husain, *Pakistan The Economiy of An Elitist State*, Oxford University Press, Karachi, 1999, p. 112; B. M. Bhatia, *Pakistan' Economic Development*, Konark Publishers PVT. LTD., New Delhi, 1989, p. 91; Government of Pakistan, *Pakistan Economic Survey*, various issues, Islamabad.

巴基斯坦主要工业产品的产量也大量增长。从表4—3 和表4—4 中可
以看到，棉布产量从 20 世纪 60 年代的年均 310 万平方米，提高到 90 年
代的年均 4.878 亿平方米，2012—2013 年度达到 10.29 亿平方米；同期，
棉纱产量分别为 560 万公斤、18.844 亿公斤和 30.18 亿公斤；纯碱产量
分别为 1.2 万吨、26.9 万吨和 36.62 万吨；原油提炼能力从无到有，20
世纪 70 年代年均提炼 280 万桶，90 年代年均提炼 2610 万桶，2012—2013
年度提炼 2260 万桶。发电装机容量也是几乎从无到有，20 世纪 70 年代

---

[1] Ishrat Husain, *Pakistan The Economiy of An Elitist State*, Oxford University Press, Karachi, 1999, p. 113.

年均为 1.3 亿千瓦，21 世纪头十年猛增为年均 18.7 亿千瓦。钢坯产量
1990—1991 年度仅 33 万吨，2007—2008 年度最高时曾经达到 367.78 万
吨；同期，汽车轮胎产量分别为 95.2 万个和 699 万个。更多详细情况请
参看表 4—3 和表 4—4。

二　发展特点

1. 工业发展除佐·布托执政的几年外，都是以私营部门为主要动力，
公营企业发挥的作用有限。

除 1972 年至 1977 年布托政府实行国有化政策，在工业发展中以公营
部门企业为主外，20 世纪 50 年代的议会民主制政府，1958 年至 1969 年
的阿尤布·汗军政权，1977 年至 1988 年的齐亚·哈克军政权，都大力鼓
励私人投资，实行以私营企业为主导力量推进工业化的政策措施。1988
年 8 月以来，虽然 1999 年 10 月至 2008 年 8 月由穆沙拉夫军人政权统治，
但巴基斯坦一直实行自由化、市场化、私有化和全球化为导向的经济发展
政策，把许多公营企业私有化，解除了各种对私营企业的管制和限制，实
行自由贸易政策，私营部门的作用得到了更大发挥。正因为巴基斯坦独立
以来基本以私营企业为主导力量推进工业化，所以巴公营企业的数量少，
发挥的作用有限。

印度有的学者认为巴基斯坦是第二次世界大战后唯一按照古典资本主
义的工业化道路进行工业化的国家。[1] 我认为这种说法是不准确的。巴基
斯坦的工业化与古典资本主义的工业化道路有明显区别。主要区别在于：
一是国家政策干预和产业管制的力度强弱不同。巴政府的干预和管制力度
远大于早先开展工业化的老牌资本主义国家；二是外部条件不一样。老牌
资本主义国家在进行工业化时，有自己的海外殖民地为其提供原料、产品
市场和部分资金。包括巴基斯坦在内的后工业化国家没有这样的有利条件；
三是工业化资金来源不同。老牌资本主义国家工业化的资金来源于原始资
本积累和对外剥削掠夺，巴工业化的资金来源于私人资本积累、国家对农
民的剥夺、国家投入，还有相当大一部分资金来自外援；四是面对的外部
竞争激烈度不同。老牌资本主义国家开展工业化时，竞争对手不多。战后

① B. M. Bhatia, *Pakistan's Economic Development 1948 – 88*, Konark Publishers PVT. LTD., New Delhi, 1989, p. 77.

表4—3　独立以来巴基斯坦主要制造业产品增长情况

	1960年代	1970年代	1980年代	1990年代	2000年代	2000—2001	2005—2006	2010—2011	2012—2013
	年平均数								
棉纱，百万公斤	5.6	3.4	10.0	1884.4	2236.2	1721.0	2556.3	2939.5	3017.9
棉布，百万平方米	3.1	-5.2	-1.1	487.8	763.3	490.0	903.8	1020.3	1029.1
化肥，百万吨	27.5	13.2	10.7	4.9	5.4	3.8	6.1	6.8	5.8
糖，百万吨	34.3	2.2	14.4	3.6	3.4	2.9	2.9	4.2	5.1
水泥，百万吨	10.7	2.5	8.6	11.2	16.4	9.7	18.5	28.8	31.1
纯碱，千吨	12.0	2.6	6.7	269.0	292.6	218.0	318.7	378.0	366.2
烧碱，千吨	24.4	5.0	6.6	147.2	195.0	145.0	219.3	172.0	182.9
香烟，十亿支	10.7	4.9	-0.4	55.4	60.0	58.6	64.1	65.4	67.4
黄麻制品，千吨	—	3.4	9.5	101.1	105.0	89.4	104.5	93.2	102.8
原油提炼，百万桶	—	2.8	10.9	26.1	23.3	21.0	23.9	24.0	27.8
供气，百万立方英尺	—	165.4	385.2	908.0	1186.8	857.4	1400.0	1471.6	1505.8
电力装机容量，十亿瓦	—	1.3	3.1	12.9	18.7	17.5	19.4	22.5	22.8

资料来源：Ministry of Finance, Government of Pakistan, *Pakistan Economic Survey 2013 – 14*, Islamabad, 2014, Economic and Social Indicators.

表 4—4   1990 年以来巴基斯坦一些制造业产品的产量

	1990—1991	1995—1996	2000—2001	2005—2006	2007—2008	2008—2009	2009—2010	2010—2011	2011—2012
植物酥油，千吨	656	733	835	1516	1137	1062	1076	1081	1105
饮料，千打瓶	67607*	131114*	2542	4620	7351	7569	6017	1515305*	1818400*
汽车轮胎，千个	952	1003	2439.3	5941.6	6990.2	7088.6	8672.4	9319.0	7011.2
自行车轮胎，千个	3828	3988	4056	5287	4243	3213	3405	2910	3431
硫酸，千吨	93.5	69.2	57.1	94.4	102.8	97.8	84.7	128.1	100.4
氯气，千吨	6.7	9.1	14.5	18.3	18.2	16.5	16.1	15.4	15.8
油漆，吨	14308	8030	10922	17147	26308	29835	30752	25835	23026
鞋油，百万克	651.1	836.8	906.7	969.2	988.6	998.5	1008.5	1018.6	1028.8
自行车，千辆	428.8	545.1	569.6	589.6	535.5	419.9	447.2	342.4	262.1
缝纫机，千辆	81.3	84.1	26.9	39.1	57.3	50.8	48.6	47.0	39.6
电视机，千台	181.7	277.6	97.4	935.1	716.1	402.3	342.9	440.5	268.8
电灯泡，百万个	49.3	45.8	55.2	143.6	129.8	91.8	75.2	80.0	78.9
电管，千米	7728	5417	10548	19992	19524	11101	2914	1065	1266
纸板，千吨	88.6	110.0	246.3	286.1	227.6	168.8	178.2	206.1	278.5
纸，千吨	64.2	193.4	531.1	167.7	192.0	252.5	249.1	228.7	239.7
焦炭，千吨	723.6	685.6	717.3	182.3	290.9	423.7	342.8	301.7	192.9
生铁，千吨	1073.9	1002.2	1071.2	768.0	933.4	791.1	483.3	433.1	249.1
钢坯，千吨	330.0	332.7	1664.7	2714.7	3677.8	2873.8	1943.4	1628.9	1616.4

注：*千升。

资料来源：Government of Pakistan, *Pakistan Economic Survey 2012 - 13*, Islamabad, 2013, Statistical Appendices, Table 3.5, Table 3.4.

发展中国家工业化面对的竞争更加激烈,既有已经实现工业化的老牌资本主义国家的竞争,又有同时开展工业化的为数众多的发展中国家的竞争。

2. 长期实行进口替代,但进口替代升级不明显,工业长期以消费品工业为主。

在 1988 年以前,尤其是 1969 年以前,巴基斯坦一直实行进口替代的工业化战略,重点保护和发展以本国原材料为主的消费品工业。尽管在政府的发展政策设想中,有过进口替代升级的想法,但除了佐·布托政府开始注重通过国有化政策及以公营部门为主发展一些基础工业外,1969 年以前的历届巴政府并没有用力推进制造业产业多样化,1977 年至 1988 年8 月的齐亚·哈克政府促进制造业产业多样化的举措也不多。1988 年 8 月以来,由于实行自由化、私有化政策,巴政府停止了进口替代战略。这样,在实行进口替代战略的 40 年中,巴进口替代升级取得的成果有限,使得巴的工业以消费品工业为主,中间品及资本品制造业发展有限。

3. 20 世纪 90 年代以来的工业化进展有限。

1988 年 8 月以来,巴政府在国际货币基金组织和世界银行的指导下实行经济结构调整,虽然取消、废除了对私营企业的各种管制和限制,向私营企业开放了更多经营领域,但是,除 2003 年至 2008 年工业尤其是制造业增长快速外,其余 15 年巴基斯坦的工业包括制造业发展缓慢,增长速度低于服务业,有时制造业的增速甚至低于农业。这样,在这期间,巴一些制造业要么没有得到明显发展,要么还出现退步,整个工业和制造业在国民经济中所占的份额下降。从表 4—2 中可以看出,进入 20 世纪 90年代以来,巴工业和制造业在国内生产总值中的比例各减少了 5 个和 4.3个百分点。从表 4—1、表 4—3 和表 4—4 中可以看到,巴化肥产量增长不多,大大低于 20 世纪 80 年代以前,蔗糖产量出现下降,更远远低于80 年代前,水泥产量增长不快,生铁产量同样下降。

所以,如果仅从工业产值和制造业产值在国内生产总值中的比例看,我们甚至可以说,20 世纪 90 年代以来,巴基斯坦出现了工业化退化、倒退现象。

4. 工业产值在国民经济中的比例不高,经济结构较早呈现三一二结构。

实现工业化是巴基斯坦一代又一代领导人追求的梦想,他们也做出了巨大努力,巴的工业化确实也取得了明显进展。可是,几十年来,巴基斯坦却没有实现使国民经济以工业为主导的格局，工业在国内生产总值中占的最高比例从来没有超过 30%，制造业占的比重最高时约 20%。到目前为止，除个别年度外，工业产值都没有超过农业产值。相反，服务业的产值却早早超过了工业的产值。2005—2006 年度，农业产值占国内生产总值的 23%，工业产值占 20.6%，服务业产值占 56.0%；2013—2014 年度，农业产值占 21%，工业产值占 20.8%，服务业产值占 58.1%。[①] 在发达国家走过的工业化道路及发展中国家的工业化进程中，一二三次产业结构的变化，一般是由一三二结构向二一三、二三一结构转变，再向三二一结构转变。巴出现的这种经济结构转变情况，在世界上是少见的。从这个角度讲，巴的工业化取得的成绩是十分有限的，可以说巴的经济结构是不健康的，或早熟的。

三　目前发展中存在的主要问题

1. 制造业产业结构不完整，门类不齐全，工业化水平低。

由于进口替代升级不明显，虽然自 1972 年以来巴基斯坦政府采取了一些推进制造业产业多样化和产业升级的政策，巴的制造业产业实际上也多了不少，但是，直到目前为止，巴的制造业产业依然是不完整的。目前的巴基斯坦人口接近 2 亿，列世界第 6 位，面积列世界第 35 位，具备使国内制造业产业门类较齐全的广大国内市场，从经济发展和国家安全的角度讲，也有必要使制造业产业门类较齐全。但是，长期以来，纺织业都是巴最主要的制造业部门。到 2011—2012 年度，纺织业和服装业还占制造业增加值的 46%，在该行业就业的人员占制造业就业人员的 38%。[②] 目前，巴的钢铁产量仅几百万吨；巴地理位置接近西亚这个世界原油的主要出口地区，但炼油能力却十分有限，石化工业落后；重型机械工业有限；化学工业基本只能生产一些低端产品；整个制造业的技术和设备落后；大量的工业制成品需要进口。巴基斯坦经济学家法斯赫·乌丁和 M. 阿克拉姆·斯瓦蒂指出，巴基斯坦的制造业部门主要包括纺织、水泥、糖、化

① Ministry of Finance, Government of Pakistan, *Pakistan Economic Survey 2013 – 14*, Islamabad, 2014, p. 15.

② Ministry of Finance, Government of Pakistan, *Pakistan Economic Survey 2011 – 12*, Islamabad, 2012, p. 41.

肥、精炼石油和食品加工，它们的增加值占制造业增加值的比重 1980—1981 年度后一直为 40%。基础性工业如钢铁、冶金、重型机械、石化和基础化学等被认为是工业化的指标，而这在巴基斯坦几乎是不存在的。这也制约了下游附属工业的发展。手机、电器和电子工业最近有了增长，但它们都是组装生产。制药业主要公司就是为外国药品包装、销售外国品牌的药品。差异化和体制改革的步伐急需加快。① 这一切都表明，巴基斯坦的工业化水平是较低的，处于工业化第二阶段初期，本书余论部分还将就此作进一步分析。

2. 基础设施落后制约工业较快发展。

在第二章中，我们已经指出，目前，电力和天然气短缺是巴基斯坦许多产业生产受限的主要原因，估计电力危机造成的经济损失每年接近 3800 亿卢比，约为国内生产总值的 2%。

每天的天然气短缺量超过 20 亿立方英尺。2007 年，世界人均耗电 2846 千瓦时，低收入国家为 324 千瓦时，下中等国家为 1310 千瓦时，巴基斯坦仅 474 千瓦时。巴基斯坦的电信业较落后。2008 年全世界每百人拥有固定电话 19 部，每百人的移动电话用户为 61 户；低收入国家分别为 5 部和 28 户，下中等收入国家分别为 14 部和 47 户；巴基斯坦分别为 3 部和 53 户。巴的交通基础设施远满足不了经济社会发展需要，政府的投资建设能力很有限。巴国土面积为 79.61 万平方千米，但到 2011—2012 年度，全国公路总长仅 261595 公里，且主要依靠约 12000 公里（只占全国公路总长的 4.6%）的国家公路承担运输任务，国家公路承担了 80% 的商业运载量；巴的铁路长度仅 7791 公里。更详细的情况请参看下一章。

3. 投资率低。

同样是在第二章分析巴基斯坦经济发展存在的问题部分，我们指出，巴的投资率一直很低。20 世纪 70 年代，巴基斯坦总投资年平均占国内生产总值的 17.1%，21 世纪头十年占 17.9%，2011—2012 年度占 14.9%。巴基斯坦的这种投资能力在世界上是较低的。投资是工业增长和发展的基础，东亚和东南亚国家的工业化经历表明，没有较高的储蓄和投资率，也就不可能有较高的增长率。目前，巴基斯坦的工业化已经取得了明显进

① ［巴］法斯赫·乌丁等:《巴基斯坦经济发展历程——需要新的范式》，陈继东、晏世经等译，巴蜀书社 2010 年版，第 78、84 页。

展，要推进巴的工业化朝纵深发展，提高水平，必须进一步提高投资率。

4. 面临激烈的世界竞争。

由于巴基斯坦的工业化水平低，制造业生产技术较落后，技术人才有限，研发水平低，在世界经济一体化和自由贸易的环境下，巴的工业发展处于十分不利的国际竞争压力下。巴的交通设备生产主要以装配为主，拖拉机产量下降，化肥需要大量进口，都是国内相关制造业竞争力弱的反映。就是巴有比较优势的棉纺织业，巴也只能以生产低附加值产品为主，在高附加值产品方面无法与其他主要纺织业大国争高低。

此外，巴基斯坦工业发展还受到人力资源开发滞后、优秀企业家队伍不足等因素制约，在此不再进一步展开论述，见本书相关部分。

第三节 主要工业产业发展情况

本节将介绍巴基斯坦纺织业、服装业、食品业、水泥生产、交通设备生产业、采矿业、建筑业等工业产业的发展情况。

一 纺织业

巴基斯坦生产棉花的自然条件优良，在历史上就以盛产优质棉花著名，有发展纺织业的良好原材料条件。在殖民统治期间，巴主要作为棉纺织业的原材料供应地，本地的纺织业工厂很少。据斯帕特统计，1945 年，组成后来巴基斯坦的东巴和西巴总共才有 46 家纺织厂，3.21 万工人，而印度的工厂数是 1656 家，工人有 119.39 万人。[①] 鉴于这种情况，独立后，巴政府大力鼓励发展纺织业特别是棉纺织业。

由于政府的支持，国内外市场需求大，大的私人财团、家族和企业大量投资纺织业，20 世纪 50 年代，巴基斯坦的棉纺织业获得了巨大发展，棉纱产量年均增长 32.89%，棉布产量年均增长 27.96%。60 年代，棉纺织业继续保持增长，棉纱年均增长 5.63%，棉布年均增长 3.05%。[②] 这期间，巴基斯坦的纺织业主要由大公司控制。1959 年，西巴 13 家最大的公

---

① 李德昌：《巴基斯坦经济发展》，四川大学出版社 1992 年版，第 127 页。

② S. Akbar Zaidi, *Issues in Pakistan's Economy*, Oxford University Press, Karachi, 2000, p. 127.

司占棉纺织业产量的71%；1970年，棉纺织品有23家公司生产，其中最大的4家的产量占28%。1955—1959年度，巴纺织业纺锤的装机量为153.7万枚，运营中的为143.42万枚；织布机分别为2.51万台和2.22万台。1979—1984年间的相应数分别为407.7万枚和300.86万枚，2.80万台和1.92万台。1959—1964年间，巴的纺织厂年均为74家，1974—1979年年均为139家。60年代，巴基斯坦是世界棉纺织品的主要出口国，1962—1972年的出口额占世界市场的11%。但是，70年代，巴基斯坦的纺织业增速大为放慢，甚至出现负增长。期间，巴的棉纱产量年均增长3.37%，棉布产量年均增长-5.24%。放慢原因一是佐·布托政府的国有化政策实施后，一些大的私人公司或减少了投资，或撤出了纺织业，纺织业转而以小型工业和乡村工业生产为主，而这些小企业的生产率却很低；二是当时世界市场对纺织品的需求类别、质量等发生变化，但巴的纺织企业却没能适应形势变化，改进和提高生产技术，将产品升级和多样化，提高产品质量。结果，巴纺织业装机能力利用如上所述大大下降，纺织品出口竞争力明显降低，在世界市场上的份额迅速下降，被韩国、中国香港地区超过。1972年，巴纺织品出口占世界市场的3.5%，1976年进一步降为1.5%，1983年以后的一段时间维持在约2%的水平。[①]

20世纪80年代，巴基斯坦纺织业的发展势头在经历头几年的较慢增长后得到恢复，但棉布等产品的生产依然不尽如人意，棉纱的年均增长率为9.96%，棉布为-1.07%。[②] 1984—1989年，巴的纺织厂数年均为184家，纺锤的装机量为444.6万枚，运营中的为346.7万枚。[③] 纺织业的增加值1985—1986年为85.96亿卢比，1990—1991年度为292.51亿卢比。[④]

1990年以来，巴基斯坦的纺织业继续保持较快增长势头。从表4—5可见，1990—1991年度，巴的纺织厂为247家，纺锤装机量为549.3万枚、运营量为475.4万枚，织布机装机量为1.5万台、运营量为8000台，

---

① S. Akbar Zaidi, *Issues in Pakistan's Economy*, Oxford University Press, Karachi, 2000, pp. 134 – 136.

② Ibid. , pp. 127 – 134.

③ Ibid. , p. 134.

④ Ministry of Finance, Government of Pakistan, *Pakistan Economic Survey 1999 – 2000*, Islamabad, 2000, Statistical Appendices, Table 3. 3.

表 4—5　　1990 年以来巴基斯坦棉纺织业发展情况

	工厂数，家	纺锤装机数，千枚	纺锤营运数，千枚	织布机装机数，千台	织布机营运数，千台	纱产量，百万公斤	布产量，百万平方米	纱产量增长率	布产量增长率
1990—1991	247	5493	4754	15	8	1041.2	292.9	14.22	−0.65
1992—1993	284	6768	5433	14	6	1219.0	325.4	4.13	5.68
1994—1995	334	8307	5991	14	5	1369.7	321.8	4.59	2.19
1996—1997	357	8137	6465	10	5	1520.8	333.5	1.72	1.99
1998—1999	348	8298	6594	10	5	1540.3	384.6	0.52	13.02
2000—2001	353	8594	7105	10	4	1721.0	490.2	3.10	12.10
2002—2003	363	9216	7623	10	5	1934.9	576.6	5.90	2.40
2004—2005	423	10941	8852	9	5	2270.3	924.7	18.20	35.30
2006—2007	427	11266	10057	8	4	2727.6	1012.9	11.70	8.20
2008—2009	431	11280	10241	8	4	2862.4	1019.7	0.00	0.10
2010—2012	439	11392	10850	7	5	2938.6	1029.8	5.46	1.08
2012—2013	435	11800	10800	7	5	2999.0	1025.0	0.52 *	0.30 *

注：* 2011—2012 年度的数据。

资料来源：Government of Pakistan，*Pakistan Economic Survey 2012 - 13*，Islamabad，2013，Statistical Appendices，Table 3.3&Table 3.6.

生产棉纱 10.41 亿公斤，生产棉布 2.93 亿平方米。2000—2001 年度，纺织厂数增为 353 家，纺锤装机量增为 859.4 万枚、运营量为 710.5 万枚，织布机装机量为 1 万台、运营量为 4000 台，生产棉纱 17.21 亿公斤，生产棉布 4.90 亿平方米。至 2012—2013 年度，巴的纺织厂数增加到 435 家，纺锤装机量增为 1180 万枚、运营量为 1080 万枚，织布机装机量为 7000 台、运营量为 5000 台，生产棉纱 29.99 亿公斤，生产棉布 10.25 亿平方米。1990 年以来的情况表明，巴纺织业的设备利用率都保持较高水平，工厂数和产量大量增加，生产技术得到一定提高，虽然织布机数量在减少，主要产品产量却在增加。

受 2007 年后的世界金融危机及其引发的经济危机的影响，巴基斯坦的纺织业也受到冲击，增速下滑。为此，巴政府在 2009 年 8 月出台了第一个 "5 年纺织业政策（2009—2014）"。主要内容是设立纺织业投资支持基金，支持、鼓励技术和设备更新，加快产业升级；改善基础设施，提高服务水平；大力吸引国内外投资，加强人员培训，积极培育新兴产业；加快产业重组，质量要求标准化，提高竞争力和规模经济；合理调整税收政策，降低企业生产成本等。巴政府决定 5 年内向纺织业拨款 400 亿卢比，培训 50 万工人，到 2014 年出口额达 250 亿美元。①

在巴基斯坦的纺织业中，还要提一提黄麻纺织，其主要生产麻袋及粗麻布等产品。巴的麻纺业从无到有，到 1956 年底投入生产的麻纺厂已有 12 家，1958 年生产了约 16 万吨麻制品。从表 4—3 可见，20 世纪 70 年代，巴年均生产黄麻产品 3400 吨，21 世纪头 10 年年均生产 10.5 万吨，2012—2013 年度的产量为 10.28 万吨。

经过几十年的发展，目前，巴基斯坦纺织业以棉纺为主，棉纺产值占纺织业总产值的 75% 以上。纺织业的产业链很长，从事轧棉、纺纱、织布、加工和后处理、服装（针织和成衣）、化纤等不同类型的企业共约 3 万家，但是绝大多数是小型或作坊式企业，具有一定规模且工业化程度较高的企业仅占 10% 左右。其中 60% 以上的企业集中在产棉大省——旁遮普省，30% 分布在信德省，其余各省和地区仅占 10% 左右。② 巴基斯坦政

---

① 中国驻巴基斯坦使馆经商处：《巴基斯坦纺织业现状及振兴政策分析》，http://www.mofcom.gov.cn/aarticle/i/jyjl/j/200909/20090906509573.html。

② 同上。

府 2011—2012 年度的经济调查提供的数据是，纺织业和服装业占制造业增加值的 46%，在该行业就业的人员占制造业就业人员的 38%。[1] 2012—2013 年的经济调查指出，纺织业是巴最重要的制造业部门，其增加值占巴工业增加值的近 1/4，为约 40% 的产业工人提供了就业岗位，占用制造业获得的银行贷款的约 40%，对国内生产总值的贡献率为 8%，占全国出口额的约 60%。巴是世界第四大棉花生产国，第三大棉花消费国，巴的纺织品出口额列世界第 12 位，2011 年的纺织品和服装出口额达 137 亿美元。[2] 巴的纺织品出口以棉纱、布匹等初级产品和毛巾等低附加值制成品为主。2007—2008 年度，巴是世界第二大棉纱和毛巾出口国、第三大布匹出口国，出口分别占全球同类产品贸易总额的 25%、8% 和 10% 左右。[3]

巴基斯坦纺织业存在和面临的主要问题有：

1. 基础设施主要是供电供气不足严重影响生产。巴基斯坦能源供应紧张，停电、停气成为常态，严重影响了纺织企业的正常生产，甚至导致多家纺织企业关门停产。在纺织企业集中的费萨拉巴德市，因为能源供应问题，曾经造成纺纱业 1/3 纺纱机停工，织布业 3/4 的自动电力织布机停工，30 万工人下岗。能源价格上涨和能源短缺使得巴基斯坦纺织厂商的生产成本高企，其纺织品在国际市场上重要的价格优势逐渐丧失。[4]

2. 多数企业规模小，生产技术较落后，生产率低。巴基斯坦纺织行业中大企业较少，大部分企业规模较小，还有很多家庭作坊式工厂。这些小型企业大多处于分散状态，没有加入任何行业组织，它们在纺织制造链上缺乏紧密协调配合，因此更新技术步伐较慢。相比于其他纺织品生产国，巴基斯坦近年来安装的机器设备显得较为落后，能耗大，效率低，维修成本高。这些中小型企业在培训员工提高技能上投入较少，员工生产效

---

① Ministry of Finance, Government of Pakistan, *Pakistan Economic Survey 2011 - 12*, Islamabad, 2012, p. 41.

② Ministry of Finance, Government of Pakistan, *Pakistan Economic Survey 2012 - 13*, Islamabad, 2013, p. 37.

③ 中国驻巴基斯坦使馆经商处：《巴基斯坦纺织业现状及振兴政策分析》，http://www.mofcom.gov.cn/aarticle/i/jyjl/j/200909/20090906509573.html。

④ 中国驻卡拉奇经商室：《巴基斯坦纺织业政策解读》，http://www.mofcom.gov.cn/aarticle/i/dxfw/cj/200909/20090906506804.html。

率不高。同时很多企业研发投入少，未能与世界高水平研发同步。一方面，由于在新设备、人力资源开发、新技术应用上投资少，导致低产出，高成本，产品集中于低端、低质产品，陷入量增价跌的困境。另一方面，企业规模较小无法及时完成大批订单，且大量供货时也无法保证产品品质的稳定。巴在化纤、服装、染整等技术和设备方面，与国际水平存在较大差距。[1]

3. 原料供应不稳定，受进口冲击大。2005 年以来，巴基斯坦的棉花生产增长不多，在 1150 万包至 1360 万包之间波动，[2] 既满足不了国内生产需要，还有不确定性。为此，巴每年需要进口为数不小的棉花，还需要进口黄麻、化纤材料等，而国际市场价格同样起伏不定。

4. 主要生产初级低附加值产品，生产效益低。巴基斯坦纺织业主要生产棉纱、棉布、毛巾、床上用品、针织服装等初中级产品，且不注重跟踪世界时尚变化。另外，巴化纤布、混纺布等生产很少，染料也需大量进口。巴生产的服装，不能适应国内需要，也满足不了国内需求，巴每年还要进口大量服装。加上基础设施、生产技术等影响，使得巴的纺织业效益较低。2009 年，巴 1 包棉花只能加工成 1000 美元的纺织品，而其他竞争对手却能加工出 4000 美元的产品。[3]

二 食品业

食品业是巴基斯坦除纺织业外的最大制造业之一，这个行业包括各种食品的加工、制糖、植物酥油（vegetable ghee）生产、香烟生产、食用油生产、各种饮料生产等。目前纺织业在巴大型制造业中的权重占 20.91，食品业占 12.37。[4]

独立以来，巴基斯坦主要食品的生产不断增长，且前 20 年呈现高速

---

[1] 中国驻卡拉奇经商室：《巴基斯坦纺织行业调研报告》，http：//www. mofcom. gov. cn/aarticle/i/dxfw/cj/200803/20080305417081. html。

[2] Ministry of Finance, Government of Pakistan, *Pakistan Economic Survey 2012 – 13*, Islamabad, 2013, Economic and Social Indicator.

[3] 中国驻卡拉奇经商室：《巴基斯坦纺织业政策解读》，http：//www. mofcom. gov. cn/aarticle/i/dxfw/cj/200909/20090906506804. html。

[4] Ministry of Finance, Government of Pakistan, *Pakistan Economic Survey 2013 – 14*, Islamabad, 2014, p. 44.

增长。20 世纪 50 年代，植物酥油年均增长 22.97%，香烟年均增长 20.38%，食糖年均增长 20.68%；60 年代，这三类产品的年均增长率分别是 16.88%、10.73% 和 34.26%；70 年代，植物酥油继续高速增长，年均增长 13.80%，香烟年均增速减为 4.86%，食糖年均增长 2.24%；80 年代，植物酥油年均增长 4.46%，香烟出现负增长，年均增长 −0.36%，食糖又出现高增长，年均增长 14.36%。[①] 1948 年，生产机制植物油 9.5 万吨，1958 年增至 20.4 万吨。同期，生产的机制糖分别为 3.04 万吨和 16.26 万吨，生产的香烟分别为 24.88 亿支和 74.68 亿支。[②] 1990—1991 年度至 2012—2013 年度的 23 个年度间，它们的生产起伏很大。植物酥油有 9 个年度出现负增长，两个年度的增长率在 1% 以下，最高增速为 2000—2001 年度的 19.6%，最低增速为 1999—2000 年度的 −9.65%，年均增速不到 3%。近几年的增速都较低，如 2011—2012 年度为 1.20%，年均增长率不到 3%。香烟同样有 9 个年度负增长，2010—2011 年度仅增长 0.17%，1995—1996 年度的增长率高达 38.96%，2009—2010 年度的增长率为 −13.60%，年均增速约 4%。2009 年以来，两个年度负增长，1 个年度停滞，2012—2013 年度前三季度增长 7.82%。食糖有 7 个年度负增长，增速最高的 1997—1998 年度高达 49.18%，滑坡最严重的 2008—2009 年度为 −32.60%，但 2010—2011 年度又实现了 32.62% 的高增长，年均增长约 6%。[③]

1969—1970 年度，巴基斯坦食品业的产值为 24.2 亿卢比，1990—1991 年度为 622.36 亿卢比；同期饮料的产值分别为 5500 万卢比和 30.92 亿卢比，烟草的产值分别为 6.52 亿卢比和 87.67 亿卢比。[④] 20 世纪 70 年代，巴基斯坦的食糖产量年均为 220 万吨，80 年代为 1440 万吨，90 年代为 360 万吨，21 世纪头十年为 340 万吨，2012—2013 年度为 460 万吨；同期，香烟产量分别为 49 亿支、−4000 万支、554 亿支、600 亿支和 492

---

① S. Akbar Zaidi, *Issues in Pakistan's Economy*, Oxford University Press, Karachi, 2000, p. 127.

② 铎生：《巴基斯坦的政治和经济》，世界知识出版社 1960 年版，第 27 页。

③ Ministry of Finance, Government of Pakistan, *Pakistan Economic Survey 2012 − 13*, Islamabad, 2013, Statistical Appendices, Table 3.6.

④ S. Akbar Zaidi, *Issues in Pakistan's Economy*, Oxford University Press, Karachi, 2000, p. 125.

亿支。① 植物酥油产量 1990—1991 年度为 65.6 万吨，2000—2001 年度为 83.5 万吨，2011—2012 年度为 110.5 万吨。饮料 1990—1991 年度为 6760.7 万达瓶，2011—2012 年度为 18.184 亿升。② 2000—2001 年度生产食用油 10.65 万吨，③ 2012—2013 年度头 9 个月生产 26.68 万吨。④

据有关材料，到 2008 年，巴基斯坦是世界第六大食品和饮料出口国，第四大蔗糖生产国，第八大产糖国，第四大牛奶生产国，柑橘产量也排在世界前十位。⑤

三 化工业

在这里，我们把化肥、农药、药品、橡胶产品、纯碱、烧碱、硫酸、氯气、油漆、鞋油、石油提炼、塑料等生产行业都列入化工业中。到 1957 年，巴有约 50 家肥皂厂，80 余家小化工厂，5 家化肥厂。

就产值的增长看，工业化工产品的产值 1976—1977 年度为 161.4 亿卢比，1990—1991 年度为 201.86 亿卢比；其他化工产品的产值 1969—1970 年度为 9.37 亿卢比，1990—1991 年度为 84.25 亿卢比。塑料产品的产值 1976—1977 年度为 1.09 亿卢比，1990—1991 年度为 19.85 亿卢比。橡胶产品的产值 1969—1970 年度为 7500 万卢比，1990—1991 年度为 30.36 亿卢比。石油提炼品的产值 1980—1981 年度为 125 亿卢比，1990—1991 年度为 303.67 亿卢比。药品产值 1976—1977 年度为 10.01 亿卢比，1990—1991 年度为 141.02 亿卢比。⑥ 此后，巴政府的经济调查中，没有再提供有关产业的产品产值数据。

从表 4—3 和表 4—4 中，可以看出，20 世纪 70 年代至 90 年代，巴基

---

① Ministry of Finance, Government of Pakistan, *Pakistan Economic Survey 2012 - 13*, Islamabad, 2013, Economic and Social Indicator.

② Ibid., Statistical Appendices, Table 3.5.

③ Ministry of Finance, Government of Pakistan, *Pakistan Economic Survey 2002 - 03*, Islamabad, 2003, p. 30.

④ Ministry of Finance, Government of Pakistan, *Pakistan Economic Survey 2012 - 13*, Islamabad, 2013, p. 37.

⑤ 第六届巴基斯坦国际食品工业展，http://www.gbc365.com/zhanlanzonglan/syn/2008 - 11 - 28/25765.html。

⑥ S. Akbar Zaidi, *Issues in Pakistan's Economy*, Oxford University Press, Karachi, 2000, p. 125.

斯坦的化肥产量在不断下降，2000 年以来有所增加。2000—2001 年度的产量为 380 万吨，2005—2006 年度为 610 万吨，2008—2009 年度达 640 万吨，2011—2012 年度为 660 万吨。纯碱、烧碱、硫酸、氯气、油漆、鞋油等的产量，独立后都有很大提高。例如，纯碱产量从 60 年代的年均 12 万吨，提高到 2012—2013 年度的 36.62 万吨，烧碱产量从 24.4 万吨，提高到 18.29 万吨。氯气产量从 1990—1991 年度的 0.67 万吨，提高为 2011—2012 年度的 1.54 万吨，油漆产量从 14308 吨，提高为 25835 吨。汽车车胎产量 1990—1991 年度为 95.2 万个，2011—2012 年度为 701.12 万个；原油提炼 70 年代年均为 280 万桶，2011—2012 年度为 2400 万桶。总体看，巴的化工业增长都很快，烧碱、纯碱、车胎产量的增长尤其明显，化肥、石油提炼、车胎生产是化工业中规模较大的产业。

四 机械制造、电器产品和电子产品业

这里要介绍的产业包括自行车、汽车、摩托车、缝纫机、电视机、电管（electric tubls）、电灯泡、电扇等产品的生产。

到 1957 年底，巴基斯坦仅有 7 家小型工作母机厂，150 余家小机器厂，机械工作所需的工作母机和零件，90% 以上靠进口。另有两家小型造船厂。1969—1970 年度，巴基斯坦金属制品的产值为 2.52 亿卢比，1990—1991 年度为 33.26 亿卢比；同期，电机产值分别为 3.39 亿卢比和 124.08 亿卢比，非电气产品产值分别为 1.72 亿卢比和 87.54 亿卢比，运输设备的产值分别为 2.47 亿卢比和 145.29 亿卢比。测量、相片、光学产品的产值 1976—1977 年度为 400 万卢比，1990—1991 年度为 10.56 亿卢比。[①]

就产量看，从表 4—4 可见，1990—1991 年度，巴基斯坦生产自行车 42.88 万辆，2000—2001 年度生产 56.96 万辆，2011—2012 年度生产 26.21 万辆；同期，分别生产缝纫机 8.13 万台、2.69 万台和 3.96 万台，分别生产电视机 18.17 万台、9.74 万台和 2.68 万台，分别生产电管 772.8 万米、1054.8 万米和 126.6 万米，分别生产灯泡 4930 万个、5520 万个和 7890 万个。这几种产品的产量近几年的下降幅度都很大。2000—

---

① S. Akbar Zaidi, *Issues in Pakistan's Economy*, Oxford University Press, Karachi, 2000, p. 125.

2001 年度，生产电冰箱 27.23 万台①，2012—2013 年度前三个季度生产 804965 台，生产冰柜 36482 台。② 目前巴有 2000 多家生产各式电扇的中小企业，产品不仅能满足国内需求，还有不少出口。③

近年来，在机械产品方面，巴基斯坦发展较快的还有外科医疗器械生产。2011—2012 年度头 9 个月，巴基斯坦出口了 2.21 亿美元的外科产品和医疗器械，上年度同期的出口额是 1.867 亿卢比。④

巴基斯坦的汽车工业包括各种汽车、摩托车、拖拉机等生产在内。20 世纪 90 年代以来，该行业获得了很大发展。从表 4—6 可见，2001—2002 年度，该行业轿车的装机能力为年产 12.2 万辆，LVCs 车的为 2.8 万辆，公共汽车的为 1900 辆，卡车的为 1.25 万辆，拖拉机的为 3.3 万辆，摩托车的为 34 万辆。有 18 家汽车制造厂和 850 家汽车部件厂。该年度，巴生产轿车 41071 辆，生产 LVCs 车 8491 辆，生产公共汽车 1099 辆，生产卡车 1141 辆，生产拖拉机 24331 辆，生产摩托 133334 辆。2007—2008 年度，该行业轿车的装机能力为年产 27.5 万辆，LVCs 车的为 4 万辆（含吉普车），公共汽车的为 5000 辆，卡车的为 2.85 万辆，拖拉机的为 6.5 万辆，两轮、三轮车的为 180 万辆。近年来，受经济增长缓慢的影响，该行业总体不景气。2013—2014 年度前三个季度，生产轿车 85357 辆，2011—2012 年度同期生产 110059 辆。同期，分别生产 LVCs 车 13355 辆和 14971 辆；分别生产公共汽车 445 辆和 439 辆，分别生产卡车 1807 辆辆和 1893 辆；分别生产拖拉机 24000 辆和 26840 辆；分别生产两轮、三轮车 586580 辆和 620741 辆。2001 年以来，设备能力增加最多的是摩托车，其他车辆的设备能力也增加了 1 倍或接近 1 倍。

---

① Ministry of Finance, Government of Pakistan, *Pakistan Economic Survey 2002 - 03*, Islamabad, 2003, p. 30.

② Ministry of Finance, Government of Pakistan, *Pakistan Economic Survey 2012 - 13*, Islamabad, 2013, p. 37.

③ Ministry of Finance, Government of Pakistan, *Pakistan Economic Survey 2011 - 12*, Islamabad, 2012, p. 45.

④ Ibid. .

| 表4—6 | | | | | | | | 巴基斯坦汽车工业生产情况 | | 单位：辆 |

表4—6 巴基斯坦汽车工业生产情况 单位：辆										
	2001—2002		2005—2006		2007—2008		2011—2012		2013—2014	
	设备能力	产量	设备能力	产量	设备能力	产量	设备能力	产量	设备能力	产量
轿车	122000	41071	164000	160058	275000	164710	240000	110059	240000	85357
卡车	12500	1141	17500	4518	28500	4993	28500	1893	28500	1807
公共汽车	1900	1099	3900	825	5000	1146	5000	439	5000	445
LVCs	28000	8491	32500	32053	40000	22944	43900	14971	43900	13355
拖拉机	33000	24331	50000	49439	65000	53256	65000	26840	65000	24000
摩托	340000	133334	733000	744875	1800000	660593	1800000	620741	2500000	586580

注：2007—2008年度以后LVCs车包括吉普车在内；摩托车包括两轮和三轮的在内；2011—2012年度和2013—2014年度的数据指本年7月至次年3月的数据。

资料来源：Ministry of Finance, Government of Pakistan, *Pakistan Economic Survey*, various issues, Islamabad.

巴基斯坦在机械、电子、运输车辆等行业方面存在的主要问题是产业规模一般较小，技术落后，竞争力弱，但多数产品生产的发展空间较大。

五　水泥、纸制品和印刷品工业

水泥制造业也是巴基斯坦重要的、规模较大的工业之一。20世纪50年代，巴有7家水泥厂。1958年生产水泥约107万吨，1948年仅32.4万吨。20世纪70年代以来，巴的水泥生产一直保持较快增长。从表4—3可见，70年代的年均产量为250万吨，90年代为1120万吨，2005—2006年度为1850万吨，2010—2011年度的产量为2880万吨，40年间增长了十多倍。2002—2003年度，巴有24个水泥厂，生产能力为1770万吨，[①]2006—2007年度的生产能力提高至3000万吨，2011—2012年度再提高到4477万吨，工厂数为25个。巴生产的水泥除国内消费外，还大量出口。2009—2010年度出口1065万吨，2011—2012年度出口857万吨。巴是世

---

① Ministry of Finance, Government of Pakistan, *Pakistan Economic Survey 2002 – 03*, Islamabad, 2003, p. 36.

界 20 大水泥生产国之一，第五大水泥出口国。[①] 阻碍巴水泥业发展的主要原因是能源供应不足及供需机制问题。

1969—1970 年度，巴基斯坦纸和纸制品的产值是 1.72 亿卢比，1980—1981 年度为 11.09 亿卢比，1990—1991 年度为 55.76 亿卢比。同期，印刷品和出版物的产值分别为 1.23 亿卢比、5.55 亿卢比和 37.62 亿卢比。[②] 从表 4—4 可知，1990—1991 年度，巴生产纸板 8.86 万吨，2011—2012 年度生产 27.85 万吨；同期，分别生产纸 6.42 万吨和 23.97 万吨，产量的增长幅度都较大。

六 采矿和冶金业

除说明各种矿物质的开采、冶炼、提炼外，我们把钢铁生产情况也放在这里分析。巴基斯坦有不少储量丰富的矿物质，但独立初其采矿业和冶金业却几乎是空白。独立后，尤其是 20 世纪 90 年代以来，在巴政府的支持尤其是公营企业和外国企业的参与下，巴的采矿业和冶金业取得了较大发展。

从表 4—2 中可知，1949—1950 年度，巴基斯坦采矿业产值仅占国内生产总值的 0.2%，1989—1990 年度也才占 0.5%，但 2001—2002 年度达到了 2.4%，2005—2006 年度达 3.3%，近年为 3% 多一点。1990—1991 年度，巴生产纹石和大理石 28.1 万吨，2010—2011 年度生产 106.9 万吨；同期，分别生产天青石 1773 吨和 160 吨，铬铁矿 2.4 万吨和 14.8 万吨，煤 305.4 万吨和 329.2 万吨，白云石 15.46 万吨和 24 万吨，火泥 12 万吨和 27.4 万吨，石膏 46.8 万吨和 88.5 万吨，石灰石 900.9 万吨和 3202.1 万吨，镁 4242 吨和 4908 吨，岩盐 73.6 万吨和 195.4 万吨，硅砂 14.3 万吨和 30.1 万吨，赭石 1285 吨和 36078 吨，硫 295 吨和 27645 吨，铝土矿和红土 24644 吨和 308 万吨，铁矿 318 吨和 32.9 万吨，天然气 146.6 亿立方米和 416.8 亿立方米。[③] 此外，巴还生产少量的锑、瓷土、皂石、重

---

① Ministry of Finance, Government of Pakistan, *Pakistan Economic Survey 2012 - 13*, Islamabad, 2013, p. 43.

② S. Akbar Zaidi, *Issues in Pakistan's Economy*, Oxford University Press, Karachi, 2000, p. 125.

③ Ministry of Finance, Government of Pakistan, *Pakistan Economic Survey 2012 - 13*, Islamabad, 2013, Statistical Appendices, Table 3.1.

晶石等。

到 1958 年，巴基斯坦尚无一家现代化钢铁厂，仅有 3 家小型钢铁厂，20 余家规模更小的回炉钢厂和大约 200 家生铁翻砂厂。1957 生产钢材 1.2 万吨，生产回炉钢 11.2 万吨。[1] 1969—1970 年度，巴的非金属矿产值为 4.01 亿卢比，1980—1981 年度为 27.38 亿卢比，1990—1991 年度为 160.34 亿卢比；同期，钢铁基础工业的产值分别为 3.85 亿卢比、33.09 亿卢比和 218.68 亿卢比。[2] 从表 4—4 可以看到，1990—1991 年度，巴的焦炭产量为 72.36 万吨，2010—2011 年度为 30.17 万吨；同期，生铁产量分别为 107.39 万吨和 433.1 万吨，钢坯产量分别为 33 万吨和 162.89 万吨。

巴基斯坦采矿业和冶金业面对的主要问题是技术落后、资金短缺、基础设施不足、冶炼和加工能力弱、矿区安全状况差等。

---

① 铎生：《巴基斯坦的政治和经济》，世界知识出版社 1960 年版，第 35—36 页。
② Ministry of Finance, Government of Pakistan, *Pakistan Economic Survey 2012 - 13*, Islamabad, 2013, p. 125.

第 五 章

基础设施建设和生产

独立以来，应该说巴基斯坦政府还是重视基础设施建设的，但前期的重视程度不如后期。可是，由于投资能力有限，巴基斯坦的基础设施始终处于短缺状态，近些年来更是如此。基础设施建设滞后，明显成为巴基斯坦经济发展的"瓶颈"。

第一节　政府政策措施及实施情况

独立后，巴基斯坦政府没有单独制定过综合的基础设施建设政策，这方面的政策措施主要散见于巴政府的年度发展计划、五年计划、长期发展计划中。从中，可以看出巴政府主要从扩大投资规模、增建各种基础设施、改善已有基础设施、提高技术和效率、允许私营部门参与、鼓励外国投资等方面来建设、发展基础设施。

一　第五个五年计划以前

在第一个五年计划以前，巴基斯坦政府在电力部门投资 2.5 亿卢比，占投资总额的 4%；在运输和通信部门投资 9.3 亿卢比，占投资总额的 14%。由此可见，这期间巴政府对基础设施建设并不太重视。在"一五"计划（1955—1960）期间，巴政府对基础设施建设的重视程度加强。政府在电力部门的实际投资额为 5.7 亿卢比，占计划总支出的 7%；在运输和通信部门投资 13.4 亿卢比，占计划总支出的 17%。而且，巴政府还把供水和供电作为计划的第二个优先发展项目。在计划发展目标中，提出把发电装机能力提高 3 倍，修复铁轨和车辆，增添 100 辆机车，450 节车厢和 7250 节车皮，新建 1800 英里、改进 2000 英里公路，安装 48 台电话交换机和 62 台分机，新装 4.9 万条电话连接线。计划完成后，发电装机能力从 1954—1955 年度的 280 兆瓦增加到 1960 年的 856 兆瓦，高于预计的 800 兆瓦。铁路建设目标没能完全实现，但更新铁轨的任务圆满完成。新建了 1685 英里公路，改进了 690 英里，预计目标没有实现。①

在第二个五年计划（1960—1965）中，巴基斯坦政府继续重视基础设施建设，安排给运输和通信部门的资金为 40.5 亿卢布（其中私营部门投资 13.3 亿，公营部门投资 27.2 亿），占计划支出总额的 18%；安排给电力部门的投资额为 23.4 亿卢比（其中私营部门投资 2.5 亿，公营部门投资 20.9 亿），占计划支出总额的 10%，明显高于上个五年计划。电话和通信发展被列为继农业和工业外第三个优先发展项目。计划预计新增 508300 千瓦发电装机能力，实际增加 553770 千瓦；预计新建 1300 个邮局，实际新建 1546 个；预计新增 45700 条电话连接线，实际新增 53300 条。预计目标都超额完成了。②

在第三个五年计划（1965—1970）中，巴基斯坦政府同样重视基础设施建设，仍然把基础设施建设列为除农业和工业外的第三个优先发展领域，分配的建设资金比上个五年计划又有增加。计划用于供水和供电的投资为 84 亿卢比（东巴 37.9 亿，西巴 46.1 亿），占计划支出总额的 24.4%（东巴占 20.7%，西巴占 28.4%）。计划用于运输和通信的投资为 64.6 亿卢比（东巴为 32.05 亿，西巴为 32.55 亿），占计划支出总额的 18.7%（东巴占 17.5%，西巴占 20.1%）。从计划支出的部门资金分配看，基础设施部门获得的资金最多，占计划支出总额的比例最高。但计划实施后，取得的成效却令人失望。原计划使电力装机能力达到 3030 兆瓦，实际达到 2593 兆瓦，低于目标 437 兆瓦。在运输和通信方面，除电话连接线、公共汽车和卡车增加较多外，其他目标都没能实现。③

第四个五年计划原定于 1970 年至 1975 年执行。但是，1972 年执政的巴基斯坦人民党政府终止了计划，代之以年度计划。但透过原定的"四五"计划文件，我们却可以看出巴政府对基础设施建设的考虑。"四

---

① K. Amjad Saeed, *The Economy of Pakistan*, Oxford University Press, Karachi, 2007, pp. 199 – 203.

② Ibid., pp. 205 – 206.

③ Ibid., pp. 211 – 212.

五"计划把供水和供电作为第一个优先发展领域，安排了占计划支出总额31%的资金；把运输和通信作为第二个优先发展领域，决定把总投资的16.6%用于该领域。计划增加1740兆瓦的发电装机能力，至少实现1150个村庄的电气化，通过大规模投资改进通信设施，增加19万部电话。在1970—1972年度，实际用于水电部门的资金为12.84亿卢比，占支出总额的31.69%，用于运输和通信的资金为9.94亿卢比，占支出总额的24.53%。[1]

二　第五至第八个五年计划

在第五个五年计划（1978—1983）中，巴基斯坦政府增加了基础设施建设投资，决定在运输和通信领域投资274.23亿卢比，占计划支出总额的18.5%；在电力部门投资279.3亿卢比，占总支出的18.8%。[2] 计划在铁路部门投资67.73亿卢比，主要用于提高每天货运和客运里程，降低机车修理比率，增加电动机车每天的工作时数，增加每天每节车皮和每节客车车厢的运输里程，提高每辆货车每次的货运量，提高车皮利用率等。

"五五"计划（1978—1983）分配给公路部门的投资额为77.34亿卢比，首先用于改进主要的国家公路和省级公路，满足增加的运输要求；建设连通不通车地区的新公路；建设连通不通车地区主要河流上的桥梁；建设连通农场到市场的公路；完成在建的战略公路。[3] 在港口建设方面，首先建设卡西姆港（Qasim），满足钢厂需要；扩大港口吞吐能力，缓解拥堵现象；使卡西姆港和卡拉奇港协同发挥作用；对在俾路支省沿岸建设新港口展开研究。在海运方面，决定提高普通货轮的运载量，替换船龄超过20年的货轮，恢复班轮服务；在卡西姆港投入使用前，由特许船只为钢厂运送干散货物，提高本国造船能力。在民航方面，计划支出13.5亿卢比，用于巩固现有基础设施，增加新的基础设施；保证旅客安全和运营；提供防火和救援服务的地面安全设施；建设拉合尔机场的临时终端设施，缓解拥堵问题；以商业工程形式在卡拉奇建设国际航空终端；开展培训和

---

[1]　K. Amjad Saeed, *The Economy of Pakistan*, Oxford University Press, Karachi, 2007, p.214, 216.

[2]　Ibid., p.219.

[3]　Ibid., pp.302–303.

机械设施方面的扩张和研究。

"五五"计划预计电信业发展需要 37 亿卢比，其中 12.3 亿用于在建项目，1.5 亿用于北部地区和阿扎德·克什米尔（Azad Kashmir）地区的电信发展。发展战略是增加长途和辅助线路能力，连接新的缺乏电信地区和边远地区，满足国内和国际年均增长 14% 的业务需求；提高电话密度，在农村增加 1075 条电话交换线等。计划用于邮政设施建设的资金为 1.8 亿卢比，以把设立邮局的村庄人口从 2000 人减低到 1000 人，建设新的邮局，降低邮局与邮局之间的间隔距离。[①] 计划在能源部门投资 335.22 亿卢比，最优先发展水电，增加 2255 兆瓦水电装机能力；整合电力市场，提高燃料和电力系统的经济效益；完成 250 兆瓦的煤炭火电站和 600 兆瓦的核电站；加强对国内化石燃料的勘探；加快石油和天然气的开发和生产；鼓励利用国内煤炭和用天然气进行生产。[②]

"六五"计划（1983—1988）总支出的 20% 分配给电力部门，18.1% 分配给运输部门。拟为 88% 的农村人口提供电力，新建 1.5 万公里连接城乡的公路。[③] 运输和通信部门的投资额约为 900 亿卢比。[④] 计划用于铁路的投资为 130 亿卢比，用于修复、增加机车，更新或提高铁轨等级，完成桥梁工程，制造 600 节新车厢，开始在有的线路使用电力牵引机车等。公路建设分配的资金是 150 亿卢比，以完成在建工程，改进公里情况；新建 6 座主要桥梁，完成在建的两座桥梁。公路运输除计划投资 15 亿卢比，国家物流组织（cell）还将自筹资 6.71 亿卢比，私营部门估计将投资 230 亿卢比，资金用于增加公共汽车，预计私营部门将新购约 1.8 万辆公共汽车。在港口建设方面，计划由公营部门投资 18.84 亿卢比，由私营部门投资 15.7 亿卢比，推进卡西姆港建设，在瓜达尔港建设一个小港，建设 170 万吨的集装箱终端等。另外，分配 30 亿卢比发展海运，增加 4 艘集装箱船，5 艘多用途货轮。民航方面，主要是增加客运和货运能力，增加地面基础设施和安全设施，向巴基斯坦航空公司投资 27.2 亿卢比。[⑤] 计

① K. Amjad Saeed, *The Economy of Pakistan*, Oxford University Press, Karachi, 2007, pp. 303 – 304.

② Ibid. , p. 308.

③ Ibid. , p. 220.

④ Ibid. , p. 304.

⑤ Ibid. , pp. 305 – 306.

划由公营部门投资 101 亿卢比，由私营部门投资 30 亿卢比，大幅度增加电话连接线，增加农村和落后地区的电话设施，完成 107 个城镇的国家拨号设施，发展本国生产复杂电信设备的制造厂，通过卫星增加国际电信通道，通过自动化降低费用。邮政发展计划支出 3.5 亿卢比，至少建 1500个邮局。其中，农村地区建 1000 个，城市建 500 个。电力发展计划投资510 亿卢比，100 亿用于在建的 900 兆瓦的查斯玛（Chashma）核电站，拟将发电装机能力从 3400 兆瓦提高到 8200 兆瓦。计划用 257 亿卢比增加电力输送和分配系统，30 亿卢比用于小型电站、巴控克什米尔地区、联邦管理的部落区和北部山区的农村电力输送；计划增加 2.25 万个村庄的电气化，把农村用得上电的人口由 86% 增加到近 95%。计划用 264 亿卢比开发、勘探石油和天然气资源。石油开采量将由日产 1.3 万桶增为日产2.1 万桶。16 亿卢比用于可再生能源研究和开发计划。[①]

　　第七个五年计划（1988—1993）决定在运输和通信部门投资 1048 亿卢比，其中公营部门投资 711 亿，私营部门投资 337 亿。计划提出的政策措施有：协调陆上公路运输和铁路运输，提高铁路运输的运输量，增加和更新铁路运输设备；在新建和改进的国家公路上实行收费制，现代化公路养护制度，合理化养护预算；发展集装箱运输的港口设施；鼓励私营部门参与海运和公路运输；发展连接海港的河流和运河运输网络；将卡拉奇造船厂和工程施工的设施现代化；向私营部门开放民航业；允许私营部门进入电报和电话部门。[②] 计划在能源部门投资 1568 亿卢比。主要目标是增加电力供应，保证经济增长需要；加快国内石油、煤炭、天然气、水力资源和可更新能源的勘探和生产；增加对国内燃料的利用，减少进口负担；提高能源的使用效率，保护能源；建立有效的电力负荷管理制度；吸引更多私营部门资金和专业人员参与能源开发和生产；合理化能源价格，为新的能源投资筹集资金；加强政府组织的财政能力，使它们能够自筹计划投资资金；增加农村能源供应；开发能源部门的人力资源，提高机构效益；增加 2400 兆瓦的热电生产能力。[③]

　　"八五"计划（1993—1998）提出：建设从拉得兰（Lodhran）到白

---

①　K. Amjad Saeed, *The Economy of Pakistan*, Oxford University Press, Karachi, 2007, p. 309.

②　Ibid., p. 307.

③　Ibid., pp. 309 – 310.

沙瓦 800 公里的双轨铁路；制造 1367 节高载货能力车皮；完成 1189 公里的印度河平原公路；完成 5 号国家公路 1764 公路的双向车道建设；改进和提高 25 号和 40 号国家公路的等级；开始建设马克兰（Maklan）海岸公路；由私营部门在瓜达尔港建设深海港；接通全部急需的电话连接线；把邮局数从 13513 个增加到 18513 个；开始建设洛瓦瑞（Lowari）隧道。在能源生产方面，计划提出：建设一个装机能力为 1450 兆瓦的水电工程；由私营部门新建 2500 兆瓦的热电厂；完成私营部门在建的 1290 兆瓦电力工程；把发电能力提高 68%；把石油生产能力提高 106%；把天然气生产能力提高 38%；把炼油能力提高 183%；电气化 19700 个村庄；加大塔尔（Thar）煤矿的利用量。[①]

三　第九个五年计划及其他计划

巴基斯坦政府在 2001 年 9 月才公布第九个五年计划（1998—2003），此后还公布过 2001—2011 年度的 10 年远景规划和 2001—2004 年的 3 年发展计划。几个计划关于基础设施建设的政策措施主要有：通过吸引外国投资和推进私有化，降低公司税，可免税进口石油及天然气勘探及开采设备，取消油气价格管制，优先勘探和开发石油、天然气和煤炭，增加油气产量，减少对进口石油的依赖。预计到 2011 年，把天然气产量提高到日产 50 亿立方英尺（CFD）；竭尽全力开采塔尔煤矿和其他煤矿，把煤炭产量从年产 330 万吨提高到 2011 年的年产 1100 万吨；把石油产量从每天 56000 桶提高到每天 100000 桶，铺设跨国石油管道，增加 600 万吨的年炼油能力。放松海运管制，激励外国和本国投资，提高港口效益。公营部门要优先发展供水、运输、通信和能源。增加铁路投资，到 2011 年前完成瓜达尔深水港一期建设和马克兰沿岸公路建设任务。加快公路建设和电力工程建设。[②] 为促进私营部门的参与，巴政府不断简化申办程序，准许参与公司发行公司债券和股票，降低发电设备的进口税，给予多种国内税收优惠。

自 20 世纪 90 年代以来，在自由化、市场化、私有化和全球化的经济改革背景下，原来计划都是由公营部门垄断的基础设施建设，从电信、电

---

① K. Amjad Saeed, *The Economy of Pakistan*, Oxford University Press, Karachi, 2007, p. 231.
② Ibid., pp. 238 – 241.

力部门开始，到公路、港口、民航、铁路和能源部门，不断向私营部门和
外资开放，不少经营基础设施的公营企业已经私有化。

近年来，巴基斯坦政府一直在采取各种措施加快基础设施建设。巴公
路局于 2009 年制定了"十年投资规划"，拟在未来十年（2010—2020 年）
全面扩建公路网络，将公路密度提高至 0.64 公里/平方公里，道路运输速
度提高 25%，车辆运营成本降低 10%，道路故障减少 50%。该规划主要
包括：（1）全国贸易走廊计划：未来十年拟重点建设南北向公路网络、
加快实施连接瓜达尔港道路以及 KKH 升级改造工程，使巴成为连接中亚、
中国西部、阿富汗、伊朗的运输通道和过境服务中心。具体项目包括新建
和改扩建 8 条高速公路、4 条国道等，总投资为 3627 亿卢比（约 43.2 亿
美）。（2）国道升级计划：根据巴政府和亚行此前达成的共识，拟在亚行
的支持下，修复或扩建 8 条国道的部分路段，总投资为 653 亿卢比（约
7.8 亿美元）。（3）穆尔坦道路发展规划：拟投入 549 亿卢比（约 6.5 亿
美元）全面改造穆尔坦市的公路网络。（4）信德省道路发展规划：拟投
入 409 亿卢比（4.9 亿美元）全面改造信德省的公路网络。（5）其他道路
建设规划：除上述规划外，公路局还规划了 62 个道路及附属桥梁建设项
目，侧重于农村和边远地区道路建设，预计建设资金约 3302 亿卢比（约
39.3 亿美元）。[①]

巴政府还草拟了国家运输政策，公路、铁路、港口和海运、民航发展
都包括在这个政策中，目的是提供安全、可靠、有效、支付得起、能够得
到、可持续及完全整合的运输体系。还发布了国家贸易走廊改进计划，提
出要发展和改善南北走廊，改善贸易和物流链，降低商业成本；加强与中
亚国家、伊朗、中国、阿富汗及印度的交通连接，通过南北和东西贸易走
廊连接，发展与这些国家的能源和工业走廊。[②]

为解决铁路运输中存在的问题，巴政府在《2030 远景规划》中确立
了"使铁路成为国家主要运输形式、运输系统逐渐盈利、有力促进国家
经济发展"的目标。内容主要包括：（1）逐步升级现有轨道和信号系统。

---

① 中国驻巴基斯坦使馆经商处：《巴基斯坦基础设施概况——公路》，http：//pk. mofcom.
gov. cn/aarticle/wtojiben/p/201005/20100506909066. html。

② Ministry of Finance, Government of Pakistan, *Pakistan Economic Survey 2011 - 12*,
Islamabad, 2012, p.183.

目前，巴已启动换轨工程，拟将全国铁路轨道统一为宽轨。（2）新建部分路段，增加复线里程。计划新建俾路支省若布—廓特拉贾姆（Zhob-Kotla Jam）段铁路（含更换 Zhob-Bostan 段轨道）、西北边境省白沙瓦 – 廓特拉贾姆（Kotla Jam）段铁路，建设资金均为 7500 万美元，建设周期各 6 年。复线方面，计划申请外国政府优惠贷款建设旁遮普省沙达拉—拉拉姆沙（Shahdara-Lalamusa）段复线项目，建设资金约 1.2 亿美元，建设周期 3 年。另外，还拟以 BOT、BOO 方式建设拉合尔 – 费萨拉巴德段复线项目，预计建设资金约 1.2 亿美元，建设周期 3 年。（3）建设连接瓜达尔地区的铁路，预计建设资金约 13 亿美元，建设周期 7 年。（4）修建和改进连接邻国的铁路。一是建设从中巴边境红其拉甫至海维里昂市的中巴铁路，全长 673.5 公里，建设资金约 100 亿美元，建设周期 6 年。二是升级巴—伊（朗）—土（耳其）铁路连线，巴境内段长 1990 公里。[①]

巴政府对中期（2005—2010 年）和长期（2030 年前）电力发展作出了如下规划：（1）鼓励采取 PPP 或 BOT 的方式，在各主要河流（特别是印度河）上建设大中型水电站，在水渠或小河上修建小型水电站，力争在 2030 年前使水电装机容量由 646 万千瓦提高到 3266 万千瓦。（2）最大限度地发展煤电，使燃煤电站的装机容量在 2030 年前达到 2000 万千瓦左右，占发电总量的 18%。（3）积极发展核电，努力实现 2030 年核电装机总容量 880 万千瓦的目标。（4）大力开发可再生能源，2010 年前在俾路支省和信德省等地建成 70 万千瓦的风力电站，2030 年前，可再生能源发电量达到发电总量的 5%（970 万千瓦）。（5）进一步推动私营部门参与电力行业发展，使其参与建设电站的装机容量在 2010 年达到 710 万千瓦。（6）加强输电网络的维修和改造，提高输电能力，减少电力损失。（7）加快对水利电力发展署、国家电网公司等国有电力部门的重组和私有化步伐，通过实现商业化运作，提高这些部门的工作效率、质量和服务水平。[②]

在石油天然气开采提炼方面，2005 年巴基斯坦政府制定过 10 项规

---

① 中国驻巴基斯坦使馆经商处：《巴基斯坦基础设施概况——铁路》，http：//pk. mofcom. gov. cn/aarticle/wtojiben/p/201004/20100406892396. html。

② 中国驻巴基斯坦使馆经商处：《巴基斯坦电力业发展现状及规划》，http：//pk. mofcom. gov. cn/aarticle/wtojiben/m/200905/20090506216143. html。

划，主要内容是：政府负责制定政策，但不干预行业具体运作；年钻井能力提升至 100 口，日产油量提高到 10 万桶，年炼油量增加 600 万吨；石油精炼产品年进口量下降至总消费量的 90%，逐渐减少直到取消燃油进口；建设跨国油气管线，降低运输成本；扩大储备能力，使之满足全国使用 45 天；加大研发力度，如消除汽油含铅量，柴油含硫量降至 0.05%，发展压缩天然气为柴油替代品等；鼓励跨境清洁能源贸易，促进区域能源合作。此外，2005 年前巴政府制定过的油气开采政策还有：从事上游勘探开发和下游炼油、销售企业均可享受政府的优惠政策；政府将进一步完善优惠政策、配套法律法规，增加透明度；政府负责修建油气输送管线，如由企业修建，则由政府补偿修建费；鼓励私人投资油气领域基础设施和产品配送网络建设，最高持股比例可达 100%；建炼油厂无须政府审批，油厂和炼厂进口机械设备享受零关税，初始折旧可高达 50%，允许自任何国家、地区进口原油，在满足内需前提下，炼油厂可出口剩余产品；放开石油、天然气成品销售。为进一步鼓励投资者进行海上油气开发，政府还出台了下列措施：引入生产分享协议；投产后前 4 年无须缴纳开采使用税，第 5 年按 5% 比例缴纳，第 6 年为 10%，此后每年为 12.5%；公司营业税最高税率为 40%（陆上石油开发为 50%—55%）；前期勘探钻井所需机械设备进口免关税，出油投产后调整为 3%；所有成品销售价格按 1994 年石油政策规定执行；政府 60 天内须完成企业钻探许可申请审批，对有争议申请，亦需在 120 天内予以回复。[①]

巴基斯坦政府还试图通过建设从伊朗—巴基斯坦—印度，以及从土库曼斯坦—阿富汗—巴基斯坦的天然气管道，从有关国家进口天然气。巴政府还考虑过建设卡塔尔—巴基斯坦油气管道，但没有得到卡方的回应。

四 简要评价

从不同时期巴基斯坦政府的基础设施建设政策和措施中，可以看出这样几个特点：首先，从总体上讲，巴基斯坦政府对基础设施建设的重要性认识深刻，尤其是自第三个五年计划以来，对基础设施建设都给予了高度

① 中国驻巴基斯坦使馆经商处：《巴基斯坦石油、天然气情况》，http：//pk. mofcom. gov. cn/aarticle/wtojiben/m/200905/20090506216174. html。

重视，往往把基础设施建设作为经济计划要优先发展的项目。其次，随着经济发展和国家筹资能力的提高，巴政府不断增加基础设施建设的投资，投资额常常超过农业和工业。另外，重视各种基础设施的不断升级、技术改进和革新。还有，较早准许私营部门参与基础设施建设，不断开放私营部门参与的领域，在实行经济结构调整和改革中，外资也准许参与基础设施建设。现在，私营部门已经可以参与各项基础设施建设。最后，重视政府对基础设施建设的规划和指导。从这些方面看，巴政府的基础设施建设政策措施是值得肯定的。

　　但是，巴基斯坦政府的基础设施建设政策措施也有不足之处。一是政府的投资力度不够大。尽管巴政府的投资能力有限，但既然基础设施建设滞后已经成为经济社会发展的严重制约因素，应对政府的支出政策作出必要调整，进一步加大基础设施建设的投资力度。二是政府的筹资能力显得有限，采用多种方式筹资的步伐慢了一些。三是有的建设规划显得急躁了些，不太符合实际。

第二节　交通运输和通信发展

一　交通运输

1. 公路

　　在巴基斯坦政府的重视和支持下，独立以来，巴的公路通车里程不断增长，连接地区不断扩张。巴的公路分为高等级（high type）公路和低等级（low type）公路。高等级公路包括高速公路（Motorway）、快速干线（Expressway）、主干道（Principal Highway）和国道（Highway）；低等级公路包括二级公路（Secondly road）和小型道路（Minor road）。从表5—1可见，1955—1956 年度，巴公路总长为 62244 公里，其中高等级公路为15048 公里，低等级公路为 47196 公里，高等级公路和低等级公路的比率为 0.318；1975—1976 年度，巴公路总长为 80623 公里，高等级公路为29603 公里，低等级公路为 51020 公里，高等级公路和低等级公路的比率为 0.580；1989—1990 年度，巴公路总长为 162345 公里，高等级公路为81891 公里，低等级公路为 80346 公里，高等级公路和低等级公路的比率为 1.019。20 世纪 60 年代，巴的公路里程年均为 7.05 万公里；70 年代，年均为 7.41 万公里；80 年代，年均为 12.38 万公里。[①] 从表 5—2 可见，1990—1991 年度，巴的公路总长达到 170823 公里，高等级公路 86839 公里，低等级公路 83948 公里；2000—2001 年度，公路总长为 249972 公里，高等级公路长 144652 公里，低等级公路长 105320 公里；2009—2010 年度，公路总长 260760 公里，高等级公路长 180910 公里，低等级公路长 79850 公里。2013—2014 年度，公路总长 263755 公里，高等级公路为 184120 公里，低等级公路为 79635 公里。

表 5—1　　　　　　1990 年以前巴基斯坦公路运输扩张情况

年度	公路总长 （公里）	高等级公路 （公里）	低等级公路 （公里）	高低等级 比率	公路交通车辆 （千辆）
1955—1956	62244	15048	47196	0.318	75
1960—1961	66236	16860	49376	0.341	117
1965—1966	73788	20983	52805	0.397	236
1970—1971	73006	24776	48230	0.513	364
1975—1976	80623	29603	51020	0.580	585
1980—1981	93960	38035	55925	0.680	1110
1985—1986	126243	56318	69925	0.805	1841
1989—1990	162345	81891	80364	1.019	2538

资料来源：巴基斯坦政府：《1993—1994 年度经济调查》，转引自 Robert E Looney, The Pakistani Economy, Praeger Publishers, Westport, 1997, pp. 137 - 138。

表 5—2　　　　　1990 年以来巴基斯坦的公路建设及铁路运输情况

	公路 总长 （公里）	高等级 公路 （公里）	低等级 公路 （公里）	火车 机车	火车 车厢 （辆）	铁路 总长 （公里）	铁路载 客量 （百万人）	铁路货 运量 （百万吨）
1990—1991	170823	86839	83948	753	34851	8775	84.90	7.72
1995—1996	218345	118428	99917	622	26755	8775	73.65	6.85
2000—2001	249972	144652	105320	610	23893	7791	68.80	5.89

---

① Ministry of Finance, Government of Pakistan, *Pakistan Economic Survey 2012 - 13*, Islamabad, 2013, Economic and Social Indicator.

续表

	公路总长（公里）	高等级公路（公里）	低等级公路（公里）	火车机车	火车车厢（辆）	铁路总长（公里）	铁路载客量（百万人）	铁路货运量（百万吨）
2005—2006	259021	167530	91491	544	20809	7791	81.43	6.03
2006—2007	259189	172827	86362	544	19638	7791	83.89	6.42
2007—2008	258350	174320	84030	555	18638	7791	79.99	7.23
2008—2009	258350	176589	81761	551	17259	7791	82.54	6.94
2009—2010	260760	180910	79850	541	16499	7791	74.93	5.83
2010—2011	259463	180866	78597	526	18464	7791	64.90	2.61
2011—2012	261595	181940	79655	552	17611	7791	41.10	1.30
2012—2013 *	263415	182900	80515	515	19444	7791	42.0	1.0
2013—2014 *	263755	184120	79635	423	17879	7791		

注：2012—2013 年度的火车车厢中，包括 1901 节旅客车厢；2013—2014 年度的火车车厢中，包括 1700 节旅客车厢。

资料来源：Ministry of Finance, Government of Pakistan, *Pakistan Economic Survey 2012 – 13*, Islamabad 2013, Statistical Appendices, Table 13.1A, Table 13.1B; *Pakistan Economic Survey 2013 – 14*, Islamabad, 2014, pp.195 – 196, 200.

可见，20 世纪 70 年代后期以前，巴基斯坦的公路里程增长速度不快，此后增速加快，但进入 21 世纪以来增速缓慢。从 1955—1956 年度到 1992—1993 年度，巴公路里程年均增长 3.3%。其中，1955—1956 年度至 1965—1966 年度年均增长 1.7%，1966—1967 年度至 1976—1977 年度年均增长 1.9%，1977—1978 年度至 1987—1988 年度年均增长 5.2%，1988—1989 年度到 1992—1993 年度年均增长 5.6%。[1] 1994 年到 2007 年的年均增长率降低到 1.8%。[2] 80 年代公路总长增加约 7.7 万公里，90 年代增加近 8 万公里；21 世纪以来的增加数有限，仅约 3000 公里。从上述统计数据可以算出，巴高等级公路里程的增速一直快于低等级公路。结果，巴的公路变得日益以高等级公路为主，公路质量显著提高。1955—

---

[1]　Robert E Looney, *The Pakistani Economy*, Praeger Publishers, Westport, 1997, p.139.

[2]　[巴] 法斯赫·乌丁、M. 阿克拉姆·斯瓦蒂：《巴基斯坦经济发展历程——需要新的范式》，陈继东、晏世经等译，巴蜀书社 2010 年版，第 141 页。

1956 年度，巴高等级公路里程占公路总里程的 24.18%，低等级公路占 75.82%；1980—1981 年度，高等级公路占 40.4%，低等级公路占 59.57%；2013—2014 年度，高等级公路占 69.81%，低等级公路占 30.19%。

截至 2009 年，巴公路包括 5 条高速公路、17 条国道、3 条战略公路和若干辅助道路，公路密度为 0.32 公里/平方公里，低于同属南亚的孟加拉（1.7）、斯里兰卡（1.5）和印度（1.0）。2 车道公路所占比例为 75%，4 车道的为 20%，6 车道的为 5%。巴公路网络以南北向为主。现有的南北向两大动脉是印度河东岸的 5 号国道（N-5，又称 GT 公路）和西岸的 55 号国道（N-55，又称印度河公路），巴工商业活动主要集中在上述公路两侧的走廊地带。连接穆尔坦—奎塔—巴伊（朗）边境塔夫坦（Taftan）的 40 号（N-40）和 70 号（N-70）国道，则横向贯通巴东西部地区，总长 1057 公里。巴与邻国相通的公路包括 25 号（N-25）和 35 号（N-35）国道，其中 N-25 北起巴阿边境口岸查曼，南至卡拉奇，全长 813 公里，是巴西部地区交通主干道；N-35 始于巴中边境红其拉甫口岸，止于首都附近的哈桑巴德尔（Hassanbdal）市，即喀喇昆仑公路（KKH）巴境内段，全长 806 公里，是中巴两国唯一陆路通道和巴北部地区的交通主干道。[①]

巴基斯坦的公路建设和服务较早就已向私营部门和外资开放。由外国私营部门参与，采用 BOT 模式（建设—经营—转让模式）建设，耗资 7.25 亿美元，全长 335 公里的从伊斯兰堡到拉合尔的 6 车道公路，1998 年已经建成。[②]

巴基斯坦的公路网主要集中在旁遮普省、信德省和首都周边地区。2013—2014 年度，巴全国公路总长为 263755 公里，高等级公路 184120 公里，低等级公路 79635 公里。其中，旁遮普省的公路里程达 107973 公里（高等级的 75214 公里，低等级的 32729 公里）；信德省的为 81493 公里（高等级的 57078 公里，低等级的 24415 公里）；开伯尔—普什图省的公路

---

①　中国驻巴基斯坦使馆经商处：《巴基斯坦基础设施概况——公路》，http：//pk. mofcom. gov. cn/aarticle/wtojiben/p/201005/20100506909066. html。

②　Ishrat Husain, *Pakistan The Economy of An Elitist State*, Oxford University Press, Karachi, 1999, p. 247.

总长为 43035 公里，其中高等级公路 30039 公里，低等级公路 12996 公里；俾路支省的公路总长为 29692 公里，其中高等级公路 20662 公里，低等级公路 9030 公里；其他地区的公路总长 1592 公里，其中高等级公路 1127 公里，低等级公路 465 公里。[①] 旁遮普和信德两省公路里程占全国的 71.83%。

在公路运输中，巴基斯坦国家公路局管理的公路发挥着主要作用。1999—2000 年度，国家公路有 7620 公里，占全国公路总长的 4%，承担了 63% 的运输量；[②] 到 2011—2012 年度，国家公路的里程为 12000 公里，占全国公路总长的 4.6%，承担了 80% 的全国商业运输量。近来，巴基斯坦公路承担了该国绝大多数部门的运输任务，公路运输占陆地货运量的 96%，占旅客运输量的 92%。有 1100 万各类型的车辆从事运输活动。[③]

表 5—3　　　　1990 年以来巴基斯坦注册的各种公路车辆数　　　单位：千辆

	两轮摩托	三轮摩托	轿车等*	出租车	公共汽车	卡车	其他车辆	总数
1990	1250.7	50.9	682.6	32.3	84.0	105.2	507.0	2721.8
1995	1754.7	63.4	923.6	53.4	113.5	119.2	642.2	3669.9
2000	2260.8	99.4	1182.3	83.9	154.4	148.6	772.3	4701.6
2005	2649.9	101.1	1318.5	91.9	168.7	182.5	861.9	5374.4
2010	4305.1	201.8	1726.3	122.9	198.8	216.1	1081.9	7853.0
2012※	6976.2	307.8	2045.8	141.8	213.3	234.7	1244.0	11164.5

注：*包括轿车、吉普车和旅行车；※暂定数。

资料来源：Ministry of Finance, Government ofPakistan, *Pakistan Economic Survey 2012 - 13*, Islamabad, 2013, Statistical Appendices, Table 13.3.

随着公路里程的增加、路况的改善、经济的发展和人民收入的增加，巴基斯坦的各种交通运输车辆迅速增加。从表 5—1 可见，1955—1956 年

---

① Ministry of Finance, Government of Pakistan, *Pakistan Economic Survey 2013 - 14*, Islambad, 2014, p. 196.

② Ministry of Finance, Government of Pakistan, *Pakistan Economic Survey 1999 - 2000*, Islamabad, 2000, Chapter 15.

③ Ministry of Finance, Government of Pakistan, *Pakistan Economic Survey 2011 - 12*, Islamabad, 2012, pp. 177 - 178.

度，巴公路交通车辆为 7.5 万辆，1975—1976 年度增为 58.5 万辆。巴公路交通车辆的增速长期大大高于公路里程的增速。1955—1956 年度至 1992—1993 年度，巴公路里程年均增长 3.0%，公路交通车辆年均增长 10.6%。[1] 1989—1990 年度达 253.8 万辆。20 世纪 70 年代，在公路上行驶的车辆年均为 40 万辆，80 年代年均为 140 万辆，90 年代年均为 460 万辆，21 世纪头 10 年年均为 640 万辆。[2] 1967 年，巴公路交通车有摩托车 41777 辆，轿车 42264 辆，吉普车 6359 辆，旅行车（station wagons）4318 辆，拖拉机 1872 辆，公共汽车 7974 辆。[3] 从表 5—3 可以看出，1990 年，巴注册的两轮摩托为 125.07 万辆，三轮摩托为 5.09 万辆，轿车、吉普车和旅行车为 68.26 万辆，出租车为 3.23 万辆，公共汽车为 8.4 万辆，卡车为 10.52 万辆，其他车辆为 50.7 万辆，各类车辆总数为 271.29 万辆；到 2012 年，注册的两轮摩托为 697.62 万辆，三轮摩托为 30.78 万辆，轿车、吉普车和旅行车为 204.58 万辆，出租车为 14.18 万辆，公共汽车为 21.33 万辆，卡车为 23.47 万辆，其他车辆为 124.4 万辆，各类车辆总数为 1116.45 万辆。22 年间，两轮摩托增加近 5.6 倍，轿车和吉普车等增加近 3 倍，出租车增加 4.4 倍，公共汽车增加 2.5 倍，全部车辆增加 4 倍多。1980—1981 年度，巴的公路交通密度（每千米公路的机动车数量）为 8.0，2007—2008 年度达到 32.9。[4]

到 2007 年，巴基斯坦每千人的机动车拥有量为 11 辆，每公里道路的汽车数量为 8 辆，每千人拥有的客车数量为 9 辆，道路密度（每 100 平方公里土地的道路公里数）为 34，而下中等国家的相应数为 18 辆、10 辆、14 辆和 240。[5] 应该说，巴的公路交通不够发达，还有非常大的发展空间。

巴基斯坦公路运输存在的问题主要有：一是公路通车里程仍然显得不足，绝大多数公路的质量较差，国家公路拥堵；二是事故率较高，公路养

[1]　Robert E. Looney, *The Pakistani Economy*, Praeger Publishers, Westport, 1997, p. 139.

[2]　Ministry of Finance, Government of Pakistan, *Pakistan Economic Survey 2012 - 13*, Islamabad, 2013, Economic and Social Indicator.

[3]　Robert E. Looney, *The Pakistani Economy*, Praeger Publishers, Westport, 1997, p. 143.

[4]　[巴] 法斯赫·乌丁、M. 阿克拉姆·斯瓦蒂：《巴基斯坦经济发展历程——需要新的范式》，陈继东、晏世经等译，巴蜀书社 2010 年版，第 142 页。

[5]　世界银行：《2010 年世界发展指标》，中国财政经济出版社 2010 年版，第 203—204 页。

护差；三是公路建设的地区差距较大，公路网主要集中在旁遮普省、信德省和首都周边地区。四是投资不足，建设速度满足不了需求；五是受自然灾害冲击大。例如，2010 年及 2011 年的洪灾，估计给运输和通信部门造成的损失高达 264.68 亿卢比，其中绝大部分是公路损失，近 8385 公里公路网被破坏。[①]

2. 铁路

巴基斯坦的第一条铁路是 1861 年 5 月 13 日建成的从卡拉奇到柯特瑞（Kotri）的铁路。1947 年 8 月印巴分治时，巴基斯坦分得的铁路总长为 4999 公里。[②] 独立后巴基斯坦新建的铁路主要是在 20 世纪 50 年代完成的。1960 年，巴的铁路总长增为 8574 公里，1980 年为 8815 公里。从 70 年代末开始，巴铁路部门就出现了机车、火车车皮、货运量不断下滑的情况，下滑幅度在 30%—60%。[③] 此后，铁路里程也不断缩减。1980—1981 年度，巴的铁路总长为 8817.33 公里，有机车 960 辆、车厢 36248 节，载客量为 1.23 亿，载货量为 1100 万吨，货运吨千米（freight tonne kilometres）为 79.18 亿；[④] 1990—1991 年度，巴基斯坦的铁路总长为 8775 公里，机车数为 753 辆，车厢为 34851 节，客运量为 8490 万人，货运量为 772 万吨，货运吨千米为 57.09 亿，总收入为 66.96 亿卢比；2000—2001 年度，铁路总长降为 7791 公里，机车数降为 610 辆，车厢降为 23893 节，客运量减为 6880 万人，货运量减少到 589 万吨，货运吨千米为 45.20 亿，总收入为 119.38 亿卢比；2010—2011 年度，巴有 7791 公里铁路，526 辆机车，18464 节车厢。仅搭载旅客 6490 万人，运输货物 261 万吨，货运吨千米为 17.57 亿，总收入为 186.12 亿卢比。[⑤] 有关情况可进一步参看表 5—2。可见，20 世纪 90 年代以来，巴的铁路运输日渐萎缩，近年来受经济不景气影响，萎缩情况特别突出。铁路部门的收入虽然

[①] Ministry of Finance, Government of Pakistan, *Pakistan Economic Survey 2011 - 12*, Islamabad, 2012, pp. 178 - 179.

[②] K. Amjad Saeed, *The Economy of Pakistan*, Oxford University Press, Karachi, 2007, p. 164.

[③] Ishrat Husain, *Pakistan The Economy of An Elitist State*, Oxford University Press, Karachi, 1999, pp. 255 - 256.

[④] Ministry of Finance, Government of Pakistan, *Pakistan Economic Survey 1999 - 2000*, Islamabad, 2000, Chapter 15.

[⑤] Ministry of Finance, Government of Pakistan, *Pakistan Economic Survey 2012 - 13*, Islamabad, 2013, Statistical Appendices, Table 13. 1B.

总体增加，但那在很大程度上是通货膨胀的结果。

巴基斯坦的铁路以宽轨为主，有少量米轨和窄轨。1990—1991 年度，宽轨铁路长 7718 公里，米轨铁路长 445 公里，窄轨铁路长 611 公里。自 1995—1996 年度起，窄轨铁路停用。1999—2000 年度，有 7346 公里宽轨铁路，445 公里米轨铁路。[①] 在巴营运的 7791 公里铁路中，复线运营里程 1164 公里，约占 15%；电气化运营里程 293 公里，约占 3.8%。铁路线上约有 30000 座桥梁和隧道，其中 13841 座桥梁和隧道亟待维修。全国共有 559 个车站，除 33 个站实现电脑联网作业外，其余仍沿用手工操作，效率较低。有 7 个可承运集装箱货物的大型铁路干港。[②]

巴基斯坦铁路部门存在的主要问题有：一方面，由于体制、管理原因以及与公路运输相比缺乏灵活性，巴的铁路运输业全面萎缩，且程度不断加深。据世界银行《1994 年世界发展报告》，巴基斯坦每 10 万人口仅拥有 2.6 公里铁路，还远远低于海岛国家印度尼西亚的 3.8 公里，更低于印度的 8.5 公里，墨西哥的 31 公里。[③] 目前的铁路密度更低。与此同时，巴的整个运输情况却显得紧张，不能满足经济社会发展需要。另一方面，巴铁路运输存在管理不善、效益低、设备老化、安全问题突出的现象。截至 2008 年 6 月底，全国铁路机车拥有量为 555 台，其中柴油内燃机车约占 94%，电力牵引机车占 3.5%，其余为蒸汽机车。投入运营的客车 1627 辆、行邮列车 241 辆、货车 18638 辆。由于大部分车辆为 20 世纪 70、80 十年代产品，现已处于"超期服役"状态。[④] 再一方面，发展不平衡，俾路支省等面积很大，铁路里程却很少。还有，巴是世界上人均拥有铁路里程数最低的国家之一，但铁路里程及运输业却不断萎缩。最后，巴铁路的货运能力太低，仅承担了十分有限的客货运输量。

---

① Ministry of Finance, Government of Pakistan, *Pakistan Economic Survey 1999 - 2000*, Islamabad, 2000, Chapter 15.

② 中国驻巴基斯坦使馆经商处：《巴基斯坦基础设施概况——铁路》，http：//pk. mofcom. gov. cn/aarticle/wtojiben/p/201004/20100406892396. html。

③ Ishrat Husain, *Pakistan The Economy of An Elitist State*, Oxford University Press, Karachi, 1999, p. 275.

④ 中国驻巴基斯坦使馆经商处：《巴基斯坦基础设施概况——铁路》，http：//pk. mofcom. gov. cn/aarticle/wtojiben/p/201004/20100406892396. html。

3. 港口和海运

目前，巴基斯坦有 3 个主要海港，分别是卡拉奇港、卡西姆港和瓜达尔港。独立初，主要的港口是 1886 年建成的卡拉奇港，称为卡拉奇信托港（Karachi Port Trust）。该港口是深水良港，有水深 12 米、长 11.5 公里的引水渠和 600 米的调头区，目前可以接纳 7.5 万吨位的货轮，由东、西两个码头组成。东码头有 17 个多用途的锚位，西码头有 13 个。每个码头有两个专用的集装箱终端和处理液体货物的石油码头。[1] 1990—1991 年度，卡拉奇港的货物吞吐量为 1870.9 万吨，其中进口的 1471.4 万吨，出口的 399.5 万吨；2000—2001 年度，相应数分别增加到 2598.1 万吨、2006.3 万吨和 591.8 万吨；2010—2011 年度，货物吞吐量为 4143.5 万吨，进口的 2858.9 万吨，出口的 1284.6 万吨。[2] 近两年受经济增长放慢影响，货物吞吐量下降，2012—2013 年度的货物吞吐量为 3885 万吨，进口的 2670 万吨，出口的 1215 万吨，2013—2014 年度前三个季度的为 3067.7 万吨，进口的 2222.5 万吨，出口的 845.2 万吨。[3] 1990 年以来卡拉奇港货物吞吐量的增加是非常明显的。

卡西姆港位于卡拉奇西南 50 公里处，于 1973 年建成，1980 年开始运营，有 9 个锚位，是巴基斯坦的第二个深水海港，由卡西姆港务局进行管理。卡西姆港吞吐货物的统计数据 1997—1998 年度以后才公布，业务量的增长显著。1997—1998 年度，卡西姆港的货物吞吐量为 1496.7 万吨，其中进口的 1382.3 万吨，出口的 114.4 万吨；2002—2003 年度的相应数分别为 1510.9 万吨、1198 万吨和 312.9 万吨；2010—2011 年度，该港吞吐货物 2616.8 万吨，其中进口的 1951.1 万吨，出口的 665.7 万吨；[4] 2012—2013 年度吞吐货物 2480.1 万吨，其中进口的 1775.4 吨，出口的 704.7 万吨；2013—2014 年度前三个季度的相应数分别为 1897.1 万吨、

---

[1] Ministry of Finance, Government of Pakistan, *Pakistan Economic Survey 2011 – 12*, Islamabad, 2012, p.181.

[2] Ministry of Finance, Government of Pakistan, *Pakistan Economic Survey 2012 – 13*, Islamabad, 2013, Statistical Appendices, Table 13.1D.

[3] Ministry of Finance, Government of Pakistan, *Pakistan Economic Survey 2013 – 14*, Islamabad, 2014, p.203.

[4] Ministry of Finance, Government of Pakistan, *Pakistan Economic Survey 2012 – 13*, Islamabad, 2013, Statistical Appendices, Table 13.1D.

1308.4 万吨和 588.7 万吨。[①] 私营部门以 BOT 模式参与了卡西姆港的码头、锚位等设施建设。

瓜达尔港是新港，于 2007 年 3 月 20 日落成典礼，2008 年 3 月投入商业运营，主要处理进口的尿素、小麦、煤炭等大批量散装货物，有 10 个锚位和两个石油码头。该港 2007—2008 年度处理的进口货物为 23.2 万吨，2008—2009 年度为 121.8 万吨，2009—2010 年度为 70.6 万吨，2010—2011 年度为 46.3 万吨，2011—2012 年度为 54.1 万吨。[②]

到 1978 年，巴基斯坦的商船队有 48 艘轮船，总载重量（DWT）为57.5 万吨位，平均船龄达 15 年。[③] 目前，巴基斯坦的海运业主要由巴基斯坦国家海运公司（PNSC）承担。1990—1991 年度，巴基斯坦海运公司有轮船 28 艘，总载重量为 494956 吨位，总收入为 38.65 亿卢比；2000—2001 年度，该公司的轮船减少到 14 艘，总载重量为 243802 吨位，收入为 54.59 亿卢比；2010—2011 年度，轮船为 11 艘，总吨位为 646666 吨，收入为 42.02 亿卢比；2011—2012 年度的相应数为 10 艘、628409 吨和66.4 亿卢比。[④] 可见，巴基斯坦海运公司的发展起伏不定，虽然轮船在减少，但总吨位数在有较大下降以后又迅速上升，现有货轮都是吨位数较大的。近年来，虽然总体经济形势不景气，竞争激烈，但巴基斯坦海运公司一直保持盈利。

巴基斯坦海运业的问题主要是投资能力有限，轮船更新速度慢，致使轮船数量不断下降，运力不能满足国内需求。

4. 空运

巴基斯坦有 23 个国内机场，主要空运服务由巴基斯坦国际航空公司（PIA）承担。1992—1993 年度，该公司有 45 架飞机，2000 年有 46 架，2012 年有 39 架；同期，航线里程（route kilometres）分别为 270536 公里、317213 公里和 448120 公里。1992—1993 年度的旅客负载系数（passenger

---

① Ministry of Finance, Government of Pakistan, *Pakistan Economic Survey 2013 - 14*, Islamabad, 2014, p.203.

② Ministry of Finance, Government of Pakistan, *Pakistan Economic Survey 2012 - 13*, Islamabad, 2013, p.203; Statistical Appendices, Table 13.1D.

③ K. Amjad Saeed, *The Economy of Pakistan*, Oxford University Press, Karachi, 2007, p.303.

④ Ministry of Finance, Government of Pakistan, *Pakistan Economic Survey 2012 - 13*, Islamabad, 2013, Statistical Appendices, Table 13.1C.

load factor）为 64.2%，2000 年为 64.5%，2010 年为 74.0%；同期，营运支出分别为 213.47 亿卢比、420.33 亿卢比和 1068.12 亿卢比；飞行的收入小时（revenue hours flown）为 132775 小时、134066 小时和 142940 小时；飞行的收入公里（revenue kilometres flown）为 6937.7 万公里、7621.2 万公里和 8158.8 万公里；搭载的收费旅客（revenue passengers carried）为 578 万、529.7 万和 553.8 万；收入负载系数（revenue load factor）为 56.7%、55.2% 和 56%；营运收入为（operating revenue）219.7 亿卢比、392.28 亿卢比和 1075.32 亿卢比；可用的座位公里数为 157.33 亿、186.92 亿和 212.19 亿。[1] 可见，巴基斯坦国际航空公司的飞机数虽然减少了，但航线不断得到开辟，运输量在不断增加，旅客负载系数得到提高。但是，2013 年的多数指标有所恶化，有飞机 34 架，航线里程为 411936 公里，客运收入为 784 亿卢比，可用的座位公里数为 174.12 亿，旅客负载系数为 70%，飞行的收入公里 6314.4 万公里，飞行的收入小时 106476 小时，搭载的收费旅客为 444.9 万，收入负载系数为 55%，营运收入为 957.71 亿卢比，运营支出为 1261.64 亿卢比。[2]

目前，巴基斯坦政府正在从公司管理、人力资源合理化、财政和运营、机械改进、采购和物流、销售和机群、机场服务、准确调遣等方面对巴基斯坦国际航空公司进行重组，并计划购入 5 架波音 777 客机，开辟新的航线。

巴基斯坦国际航空公司存在的主要问题是冗员多；效益不好，有时亏损；燃料费上涨和波动大，影响公司经营；财务紧张等。

巴基斯坦民航业向私营部门开放后，到 1999—2000 年度，有 4 家私营航空公司参与空运业务。目前，3 个私营航空公司还在运行中。

二 通信

1. 电信

1980 年以前，巴基斯坦的电信业发展缓慢。20 世纪 60 年代，巴的电

---

[1] Ministry of Finance, Government of Pakistan, *Pakistan Economic Survey 2012 – 13*, Islamabad, 2013, Statistical Appendices Table 13.2.

[2] Ministry of Finance, Government of Pakistan, *Pakistan Economic Survey 2013 – 14*, Islamabad, 2014, p.202.

话年均约为 10 万部，70 年代年均约为 20 万部，80 年代年均约为 60 万部，90 年代年均约为 330 万部，21 世纪头 10 年年均约为 420 万部。[①] 到 1980—1981 年度，巴有 497 个电报局，电话连接线为 35.88 万条。1980 年以来，巴电信业获得迅速发展。1990—1991 年度，巴的电话线增加为 118.8 万条，2010—2011 年度为 322.7 万条。正如世界上的其他国家和地区一样，发展最快的是移动电话。从 1995—1996 年度开始，巴基斯坦政府的经济调查中开始有移动电话统计数，该年度的移动电话数为 6.8 万部，2000—2001 年度迅速增到 74.26 万部，2010—2011 年度达到了 10401 万部，[②] 15 年增加了 1529.6 倍。目前巴经营移动电话业务的公司主要有移动连接公司等 5 家，它们的市场份额在 12%—30%。另外一个高速发展的领域是互联网用户。1997—1998 年度，巴有 11041 条互联网连接线，2000 年 3 月增为 21000 条。[③] 2010—2011 年度，巴的宽带网用户为 149.15 万，2014 年 2 月达 343.95 万户，比上年度增加 71.78 万户。[④]

电话用户的大量增加，使巴基斯坦的电话密度也迅速提高。1978 年，巴每 1000 人约有 3 条电话连接线，1996 年增为 18 条。[⑤] 2009—2010 年度，巴的电话密度为 64.1%，其中蜂窝移动电话密度为 60.4%，本地固定环路（Fixed Local Loop）电话密度为 2.1%，本地无线环路（Wireless Local Loop）电话密度为 1.6%；到 2014 年 3 月，巴的电话密度为 78%，其中蜂窝移动电话密度为 74.9%，本地固定环路电话密度为 1.7%，本地无线环路电话密度为 1.4%。2012—2013 年度，电信产业的收入达到 4457 亿卢比，电信业缴纳了大量税收，过去 5 年年均上交国库 1190 亿卢比，

① Ministry of Finance, Government of Pakistan, *Pakistan Economic Survey 2012 - 13*, Islamabad, 2013, Economic and Social Indicator.

② Ibid., Statistical Appendices, Table 13.7.

③ Ministry of Finance, Government of Pakistan, *Pakistan Economic Survey 1999 - 2000*, Islamabad, 2000, Chapter 15.

④ Ministry of Finance, Government of Pakistan, *Pakistan Economic Survey 2013 - 14*, Islamabad, 2014, p. 208.

⑤ Ishrat Husain, *Pakistan The Economy of An Elitist State*, Oxford University Press, Karachi, 1999, p. 254.

2012—2013 年度上交 1241 亿卢比。[①]

2. 邮政

20 世纪 60 年代，巴基斯坦的邮局年均为 7100 个，70 年代年均为 9000 个，80 年代年均为 11800 个。[②] 1978 年 6 月，巴的邮局数为 9643 个。其中，2057 个位于城市，7586 个在农村地区。每个邮局的服务面积为 32 平方公里，服务人口为 7630 个。[③] 1998—1999 年度，巴的邮局数增为 12854 个，其中城市有 2103 个（占 16.4%），农村有 10751 个（占 83.6%）。[④] 2010—2011 年度，巴的邮局数减为 12035 个，城市有 1580 个，农村有 10455 个。[⑤]

巴基斯坦邮局开展了多种服务，除传统的信件、包裹递送和汇款外，还开展了邮政储蓄、人寿保险、军人养老金支付、交通车辆税代收、水电费代收、驾照换发、电视许可证发放和换发等业务。

第三节　能源生产和消费

巴基斯坦的能源主要由石油、天然气、电力、煤炭构成，电力又包括热电、水电和核电。独立以来，除煤炭以外，巴的各种能源生产和消费都有了巨大增长。1977—1978 年度，巴基斯坦的商用能源消费量为 4.36 亿 BTU。[⑥] 1990—1991 年度，巴的能源供应量为 2846.9 万吨石油当量（TOE），人均可得 0.257 吨石油当量。[⑦] 2010—2011 年度，巴的能源消费量达 3880 万吨石油当量，其中天然气占 43.2%，石油占 29%，电力占

---

① Ministry of Finance, Government of Pakistan, *Pakistan Economic Survey 2013 - 14*, Islamabad, 2014, p.205.

② Ministry of Finance, Government of Pakistan, *Pakistan Economic Survey 2012 - 13*, Islamabad, 2013, Economic and Social Indicator.

③ K. Amjad Saeed, *The Economy of Pakistan*, Oxford University Press, Karachi, 2007, p.304.

④ Ministry of Finance, Government of Pakistan, *Pakistan Economic Survey 1999 - 2000*, Islamabad, 2000, Chapter 15.

⑤ Ministry of Finance, Government of Pakistan, *Pakistan Economic Survey 2012 - 13*, Islamabad, 2013, Statistical Appendices, Table 13.6.

⑥ K. Amjad Saeed, *The Economy of Pakistan*, Oxford University Press, Karachi, 2007, p.308.

⑦ Ministry of Finance, Government of Pakistan, *Pakistan Economic Survey 1999 - 2000*, Islamabad, 2000, Chapter 16.

16.2%，煤占 10.4%。同年的初级能源供应量为 6452 万吨石油当量，人均可得量为 0.36 吨石油当量。[①] 但是，目前巴的能源供应依然严重短缺，特别是电力和天然气供应紧张，巴的经济发展由此受到了较大影响。

一　电力

独立前，巴基斯坦的电力供应很大一部分是由英属印度的其他地方输送的。所以，独立初巴的发电能力非常有限。1947 年，巴的电力装机容量为 6000 万瓦，人均消费的电力仅 4.5 千瓦时。独立后，巴的电力工业获得了巨大发展，巴政府采取多种发电和供电方式增加电力供应，起先是发展热电和水电。1952 年，巴政府控制了卡拉奇电力供应公司的大部分股份，1958 年建立半自治的水电发展局（WAPDA）。[②] 1954—1955 年度，巴基斯坦的电力装机容量为 2.8 亿瓦，1965—1966 年度增至 13 亿瓦。[③] 1971 年建成了第一座核电站—卡拉奇核电站，装机容量 137 兆瓦。[④] 20 世纪 70 年代电力装机容量年均为 13 亿瓦，80 年代年均为 31 亿瓦，90 年代年均为 129 亿瓦，21 世纪头十年年均为 187 亿瓦。[⑤] 从表 5—5 可见，1990—1991 年度，巴的电力装机容量提高到 83.56 亿瓦（其中热电的 53.21 亿瓦，水电的 28.98 亿瓦，核电的 1.37 亿瓦），2000—2001 年度又升为 174.98 亿瓦（热电的 121.69 亿瓦，水电的 48.67 亿瓦，核电的 4.62 亿瓦）。2011—2012 年度总装机容量已达 227.97 亿瓦（热电的 154.54 亿瓦，水电的 65.56 亿瓦，核电的 7.87 亿瓦）。截至 2007 年底，巴基斯坦共有各类大中型电厂（站）37 座，总装机容量为 194.40 亿瓦。其中火电厂 31 座（燃油和燃气 29 座，燃煤 2 座），装机容量为 125.15 亿瓦，占总装机容量的 64.4%；大型水电站 4 座，装机容量为 64.93 亿瓦，占总装机容量的 33.2%。塔贝拉水电站为巴目前最大的水电站，装机容量达 34.78

---

① Ministry of Finance, Government of Pakistan, *Pakistan Economic Survey 2011 - 12*, Islamabad, 2012, p. 197, p. 201.

② M. Arshad Javaid, Sarfraz Hussain, Electrical Energy Crisis in Pakistan and Their Possible Solutions, *International Journal of Basic & Applied Sciences*, Vol. 11, No. 5, 2011.

③ Ibid.

④ K. Amjad Saeed, *The Economy of Pakistan*, Oxford University Press, Karachi, 2007, p. 186, p. 201.

⑤ Ministry of Finance, Government of Pakistan, *Pakistan Economic Survey 2012 - 13*, Islamabad, 2013, Economic and Social Indicator.

亿瓦；小型水电站数十个，但总装机容量仅为 1.08 亿瓦；核电站 2 座，装机容量为 4.62 亿瓦，占总装机容量的 2.4%。风能、太阳能、生物能等可再生能源的利用尚处于探索和尝试阶段，未形成规模。[①] 到 2014 年，巴的核电站增为 3 座，分别是卡拉奇核电站、查斯玛（Chashma）1 号核电站和查斯玛 2 号核电站（1、2 号站的装机容量都是 3.25 亿瓦）。另外，查斯玛 3 号核电站和查斯玛 4 号核电站正在建设中。[②]

表 5—4　　　　　　　　近期巴基斯坦的能源消费构成情况

年度	石油产品		天然气		电		煤	
	千吨	增降%	百万立方英尺	增降%	亿千瓦时	增降%	千吨	增降%
1990—1991	9961	—	465338	—	315.34	—	3054.4	—
2001—2002	16960	-3.9	824604	7.4	506.22	4.2	4409	9.0
2002—2003	16452	-3.0	872264	5.8	526.56	4.0	4890	10.9
2003—2004	13421	-18.4	1051418	20.5	574.91	9.2	6065	24.0
2004—2005	14671	9.3	1161043	10.4	613.27	6.7	7894	30.2
2005—2006	14627	-0.3	1223385	5.4	676.03	10.2	7714	-2.3
2006—2007	16847	15.2	1221994	-0.1	727.12	7.6	7894	2.3
2007—2008	19080	7.3	1275212	4.4	734.00	0.9	10111	28.1
2008—2009	17911	-0.9	1269433	-0.5	703.71	-4.1	8390	-17.0
2009—2010	19132	6.8	1277821	0.66	743.48	5.7	8139	-3.0
2010—2011	18887	-1.3	1240671	-2.9	770.99	3.7	7717	-5.2
10 个年度年均增长		1.1		5.1		4.8		7.7

资料来源：Ministry of Finance, Government of Pakistan, *Pakistan Economic Survey 1999 - 2000*, Islambad, 2000, Table 14.1; *Pakistan Economic Survey 2011 - 12*, Islambad, 2012, pp. 197 - 198.

① Ministry of Finance, Government of Pakistan, *Pakistan Economic Survey 2012 - 13*, Islamabad, 2013, Economic and Social Indicator; 中国驻巴基斯坦使馆经商处：《巴基斯坦电力业发展现状及规划》，http://pk.mofcom.gov.cn/aarticle/wtojiben/m/200905/20090506216143.html。

② Ministry of Finance, Government of Pakistan, *Pakistan Economic Survey 2013 - 14*, Islamabad, 2014, p. 209.

随着装机容量的不断提高，发电量也在不断增加。1948 年，巴的发电量为 130336 千瓦时，1958 年为 94 万千瓦时（其中火力发电占 81%，水力发电占 19%）。[①] 从表 5—5 可知，1990—1991 年度，巴的发电量增至 410.42 亿千瓦时，其中热电 223.54 亿，水电 183.03 亿，核电 3.85 亿；2000—2001 年度已经猛增到 681.17 亿千瓦时，其中热电 489.26 亿，水电 171.94 亿，核电 19.97 亿；2011—2012 年度高达 950.87 亿千瓦时，其中热电 613.08 亿，水电 285.14 亿，核电 52.65 亿。数据表明，1990—1991 年度后，巴电力供应增加最快的是核电和热电，核电的发电量增加了 13.68 倍，热电的发电量增加了 2.74 倍。水电的占比有较大降低，核电的占比明显提高。1990—1991 年度，热电发电量占总发电量的 54.47%，水电占 44.6%，核电占 0.94%。2011—2012 年度，热电发电量占总发电量的 64.48%，水电占 29.98%，核电占 5.5%。到 2011 年 6 月底，巴基斯坦的 220KV 的输电线长 7427 公里，132KV 的长 26321 公里。[②]

巴基斯坦的电力主要用于家庭消费、工业生产和农业生产。1990—1991 年度，巴家庭用电占电力消费的 33%，工业用电占 35.6%，农业用电占 17.8%，商业用电占 6.6%，政府其他部门用电占 6.2%。1990—1991 年度至 2001—2002 年度，家庭用电平均占 40.7%，工业用电平均占 31.1%，农业用电平均占 14.5%，商业用电占 5.5%，政府其他部门用电占 7.5%。[③] 2010—2011 年度，巴家庭消费的电力为 359 亿千瓦时，占总消费量的 46.57%；工业消费的电力为 212 亿千瓦时，占 27.5%；农业消费的为 90 亿千瓦时，占 11.67%；商业部门消费的为 58 亿千瓦时，占 7.52%；政府其他部门消费的为 48 亿千瓦时，占 6.23%。[④] 可见，家庭用电增加较多，工业用电下降，农业用电大幅下降。

1990—1991 年度，巴基斯坦通电的村庄达 45644 个，2001—2001 年

---

① 铎生：《巴基斯坦的政治和经济》，世界知识出版社 1960 年版，第 27、34 页。

② Ministry of Finance, Government of Pakistan, *Pakistan Economic Survey 2011 - 12*, Islamabad, 2012, p. 215.

③ Ministry of Finance, Government of Pakistan, *Pakistan Economic Survey 2002 - 03*, Islamabad, 2003, p. 209.

④ Ministry of Finance, Government of Pakistan, *Pakistan Economic Survey 2011 - 12*, Islamabad, 2012, p. 200.

度提高到 71561 个。[①]

表 5—5　　　　　　1990 年以来巴基斯坦的商业电力供应情况

	水电		热电		核电		
	装机容量 （亿瓦）	发电量 （亿千瓦时）	装机容量 （亿瓦）	发电量 （亿千瓦时）	装机容量 （亿瓦）	发电量 （亿千瓦时）	进口量 （亿千瓦时）
1990—1991	28.98	183.03	53.21	223.54	1.37	3.85	—
1995—1996	48.26	232.06	80.06	33257	1.37	4.83	—
2000—2001	48.67	171.94	121.69	489.26	4.62	19.97	—
2001—2002	50.51	189.41	122.86	511.74	4.62	22.91	—
2002—2003	50.51	223.51	122.85	515.91	4.62	17.40	0.0036
2003—2004	64.96	269.44	122.99	521.22	4.62	17.60	0.73
2004—2005	64.99	256.71	124.23	571.62	4.62	27.95	1.09
2005—2006	64.99	308.62	124.89	602.83	4.62	24.84	1.46
2006—2007	64.79	319.53	124.78	639.72	4.62	22.88	1.71
2007—2008	64.80	287.07	124.78	638.77	4.62	30.77	1.99
2008—2009	64.81	277.84	128.43	622.14	4.62	16.18	2.27
2009—2010	64.81	280.93	139.78	643.71	4.62	28.94	2.49
2010—2011	64.81	318.11	152.09	591.53	7.87	34.20	2.69
2011—2012	65.56	285.17	154.54	613.08	7.87	52.65	2.74

注：—为无可用数据。

资料来源：Ministry of Finance, Government of Pakistan, *Pakistan Economic Survey 2012 - 13*, Islamabad, 2013, Statistical Appendices Table 14.3.

　　2006—2007 年度各类用电户为 1698.7 万，2012 年 3 月增到 2085.44 万户。2006—2007 年度电气化的村庄达 117456 个，2012 年 3 月又增到 171090 个。[②]

　　通过改进技术，加强管理，巴基斯坦在降低输电和电力分配损失方面

[①] Ministry of Finance, Government of Pakistan, *Pakistan Economic Survey 2002 - 03*, Islamabad, 2003, p.219.

[②] Ministry of Finance, Government of Pakistan, *Pakistan Economic Survey 2011 - 12*, Islamabad, 2012, pp.215 - 216.

也取得了进步。1990—1991 年度，巴最大电力公司国家电力管理局（WAPDA）的输电和配电损失达 27.2%，到 2012 年 3 月，输电和配电损失已经减少为 19.5%。[1]

巴基斯坦电力部门存在的主要问题是：1. 电力短缺严重。据巴基斯坦《商业记录报》报道，根据巴基斯坦电力公司提供的数据，目前巴每天的电力供应维持在 1200 万千瓦，但需求达到 1780 万千瓦，缺口达 580 万千瓦。由于电力短缺，巴城市每日断电约 12 小时，农村约 20 小时。[2] 拉闸断电在巴是常见现象。电力短缺严重影响了巴的经济发展和人民生活。据估计，电力危机使巴的经济每年损失近 3800 亿卢比，约占国内生产总值的 2%。[3] 2. 电力投资能力不足，建设能力弱。巴电力短缺已是长期存在的问题，巴政府也有清醒认识，且采取允许国内外私营部门参与，从国际机构等多种渠道筹集建设资金，采用建设—经营—转让等模式开发电力，在增加发电量等方面取得了显著成绩。但是，由于政府的投资能力有限，筹集、吸引到的投资有限，巴欲建设的许多电力工程无法实施，开始建设的工程从设备、技术和主要技术工程人员到运行管理等在很大程度上都要依赖国外，巴的电力生产始终满足不了国内各种消费需求。3. 如上所述，巴的输配电损失严重。4. 政府提供大量电价补贴，背上沉重财政包袱。5. 1994 年电力开始私有化后，私营电力公司用石油发电的热电开发模式，导致电价因油价上涨而不断提高，消费者无能力消费。从 1990 年以来，巴国内消费的中位价格的电价按卢比计算上涨 530%，致使许多消费者无能力消费，电厂装机容量闲置。[4]

二 石油

巴基斯坦的石油蕴藏量不丰富，到 2013 年 6 月，巴石油的可采储量

---

① Ministry of Finance, Government of Pakistan, *Pakistan Economic Survey 2012 - 13*, Islamabad, 2013, p. 198.

② 中国驻巴基斯坦使馆经商处：《巴基斯坦电力缺口达 580 万千瓦》，http：//pk. mofcom. gov. cn/article/jmxw/201307/20130700192694. shtml。

③ Ministry of Finance, Government of Pakistan, *Pakistan Economic Survey 2011 - 12*, Islamabad, 2012, p. 195.

④ Salman Khalid and Kamal Munir, Pakistan's Power Politics, *Economic and Politica Weekly*, Vol. XLVII, No. 25, June 23, 2012.

估计为 11.03 亿桶，已经开采 7.32 亿桶，占储量的 68%。[①] 1954 年以前，在巴境内从事石油勘探、开采和提炼的是两家英国石油公司，1954 年和 1956 年，两家美国公司先后加入勘探。1948 年，巴生产汽油、柴油等各种石油产品 2420.8 万加仑，1958 年的产量达到 6908.6 万加仑。[②] 20 世纪 70 年代，平均每年提炼石油 280 万桶；80 年代，平均每年提炼 1090 万桶。[③] 从表 5—6 可以看出，1991—1992 年度，巴的石油提炼量为 2246.9 万桶，2000—2001 年度为 2108.4 万桶，2011—2012 年度为 2457.3 万桶。可见，巴的石油提炼量在 20 世纪七八十年代有了巨大增长，但此后没有增加多少。1991—1992 年度，石油产品产量为 596.1 万吨，2000—2001 年度上升到 833.7 万吨，2011—2012 年度再上升到 839.5 万吨，2007—2008 年度最高时曾达 1075.4 万吨，2000 年以来巴的石油产品生产增长也不大。与此同时，巴国内石油和石油产品的需求量却很大，由于国内生产能力有限，巴被迫大量进口石油，石油产品的进口量增长也较大。1991—1992 年度，巴进口石油 3001.6 万桶，2000—2001 年度的进口量已经剧增至 5250.5 万桶，2007—2008 年度高达 6491.2 万桶，2011—2012 年度受经济不景气等因素影响回落到 4710.4 万桶；同期，巴石油产品的进口量分别为 527.9 万吨、1002.9 万吨、902.5 万吨和 1150.7 万吨。

由于巴基斯坦石油蕴藏量不多，而煤炭蕴藏量和水力资源较丰富，加上近期世界石油价格一直处于高位，巴政府采取了各种措施用其他能源替代石油，降低石油使用量。受石油产品价格的影响，家庭、工业、农业、商业等部门也减少了对石油产品的使用。结果，在巴基斯坦消费的能源中，石油和石油产品的比例增加不多，有的部门的消费量还有下降。从 2001—2002 年度到 2010—2011 年度的 10 年，巴家庭消费的石油产品从 33.5 万吨下降到 8.5 万吨，年均下降 14.6%；同期，工业部门使用的石油产品从 161.2 万吨降为 135.5 万吨，年均下降 2%，农业部门使用的轻柴油从 22.6 万吨减少为 4.1 万吨，年均减少 14.7%；运输部门消费的石油产品从 801.9 万吨增加到 889.2 万吨，年均增长 1.1%；电力部门消费

---

① Ministry of Finance, Government of Pakistan, *Pakistan Economic Survey 2013 - 14*, Islamabad, 2014, p. 220.

② 铎生：《巴基斯坦的政治和经济》，世界知识出版社 1960 年版，第 34 页。

③ Ministry of Finance, Government of Pakistan, *Pakistan Economic Survey 2012 - 13*, Islamabad, 2013, Economic and Social Indicator.

表 5—6　1991 年以来巴基斯坦能源供应构成情况

年度	石油		石油产品		天然气	电		煤	
	进口原油（万桶）	本国提炼（万桶）	进口（万吨）	生产（万吨）	亿立方英尺	装机容量（亿瓦）	发电量（亿千瓦时）	进口（千吨）	生产（千吨）
1991—1992	3001.6	2246.9	527.5	596.1	5507.15	93.69	454.40	1069	3099
1995—1996	3104.4	2106.3	1013.7	587.4	6665.80	129.69	569.46	1080	3638
2000—2001	5250.5	2108.4	1002.9	833.7	8574.33	174.98	681.17	950	3095
2001—2002	5198.2	2319.5	902.3	902.8	9237.58	177.99	724.05	1081	3328
2002—2003	5251.2	2345.8	843.7	908.4	9925.89	177.98	756.82	1578	3312
2003—2004	5769.9	2262.5	517.0	974.0	12027.50	192.57	809.00	2789	3275
2004—2005	6116.1	2411.9	567.6	1047.4	13349.53	193.84	857.38	3307	4587
2005—2006	6354.6	2393.6	600.9	1049.8	14000.26	194.50	937.74	2843	4871
2006—2007	6069.4	2461.5	833.0	1031.4	15135.81	194.20	983.84	4251	3643
2007—2008	6491.2	2560.3	902.5	1075.4	14541.94	194.20	958.60	5987	4124
2008—2009	6211.5	2403.3	997.4	982.8	14606.79	197.86	918.43	4652	3738
2009—2010	5308.1	2370.6	1117.8	899.6	14828.47	209.22	956.08	4658	3481
2010—2011	5130.6	2404.1	1237.1	891.1	14715.91	224.77	946.53	4267	3450
2011—2012	4710.4	2457.3	1150.7	839.5	15589.59	227.97	953.65	4057	3613

资料来源：Ministry of Finance, Government of Pakistan, *Pakistan Economic Survey 2012 – 13*, Islamabad, 2013, Staistical Appendices, Table 14. 2.

的从 630.5 万吨提高到 813.9 万吨，年均增长 6.7%；其他政府部门消费的从 46.4 万吨降为 37.4 万吨，年均下降 2.2%；石油产品的总消费量从 1696 万吨，增加到 1888.7 万吨。[①] 从数据中，可以看出，巴国内消费石油产品的主要是交通运输部门和电力部门，2013—2014 年度前 3 个季度，运输部门消费的石油产品占 48.7%，电力部门消费的占 42.8%，工业部门消费的占 6.2%，其他政府部门消费的占 1.6%，家庭消费的占 0.4%，农业部门消费的占 0.2%。[②]

巴基斯坦石油生产存在的主要问题，一是开采能力和提炼能力有限。尽管国内需求很大，但近 10 年来巴国内开采和提炼量增加不多，对进口依赖大，进口费用占用了大量的外汇资源；二是技术能力差和技术人才少；三是虽然进行了多次提价，但产品价格还是较低，政府补贴不少，既不利于资源的有效使用，又使政府背负沉重的财政负担。

三 天然气

到 2013 年 6 月，巴基斯坦天然气的可采储量估计为 55.6 万亿立方英尺，其中已经开采 30.9 万亿，剩余 24.7 万亿，按现在每年的开采量，到 2025 年就将耗尽。[③] 1952 年，巴开始利用天然气。到 1955 年，巴只有位于俾路支的苏伊天然气田生产天然气，由英国与巴基斯坦合资的苏伊天然气公司经营，1957 年供气约 1.25 亿立方英尺。[④] 20 世纪 70 年代，巴的天然气供应量年均为 1654 亿立方英尺，80 年代年均供应 3852 亿立方英尺，90 年代年均供应 9080 亿立方英尺，21 世纪头 10 年年均供应 11868 亿立方英尺。2000—2001 年度供应 8574 亿立方英尺，2011—2012 年度供应 15590 亿。[⑤] 2012 年的产量为 15590 亿立方英尺，相当于 3200 万吨石油当

① Ministry of Finance, Government of Pakistan, *Pakistan Economic Survey 2011 - 12*, Islamabad, 2012, p. 198.

② Ministry of Finance, Government of Pakistan, *Pakistan Economic Survey 2013 - 14*, Islamabad, 2014, p. 226.

③ Ibid., p. 220.

④ 铎生：《巴基斯坦的政治和经济》，世界知识出版社 1960 年版，第 35 页。

⑤ Ministry of Finance, Government of Pakistan, *Pakistan Economic Survey 2012 - 13*, Islamabad, 2013, Economic and Social Indicator.

量，日产天然气 40 亿立方英尺。①

巴基斯坦的天然气主要用于电力生产、化肥生产、工业生产和家庭消费。此外，商业部门和水泥生产也使用部分天然气。1990—1991 年度，电力部门消费的天然气占天然气消费总量的 37.9%，化肥生产企业消费的占 23.2%，工业部门消费的占 19.1%，家庭消费的占 14.3%，水泥生产企业消费的占 2.8%，商业部门消费的占 2.6%。② 1990—1991 年度至 2001—2002 年度的 12 年间，电力部门消费的天然气平均占天然气消费总量的 34.5%，化肥生产企业消费的平均占 24.2%，工业部门消费的占 18.9%，家庭消费的占 17.8%，水泥生产企业消费的占 1.7%，商业部门消费的占 2.9%。③ 后来，随着压缩天然气作为环保和清洁能源在交通车辆中使用，交通运输部门消费的天然气迅速增长。在商用天然气消费中，1990—1991 年度，家庭消费量为 667.97 亿立方米，商业部门消费量为 123.17 亿，水泥企业消费量为 130.2 亿，化肥企业消费量为 1079.5 亿，电力企业消费量为 1764.09 亿，工业部门消费量为 888.41 亿，交通运输部门消费的几乎为零。2000—2001 年度，家庭消费量为 1441.86 亿立方米，商业部门消费量为 206.18 亿，水泥企业消费量为 69.77 亿，化肥企业消费量为 1753.93 亿，电力企业消费量为 2812.55 亿，工业部门消费量为 1385.09 亿，交通运输部门消费量为 44.23 亿。2011—2012 年度，家庭消费量为 2619.15 亿立方米，商业部门消费量为 396.27 亿，水泥企业消费量为 12.77 亿，化肥企业消费量为 2118.28 亿，电力企业消费量为 3583.81 亿，工业部门消费量为 2961.81 亿，交通运输部门消费量为 1190 亿。④ 数据显示，1990 年以来，天然气消费量增长最快的是交通运输部门，其次是家庭，再次是工业部门，目前天然气的最大用户分别是电力部门、工业部门、家庭、交通运输部门，水泥消费使用的天然气已经很少。

---

① Ministry of Finance, Government of Pakistan, *Pakistan Economic Survey 2012 – 13*, Islamabad, 2013, p. 189.

② Ministry of Finance, Government of Pakistan, *Pakistan Economic Survey 1999 – 2000*, Islamabad, 2000, Chapter 16.

③ Ministry of Finance, Government of Pakistan, *Pakistan Economic Survey 2002 – 03*, Islamabad, 2003, p. 208.

④ Ministry of Finance, Government of Pakistan, *Pakistan Economic Survey 2012 – 13*, Islambad, 2013, Table 14. 1.

2013 年 7 月至 2014 年 3 月，电力企业消费的天然气占商用天然气消费总量的 26.1%，家庭消费的占 23.2%，工业企业消费的占 21.7%，化肥企业消费的占 19.0%，交通运输部门消费的占 7.0%，商业部门消费的占 3.1%。①

到 2005—2006 年度，在巴基斯坦从事油气上游勘探开发的企业约 24 家，其中 15 家为外资公司，年产原油 320 万吨，天然气 396 亿立方米。其中巴国家油气开发公司（OGDCL）是最大油气公司，约占全巴 48% 的石油产量和 22.1% 的天然气产量；大中型炼油厂 6 家，主要石油销售公司 4 家，主要天然气销售企业两家，即苏伊北方天然气管道公司（SNGPL）和苏伊南方天然气公司（SSGCL），天然气输送管道长达 8000 公里，遍布全国各大城镇，配送管道达 53000 公里，消费者达 3600 万人。②

巴基斯坦天然气生产存在的主要问题，首先是开采能力和提炼能力有限。虽然 20 世纪 80 年代以来巴的天然气产量有了大幅提升，但依然远远满足不了国内日益增长的需求，成为经济发展的阻碍因素之一。到 2012 年，巴的天然气缺口每天达 20 亿立方英尺；③ 其次是开采和加工的技术能力差和技术人才少；再次是主要天然气产区安全形势不稳，既影响了生产，又影响了本国和外国私人资本的进一步投资。巴油气资源集中在经济落后地区，大型天然气田主要分布在俾路支省，仅苏伊气田产量就占全国的 45%。但该省却是全国最落后、最不稳定省份，80% 的地区仍实行部落统治。部落势力因未能从油气矿产资源开发中获取应得利益而长期对联邦政府耿耿于怀，油气开发企业和管线也成为他们主要攻击的目标之一。另一个油气集中地开伯尔—普什图省也是部落聚集区，该省由于有外国武装分子和叛乱武装活动，他们甚至曾公开声称不允许外国人进入，使得投

---

① Ministry of Finance, Government of Pakistan, *Pakistan Economic Survey 2013 – 14*, Islamabad, 2014, p. 227.

② 中国驻巴基斯坦使馆经商处：《巴基斯坦石油、天然气情况》，http://pk.mofcom.gov.cn/aarticle/wtojiben/m/200905/20090506216174.html。

③ Ministry of Finance, Government of Pakistan, *Pakistan Economic Survey 2011 – 12*, Islamabad, 2012, p. 196.

资者和作业者望而却步。[①] 最后是产品价格定得较低，政府补贴不少，既不利于资源的高效利用，又增加了政府的财政负担。

四　煤

巴基斯坦独立初，探明的煤蕴藏量不多，每年开采的量也很少。1958年前的几年，巴的煤产量在 50 万—60 万吨之间，每年需进口约 120 万吨。[②] 但是，后来巴发现了大量的煤矿。

目前，估计巴的煤储量超过 1850 亿吨，居世界第四位，主要分布于信德省的塔尔煤田，该煤田的储量估计达 1750 亿吨。[③] 鉴于巴有丰富的煤储量，近些年来巴联邦政府和省政府一直试图通过吸引国内外资金参与开发，增加煤的产量。英国、阿联酋、中国等国的公司已经参与了开采，并建立了用煤发电的电站。尽管如此，20 余年来，巴国内生产的煤增幅却不太大。从表5—6 可见，1991—1992 年度，巴的煤产量为 309.9 万吨，2000—2001 年度为 309.5 万吨，2011—2012 年度为 361.3 万吨，2005—2006 年度产量最高时达 487.1 万吨。21 世纪以来，巴进口的煤大幅增长。1991—1992 年度进口 106.9 万吨，2000—2001 年度进口 95 万吨，2011—2012 年度进口 405.7 万吨（2007—2008 年度曾高达 598.7 万吨）。2001—2002 年度，巴国内生产的煤占消费总量的 75.48%，进口的占 24.5%；2010—2011 年度，国内生产的仅占 44.71%，进口的占 55.3%。[④]

巴基斯坦的煤主要用于烧砖，21 世纪以来则大量用于生产水泥，少部分用于发电，家庭的用量几乎可以忽略。1990—1991 年度，巴消费的煤为 305.39 万吨，其中砖窑消费 302.55 万吨，电力企业消费 2.46 万吨，家庭消费 3800 吨；2000—2001 年度，消费总量为 404.47 万吨，砖窑消费 283.79 万吨，水泥企业消费 100 万吨，电力企业消费 20.58 万吨，家庭消费 1 千吨；2011—2012 年度，消费总量为 766.97 万吨，砖窑消费

---

① 中国驻巴基斯坦使馆经商处：《巴基斯坦石油、天然气情况》，http：//pk. mofcom. gov. cn/aarticle/wtojiben/m/200905/20090506216174. html。

② 铎生：《巴基斯坦的政治和经济》，世界知识出版社 1960 年版，第 38 页。

③ Ministry of Finance, Government of Pakistan, *Pakistan Economic Survey 2011 - 12*, Islamabad, 2012, p. 209.

④ Ibid., p. 210.

310.82 万吨，水泥企业消费 445.69 万吨，电力企业消费 10.46 万吨。[1]在 2013—2014 年度的煤消费总量中，水泥生产占 56.1%，烧砖占 39.1%。[2]

　　巴基斯坦煤生产存在的主要问题，一是国内投资能力有限，对外资依赖严重；二是生产能力低，国内丰富的资源得不到有效利用，产量和需求之间的缺口大，需要大量进口。

---

　　[1]　Ministry of Finance, Government of Pakistan, *Pakistan Economic Survey 2012 - 13*, Islamabad, 2013, Staistical Appendices, Table 14.1.

　　[2]　Ministry of Finance, Government of Pakistan, *Pakistan Economic Survey 2013 - 14*, Islamabad, 2014, p. 228.

第 六 章

财政与通货膨胀

独立以前，巴基斯坦仅是英属印度的一个组成部分，加上不是经济先进和繁荣地区，所以谈不上有国家财政。独立后，巴政府在充分发挥财政维持国家行政管理、社会治安和国家安全等方面作用的同时，还积极利用财政手段和货币手段对国民经济发展进行宏观调控。20世纪70年代以来，巴基斯坦政府的公债负担不断加重，对经济发展产生了一些不良影响。随着货币供应增加，国内外经济形势变化，巴的通货膨胀起伏不定。

第一节　预算收支政策及预算收支变化

一　国家预算制度

巴基斯坦的预算分为联邦政府预算和省级政府预算两级，均采取复式预算法，即由经常性预算和建设性预算构成。国家预算指从当年7月1日起至次年6月30日止的财政年度内中央政府和省政府经常性预算以及建设性预算的收支计划。中央政府预算由财政部牵头，会同有关部门草拟，提交总理主持的内阁会议讨论批准后，再由财政部长提交国民议会讨论、审议和通过，然后由政府贯彻实施。联邦政府预算是巴国家政权的财力保证和维持、保持经济建设和发展的工具，它规定了中央政府的活动范围和方向，体现着中央政府的政治、经济和社会发展政策。

中央政府的预算报告内容一般涉及3个财政年度，即上一个财政年度经济社会发展计划执行情况回顾，本财政年度经济形势的分析和估计，下个年度经济社会发展计划的安排。

巴基斯坦中央政府的收入由经常性预算总收入和建设性预算收入构成。经常性预算总收入由税收收入和非税收收入两类构成。从后文可以看到，税收收入主要来源于间接税，直接税所占比例长期不大；非税收入以财产收入和企业收入为主。中央政府的建设性预算收入一般包括经常性预算结余、净资本收入、独立团体（大多为公营企业）的自筹资金、外援、内债等几项。

巴基斯坦中央政府的支出包括经常性预算支出和建设性预算支出两部分。经常性预算支出项目主要包括国防费用、还本付息支出、行政管理费用、维持法律和秩序的费用、社团服务费、社会福利支出、经济服务费、商品补贴、给各省政府的财政津贴等。建设性预算支出分为联邦政府年度经济发展计划支出和各省政府年度经济发展计划支出两大项。

二　预算收支政策及预算收支变化的几个阶段

可以把巴基斯坦独立以来的预算收支政策及预算收支变化大致分为三个阶段。

1. 预算收支基本平衡时期

1970—1971 年度以前，巴基斯坦政府实行的是收支基本平衡的财政政策，除少数年度外，累计收入和累计支出相抵，没有赤字，相反还有一定的盈余。从表 6—1 可知，据 1972—1973 年度巴政府的经济调查，1947—1948 年度，巴联邦政府的总收入为 1.989 亿卢比，其中关税收入 1.137 亿卢比，中央货物税收入 1380 万卢比，所得税和公司税 2700 万卢比。总支出为 2.36 亿卢比，其中发展支出总额为 9810 万卢比，非发展支出总额为 2240 万卢比。赤字 3710 万卢比。1957—1958 年度，巴联邦政府的总收入为 15.25 亿卢比，关税收入 4.205 亿卢比，中央货物税收入 1.937 亿卢比，所得税和公司税 2.404 亿卢比。总支出为 15.218 亿卢比，发展支出总额为 14.572 亿卢比，非发展支出总额为 1.253 亿卢比。结余 320 万卢比。1964—1965 年度，巴联邦政府的总收入为 33.01 亿卢比，其中关税收入 10.302 亿卢比，中央货物税收入 6.97 亿卢比，所得税和公司税 3.423 亿卢比。总支出为 27.362 亿卢比，发展支出总额为 24.26 亿卢比，非发展支出总额为 2.545 亿卢比。结余 5.648 亿卢比。1970—1971 年度，巴联邦政府的总收入为 64.613 亿卢比，关税收入 17 亿卢比，中央货物税收入 21.597 亿卢比，所得税和公司税 3.85 亿卢比。总支出为 60.03 亿卢比，发展支出总额为 47.258 亿卢比，非发展支出总额为 9.41 亿卢比。结余 4.587 亿卢比。

表 6—1　　　　　　　**1971 年以前巴基斯坦联邦政府**

预算收支基本情况　　　　单位：百万卢比

年度	收入					支出					
	关税	中央消费税	所得税公司税	销售税	总收入	一般行政管理	社会部门	国防	总支出	发展支出	非发展支出
1947—1948	113.7	13.8	27.0		198.9	8.2	7.2	153.8	236.0	98.1	22.4
1957—1958	420.5	193.7	240.4	142.7	1525.0	68.3	86.4	854.2	1521.8	1457.2	125.3
1964—1965	1030.2	697.0	342.3	268.6	3301.0	111.1	132.3	1262.3	2736.2	2426.0	254.5
1970—1971	1700.0	2159.7	385.0	247.6	6461.3	188.4	301.2	3200.0	6002.6	4725.8	941.0

资料来源：巴基斯坦政府：《1972—1973 年度巴基斯坦经济调查》，第 170—171 页。转引自 S. Akbar Zaidi, *Issues in Pakistan's Economy*, Oxford University Press, Karachi, 2000, p. 202。

1960—1961 年度到 1964—1965 年度，巴中央政府经常性预算累计结余 18.663 亿卢比，建设性预算累计赤字 4.371 亿卢比，同经常性预算结余抵消后，这 5 个年度财政结余 14.292 亿卢比。1965—1966 年度到 1969—1970 年度，建设性预算没有赤字，经常性预算 1965—1966 年度赤字 7 亿卢比，但 1966—1967 年度又结余 7.097 亿卢比，其余 3 年都有结余。[①]

这期间巴基斯坦预算收支发展有这么几个特点：

一是关税在政府经常性预算收入中占的比重虽在下降，但始终较大。从表 6—1 中的数据可以算出，1947—1948 年度，关税占 57.16%，1957—1958 年度占 27.57%，1964—1965 年度占 31.21%，1970—1971 年度占 26.31%。中央货物税的增幅很大。1947—1948 年度，该税仅 1380 万卢比，1970—1971 年度剧增至 21.597 亿卢比。

二是在政府经常性预算支出中，国防支出始终占近一半以上比例。从表 6—1 中的数据可以看出和算出，1947—1948 年度，国防支出占 65.17%，1957—1958 年度占 56.13%，1964—1965 年度占 46.13%，1970—1971 年度占 53.31%。

三是在多数年度，发展支出总额占经常性预算支出的绝大多数，财政状况较健康。1947—1948 年度发展支出占 41.57%，1957—1958 年度占 95.76%，1964—1965 年度占 88.66%，1970—1971 年度占 78.73%。与

---

① 李德昌：《巴基斯坦经济发展》，四川大学出版社 1992 年版，第 217 页。

此相应，非发展支出所占比例较小。从表 6—1 中的数据可以算出，1957—1958 年度，非发展支出相当于巴政府总支出的 8.23%，1970—1971 年度也只占 9.30%。

2. 实行财政赤字政策时期

1971 年底佐·布托上台后，由于世界石油危机的冲击、政府大力发展公营企业、向贫困人口发放各种补贴，巴基斯坦政府的支出迅猛上升，但收入增加有限，巴政府开始实行赤字财政政策，且赤字额不断增大。此后的齐亚·哈克军人政权也实行财政赤字政策。齐亚·哈克军人政权开始时还试图削减财政赤字，稳定宏观经济。但是，由于利息支付、债务偿还、各种补贴、国防支出及公共行政管理费特别是利息支付的急剧增加，财政赤字率在有所降低后又恢复到高水平。

佐·布托政府的财政扩张政策首先是由于发展支出的大量增加导致的。1971—1977 年，巴联邦政府和各省政府用于基础设施建设、公营企业兴建和生产性补贴的发展支出在政府总支出的份额中翻了一番。另外，四种支出的大幅上升推高了政府的财政赤字：国防支出 1970 年占国内生产总值的 3.7%，1975 年占 6.3%；给贫困人口的补贴 1970 年几乎为零，1975 年占国内生产总值的 2%；政府的公共投资 1970 年占国内生产总值的 7%，1975 年占 9.8%，内债猛增导致利息支付大量增加。四种支出的大幅增加使 20 世纪 70 年代巴政府的财政赤字翻了 3 倍多，财政赤字额从 1970 年占国内生产总值的 1.3%，迅猛上升到 1977 年的 8%。[①]

从表 6—2 可见，据巴基斯坦政府的统计，1971—1972 年度，巴联邦政府和各省政府的经常性支出占国内生产总值的 10.4%，1980—1981 年度占 13.6%，1986—1987 年度占 20.3%；同期，国防支出分别占 6.8%、5.0% 和 7.2%，利息支付分别占 1.8%、2.1% 和 4.2%，发展支出分别占 4.9%、9.3% 和 6.3%。1978—1979 年度，按市场价格计算，巴中央政府和各省政府的总收入占国内生产总值的 15.7%，总支出占 25.1%，总赤字占 8.9%；1986—1987 年度，相应数分别为 18.1%、26.6% 和 8.2%；1988—1989 年度，相应数分别为 18.0%、26.1% 和 7.4%。1987—1988 年度，巴基斯坦中央和各省政府的经常性预算收入为 1170.21 亿卢比，其

---

① Ishrat Husain, *Pakistan The Economy of An Elitist State*, Oxford University Press, Karachi, 1999, pp. 129 – 130.

表6—2　　20世纪70、80年代巴基斯坦联邦政府和各省政府累计的财政基本情况*

单位:%

	1971—1972	1972—1973	1976—1977	1977—1978	1980—1981	1984—1985	1986—1987	1987—1988	1988—1989
总收入	—	—	—	15.7※	16.9	16.4	18.1	17.3	18.0
税收收入	—	—	—	12.9※	14.0	11.9	14.5	13.8	14.3
非税收收入	—	—	—	2.8※	2.9	4.5	3.7	3.5	3.7
总支出	—	—	—	25.1※	22.9	24.7	26.6	26.7	26.1
经常性支出	10.4 (68.1)	10.4	9.5 (45.6)	10.8 (52.3)	13.6 (62.7)	17.7 (71.7)	20.3 (76.3)	19.8 (74.1)	19.9 (76.1)
发展支出	4.9 (31.9)	6.3	11.3 (54.5)	9.9 (47.7)	9.3 (37.7)	7.0 (28.3)	6.3 (23.7)	6.9 (25.9)	6.3 (23.9)
国防支出	6.8 (44.5)	6.6	5.4 (26.1)	5.5 (26.6)	5.0 (24.5)	6.7 (27.3)	7.2 (27.1)	7.0 (26.1)	6.6 (25.4)
利息支出	1.8 (11.9)	2.2	1.3 (6.0)	1.7 (8.2)	2.1 (9.3)	3.5 (14.1)	4.2 (15.7)	4.9 (18.4)	5.0 (18.9)
财政赤字		2.6	—	8.9※	5.3	7.8	8.2	8.5	7.4

注:＊括号外的数据为占国内生产总值的百分比，括号内的数据为占总支出的百分比。—未查到。※1978—1979年度的数据。

资料来源：巴基斯坦政府：不同年度的《巴基斯坦经济调查》，转引自 S. Akbar Zaidi, *Issues in Pakistan's Economy*, Oxford University Press, Karachi, 2000, pp. 205 – 206。

中中央的为 1109.49 亿卢比，各省的为 60.72 亿卢比；国际贸易税为 380 亿卢比，占中央政府总收入的 34.25%，进口税为 347.11 亿卢比，占 31.29%；中央政府的货物税为 173.99 亿卢比，占中央政府总收入的 15.68%；中央和各省的预算支出为 1803.73 亿卢比，中央为 1361.51 亿卢比，各省为 442.22 亿卢比；经常性支出为 1336.45 亿卢比（中央 1042 亿卢比，各省 294.45 亿卢比），占总支出的 74.09%；中央政府的发展支出为 319.51 亿卢比，占总支出的 23.47%；国防支出为 470.15 亿卢比，占中央和各省经常性支出的 35.2%，占中央政府经常性支出的 45.12%。中央和各省的财政赤字率为 8.5%。[①]

这个时期巴基斯坦财政预算的特点是：

第一，巴基斯坦政府的收入，无论是总收入、税收收入，还是非税收收入都有一定增加。从表 6—2 可见，1978—1979 年度，总收入占国内生产总值的 15.7%，税收收入占 12.9%，非税收入占 2.8%；1986—1987 年度各项收入达最高水平，总收入占国内生产总值的 18.1%，税收收入占 14.5%，非税收入占 3.7%。

第二，关税在政府收入中仍然占很高比例。上文指出，到 1987—1988 年度国际贸易税为 380 亿卢比，占中央政府总收入的 34.25%，进口税为 347.11 亿卢比，占 31.29%。

第三，国防支出在政府支出中有下降，但仍然占较高比例。从表 6—2 可见，1971—1972 年度，国防支出占联邦政府和各省政府累计支出总额的 44.5%，1977—1978 年度占 26.6%，1980—1981 年度占 24.5%，1988—1989 年度占 25.4%。同期，国防支出分别占国内生产总值的 6.8%、5.5%、5.0% 和 6.6%。20 世纪 80 年代，国防实际支出年均增长 8.9%。[②]

第四，发展支出不断减少，非发展支出的比例大大上升。在上个时期，政府支出主要用于发展项目，在这个时期，发展支出占比大大下降，非发展性支出占比迅速提高。从表 6—2 可见，1971—1972 年度，经常性

---

① S. Akbar Zaidi, *Issues in Pakistan's Economy*, Oxford University Press, Karachi, 2000, pp. 203 - 204.

② Ministry of Finance, Government of Pakistan, *Pakistan Economic Survey 2005 - 06*, Islamabad, 2006, p. 70.

支出占联邦政府和各省政府累计支出总额的 68.1%，发展支出占 31.9%；1977—1978 年度，相应数分别占 52.3% 和 47.7%，1980—1981 年度分别占 62.7% 和 37.7%，1988—1989 年度分别占 76.1% 和 23.9%。在非发展支出中，增长最快的是利息支出和外债偿还。1976—1977 年度，利息支付占巴联邦政府和各省政府累计支出总额的 6.0%，1984—1985 年度占 14.1%，1988—1989 年度占 18.9%。20 世纪 80 年代，巴政府的发展支出年均增长 2.7%，但利息支付年均增长 18.1%。①

第五，支出远远高于收入，财政赤字额始终居高不下。上文已经指出了 1978—1979 年度、1983—1984 年度和 1988—1989 年度巴联邦和各省政府总收入和总支出及财政赤字占国内生产总值的情况，在此不再赘述。总之，巴政府的财政状况不断恶化。

3. 削减预算支出和财政赤字时期

从 1988 年起，巴基斯坦政府响应国际货币基金组织和世界银行的要求，开始进行经济结构调整，1988 年至 2004 年先后与这两个国际组织签订了 5 个结构调整和稳定方案，2008 年 12 月又达成另一个稳定恶化的财政和经济状况的备用贷款安排。稳定和经济结构调整的重要方面，就是调整和改革政府的支出结构，减少补贴、行政管理费和国防支出，扩大税收基础，简化税收程序，增加税收和政府收入，削减财政赤字。

1991—1992 年度，巴基斯坦的预算总收入为 2315.03 亿卢比，占国内生产总值的 19.1%，总支出为 3214.74 亿卢比，占国内生产总值的 26.5%，总赤字额为 899.71 亿卢比，占国内生产总值的 7.4%；1995—1996 年度，总收入为 3802.6 亿卢比，总支出为 5180.99 亿卢比，总赤字为 1378.39 亿卢比，分别占国内生产总值的 17.7%、24.2% 和 6.4%。② 1999—2000 年度，总收入为 5125 亿卢比，总支出为 7091 亿卢比，总赤字为 2063 亿卢比，分别占国内生产总值的 13.5%、18.9% 和 5.4%。③ 2006—2007 年度，总收入为 12979.57 亿卢比，总支出为 17999.68 亿卢

① Ministry of Finance, Government of Pakistan, *Pakistan Economic Survey 2005 - 06*, Islamabad, 2006, p. 70.

② Ministry of Finance, Government of Pakistan, *Pakistan Economic Survey 1999 - 2000*, Islamabad, 2000, Staistical Appendices, Table 5.1, Table 5.17.

③ Ministry of Finance, Government of Pakistan, *Pakistan Economic Survey 2005 - 06*, Islamabad, 2006, Staistical Appendices, Table 4.2.

表6—3　　1990—1991年度以来巴基斯坦联邦政府和各省政府累计的财政基本情况*

单位：%

	1990—1991	1995—1996	1999—2000	2004—2005	2007—2008	2009—2010	2010—2011	2011—2012	2012—2013
总收入	19.2※	17.9	13.5	13.7	14.1	14.0	12.3	12.8	13.3
税收收入	13.7※	14.4	10.7	10.0	9.9	10.1	9.3	10.2	9.8
非税收收入	5.0※	3.5	2.8	3.7	4.2	3.9	3.0	2.6	3.5
总支出	25.7	24.4	18.9	18.2	21.4	20.2	18.9	19.6	21.4
经常性支出	19.3 (75.0)	20.0 (81.8)	16.5 (88.3)	13.1 (77.4)	17.4 (81.4)	16.0 (82.5)	15.9 (84.0)	15.6 (79.3)	16.3
发展支出	6.4 (25.0)	4.4 (18.2)	2.5 (11.7)	3.8 (22.6)	4.2 (18.6)	4.1 (18.5)	2.8 (14.9)	3.7 (18.9)	5.1
国防支出	(24.8)	(23.1)	4.0 (21.2)	(19.0)	2.6 (12.2)	2.5 (12.5)	2.5 (13.0)	2.5 (12.9)	2.2
利息支出	(19.2)	(25.6)	(37.0)	(21.0)	4.6 (22.4)	4.3 (22.0)	3.8 (20.7)	4.4 (22.9)	4.4
非利息非国防支出	—	—	7.7	10.5	14.2	13.4	12.6	12.7	14.6
经常性补贴	(4.1)	(2.1)	(3.3)	(6.0)	(18.6)	(7.5)	(7.5)	(4.2)	
财政赤字	8.8	6.5	5.4	3.3	7.3	6.2	6.5	6.8	8.2

注：* 括号外的数据为占国内生产总值总值的百分比，括号内的数据为占总支出的百分比。2012—2013年度的数据为公布年度数据。※ 为1991—1992年度的数据，该年度的数据在说明巴基斯坦政府收入时更有代表性。——尚未公布年度数据。

资料来源：Ministry of Finance, Government of Pakistan, *Pakistan Economic Survey 1999 – 2000*, Islamabad, 2000, Table 4.2, Table 4.4; *Pakistan Economic Survey 2005 – 06*, Islamabad, 2006, p. 64, Staistical Appendices, Table 4.4; *Pakistan Economic Survey 2012 – 13*, Islamabad, 2013, Staistical Appendices, Table 4.4; *Pakistan Economic Survey 2013 – 14*, Islamabad, 2014, pp. 58, 63.

比，总赤字为 3775.01 亿卢比，分别占国内生产总值的 14.0%、19.5% 和 4.1%；2011—2012 年度，相应数分别为 25680.6 亿卢比、39377.64 亿卢比和 13697.04 亿卢比，分别占国内生产总值的 12.8%、19.6% 和 6.8%。[①] 按预算估计数，2013—2014 年度，巴总收入占国内生产总值的 14.0%，总支出占 20.4%，财政赤字率为 6.3%，明显低于上年度的 8.2%。[②]

这个时期巴基斯坦财政预算的特点有：

首先，在 2008 年世界金融危机和经济危机之前，财政支出调整和改革取得成效。表现是总支出、经常性支出、国防支出、财政赤字占国内生产总值的比例都有不同程度的下降。从上文及表 6—3 可见，总支出占国内生产总值的比例由 1990—1991 年度的 25.7%，下降到 2004—2005 年度的 18.2%；同期，财政赤字率从 8.8% 降为 3.3%。只是 2008 年以后受世界金融危机和经济危机，以及巴经济增长减速的冲击，巴政府的财政赤字率才又上升，2007—2008 年度达 7.3%，2012—2013 年度高达 8.2%。1990—1991 年度，经常性支出占国内生产总值的 19.3%，1995—1996 年度占 20%，1999—2000 年度占 16.5%，2004—2005 年度占 13.1%。此后又有所上升，2007—2008 年度占 17.4%，2012—2013 年度为 16.3%。就国防支出看，下降了约 3 倍。1989—1990 年度，国防支出占国内生产总值的 6.9%，1994—1995 年度占 5.6%。1990—2000 年度占 4%，2005—2006 年度占 3.1%，[③] 2009—2010 年度，国防支出占 2.5%，2012—2013 年度为 2.4%。20 世纪 80 年代，巴政府的总支出年均增长 7.7%，经常性支出年均增长 10.5%，国防支出年均增长 8.9%；90 年代相应的增长率分别下降为 2.8%、4.5% 和 0.4%。[④] 应该说，这些变化趋势是健康的，有利于宏观经济走向稳定，有利于经济发展。

其次，在增加政府收入方面调整和改革没有取得成效，政府收入反而

[①] Ministry of Finance, Government of Pakistan, *Pakistan Economic Survey 2012 - 13*, Islamabad, 2013, Staistical Appendices, Staistical Appendices, Table 4. 2.

[②] Ministry of Finance, Government of Pakistan, *Pakistan Economic Survey 2013 - 14*, Islamabad, 2014, p. 58.

[③] Ministry of Finance, Government of Pakistan, *Pakistan Economic Survey 2005 - 06*, Islamabad, 2006, Staistical Appendices, Table 4. 2, p. 59.

[④] Ibid. , p. 70.

下降。从表6—3可以看出，1990—1991年度以来，巴基斯坦政府的总收入和税收收入占国内生产总值的比例呈现不断下降趋势，进入21世纪以来尤其如此。1991—1992年度，巴政府总收入曾经占国内生产总值的19.2%，2010—2011年度最低时仅占12.3%。税收收入1995—1996年度最高曾经达国内生产总值的14.4%，2010—2011年度最低时仅占9.3%。对经济社会发展而言，这种情况是不利的，它限制了政府的调控能力和投资能力。

另外，在巴基斯坦政府的支出中，经常性支出依然是最大的支出项目，所占比例呈现上升—下降—上升趋势。从表6—3可以看到，1990—1991年度，经常性支出占巴政府总支出的75%，1995—1996年度占81.8%，1999—2000年度占88.3%，2004—2005年度占77.4%，2010—2011年度占84%，2011—2012年度占79.3%。1990—1991年度，经常性支出占国内生产总值的19.3%，1995—1996年度占20.0%，2004—2005年度占13.1%，2007—2008年度占17.4%，2010—2011年度占15.6%，2012—2013年度为16.3%。

还有，利息支付是经常性支出中最大的支出项目，所占比例也呈现上升—下降—上升趋势，但增速放慢。从表6—3可见，1990—1991年度，利息支付占巴基斯坦政府总支出的19.2%，1995—1996年度占25.6%，1999—2000年度占37.0%，2004—2005年度占21.0%，2010—2011年度占20.7%，2011—2012年度占22.9%。1989—1990年度，利息支付占国内生产总值的5.5%，1994—1995年度占5.2%，2002—2003年度占4.9%，[1] 2007—2008年度占4.6%，2010—2011年度占3.8%，2012—2013年度为4.4%。20世纪80年代，利息支付年均增长18.1%，90年代降为年均增长8.9%，2000—2003年年均增长－7.4%，2003—2006年年均增长－7.2%，[2] 此后几年又呈现正增长。

再有，国防支出是经常性支出中的第二大项目，但这个时期在巴基斯坦政府总支出中的比例一直呈现下降趋势。1990—1991年度，国防支出

---

[1] Ministry of Finance, Government of Pakistan, *Pakistan Economic Survey 2005 - 06*, Islamabad, 2006, p. 69.

[2] Ministry of Finance, Government of Pakistan, *Pakistan Economic Survey 2005 - 06*, Islamabad, 2006, p. 70; *Pakistan Economic Survey 2013 - 14*, Islamabad, 2014, p. 63.

占巴基斯坦政府总支出的 24.8%，1995—1996 年度占 23.1%，1999—2000 年度占 21.2%，2004—2005 年度占 19.0%，2010—2011 年度占 13.0%，2011—2012 年度占 12.9%。国防支出占国内生产总值的比例的情况见上文相关处。

再次，发展支出所占比例不断缩小，呈现下降—上升—下降—上升趋势。从表6—3 可见，1990—1991 年度，发展支出占巴基斯坦政府总支出的 25%，1995—1996 年度占 18.2%，1999—2000 年度占 11.7%，2004—2005 年度占 22.6%，2010—2011 年度占 14.9%，2011—2012 年度占 18.9%。1990—1991 年度，发展支出占国内生产总值的 6.4%，1995—1996 年度占 4.4%，2004—2005 年度占 3.8%，2007—2008 年度占 4.2%，2010—2011 年度占 2.8%，2011—2012 年度的预算数为 3.7%。20 世纪 80 年代，发展支出年均增长 2.7%，90 年代年均增长 - 2.6%。但进入 21 世纪增速加快，2000—2003 年年均增长 7.4%，2003—2006 年年均增长 23.8%。[①] 这个时期巴政府调整支出结构，在一段时间内主要削减的是发展支出，虽然这是因为巴政府沉重的债务负担是长期形成的，利息支付减少的空间很小，公共行政管理支出压缩的空间也不大，有不得已而为之的原因，但削减发展支出确实是对经济增长和发展不利的，尤其影响了巴政府建设基础设施和开发人力资源的能力。

最后，经常性补贴（current subsidies）削减一度取得成效后又反弹，甚至创下历史最高纪录。1990—1991 年度，经常性补贴占巴基斯坦政府总支出的 4.1%，1995—1996 年度占 2.1%，有的年度如 1997—1998 年度曾经降到 1.4%，1999—2000 年度占 3.3%，2004—2005 年度占 6%，2007—2008 年度升至 18.6% 的历史最高水平，2010—2011 年度占 7.5%，2011—2012 年度占 4.2%。

4. 对独立以来巴财政政策的总体评价

1971 年以前，巴基斯坦政府实行预算收支基本平衡的财政政策，巴政府没有财政赤字或赤字额较小，从国外贷款的数额也不大，虽然国防支出居高不下，但巴政府还是把大部分资金用到了经济社会发展方面。这个时期巴政府的财政政策是值得肯定的，它为巴宏观经济形势的稳定、为经

---

① Ministry of Finance, Government of Pakistan, *Pakistan Economic Survey 2005 - 06*, Islamabad, 2006, p. 70.

济发展发挥了积极作用，也没有为此后的宏观经济稳定和经济发展造成不良影响。

1971 年底佐·布托政府上台后，为发展公营企业、增加补贴等而大量从国内外举债，使得巴基斯坦政府的财政收支变得日益不平衡，财政赤字率不断上升，引起了巴宏观经济局势的不稳，对巴的经济发展也产生了不良影响。更为严重的是，它对此后巴的经济发展和宏观经济局势留下了隐患。所以，佐·布托政府的财政政策是不适当的，产生了严重后果。

齐亚·哈克军人政权时期，一方面没有真正平衡政府收支、实行收支平衡的财政政策的打算，另一方面因为要偿还以前政府欠下的内外债务，被迫举新债还旧债。结果，巴政府的收支变得更加不平衡，财政赤字率居高不下，宏观经济局势始终不稳。所以，从国家经济长期可持续发展的角度看，齐亚·哈克军人政权的财政政策也是有问题的，不值得称道。

20 世纪 80 年代末以来，由于不能从国内筹集到更多资金来满足经济社会发展和政府运行的需要，巴基斯坦政府为获得国际货币基金组织和世界银行的贷款，不得不接受这两个国际金融机构的要求，开始调整和改革政府的支出结构，减少补贴和国防支出，实行税收改革，增加税收和政府收入，削减预算支出和财政赤字。应该说，调整和改革的大方向是对头的，有利于巴宏观经济局势稳定和可持续发展。从目前的情况看，调整和改革取得了一定成效，巴政府的总支出、经常性支出和财政赤字占国内生产总值的比例一度都有不同程度的下降，有的降幅还很大。但是，在增加税收和政府收入方面，却没有取得进展，巴政府总收入和税收收入占国内生产总值的比例近些年来还下降得比较厉害。而且，受近期世界经济下滑和不稳定的影响，巴的经济发展也出现下滑，财政赤字率又在提高，政府经济发展力量弱化。

第二节　税收

一　税收权限的划分

巴基斯坦是联邦制国家，各项权利依据宪法等法律规定在联邦政府、省政府和地方政府之间进行划分。因此，巴的税收权利也分别在不同层级的政府间进行了划分。

根据巴基斯坦 1973 年宪法所列联邦立法表，联邦政府有权征收的税种是：直接税中的所得税、公司税、财富税、房产税；间接税中的销售税、消费税（excise duty，也有翻译为货物税的）、进口税、出口税、天然气及石油附加费和国外旅行税。各省政府有权征收的税种是：直接税中的土地税（land revenue）、城市不动产税、财产转让税、农业所得税、资本利得税（captial gains tax）和专业、交易和职业税（tax on professions, trades, and callings）；间接税中的印花税、车辆税、娱乐税、消费税、道路和桥梁通行费、宾馆税、法庭费（court fee）、棉花费（cotton fee）和电力税（electricity duty）等。经省政府授权，市政委员会（urban councils）可以收取货物入市税（octroi）、建筑物和土地年度租赁收入税（信德省除外）、财产转让税、供水、蓄水和排水收费、车辆税、街道照明费、屠宰税、广告税、娱乐及宴席税、道路通行费，以及办理许可证、审批、建筑安装、市场管理、停车场等收费。经省政府授权，农村地区的县委员会可以收取财产转让税、货物和动物出口税、许可证发放、审批、市场管理和博览费、供水、排水、街道照明等服务收费、非机动车辆税、职业和就业税、建筑物和土地租赁收入税等。但省与省之间有很大差异。① 可见，巴的税收机构是三级机构，即联邦政府、省政府和地方政府。从联邦政府与省政府、省政府与地方政府的税收权力划分看，联邦政府有权征收的各种税收的弹性更大，增加收入的可能性因而也更大。

　　从实际征收的情况看，巴基斯坦重要的税种分别是国际贸易税（关税）、销售税、中央消费税、公司税和所得税。

　　根据宪法规定，联邦政府要把征收到的部分税收转移给省政府，转移的税种及比例由国家财政委员会裁定。转移分配的主要标准是各省的人口数量。1951 年，联邦政府征收的所得税、销售税、茶叶、烟草及槟榔的消费税收入的 50%，黄麻及棉花出口关税的 62.5% 转移给各省；1970 年以后，这几种税的转移比例都提高到了 80%。② 此外，省政府也会向地方政府转让部分税收收入，依据的标准主要是地方征收到的税收收入。

---

　　① S. Akbar Zaidi, *Issues in Pakistan's Economy*, Oxford University Press, Karachi, 2000, pp. 198 – 199.

　　② Ibid. , p. 201.

二　税收增长及税收结构的变化

巴基斯坦刚刚独立之初，由于经济规模小、经济落后，政府征收到的税收也非常有限。从表6—1可见，1947—1948年度，巴基斯坦联邦的关税收入为1.137亿卢比，中央销售税为1380万卢比，所得税和公司税为2700万卢比，政府的总收入为1.989亿卢比。到1957—1958年度，各种税收都有增长，关税为4.205亿卢比，中央消费税为1.937亿卢比，所得税和公司税为2.404亿卢比，销售税为1.427亿卢比。与1947—1948年度相比，增长最快的是中央消费税，关税所占比例下降。到1964—1965年度，关税增加到10.302亿卢比，中央消费税增为6.97亿卢比，所得税和公司税增为3.423亿卢比，销售税增为2.686亿卢比。与1957—1958年度相比，增长最快的还是中央消费税，其次是关税，关税仍然占最大比例。1970—1971年度，巴政府征收到的关税额为17亿卢比，中央消费税为21.597亿卢比，所得税和公司税为3.85亿卢比，销售税为2.476亿卢比，中央消费税代替关税成为第一大税种。

从表6—4可见，1983—1984年度，巴基斯坦联邦政府的净税收收入为505.96亿卢比。其中关税为215.32亿卢比，占税收总收入的42.6%；中央消费税为156.52亿卢比，占30.9%；销售税为46.24亿卢比，占9.1%；间接税总额为418.08亿卢比，占82.6%，所得税为85.73亿卢比，占17%；财富税为1.63亿卢比；直接税总额为87.88亿卢比，占17.4%。关税是第一大税种，中央消费税是第二大税种。1989—1990年度，巴政府的净税收收入为1051.36亿卢比。其中，关税为485.84亿卢比，占税收总收入的46.20%；中央消费税为223.41亿卢比，占21.2%；销售税为185.74亿卢比，占17.7%；间接税总额为894.99亿卢比，占85.1%。所得税为150亿卢比，占14.3%；财富税为4.19亿卢比；直接税总额为156.37亿卢比，占14.9%。与1983—1984年度相比，主要变化是中央消费税所占比重大幅下降，降低9.7个百分点；销售税的比重大幅提高，增加9.6个百分点；关税的比重进一步上升，提高3.6个百分点；直接税的比例进一步下降，降低2.5个百分点，间接税的比例则相应提高2.5个百分点。1994—1995年度，巴政府的净税收收入为2265.78亿卢比。其中，关税为776.53亿卢比，占税收总收入的34.3%；中央消费税为436.91亿卢比，占19.3%；销售税为435.74亿卢比，占19.2%；间

表6—4　　1983—1995 年巴基斯坦联邦政府净税收收入情况

单位：百万卢比，%

年度	关税	中央消费税	销售税	间接税总额	所得税	财产税	直接税总额	税收总收入
1983—1984	21532（42.60）	15652（30.90）	4624（9.10）	41808（82.60）	8573（17.00）	163	8788（17.40）	50596
1986—1987	33364（50.80）	15361（23.40）	6409（9.70）	55134（83.90）	10354（15.80）	152	10568（16.10）	65702
1989—1990	48584（46.20）	22341（21.20）	18574（17.70）	89499（85.10）	15000（14.30）	419	15637（14.90）	105136
1990—1991	50528（45.60）	23239（21.00）	17008（15.40）	90775（82.00）	19079（17.30）	496	19868（18.00）	110643
1993—1994	64240（37.20）	34520（20.00）	30379（17.60）	129139（74.80）	41466（24.00）	1216	43451（24.20）	172590
1994—1995	77653（34.30）	43691（19.30）	43574（19.20）	164918（72.80）	59064（26.10）	1644	61660（27.20）	226578

注：括号外的为卢比数，括号内的为占税收总收入的百分比。

资料来源：巴基斯坦中央收入委员会的《中央收入委员会年鉴》，转引自 S. Akbar Zaidi, *Issues in Pakistan's Economy*, Oxford University Press, Karachi, 2000, p. 209。

接税总额为 1649.18 亿卢比，占 72.8%。所得税为 590.64 亿卢比，占 26.1%；财产税为 16.44 亿卢比；直接税总额为 616.6 亿卢比，占 27.2%。此外，石油和天然气附加费为 207.1 亿卢比。与 1989—1990 年度相比，关税所占比例大幅下降，下降近 12 个百分点，销售税比例进一步提高，提高 1.5 个百分点，中央消费税的比例又减少 1.9 个百分点，间接税的比例剧降，降低 12.3 个百分点，直接税的比例相应上升 12.3 个百分点。

从表 6—5 可见，2000—2001 年度，巴基斯坦联邦政府的税收总额为 4225 亿卢比，其中直接税为 1245.85 亿卢比，占 29.49%，间接税为 2979.15 亿卢比，占 70.51%。在间接税中，销售税为 1535 亿卢比，占税收总收入的 36.33%；国际贸易税为 650 亿卢比，占 15.38%；中央消费税为 490 亿卢比，占 11.6%；石油和天然气附加费为 302 亿卢比，占 7.15%。2011—2012 年度，巴联邦政府的税收总收入为 19702.03 亿卢比，其中直接税收入为 7466.65 亿卢比，间接税为 12235.47 亿卢比，直接税占 37.90%，间接税占 62.10%。销售税为 8048.46 亿卢比，占税收总额的 40.85%；国际贸易税为 2168.98 亿卢比，占 11.01%；中央消费税为 1224.6 亿卢比，占 5.71%；石油和天然气附加费为 833.29 亿卢比，占 4.23%。按 2013—2014 年度的预算估计数，巴政府的直接税收入为 9757 亿卢比，间接税收入为 14993 亿卢比。间接税收入中，关税 2790 亿卢比，销售税 10535 亿卢比，消费税 1668 亿卢比。[①]

三 税收增长和税收结构变化的特点

独立以来巴基斯坦税收增长和税收结构变化有以下几个特点：

1. 关税曾经是巴基斯坦政府最主要的税收来源，其经历了在税收总收入中所占比例下降—上升—下降的变化。从表 6—1 中可以算出，1947—1948 年度，关税曾经占巴政府总收入的 57.16%，1957—1958 年度占 27.58%。另据研究，1964—1965 年度，关税占税收总收入的 43%，1972—1973 年度占 44%，1983—1984 年度占 42.6%，1986—1987 年度最

① Ministry of Finance, Government of Pakistan, *Pakistan Economic Survey 2013 - 14*, Islamabad, 2014, p.61.

表6—5　　　　　1995年以来巴基斯坦政府的税收收入情况

单位：百万卢比

	1995/1996	2000/2001	2003/2004	2004/2005	2005/2006	2006/2007	2007/2008	2008/2009	2009/2010	2010/2011	2011/2012
总收入	368260	553000	791100	900014	1076600	1297957	1493381	1850901	2078165	2260712	2568060
联邦	347766	514000	740900	842900	992200	1215730	1380600	1721028	1955457	2133832	2412843
各省	20495	39000	50200	57114	84400	82227	11878	129873	122708	126880	155217
1.税收	305580	441600	608400	659410	803700	889685	1050690	1312227	1499000	1707191	2077392
联邦	293915	422500	580300	624700	766900	852866	1009902	1266143	1444000	1642632	1970203
各省	11665	19100	28100	34710	36800	36819	40794	46084	55000	64559	107189
①直接税	80048	128556	169858	186473	224147	337639	391350	444875	534368	606276	746656
联邦	2471	124585	165300	176930	215000	334168	387563	440271	528649	602451	738822
各省	1896	3971	4558	9543	9147	3471	3787	4604	5719	3825	7834
②间接税	225531	315732	439996	472937	579553	552046	659346	844696	964361	1131273	1330736
a.消费税	51919	50325	46228	60813	58702	74026	86549	119517	125368	141746	126655
联邦	51104	49000	44600	58670	55000	71575	83594	116055	121182	137353	122460

续表

	1995/1996	2000/2001	2003/2004	2004/2005	2005/2006	2006/2007	2007/2008	2008/2009	2009/2010	2010/2011	2011/2012
各省	815	1325	1628	2143	3702	2451	2955	3462	4186	4393	4195
b. 销售税	49869	153500	219100	235533	294600	309228	385497	452294	516102	633357	804846
c. 国贸税	88908	65000	89900	117243	138200	132200	150545	148382	161489	184853	216898
d. 附加费	24879	30200	61400	26769	50800	64546	35178	126026	114650	113103	83329
天然气	9752	12300	16800	16165	26300	34888	20708	14015	25908	30358	22960
石油	15127	17900	44600	10604	24500	29658	14470	112011	88742	82745	60369
e. 其他税	9956	16707	23368	59348	88051	36592	36755	20408	46752	58214	99008
2. 非税收入	62680	111400	182700	240604	272900	408272	448685	538674	579894	523162	490668
联邦		91500	160600	218200	225300	362864	370698	454885	512000	460842	442640
各省		19900	22100	22404	47600	45408	77987	83789	67894	62320	48028

资料来源：Ministry of Finance, Government of Pakistan, *Pakistan Economic Survey 1999 – 2000*, Islamabad, 2000, Statistical Appendices, Table 4. 3; *Pakistan Economic Survey 2005 – 06*, Islambad, 2006, Statistical Appendices, Table 4. 3; *Pakistan Economic Survey 2012 – 13*, Islamabad, 2013, Statistical Appendices, Table 4. 3.

高占 50.8%。① 此后不断下降,从上文所引数据可知和可以算出,1994—1995 年度占 34.30%,2000—2001 年度占 15.38%,2011—2012 年度占 11.01%。

2. 中央消费税曾经一度是巴基斯坦联邦政府的第一税收来源,且长期是第二大税种,但 20 世纪 80 年代以来其地位不断下降,目前已经不再是巴政府的主要税收来源。从表 6—1 和上文可知,1970—1971 年度,中央消费税额曾经超过关税税额。1983—1984 年度,中央消费税占税收总收入的 30.90%,此后所占比例不断下降,2000—2001 年度占 15.38%,2011—2012 年度仅占 5.7%。下降原因与巴政府的税收改革分不开,20 世纪 90 年代以来,巴实行的普通销售税,部分替代了此前的中央消费税。

3. 自 20 世纪 80 年代以来,销售税在税收收入中的比例不断提高,进入 21 世纪以来成为巴基斯坦的最大税种。1964—1965 年度,销售税占税收总收入的 11%,1972—1973 年度占 5%。1986—1987 年度以后,销售税所占比重不断提升,1986—1987 年度占 9.7%,1994—1995 年度占 19.2%,2000—2001 年度占 36.33%,2011—2012 年度占 40.85%。这种情况的出现,很大程度上是巴政府的税收改革导致的。1990 年以来,巴征收具有消费税性质的普通销售税,且不断扩大该税种的征收领域和范围包括扩大到消费领域,以此部分抵销关税下降的影响,从而使销售税在税收总额中的比例不断提高。

4. 税收收入占巴基斯坦国内生产总值的比例一直不高,21 世纪以来还出现下降。1964—1965 年度和 1972—1973 年度,巴税收总额都占国内生产总值的 9%,进入 20 世纪 80 年代后,税收收入占国内生产总值的比例有所提高,1985—1986 年度和 1989—1990 年度都占 14%。② 20 世纪 90 年代,则占 10.7%—14.4%,2000—2001 年度至 2004—2005 年度占 10%—11.5%,③ 2006—2007 年度至 2011—2012 年度占 9.1%—10.3%。④

---

① S. Akbar Zaidi, *Issues in Pakistan's Economy*, Oxford University Press, Karachı, 2000, pp. 208 - 209.

② Ibid. , p. 208.

③ Ministry of Finance, Government of Pakistan, *Pakistan Economic Survey 2005 - 06*, Islamabad, 2006, p. 64.

④ Ministry of Finance, Government of Pakistan, *Pakistan Economic Survey 2012 - 13*, Islamabad, 2013, Statistical Appendices, Table 4. 2.

与情况类似的发展中国家相比，巴基斯坦税收占国内生产总值的比例也是较低的。例如，1985 年，巴税收占国内生产总值的 11.3%，发展中国家的平均数是 14.7%，人均收入在 349 美元以下的非常贫穷的国家为 11.1%。[①] 2005 年，巴基斯坦的税收占国内生产总值的 10.5%，印度占 14.1%，埃及占 14.1%，菲律宾占 12.6%。[②] 这种情况限制了巴政府的经济社会发展能力和收入调控能力，也反映出巴政府增加税收收入的能力一直不强。[③]

　　巴基斯坦税收长期不能大量增加，提高其占国内生产总值的比例，主要原因有：第一，逃税、偷税和漏税情况严重，走私问题突出。巴国家税收改革委员会 1986 年指出，逃税、走私和腐败是巴基斯坦税收系统中存在的三个主要问题，且认为这三个问题相互联系和相互影响。2007 年，在登记的 13.8 万个纳税人中，3% 的纳税人支付了约 90% 的普通销售税。巴官方数据显示，2012 年，在总人口近 1.8 亿的背景下，巴仅有 0.57% 的纳税人共 76.8 万人缴纳了所得税，其中仅 27 万人在过去 3 年定期纳税。在过去的四分之一世纪，巴没有任何个人因为所得税欺诈受到起诉。[④] 第二，税收管理部门寻租现象、腐败严重，征收效率低下。寻租、腐败严重，加上制度设计方面的缺陷，税法复杂，使得巴的税收效率较低。据研究，2009 年，巴增值税的 C 效率（C-Efficiency of the VAT）仅为 0.27，而斯里兰卡为 0.47，菲律宾为 0.45，土耳其为 0.48，黎巴嫩为 0.50。如果巴的 C 效率能够达到斯里兰卡的水平，则巴的普通消费税就会增加一倍。[⑤] 第三，税收结构不合理，免税范围广。巴独立后长期以关税收入为主，对销售税重视不够，所得税征收没能与经济发展同步增长，免征范围广，农业所得税没能征收。第四，巴政府税收管理和征收

---

　　①　Ehtisham Ahmad, *The political-economy of tax reforms in Pakistan: the ongoing saga of the GST*, www. lse. ac. uk/collections/AsiaResearchCentre.

　　②　Sair Ahemed, Vaqar Ahmed, Ahsan Abbas, *Taxaction Reform: A CGE-microsimulation analysis for Pakistan*, http://ideas. repec. org/p/lvl/mpiacr/2010 - 12. html.

　　③　Ehtisham Ahmad, *The political-economy of tax reforms in Pakistan: the ongoing saga of the GST*, www. lse. ac. uk/collections/AsiaResearchCentre.

　　④　Mary Swire, *Pakistani Tax Reform Plan Receives IMF Backing*, http://www. tax-news. com/news/Pakistani_ Tax_ Reform_ Plan_ Receives_ IMF_ Backing_ 61979. html.

　　⑤　Ehtisham Ahmad, *The political-economy of tax reforms in Pakistan: the ongoing saga of the GST*, www. lse. ac. uk/collections/AsiaResearchCentre.

能力低，受到的限制大。巴税收占国内生产总值的比例长期不高，与政府的征收能力和管理水平密切相关。而政府的征收能力和管理水平又与政府政权的性质相关。巴税收结构不合理，所得税在税收中的比例低，免税和优惠范围大，表明巴政权更多代表和维护的是统治阶级、社会各精英阶层的利益。第五，联邦政府和省政府的协调和配合不够，省政府的积极性没有得到充分发挥。至于 21 世纪以来巴税收占国内生产总值的比例不断下降，主要原因是巴降低国际贸易税的比重，征收普通销售税的改革还在推进中，没有取得应有的效果。

5. 巴基斯坦的税收收入一直以中央政府的税收收入为主，各省及地方政府所占的比例很低。例如，1979—1980 年度，巴联邦政府税收收入占巴全国税收收入的 88.4%，1990—1991 年度占 88.5%；同期，各省政府占 5.6% 和 5%；地方政府占 6% 和 6.5%。可是，在总支出方面，同期，联邦政府占 75.1% 和 68.3%，各省政府占 21.1% 和 27.8%，地方政府占 3.8% 和 3.9%。[①] 可见，巴各省政府的财力较弱，严重依赖联邦政府，在一定程度上还依赖地方政府。2006—2007 年度，巴联邦政府和各省政府的总收入为 12979.57 亿卢比，其中联邦政府的为 12157.30 亿卢比，各省政府的为 822.27 亿卢比；巴联邦政府和各省政府的税收总收入为 8896.85 亿卢比，联邦政府的为 8528.66 亿卢比，各省政府的为 368.19 亿卢比。但是，在 13753.45 亿卢比的经常性支出中，联邦政府的为 9731.3 亿卢比，各省政府的为 4022.15 亿卢比。[②]

6. 巴基斯坦政府的税收收入始终以间接税为主，税负具有不公平性。从上文及表6—4 和表6—5 可知，20 世纪 90 年代前，巴的间接税一般占税收总收入的 80% 以上，2005—2006 年度也还占 70.77%，只是近年才降到 70% 以下。与此相应，20 世纪 90 年代以前巴所得税在税收总收入中的比例都低于 20%，个人所得税的比例尤其低。巴基斯坦学者 1994 年的一份研究表明，在人均收入不到 360 美元的发展中国家，直接税收入占国内生产总值的 3.91%，人均收入在 360—750 美元的发

---

① S. Akbar Zaidi, *Issues in Pakistan's Economy*, Oxford University Press, Karachi, 2000, p. 208.

② Ministry of Finance, Government of Pakistan, *Pakistan Economic Survey 2012 - 13*, Islamabad, 2013, Statistical Appendices, Table 4. 2.

展中国家占 6.84% , 而巴 1989—1990 年度占 1.83% , 1992—1993 年度占 2.71%。[①] 上述情况表明，巴基斯坦的富人缴纳的税很少，多半的税都是由普通民众缴纳的。

四 税收改革

还在 20 世纪 70 年代后期，一些学者和国际机构就已经向巴基斯坦政府提出了税收改革的建议，巴政府也曾有所考虑。1985 年，巴政府还建立了税收改革委员会，该机构的主要任务就是为政府的税收改革提出政策建议。1986 年 12 月，该委员会提交了它的最终报告，提出的政策建议主要是降低税率，简化税收程序，扩大税收基础；改革和健全税收机构，改进征收设备和手段，完善有关信息；不再以关税而以销售税作为主要税收来源，最终用增值税代替销售税。报告中具体提到的建议有把公司税从 55% 减少到 45% ，减少免税和税收优惠的范围，计算机化税收设备，惩治逃税者，尽量降低关税，设立税收监察专员，成立新的国库收入局 (revenue division)，建立间接税法庭等。第一阶段的改革开始于 20 世纪 90 年代早期，主要目标是提高直接税在税收总额中的比例；改革普通销售税，最终用增值税代替销售税；降低贸易税在税收总收入中的比例；降低中央消费税在税收总收入中的比例。更为有力的改革是从 21 世纪开始的，主要的关注点是：增加财政透明度；完善税收文档；简化税收程序；将税收领域从进口和投资转向消费和收入所得；降低税率，把关税税率合理化；提高税收管理的效率。[②]

20 世纪 80 年代末以来，巴基斯坦政府的税收改革政策和措施还受国际货币基金组织和世界银行等国际机构的指导。这些机构提出的改革指导原则与上述巴税收改革委员会的建议大同小异。例如，在巴基斯坦政府与国际货币基金组织签订的 1988—1991 年经济结构调整政策中，确定到 1988 年 7 月 1 日，把销售税推广到 30% 的工业生产中，到 1990 年 7 月 1 日实行普通销售税 (general sales tax，GST)，大量减少免关税

---

① S. Akbar Zaidi, *Issues in Pakistan's Economy*, Oxford University Press, Karachi, 2000, p. 211.

② Saeed Ahmed and Saeed Ahmed Sheikh, "Tax Reform In Pakistan: 1990 – 2010", *International Journal of Business and Social Science*, Vol. 2, No. 20, Novermber 2011.

的商品，在服务行业推广消费税等。在 1994—1997 年结构调整政策中，规定减少直接税的免税和优惠范围，继续把贸易税合理化，把最高关税降至 80%，取消出口税，把普通销售税转变为增值税，将其税率从 12.5% 提高到 15%，到 1995 年 7 月，把普通销售税推广到商业及服务部门，等等。①

有的文章把巴基斯坦政府的税收改革分为了第一代改革和第二代改革。第一代改革是争取做到税率和税收结构与经济增长同步，主要做法是调整起征点，朝着增值税方向改革普通销售税，减少对消费税的依赖，把关税合理化，统一公司税税率，逐步降低所得税税率。第二代改革主要是改革税收管理。主要举措是 2001 年与世界银行合作，实行税收管理改革，简化税收程序，实行自评方案（self-assessment scheme），关注不同税种的征收额增长情况，完善税收组织管理。目的是力图把逃税和漏税最小化。2005 年，巴联邦税收委员会（FBR）出台《税收管理改革工程》，2007 年在世界银行支持下制订了"税收政策计划"。②

应该说，巴基斯坦税收制度改革的总方向是对头的，是符合经济发展规律的。从目前的情况看，改革在有的方面取得了一定成效。首先，从上文可知，在税收结构方面，具有增值税性质的普通销售税取代关税和消费税成为巴最大的税种；其次，近些年来，直接税在巴税收总额中的比例有较大提升；另外，关税税率大幅度下降，所得税、公司税等的税率也得到了一些合理调整。

但是，在通过增加税收收入提高巴基斯坦政府的总收入方面，并没有取得成功，甚至可以说是失败的。这些年来，巴税收收入占国内生产总值的比例没有提高，反而下降了。在税收结构调整方面，用增值税取代普通销售税的计划迄今没有实现。在个人所得税征收方面，也没有取得应有的进展。在普通消费税征收方面，由于制度设计有缺陷，税收管理机构与既得利益者勾结，联邦政府与省政府协调不够等原因，取得的进展远远没有达到预期，还招致了本来应该从这项改革中受益、支持改革的企业主、贸

---

① S. Akbar Zaidi, *Issues in Pakistan's Economy*, Oxford University Press, Karachi, 2000, pp. 330, 336 – 337.

② Sair Ahemed, *Vaqar Ahmed*, *Ahsan Abbas*, *Taxation Reform: A CGE-microsimulation analysis for Pakistan*, http://ideas.repec.org/p/lvl/mpiacr/2010 – 12. html.

易商和出口商的反对。此外，税收管理效率没有明显提高，对国家税法的遵守情况和税收文化没有明显进步，现金交易、走私和腐败依然广泛存在。[①]

因此，巴基斯坦的税收改革依然任重而道远。2013年5月谢里夫再次上台后，他领导的政府表示要继续推进税收改革，包括进一步减少免税和税收优惠范围，扩大税收网络，改革税收管理，以提高税收与国内生产总值的比例。国际货币基金组织同意提供66.5亿美元的、为期3年的资金安排，支持巴的改革。[②]

第三节　公共债务

公共债务简称公债。"公债是指国家为了实现其职能，平衡财政收支，增强政府的经济建设能力，按照有借有还的信用原则，从国内或国外筹集资金的一种方式，是以国家为信用，与国内个人和法人以及外国发生的债务债权关系。"[③] 公债是弥补政府财政赤字的一种手段。20世纪70年代以前，巴基斯坦实行基本平衡的政府预算政策，政府的公债额较小，负担不重。但是，此后巴政府的公债负担不断加重，进而到了举新债还旧债的恶性循环地步，对经济发展产生了一些不良影响。

一　政府公债增加的情况

从本章第一节可知，20世纪70年代以前，巴基斯坦政府实行基本平衡的预算政策，因此债务负担较轻，主要的公债由外债构成。巴接受和利用外国援助始于1950年的科伦坡计划，1951年2月，同美国签订第一个技术援助协定，1952年，从世界银行获得第一笔工程贷款，同年9月，同美国华盛顿进出口银行签订第一笔商品贷款协议。此后，巴接受的外国援助与年俱增，数量越来越大。外国承诺给巴基斯坦的经济援助20世纪50年代每年平均为1.57亿美元，60年代每年平均为5.85亿美元，70年

---

① Saeed Ahmed and Saeed Ahmed Sheikh, "Tax Reform In Pakistan: 1990 – 2010", *International Journal of Business and Social Science*, Vol. 2, No. 20, Novermber 2011.

② Mary Swire, Pakistani Tax Reform Plan Receives IMF Backing, http://www.tax-news.com/news/Pakistani_ Tax_ Reform_ Plan_ Receives_ IMF_ Backing_ _ 61979. html.

③ 储敏伟、杨君昌主编：《财政学》，高等教育出版社2011年版，第254页。

代每年平均为 10 亿美元。1980—1981 年度，外国承诺给巴的援助额为
9.813 亿美元，使用量为 9.176 亿美元。① 据巴政府数据，实施经济计划
以前的 1950—1951 年度至 1954—1955 年度，巴获得的外国援助额为 3.37
亿美元，其中赠款为 2.176 亿，贷款为 1.194 亿；"一五"计划期间
（1955—1960），获得的外国援助额为 10.75 亿美元，其中赠款为 5.782
亿，贷款为 4.968 亿；"二五"计划期间（1960—1965），获得的外国援
助额为 29.11 亿美元，其中赠款为 10.178 亿，贷款为 18.932 亿；"三五"
计划期间（1965—1970），获得的外国援助额为 29.37 亿美元，其中赠款
为 6.267 亿，贷款为 23.103 亿；无计划时期（1970—1978），获得的外国
援助额为 69.67 亿美元，其中赠款为 8.155 亿，贷款为 61.515 亿；"五
五"计划期间（1978—1983），获得的外国援助额为 72.33 亿美元，其中
赠款为 17.152 亿，贷款为 55.178 亿。"六五"计划期间（1983—1988），
获得的外国援助额为 114.63 亿美元，其中赠款为 21.10 亿，贷款为 93.53
亿。截至 1987—1988 年度，先后共获得援助 329.23 亿美元，其中赠款
70.81 亿，贷款 258.42 亿。②

20 世纪 70 年代，由于巴基斯坦政府大力发展公营企业，巴政府的财
政赤字不断增加。1971—1972 年度，巴联邦政府收支相抵赤字 2.39 亿卢
比，1974—1975 年度增高为 31.59 亿卢比，1977—1978 年度的预算赤字
为 27.09 亿卢比。加上巴的国际收支更加不平衡，政府在国内发行公债和
从国外借款的数额也就不断增大。80 年代巴政府的财政赤字继续推高，
继续大量举债。1979—1980 年度，巴政府的财政赤字额为 146.63 亿卢
比，占国内生产总值的 6.3%；1987—1988 年度，财政赤字额增至 536.49
亿卢比，占国内生产总值的 8.8%。③ 巴政府发行公债的方式主要是向社
会发行各种债券，为避免推高通货膨胀一般不直接向中央银行和商业银行
借款。从表 6—6 可见，1980—1981 年度，巴基斯坦政府未偿还的内债总
额为 580.87 亿卢比，占国内生产总值的 20.9%；1987—1988 年度，未偿
还的内债总额为 2900.97 亿卢比，占国内生产总值的 43.4%。1976—1977

年度，巴未偿还的外债额为 63.41 亿美元，1980—1981 年度为 87.55 亿美元，1986—1987 年度又增至 120.22 亿美元；同期，偿债额（本金加利息）分别是 3.11 亿美元、6.13 亿美元和 11.01 亿美元。[①]

表 6—6　　　　　　　　20 世纪 80 年代巴基斯坦政府债务情况

单位：百万卢比、百分比

债务 类型	1980— 1981	1987— 1988	1989— 1990	各类债务 比例（%）	1980— 1981	1987— 1988	1989— 1990
长期债务	13758	63791	98703	长期债务	23.7	27.6	23.7
流动债务	31688	127524	144978	流动债务	54.5	42.2	40.6
非长期债务	12641	98782	137630	非长期债务	21.8	30.2	35.7
债务总额	58087	290097	381311	债务总额占 GDP 比率	20.9	43.4	43.3

资料来源：S. Akbar Zaidi, *Issues in Pakistan's Economy*, Oxford University Press, Karachi, 2000, pp. 330, 223.

　　20 世纪 80 年代末以来，由于巴政府进行经济结构调整，虽然巴政府的公债总额在不断攀升，但占国内生产总值的比例总体呈现下降趋势。从表 6—7 可见，1990 年，巴的公债为 8010 亿卢比，占国内生产总值的 91.7%。其中，内债为 3740 亿，占国内生产总值的 42.8%；外债为 4280 亿，占国内生产总值的 48.9%。2000 年，巴的公债为 30180 亿卢比，占国内生产总值的 78.9%。其中，内债为 15760 亿，占国内生产总值的 41.2%；外债为 14420 亿，占国内生产总值的 37.7%。2008 年，巴的公债为 60440 亿卢比，占国内生产总值的 56.8%。其中，内债为 32660 亿，占国内生产总值的 30.7%；外债为 27780 亿，占国内生产总值的 26.1%。截至 2014 年 3 月底，巴的公债为 155340 亿卢比，占国内生产总值的 61.2%。其中，内债为 108320 亿，占国内生产总值的 42.6%；外债为 47110 亿，占国内生产总值的 18.5%。2009 年以来，巴政府公债占国内生产总值的比例又有所增加，主要是因为世界金融危机及经济危机导致巴

[①]　B. M. Bhatia, *Pakistan's Economic Development 1948 - 88*, Konark Publishers PVT. LTD., New Delhi, 1989, p. 256.

经济增速减慢，政府支出增加，财政赤字增长引起的。从上面的数据可见，1990 年以来，在巴政府的公债中，内债的比例在提高，外债的比例在下降。1990 年，内债占巴政府公债总额的 46.6%，外债占 53.4%；2000 年，内债占巴政府公债总额的 52.2%，外债占 47.8%；2014 年 3 月底，内债占巴政府公债总额的 69.7%，外债占 30.3%。按美元计算，1990 年，巴的外债为 195 亿美元，2000 年为 275 亿美元，2014 年 3 月底为 478 亿美元。

表 6—7　　　　　　　1990 年以来巴基斯坦政府的债务情况

	1990	1995	2000	2005	2008	2010	2014 *
	10 亿户比						
内债	374	790	1576	2178	3266	4651	10832
外债	428	873	1442	1913	2778	4260	4711
公债总额	801	1662	3018	4091	6044	8911	15534
	占国内生产总值的百分比（%）						
内债	42.8	42.3	41.2	33.5	30.7	31.3	42.6
外债	48.9	46.8	37.7	29.4	26.1	28.7	18.5
公债总额	91.7	89.1	78.9	62.9	56.8	59.9	61.2
	占国库收入的百分比（%）						
内债	235	245	308	242	218	224	319※
外债	269	270	281	213	185	205	163※
公债总额	505	515	589	455	403	429	482※
	占债务总额的百分比（%）						
内债	46.6	47.5	52.2	53.2	54.0	52.2	69.7
外债	53.4	52.5	47.8	46.8	46.0	47.8	30.3
备忘录：							
外币债务 （十亿美元）	19.5	28.1	27.5	32.1	40.7	49.8	47.8
汇率 （卢比/美元）	21.9	31.3	52.5	59.7	68.3	85.5	98.4 +

续表

	1990	1995	2000	2005	2008	2010	2014＊
备忘录:							
GDP (十亿卢比)	874	1866	3826	6500	10638	14867	25402
国库总收入 (十亿卢比)	159	323	513	900	1499	2078	3378＋

注：＊到2014年3月底的数据；※2013年数据；＋2013年3月数据。

资料来源：Ministry of Finance, Government of Pakistan, *Pakistan Economic Survey 2012 - 13*, Islamabad, 2013, pp. 115 - 116; *Pakistan Economic Survey 2013 - 14*, Islamabad, 2014, p. 132.

2008年以来，巴基斯坦政府偿债额与政府总收入的比例分别是：2008年为37.2%，2009年为46.6%，2010年为40.4%，2011年为38%，2012年为39.9%，2012—2013年度前9个月为44.1%。同期，偿债额与国内生产总值的比例分别为5.2%、6.5%、5.6%、4.7%、5.1%和4.1%。若按照国际上通常认为的偿债额与政府总收入的比例在30%以下，债务偿还才具有可持续性的看法，则巴政府的公债负担处于危险线下，很不乐观。[①]

巴基斯坦政府的债务分为流动性债务（floating debt）即短期债务、非长期债务（unfunded debt）即中期债务和中长期债务（permanent debt）三种。短期债务大部分是由中央银行和商业银行持有的政府国库券；中期债务通过向普通民众发行储蓄券获得，例如国防储蓄方案（schemes）和卡斯存款凭证（Khas Deposit Certificates）；长期债务一般由保险公司和商业银行持有。1980—1981年度，巴政府的内债总额为580.87亿卢比，其中短期债务为316.88亿卢比，占54.5%，中期债务为126.41亿卢比，占21.8%，长期债务为137.58亿卢比，占23.7%；1990—1991年度，巴政府的内债总额为4481.62亿卢比，短期债务为1509.29亿卢比，占33.68%，中期债务为1402.20亿卢比，占31.29%，长期债务为1570.12亿卢比，占35.3%；1995—1996年度，巴政府的内债总额为8592.44亿

---

① Ministry of Finance, Government of Pakistan, *Pakistan Economic Survey 2012 - 13*, Islamabad, 2013, pp. 117 - 118.

卢比，短期债务为 3016. 39 亿卢比，占 35. 1%，中期债务为 2589. 95 亿卢比，占 30. 1%，长期债务为 2986. 1 亿卢比，占 34. 8%。①

目前，中长期债务的期限在 3—20 年，非长期债务的期限为 3—10年，国库券有 3 个月、6 个月和 12 个月 3 种。到 2014 年 3 月底，中长期债务为 31275 亿卢比，其中奖励债券（Prize Bonds）4311 亿卢比，巴基斯坦投资债券（Pakistan Investment Bonds，PIB）23650 亿卢比，政府伊贾拉苏库债券（Ijara Suku）3326 亿卢比。非长期债务为 22598 亿卢比，国防储蓄券（Defence Savings Certificates）2806 亿卢比；特别储蓄券及账户（Special Savings Certificates and Account）7422 亿卢比，巴布德储蓄券（Bahbood Savings Certificates）5694 亿卢比，定期收益方案（Regular Income Schemn）2964 亿美元。流动性债务为 54404 亿卢比，拍卖型国库券 26642 亿卢比，与市场联系的国库券（MRTBS）27757 亿卢比。3 个月到期的国库券占国库券总额的 48%，6 个月的占 14%，12 个月的占 38%。短期债务占全部公债的 35%，占内债的 50%，非长期债务占内债的21%，中长期债务占内债的 29%。②

近年来，巴基斯坦公债中，流动性债务比重增大，非长期债务比重降低。2001—2002 年度，非长期债务占 45%，流动性债务占 31%；到 2014年 3 月底，非长期债务占 21%，流动性债务占 50%。内债平均期限约为 2年，如果把与市场联系的国库券计入，51% 的内债期限不到 1 年。③ 这种情况加重了巴政府的偿债负担和偿债频率。

巴基斯坦的外债由公营部门和私营部门的外币债务和国家外汇债务构成。到 2014 年 3 月底，外债总额为 618 亿美元。其中，私营部门外债占总外债的 5%。公共外债及公共担保的外债（public and publically guaranteed debts）占外债总额的 73%，国际货币基金组织的外债占 6%。公共外债为 445 亿美元（期限在 1 年以上的中长期债务 440 亿美元），公共担保外债 4 亿美元，1 年以上私营部门非担保外债 30 亿美元，公营部门企业外债 15 亿美元，国际货币基金组织外债 36 亿美元，银行外债 22

---

① S. Akbar Zaidi, *Issues in Pakistan's Economy*, Oxford University Press, Karachi, 2000, p. 223.

② Ministry of Finance, Government of Pakistan, *Pakistan Economic Survey 2013 - 14*, Islamabad, 2014, pp. 139, 137.

③ Ibid. .

亿美元。①

目前，应该说巴基斯坦政府的债务问题是比较严重的。从表6—7可见，虽然自20世纪90年代以来，巴的公债占国内生产总值的比例有了显著降低，但公债与政府国库总收入的比率降低的幅度不够大，且2008年以后又回升到2013年3月底的近5倍的水平。更为重要的是，2008年以来，巴的经济增长率往往赶不上公债负担的实际增长率，甚至赶不上公债的实际增长率。例如，2008年，巴国内生产总值的实际增长率为3.7%，而公债负担的实际增长率为8.9%，公债的实际增长率为8.3%；2009年，相应数分别为1.7%、2.3%和5.2%；2010年，相应数分别为3.8%、4%和4.3%，2011年，相应数分别为2.4%、9.5%和1.1%。而且，巴政府国库收入的实际增长率往往也低于公债的增长率。2008年，巴政府收入的增长率为－0.6%，2009年为2.9%，2010年为0.3%，2011年为－8.4%。通常认为，公债与国库总收入的比率应该为3.5%及以下，但2011年巴的比率却是4.7%。② 2008年以来，巴政府每年要把总收入的37.2%—46.6%用于还债。③

不过，目前巴不存在外债危机。通常认为，当一个国家的外债与外汇收入的比率低于2倍时，该国就有持续的外债偿还能力。2010年，巴外债与外汇收入的比率为1.5倍，2011年为1.3倍，④ 2012—2013年度为1.2倍，2014年3月为1.6倍。⑤

二　公债增加对经济发展的影响

新自由主义的经济学家以及国际货币基金组织、世界银行等机构通常认为，过高的公债，过高的财政赤字，会导致通货膨胀严重，经济增长缓

---

① Ministry of Finance, Government of Pakistan, *Pakistan Economic Survey 2013 – 14*, Islamabad, 2014, p. 140 – 141.

② Ministry of Finance, Government of Pakistan, *Pakistan Economic Survey 2011 – 12*, Islambad, 2012, p. 128.

③ Ministry of Finance, Government of Pakistan, *Pakistan Economic Survey 2012 – 13*, Islambad, 2013, p. 117.

④ Ministry of Finance, Government of Pakistan, *Pakistan Economic Survey 2011 – 12*, Islambad, 2012, p. 135.

⑤ Ministry of Finance, Government of Pakistan, *Pakistan Economic Survey 2013 – 14*, Islambad, 2014, p. 144.

慢，私人投资和消费被挤出，国际收支严重赤字。但从巴基斯坦一段时期的经济增长情况看，似乎公债的影响不大。例如，巴学者翟迪指出，在巴政府财政赤字率很高的 20 世纪 80 年代，巴政府的财政赤字占国内生产总值的 5.3%—8.7%，巴的利息支付由 1980—1981 年度占国内生产总值的 2.1%，上升到 1989—1990 年度的 5.4%，但巴的经济年均增长 6.5%，属于发展中国家中较高的；巴的通货膨胀在 3.6%—13.9%，年均仅 7%；巴的私人投资增长率在 8%—23.9%；巴的经常账户赤字占国内生产总值的比例在 1.6%—5.0%，上升不太明显。1990—1991 年度，巴政府的财政赤字率为 8.7%，1991—1992 年度为 7.5%，1992—1993 年度为 7.9%，但私人投资却分别增长了 19.2%、30.3% 和 13.4%。数据表明，巴政府财政赤字增加和债务增加，并没有影响经济增长。相反，巴的经济增长还较快；私人投资增长也较快，通货膨胀温和，经常账户赤字增长不太明显。[①] 翟迪的观点有一定道理，即不能简单地认为公债大量增加在短期内必定导致私人投资下降，通货膨胀严重，经济增长缓慢。实际上，如果公债主要用于经济建设和发展，一定时期内，还会刺激经济增长。在经济增长较快的背景下，私人投资也会增长。但是，翟迪的观点也存在漏洞。因为，如果没有大量的内外债负担，至少巴的投资率会更高，经济增长速度会更快。而且，政府债务负担过重，财政赤字严重的负面影响，需要放在更长的时间内考察。

　　更多的、涉及时间更长的研究表明，沉重的公债负担，的确对巴基斯坦的经济增长产生了一系列不利影响。拉比亚·阿提克（Rabia Atique）和卡木兰·马利克（Kamran Malik）应用数理方法，对 1980—2010 年巴内外债对经济增长的影响进行了研究。结果是：按回归分析模型 1 的计算，不考虑其他独立变量的变化，内债每增加 1%，经济增长可能下降 0.211%；总投资净额与国内生产总值的比率每增长 1%，经济增长可能提高 1.335%；通货膨胀每增长 1%，经济产值将会下降 0.277%。按照回归分析模型 2，不考虑其他独立变量的变化，外债每增加 1%，经济增长可能下降 0.239%；总投资净额与国内生产总值的比率每增长 1%，经济增长可能提高 1.231%；通货膨胀每增长 1%，经济产值将会有所下降。

　　① S. Akbar Zaidi, *Issues in Pakistan's Economy*, Oxford University Press, Karachi, 2000, pp. 240 – 241.

外债对巴经济增长的影响比内债更明显。原因可能是，外债需要用外汇偿还，而巴基斯坦本国货币卢比与外援贷款国的货币相比，处于弱势。[①] 穆哈默德·阿尤布（Muhammad Ayyoub）、依姆兰·沙里夫·晁德瑞（Imran Sharif Chaudhry）和萨吉德·雅库布（Sajid Yaqub）应用常最小二乘法（Ordinary Least Squares，缩写为 OLS），列出 5 个方程，对 1989—1990 年度至 2009—2010 年度巴基斯坦债务负担对经济发展产生的影响进行计量分析。方程 1 的计算结果是，外债每增加 100 万卢比，国内生产总值就会下降 94 万卢比；内债每增加 100 万卢比，国内生产总值就会增加 87.6 万卢比。按照方程 3 的计算结果，偿债支出每增加 10 亿卢比，制造业部门的增长就会下降 5.97 个百分点；外债与国内生产总值的比率每上升 1 个百分点，失业率就会提高 0.11 个百分点；外债对通货膨胀甚至识字率也产生了负面影响。他们最后总结说，外债偿还降低了制造业的生产率，提高了失业率，减少了制造业对经济增长的贡献。[②] 赛义德·依姆兰·雷斯（Syed Imran Rais）和坦兹拉·安瓦尔（Tanzeela Anwar）的研究应用的也是经济学中的内债模型、外债模型和增长模型的计量方法，涉及 1972 年至 2010 年。他们得出的结论是：巴基斯坦的内债和外债对经济增长都产生了负面影响。内债对公营部门和私营部门的消费、对出口有积极作用，但对投资有消极影响，原因是巴的大多数内债都是用于非生产性目的和消费的。外债对消费和投资产生了负面影响，但对出口有积极影响。[③]

　　虽然学者们的观点存在分歧，但我认为，20 世纪 80 年代以来，巴基斯坦政府的公债确实对经济增长产生了一些不利影响，在一定程度上延缓了经济增长速度。首先，内债的不断增加，确实挤出了私营部门投资，从而降低了经济增长速度。我们知道，在一定时期，一个国家或地区可用于投资扩大生产的资金是有限的。当政府通过发行公债的方式从民众手中吸走了闲散资金，而这些资金的很大一部分又是用于偿还旧债和消费的时

①　Rabia Atique and Kamran Malik，"Impact of Domestic and External Debt on the Economic Growth of Pakistan"，*World Applied Sciences Journal* 20（1）：120－129，2012.

②　Muhammad Ayyoub，Imran Sharif Chaudhry & Sajid Yaqub，"Debt Burden of Pakistan：Impact and Remedies for Future"，*Universal Journal of Management and Social Sciences*，Vol. 2，No. 7，July 2012.

③　Syed Imran Rais and Tanzeela Anwar，"Public Debt Economic Growth in Pakistan：A Time Series Analysis from 1972 to 2010"，*Academic Research International*，Vol. 2，No. 1，January 2012.

候，这个国家或地区的投资率自然就会有所降低，经济增长当然就受到了影响。其次，过重的偿债负担降低了政府直接用于经济发展的投资和人力资源开发的投资，从而影响了经济增长和发展。就巴基斯坦的情况而言，从本章第一节和本节表格的有关数据中，我们可以看到，自20世纪80年代末以来，巴政府的支出中，用于发展支出包括基础设施建设、教育卫生等人力资源开发的支出大量减少。这既影响了当下的经济增长，又影响了此后的经济增长和发展。另外，政府大举内债，推高了巴国内金融市场上的贷款利率，增加了生产成本，一定程度上影响了私营部门的投资和通货膨胀。为获得国内资金弥补财政赤字，巴政府发行的各种内债，与同期国内金融市场的借款利率相比，利息率都是较高的，因而一定程度上推高了国内金融市场的整体贷款利率和物价。还有，国家主权受到损害。由于外债额大，但国内出口能力有限，外汇稀缺，为偿还外债，巴政府被迫接受国外多边和双边机构的贷款条件，使国家主权受到损害。再有，对巴的国际收支产生负面影响。巴获得的大批可贵外汇都用于还外债，国际收支自然受到不利影响。国际收支逆差加重了外汇紧缺，使巴本国货币卢比不断贬值。再次，巴的宏观经济形势受到影响。财政赤字率高，通货膨胀率高，国际收支逆差大等，都是宏观经济形势不稳定的表现。而宏观经济形势不稳定，在一定程度上又会影响商业信心，抑制外国直接投资和本国私营部门的投资。最后，上述各个方面，尤其是宏观经济形势不稳，将会影响巴的经济可持续发展能力。

第四节　货币供应和通货膨胀

一　货币政策及货币供应

货币政策的主要目标是控制货币和信贷供应，稳定物价，促进经济发展，其次是保证就业和国际收支平衡。巴基斯坦的货币政策由巴基斯坦中央银行即巴基斯坦国家银行（State Bank of Pakistan）负责制定和实施。不同时期，由于经济发展情况和背景不同，加上中央政府的经济发展战略及政策措施不同，巴的货币政策也不同。大体可以把巴的货币政策分为两个阶段。

1. 1988 年以前

这个阶段巴基斯坦的货币政策受政府管制及直接干预较多。这期间，1972 年以前，货币政策主要依靠间接方式调控信贷，由于货币市场欠发达，政府债券市场狭小，此方法不太有效。所以严重依赖边际需求（大量银行贷款用于进口、生产和采购）。1972 年，更加依赖直接货币政策方式，开始引进贷款预算及年度贷款计划。新成立的国家贷款咨询委员会负责审查计算项目增长率、价格需求、财政赤字估算、私人贷款需求，银行据此向各类机构和组织发放贷款货币。[①] 政府根据需要，随时发行不限量的为期 90 天的国库券，还以较高利率通过国家储蓄方案筹集资金。商业银行必须把它们活期存款和定期存款的至少 30% 用于购买政府票据。国库券的年利率固定为 0.5%，票据利率固定为 6%，都很低。[②]

第一个阶段又可以进一步分为若干时期。一是 1947—1955 年。这个时期巴基斯坦的货币供应量增幅不大，1954 年前巴政府发行的货币每年增加约 3 亿卢比，1955 年较 1954 年增加 5.67 亿卢比。1948 年 12 月，巴政府发行的货币为 23.754 亿卢比，实际流通的货币为 17.079 亿卢比；到 1950 年 12 月，分别增为 29.324 亿卢比和 19.919 亿卢比；到 1955 年 12 月，又分别增为 43.741 亿卢比和 29.895 亿卢比。[③] 从表 6—8 可见，从 1951 年 12 月底到 1955 年 12 月底的 4 年间，巴的 M1 和 M2 分别从 36.577 亿卢比和 42.565 亿卢比增至 43.127 亿卢比和 52.555 亿卢比，各自增加了 17.9% 和 23.5%，年均增长率分别为 4.2% 和 5.4%，是巴独立后货币扩张速度最低的时期。

二是 1955—1969 年。这个时期，由于巴政府尤其是 1958 年上台的阿尤布·汗军人政权开始实行计划经济，大力推进以私营部门为主导的工业化，经济增速加快，市场对货币的需求增大，巴的货币供应也迅速增长，且呈现加速增长势头。第一个五年计划（1955—1960）期间，货币供应增加了 19.569 亿卢比，第二个五年计划（1960—1965）期间，货币供应增加了 28.084 亿卢比，银行信贷分别扩张了 16.174 亿卢比和 47.703 亿

---

① ［巴］法斯赫·乌丁、M. 阿克拉姆·斯瓦蒂：《巴基斯坦经济发展历程——需要新的范式》，陈继东、晏世经等译，巴蜀书社 2010 年版，第 113 页。

② S. Akbar Zaidi, *Issues in Pakistan's Economy*, Oxford University Press, Karachi, 2000, p. 275.

③ 铎生：《巴基斯坦的政治和经济》，世界知识出版社 1960 年版，第 51 页。

卢比。① 从表 6—8 可知，从 1955 年 12 月底到 1960 年 12 月底的 5 年间，巴的 M1 和 M2 分别从 43.127 亿卢比和 52.555 亿卢比增加为 61.121 亿卢比和 77.688 亿卢比，各自增长了 41.7% 和 47.8%，年均分别增长 7.25% 和 8.15%，明显高于前一时期。从 1960 年 12 月底到 1965 年 12 月底，M1 和 M2 分别从 61.121 亿卢比和 77.688 亿卢比增到 95.356 亿卢比和 136.854 亿卢比，年均增长率分别是 9.3% 和 12%，比"一五"计划期间分别提高了 2 个和 3 个百分点。从 1951 年到 1965 年的 14 年间，巴的货币供应量 M1 和 M2 的年均增长率分别为 7.1% 和 8.1%。第三个五年（1966—1970）期间，从 1965 年 12 月底到 1970 年 12 月底的 5 年间，巴的货币供应量 M1 和 M2 分别从 95.356 亿卢比和 136.854 亿卢比增至 147.073 亿卢比和 230.591 亿卢比，各自增长了 54.24% 和 68.49%，年均分别增长 9.5% 和 11%。②

三是 1970—1977 年货币扩张更快的时期。由于巴基斯坦政府在 1972 年 5 月将本国货币卢比巨幅贬值 131%，1973 年世界石油危机引发的石油大幅涨价及全球性通货膨胀，巴政府转而实行以公营企业为主导的工业化战略，政府需要大量投资，实行财政赤字政策等原因，尽管实行了信贷最高限额，将银行贷款利率从 1965 年的 5% 提高到 1976 年的 9% 和 1977 年的 10%，③ 巴的货币供应还是急剧膨胀。从表 6—8 可见，1971 年 12 月底巴的 M1 和 M2 分别比上年同期增加 8.8% 和 9.4%。从 1971 年到 1977 年的 6 年间，M1 和 M2 分别从 159.965 亿卢比和 252.165 亿卢比，增至 418.577 亿卢比和 632.702 亿卢比，各自增加了 157.47% 和 150.91%，年均增长率各是 17.1% 和 16.55%，比"三五"计划期间分别高 6 个和 7 个百分点。

四是 1977—1988 年齐亚·哈克军人执政，实行"可控制"或"适度"的货币扩张政策，虽然经济增长速度较快，但货币供应增速有所降低的时期。从 1977 年 6 月底到 1988 年 6 月底，货币存量 M1 和 M2 分别从 350.29 亿卢比和 517.73 亿卢比增至 1837.52 亿卢比和 2693.44 亿卢比，各自增长了 4.25 倍和 4.2 倍，年均分别增长 16.25% 和 16.2%，比

---

① K. Amjad Saeed, *The Economy of Pakistan*, Oxford University Press, Karachi, 2007, p. 339.

② 李德昌：《巴基斯坦经济发展》，四川大学出版社 1992 年版，第 251—256 页。

③ K. Amjad Saeed, *The Economy of Pakistan*, Oxford University Press, Karachi, 2007, p. 339.

佐·布托执政时期分别下降了 0.85 个和 0.35 个百分点。[①]

在第一个阶段，与多数发展中国家相比，巴基斯坦的货币扩张速度是较慢的。据 1995 年世界银行的《世界发展报告》，1970—1980 年，巴基斯坦货币存量年均增长 17.1%，印度为 17.5%，印度尼西亚为 35.9%，阿根廷为 143.4%，墨西哥为 26.6%，巴西为 52.7%，韩国为 30.4%，埃及为 26.0%，土耳其为 32.9%。1980—1993 年，巴的货币存量年均增长 14.2%，印度为 16.7%，印度尼西亚为 26.3%，阿根廷为 356.7%，墨西哥为 57.8%，韩国为 21.9%，埃及为 21.4%，土耳其为 60.6%。[②]

2. 1988 年以来

这个阶段，根据世界银行和国际货币基金组织的结构调整计划，巴基斯坦的货币政策日益转向以市场导向的管理和间接调控为主，贷款额度和部门拨款等直接方式被公开市场业务（国家银行买卖政府债券）和银行利率（国家银行提供给商业银行的贷款利率）等间接方式所代替。[③] 市场导向的货币市场逐步建立，国家银行通过一级市场和二级市场管理货币、贷款和利率，根据通货膨胀情况和经济增长情况决定采取宽松还是从紧的货币政策。

为此，巴基斯坦政府对金融部门进行了系列改革。在 1990—1995 年初的改革中，与货币政策及货币管理相关的主要有：1990 年 12 月，巴国家银行通知金融机构，可以申请成为政府债券证券商；1991 年 2 月 26 日，巴政府停止不限量随时发行 3 个月的国库券，开始拍卖政府债券，3 月，允许跨国银行和公司购买巴政府国库券和联邦投资债券，4 月，首次拍卖政府国库券；1991—1992 年，两次提高贴现率；1992 年 8 月 1 日，正式停止实行贷款最高限额规定，按贷款—存款比率决定银行贷款额，合理化利息结构，银行可以把存款额的 65% 自由贷给所有合法的工程项目；1994 年 3 月，巴最高贷款利率从 22% 降低到 19%，巴优惠贷款利率从 11% 提高到 12%，巴法定流动性比率从 35% 降低为 30%；11 月，巴最高利率从 19% 降低为 17.5%；12 月，巴贷款—存款比率从 31.5% 调高为

---

① 李德昌：《巴基斯坦经济发展》，四川大学出版社 1992 年版，第 258—260 页。

② Ishrat Husain, *Pakistan The Economy of An Elitist State*, Oxford University Press, Karachi, 1999, p. 178.

③ ［巴］法斯赫·乌丁、M. 阿克拉姆·斯瓦蒂：《巴基斯坦经济发展历程——需要新的范式》，陈继东、晏世经等译，巴蜀书社 2010 年版，第 114 页。

表6—8　　1988年6月以前巴基斯坦货币供应量变化情况

单位：百万卢比

序号	货币供应量	1951.12	1955.12	1960.12	1965.12	1970.12	1971.12	1977.12	1988.6
1	货币发行量	2622.9	3140.5	4360.6	6205.3	8045.1	8151.7	9797.7	93461.0
2	国家银行掌握的货币量	83.9	104.6	98.8	286.5	245.3	89.7	645.5	516.0
3	表列商业银行掌握的现金	71.6	49.5	82.5	307.7	354.7	544.9	1803.2	5135.0
4	货币流通量（1-2-3）	2467.4	2986.4	4179.3	5611.1	8465.1	7517.1	17349.0	87785.0
5	活期存款 *	1190.3	1326.3	1932.8	3924.5	6442.2	8479.4	23863.7	95967.0
6	M1（4＋5）	3657.7	4312.7	6112.1	9535.6	14407.3	15996.5	41857.7	183752.0
7	M1 对前一报告年的增长率（%）	—	17.9	41.72	56.01	54.24	8.77	157.47	336.15
8	表列商业银行定期存款 *	281.6	516.0	1093.3	3497.9	7283.5	7682.5	20396.3	84374.0
9	国家银行的其他存款※	31.2	53.5	39.7	78.4	137.4	356.6	327.2	1218.0
10	非表列商业银行及合作银行在国家银行存款	8.8	—	25.2	—	135.9	206.8	1.2	—
11	邮局储蓄存款	277.2	373.3	498.5	573.5	775.0	974.1	1359.8	—
12	货币资产 M2（6＋8＋9＋10＋11）	4256.5	5255.5	7768.8	13685.4	23059.1	25216.5	63270.2	269344.0
13	M2 对前一报告年的增长率（%）	—	23.47	47.82	76.15	68.49	9.36	150.91	325.7

注：* 不包括各银行间存款、中央政府和省政府存款以及外国机构存款。※ 不包括对应资金、外国中央银行和外国政府及国际机构的存款。

资料来源：1980年1月和1991年3月《巴基斯坦国家银行公报》，转引自李德昌《巴基斯坦经济发展》，四川大学出版社1992年版，第263页。转引时，笔者对1977年的数据作了调整。

34%，限制对政府国库券的持有量；1995 年 1 月，以公开市场业务作为市场导向的主要货币管理机制。① 但巴缺乏功能良好的二级市场，政府对利率的控制，指导性和优惠贷款的存在，依然是要改革的问题。

从统计数据看，1988 年以来，巴基斯坦的货币供应增长率稍慢于 20 世纪 70、80 年代，但高于 50、60 年代。根据巴国家银行的统计，20 世纪 90 年代（1991 年 6 月至 2000 年 6 月），巴 M1 的年均增长率为 12.2%，M2 的年均增长率为 15.3%，M3 的年均增长率为 15.6%。② 另外，据笔者根据巴国家银行公布的数据计算，2001 年 6 月至 2012 年 6 月的 12 年，巴的货币资产（M2）年均增长 15.24%，最高为 2004 年，增长 19.6%，最低为 2001 年，增长 9%。③ 一些年度的具体情况还可以参看表 6—9。到 2014 年 5 月 9 日，巴的流通货币为 22134.06 亿卢比，货币资产 M2 为 95060.29 亿卢比，定期和活期存款（包括居民外汇存款）为 72786.40 亿卢比，流通货币与货币资产的比率为 23.3%，存款总额与货币资产的比率为 76.6%，其他存款与货币资产的比率为 0.1%，居民外汇存款与货币资产的比率为 5.9%。④

二 通货膨胀

较高的通货膨胀会导致资源的无效配置，降低经济增长潜力。通货膨胀会推高经济和社会成本，伤害穷人和固定收入者，造成经济不确定性和宏观经济形势不稳定。而通货紧缩或物价长时间过低，也会抑制经济增长，减少人们财产的价值。因此，各国政府和中央银行都非常重视通货膨胀控制和管理。

独立以来，巴基斯坦的物价上涨起伏不定，依据起伏情况，可以分为

---

① S. Akbar Zaidi, *Issues in Pakistan's Economy*, Oxford University Press, Karachi, 2000, pp. 273 – 274.

② Ministry of Finance, Government of Pakistan, *Pakistan Economic Survey 2002 – 03*, Islamabad, 2003, Table 6.4.

③ Ministry of Finance, Government of Pakistan, *Pakistan Economic Survey 2005 – 06*, Islamabad, 2006, Statistical Appendices, Table 5.1; *Pakistan Economic Survey 2012 – 13*, Islamabad, 2013, Statistical Appendices, Table 5.1.

④ Ministry of Finance, Government of Pakistan, *Pakistan Economic Survey 2013 – 14*, Islamabad, 2014, p.78.

表 6—9　　　　　　　　　1990 年 6 月以来巴基斯坦货币供应量变化情况

（单位：百万卢比）

序号	货币供应量	1990. 6	1995. 6	2000. 6	2005. 6	2008. 6	2010. 6	2011. 6	2012. 6
1	货币发行量	120817	232589	376997	712480	1054191	1385548	1608641	1785775
2	国家银行掌握的货币量	399	647	1851	3107	2900	2491	2380	1974
3	表列商业银行握有现金	5351	16363	19468	43472	63966	87673	104852	110055
4	货币流通量 (1—2—3)	115067	215579	355677	665901	982325	1295385	1501409	1673746
5	表列银行活期存款※	119704	202505	375397	954998				
6	在国家银行的其他存款 *	2209	5055	7959	3335	4261	6663	10145	8899
7	M1 (4 + 5 + 6)	236980	423139	739033	1624235				
8	表列商业银行定期存款	80241	296521	549124	1161823				
9	居民外汇存款 (RFCD)	—	105073	112475	180295	263430	345438	374945	440130
10	货币资产 M2 (7 + 8 + 9)	317221	824733	1400632	2966352	4669143	5777234	6695194	7641795

续表

序号	货币供应量	1990.6	1995.6	2000.6	2005.6	2008.6	2010.6	2011.6	2012.6
11	增长率（%）	16.3	17.2	9.4	19.3	15.3	12.5	15.9	14.1
	备忘项目								
1	流通货币/货币资产比率		26.1	25.4	22.5	20.9	22.4	22.4	21.9
2	活期存款/货币资产比率		24.6	26.8	32.1	65.5	62.2	61.6	61.7
3	定期存款/货币资产比率		36.0	39.2	39.2	7.8	9.3	10.2	10.6
4	其他存款/货币资产比率		0.6	0.6	0.1	0.1	0.1	0.2	0.1
5	FRCD/货币资产比率		12.7	8.0	6.1	5.6	6.0	5.6	5.8
6	货币资产利息周转率⊕		2.4	2.4	2.4	2.3	2.7	2.9	2.9

注：※不包括银行之间的存款以及联邦政府、省政府和外国机构的存款。＊不包括国际货币基金组织的有关存款和贷款以及对应基金、外国中央银行、外国政府和国际组织的存款。⊕按要素成本计算的国内生产总值与每个季度的货币资产的比例。

资料来源：S. Akbar Zaidi, *Issue in Pakistan's Economy*, Oxford University Press, Karachi, 2000, p.283; Ministry of Finance, Government of Pakistan, *Pakistan Economic Survey 2005 – 06*, Islamabad, 2006, Statistical Appendices, Table 5.1; *Pakistan Economic Survey 2012 – 13*, Islamabad, 2013, Statistical Appendices, Table 5.1.

七个阶段。

第一个阶段是 1955 年以前的物价下降时期。巴基斯坦刚独立初的几年，由于国内有粮食剩余，国际市场对黄麻、棉花等原料的需求旺盛，1949 年英镑贬值 33% 后，巴政府决定不对本国货币卢比进行贬值，使得巴能够以较高的价格出口原料，以较便宜的价格进口国内紧缺的工业消费品，因而没有出现印度那样的物价大幅上涨。相反，除 1952—1953 年度外，物价还大幅下降。据统计，以 1951—1952 年度的批发价格指数为 100，则 1952—1953 年度，东巴基斯坦的批发价格指数为 96.4，西巴的为 114.2，全巴基斯坦的为 105.3；1953—1954 年度，东巴的批发价格指数为 76.1，西巴的为 98.8，全巴的为 87.5；1954—1955 年度，相应数分别为 58.7、81.7 和 70.2。可进一步参看表 6—10。1952—1953 年度西巴批发价格指数上涨了 14.2%，主要是每莫恩德（等于 82.28 磅）小麦价格从 11.81 卢比升至 15.31 卢比、涨幅近 30% 造成的。相反，东巴的稻米价格则有所降低，所以整体物价水平有所降低。此后两个年度西巴的小麦价格分别下降了 20.8% 和 26.3%，带动批发价格指数分别下降了 13.5% 和 17.3%；东巴的稻米价格则分别下降了 27.1% 和 26.4%，批发价格指数分别下降 21% 和 22.9%。[①]

表 6—10   20 世纪 50 年代巴基斯坦批发价格指数上涨情况

年度	东巴指数	西巴指数	全巴指数	年度	东巴指数	西巴指数	全巴指数
1951—1952	100	100	100	1956—1957	118.2	112.0	115.1
1952—1953	96.4	114.2	105.3	1957—1958	113.4	109.4	111.4
1953—1954	76.1	98.8	87.5	1958—1959	117.6	113.2	115.4
1954—1955	58.7	81.7	70.2	1959—1960	123.7	119.9	121.8
1955—1956	83.4	93.2	88.3				

资料来源：巴基斯坦发展经济学研究所：《1951—1960 年巴基斯坦通货膨胀估计》，转引自 B. M. Bhatia, *Pakistan's Economic Development 1948 - 88*, Konark Publishers PVT. LTD., New Delhi, 1989, pp. 210 - 211。

---

① B. M. Bhatia, *Pakistan's Economic Development 1948 - 88*, Konark Publishers PVT. LTD., New Delhi, 1989, pp. 210 - 211.

　　第二个阶段是第一个五年计划（1955—1960）物价明显上涨时期。在第一个五年计划间，除 1957—1958 年度外，其他几年物价都呈现上涨趋势。1955—1956 年度，东巴的批发价格指数为 83.4，西巴为 93.2，全巴为 88.3；1959—1960 年度，东巴的批发价格指数为 123.7，西巴为 119.9，全巴为 121.8，东巴涨幅高于西巴。这期间，总物价指数上涨 37.7%，其中东巴上涨 48.3%，西巴上涨 28.6%。物价上涨首先是由于货币膨胀造成的。在"一五"计划的头三个年度，货币供应增加了 16 亿卢比，增长 37.4%，而同期国民生产总值仅增长 6.5%。货币供应增加，推高了粮价。"一五"计划期间，稻米价格从每莫恩德 20.94 卢比升至 32.02 卢比，上涨 52.9%，小麦价格从每莫恩德 10.88 卢比升至 13.25 卢比，上涨 21.7%。政府的预算赤字对货币扩张产生了影响。①

　　第三个阶段是第二个五年计划（1960—1965 年度）物价相对稳定、稍有上涨时期。以 1959—1960 年度的批发价格指数为 100，则 1960—1961 年度的总物价指数为 102.99，食品价格指数为 100.5，原料价格指数为 119.15，工业制成品价格指数为 101.24；1964—1965 年度，总物价指数上升到 112.43，食品价格指数为 112.12，原料价格指数为 121.36，工业制成品价格指数为 107.13。燃料、照明和润滑剂的价格还有两个年度下降，一个年度的涨幅几乎为零。具体情况见表 6—11。物价稳定的原因主要有：首先，这期间农业生产增长较快，粮食、原料、基本日用消费品供应充足。以 1959—1960 年度为基期，粮食作物的生产指数从 1960—1961 年度的 107，增加到 1964—1965 年度的 121，非粮食作物的生产指数从 100 增加到 143，纤维作物的生产指数从 91 增至 112，国内粮食产量从 1540 万吨增至 1760 万吨。茶叶、食糖、酥油、棉布、安全火柴、水泥等的产量也有大幅增长。其次，巴政府实行预算平衡或有所结余政策，货币供应增加不多，但经济增速较快。这期间，联邦政府的收入预算结余 18.663 亿卢比，货币供应量从 63.438 亿卢比增至 85.435 亿卢比，增长 34.68%，国民生产总值增长 30%，几乎抵消了货币增长。还有，按照美国 480 号公法，巴从美国大量进口粮食，1961—1965 年进口量达 160 万

———————

　　① B. M. Bhatia, *Pakistan's Economic Development 1948 - 88*, Konark Publishers PVT. LTD., New Delhi, 1989, pp. 211 - 212.

吨，抑制了国内粮价。①

第四个阶段是第三个五年计划（1965—1970 年度）物价上涨幅度加快，但依然只能算温和时期。在头四个年度，总物价指数年均增长了5.3%，从 1965—1966 年度的 117.54 上升为 1969—1970 年度的 140.01，食品价格指数和工业制成品价格指数的上涨也很明显，详细情况见表 6—11。货币供应增速加快，政府加大资本支出，实行隐性的赤字财政政策是这期间物价上涨的主要原因。这期间货币供应量年均增长 7.6%。此外，巴政府大量采用奖励和补贴方式进口商品，一些公用事业服务价格提高，国防和财政补贴增加，国内一些商品短缺等因素，也对物价上涨产生了一定影响。②

就 1960—1961 年度至 1968—1969 年度的情况看，总批发价格指数年均上升 2.6%，总消费价格指数年均上升 3.3%，食品批发价格指数年均上升 2.6%，原料批发价格指数年均上升 2.0%，制成品批发价格指数年均上升 3.4%，燃料、润滑剂批发价格指数年均上升 3.3%，③ 都比较温和。

第五个阶段是物价迅猛上涨时期（1970—1977）。如果以 1959—1960 年度的批发价格指数为 100，1970—1971 年度西巴的批发价格指数升到 137.32。孟加拉国独立出去后，1972—1973 年度巴的批发价格指数升至 179.7，1976—1977 年度已升至 366.4。如果以 1969—1970 年的批发价格指数为 100 计算，涨幅会相对小一些。详见表 6—12。1971—1972 年度至 1975—1976 年度，批发价格指数上涨 134%，年均上涨 27%；1972—1973 年度到 1975—1976 年度的 3 年，消费者价格指数上涨 102 点，年均上涨 34%。如果把巴政府为小麦等商品提供的大量补贴考虑进去，物价涨幅还要高许多。这是巴独立以来物价涨幅最高的时期。④

① B. M. Bhatia, *Pakistan's Economic Development 1948 - 88*, Konark Publishers PVT. LTD. , New Delhi, 1989, pp. 213 - 214.

② Ibid. , pp. 216 - 217.

③ S. Akbar Zaidi, *Issues in Pakistan's Economy*, Oxford University Press, Karachi, 2000, p. 287.

④ B. M. Bhatia, *Pakistan's Economic Development 1948 - 88*, Konark Publishers PVT. LTD. , New Delhi, 1989, p. 219.

表6—11 20世纪60年代巴基斯坦批发价格指数上涨情况

年度	总物价	食品	原料	燃料*	制成品
1960—1961	102.99	100.50	119.15	99.21	101.24
1961—1962	105.88	106.63	107.30	98.70	102.12
1962—1963	104.80	104.92	105.06	98.96	104.92
1963—1964	104.62	104.26	105.32	104.49	105.82
1964—1965	112.43	112.12	121.36	104.78	107.13
1965—1966	117.54	117.27	125.24	108.45	113.39
1966—1967	133.88	139.59	124.77	118.04	116.68
1967—1968	128.58	134.66	106.39	120.04	120.22
1968—1969	136.07	141.75	116.66	123.18	127.84
1969—1970	140.01	145.65	121.18	126.88	131.53

注：* 包括燃料，照明和润滑剂。

资料来源：巴基斯坦政府：《巴基斯坦经济调查（1969—1970）》及《第三个五年计划》，转引自 B. M. Bhatia, *Pakistan's Economic Development 1948 – 88*, Konark Publishers PVT. LTD., New Delhi, 1989, pp. 214 – 215。

表 6—12　　　　1970—1977 年度巴基斯坦批发价格指数上涨情况

	1970—1971 *	1971—1972 *	1972—1973	1973—1974	1974—1975	1975—1976	1976—1977
1959—1960 = 100	137. 32	150. 31	179. 7	229. 1	288. 9	321. 8	366. 4
1969—1970 = 100	106. 15	111. 14	128. 68	170. 86	211. 28	229. 41	255. 27
比上年度增长%							
1959—1960 = 100		9. 45	19. 5	27. 49	26. 1	11. 38	13. 9
1969—1970 = 100		4. 9	15. 9	30. 3	23. 6	8. 58	11. 27
消费价格指数※			121. 4	159. 8	200. 0	223. 3	243. 91
比上年度增长%				31. 63	25. 15	11. 65	9. 23

注：* 仅是西巴基斯坦的数据。※以 1969—1970 年为 100 计算。

资料来源：B. M. Bhatia, *Pakistan's Economic Development 1948 - 88*, Konark Publishers PVT LTD New Delhi, 1989, p. 218.

　　这期间巴基斯坦物价高涨，首先是巴政府实行严重的赤字财政政策和大量增加货币供应造成的。到 1970 年底，巴的货币供应量为 147. 07 亿卢比，1971 年底为 156. 99 亿卢比。孟加拉国独立出去后，巴的人口减少了近一半，按理讲货币供应量应该有减少，但实际上却仍然有较大增加，1972 年底达 192. 59 亿卢比，1977 年底已经增至 411. 857 亿卢比。从 1971 年 12 月到 1976 年 12 月，巴的货币供应量增长了 126%，年均增长 25% 多，但 1971—1972 年度至 1976—1977 年度的国民生产总值只增长了 23%，年均为 4. 5%。[①] 其次，巴的货币巨幅贬值。仅在 1972 年 5 月，巴政府就把本国货币卢比对美元的比值降低 131%。按《巴基斯坦经济学家》1980 年 10 月 25 日的数据计算，以 1949—1950 年度为基期，则该年度的 1 卢比（1 卢比等 100 派萨），到 1969—1970 年度的价值只相当于 65 派萨，1979—1980 年度仅相当于 19. 7 派萨，这两个时期卢比分别贬值 35% 和 80. 2%。[②] 另外，1973 年世界石油危机冲击的影响。该年，以西亚北非为主的石油输出国把石油价格大幅提高，引发了世界性的通货膨胀。巴作为需要大量进口石油的国家，自然免不了受到冲击。这次冲击还

　　① B. M. Bhatia, *Pakistan's Economic Development 1948 - 88*, Konark Publishers PVT. LTD., New Delhi, 1989, pp. 219 - 220.

　　② 李德昌：《巴基斯坦经济发展》，四川大学出版社 1992 年版，第 257—258 页。

使得巴的国际收支逆差增大。还有，洪灾、虫灾等自然灾害造成粮食、棉花等农作物增长缓慢或大量减产，推高了物价。最后，政局动荡、国家分裂。这期间，巴经历了防止国家分裂的内战和第三次印巴战争，1971 年底孟加拉国的独立，国内大规模的罢工及反政府活动。这些对物价上涨也产生了一定影响。

第六个阶段是物价回落时期，即齐亚·哈克统治时期（1977—1988）。这个阶段，执政的军人政权采取了一些反通货膨胀的政策。主要做法一是大量进口基本消费品；二是对粮食、食糖、食用油等基本生活用品提供大量政府补贴，三是控制贷款规模和货币扩张。这些做法收到了很好的成效。此外，这个阶段，经济增长速度年均达 6% 以上，也对抑制物价快速增长发挥了一定作用。进入 20 世纪 80 年代以来，巴的物价明显回落，除个别年度外，年度的批发价格指数涨幅在 4.6%—7.4%。从 1972—1973 年度至1979—1980 年度，巴的批发价格指数年均上涨 14.7%，消费者价格指数年均上涨 14.1%。[①] 1980—1981 年度，批发价格指数涨幅回落到 7.4%，消费者价格指数上涨幅度降低到 11.1%，1985—1986 年度，批发价格指数涨幅曾回落到 4.6%，1986—1987 年度，消费者价格指数涨幅回落到3.6%。详见表 6—13。另外一组统计数据表明，1980—1989 年度，巴的消费者价格指数年均上涨 6.6%，批发价格指数年均上涨 7.1%。[②]

表 6—13　　　　　1981—1988 年度巴基斯坦价格上涨情况　　　　单位:%

年度	消费者价格指数	批发价格指数	年度	消费者价格指数	批发价格指数
1981—1982	11.1	7.4	1985—1986	4.4	4.6
1982—1983	7.4	5.4	1986—1987	3.6	5.0
1983—1984	7.3	10.0	1987—1988 *	5.8	10.3
1984—1985	5.7	5.2			

注: * 1987 年 7 月至 1988 年 3 月的数据。

资料来源: B. M. Bhatia, *Pakistan's Economic Development 1948 – 88*, Konark Publishers PVT LTD New Delhi, 1989, p. 273.

---

① B. M. Bhatia, *Pakistan's Economic Development 1948 – 88*, Konark Publishers PVT. LTD., New Delhi, 1989, p. 273.

② ［巴］法斯赫·乌丁、M. 阿克拉姆·斯瓦蒂:《巴基斯坦经济发展历程——需要新的范式》，陈继东、晏世经等译，巴蜀书社 2010 年版，第 95 页。

不过，这个阶段反通货膨胀的主要措施也为此后物价的加快上涨留下了隐患。因为，政府对粮食等商品提供大量补贴，加大了政府的非发展支出和债务负担；大量从国外进口基本消费品，既压制了国内生产，又使国际收支逆差加重。因此，通货膨胀较快的势头仅是暂时被控制住。

第七个阶段是 1988 年以后物价又恢复较快涨速，但中间出现过回落阶段。这是巴基斯坦在世界银行和国际货币基金组织要求和指导下进行经济结构调整的时期。结构调整的目标之一就是稳定宏观经济形势包括控制通货膨胀。但是，对通货膨胀的控制实际上并不很成功。

在这个阶段（1988 年以来），巴基斯坦政府主要用 4 种指数来计量物价上涨情况：消费者价格指数（CPI）、批发价格指数（WPI）、敏感价格指数（SPI）和国内生产总值的平减指数。根据经济发展和人民生活水平的变化，纳入不同指数统计口径的区域范围、商品类别和种数在不断调整。例如，到 1999—2000 年度，纳入消费者价格指数统计的商品有 25 个城市的 9 类 460 种，① 此后调为 35 个城市 11 类 374 种商品。2008 年后，巴政府统计局对统计口径作出了调整，以 2007—2008 年度为基年，纳入消费者价格指数调查和统计的城市增加到 40 个，商品增为 12 类 487 种，食品类商品所占权重从 40.3% 降为 34.8%。纳入批发价格指数调查和统计的城市从 18 个增为 21 个，商品从 425 种增为 463 种，分为 5 类。敏感价格指数通过选择 6 类收入家庭每天普遍消费的 53 种商品，计算出每周的价格变化。② 国内生产总值平减指数是按照巴一年内生产的物品和提供的服务的市场价格计算出的，从更广的范围来测量通货膨胀。

1989—1990 年度至 1996—1997 年度，巴基斯坦又恢复了两位数的通货膨胀率。1990—1997 年的 7 年，巴的消费者价格指数上涨年均达11.4%，食品价格指数年均上涨 12.2%，非食品价格指数年均上涨10.7%，批发价格指数年均上涨 12.2%，敏感价格指数年均上涨 12%。③此后至 2002—2003 年度，巴的物价明显回落，1999—2000 年度巴的消费

---

① Ministry of Finance, Government of Pakistan, *Pakistan Economic Survey 1999 - 2000*, Islamabad, 2000, Chapter 8.

② Ministry of Finance, Government of Pakistan, *Pakistan Economic Survey 2011 - 12*, Islamabad, 2012, pp. 100 - 101.

③ Ministry of Finance, Government of Pakistan, *Pakistan Economic Survey 2002 - 03*, Islamabad, 2003, Statistical Appendices Table 8.2.

者价格指数仅上涨 3.58%，批发价格指数上涨 1.77%，敏感价格指数上涨 1.83%，是这个阶段物价涨幅最小的年度。2004—2005 年度以来，巴的物价再次加快上涨，2007—2008 年度后，通货膨胀率又一次进入两位数时期，仅稍低于 20 世纪 70 年代佐·布托政府时期。详见表 6—13。价格指数变化的情况是，以 2000—2001 年度的价格指数为 100，则 1991—1992 年度的消费者价格指数为 47.41，1996—1997 年度为 81.11，2003—2004 年度为 111.63，2010—2011 年度为 244.26；1991—1992 年度的批发价格指数为 44.84，1996—1997 年度为 81.62，2003—2004 年度为 116.29，2010—2011 年度为 279.30。[①] 当然，在经历 2007—2008 年度至 2010—2011 年度物价上涨的高峰后，从 2011—2012 年度开始，巴基斯坦的物价有明显下降。从表 6—13 可见，以 2007—2008 年度的价指数为 100 计算，2010—2011 年度，巴的消费者价格指数上涨 13.7%，批发价格指数上涨 21.2%；2011—2012 年度，它们的涨幅分别降为 11.0% 和 10.4%，2012 年 7 月至 2013 年 4 月再分别降为 7.8% 和 7.9%，2013 年 7 月至 2014 年 4 月分别为 8.7% 和 8.28%。

　　对 1988 年至 20 世纪 90 年代中期物价上涨的原因，阿克塔·霍赛因（Akhtar Hossain）、琼斯（Jones）、西尔基（Khilji）、纳克维（Naqvi）、哈菲兹·帕萨（Hafiz Pasha）等人从多个方面进行了研究，他们将影响因素归结为 6 个方面：农产品方面的供应冲击，货币化的预算赤字政策和货币扩张，销售税和消费税等税收增加，世界市场价格上涨、货币贬值和较高的进口关税，政府收购农产品的价格不断提高和通货膨胀预期。哈菲兹·帕萨等人的经验研究表明，供应冲击对食品价格的影响最大，高达 84.8%，政府对小麦等农产品的收购价格的影响也很大，销售税和消费税影响了制成品价格，进口商品影响了原料价格的 50% 和制成品价格的 30%，通货膨胀预期的影响也是明显的，但货币供应政策的影响不大。总之，政府的收购价格，政府对燃料、天然气和电力价格的管制，间接税增加的影响最为突出。而影响价格上涨的一些政策措施与世界银行和国际货

---

① Ministry of Finance, Government of Pakistan, *Pakistan Economic Survey 2011 - 12*, Islamabad, 2012, Statistical Appendices, Table 7. 1.

表6—14　1990年以来巴基斯坦的物价上涨情况

单位:%

年度	消费者价格指数	批发价格指数	敏感价格指数	年度GDP平减指数	年度	消费者价格指数	批发价格指数	敏感价格指数	年度GDP平减指数
基年 2000—2001 = 100									
1990—1991	12.66	11.73	12.59	—	2001—2002	3.54	2.08	3.37	2.49
1991—1992	10.58	9.84	10.54	10.07	2002—2003	3.10	5.57	3.58	4.42
1992—1993	9.83	7.36	10.71	8.89	2003—2004	4.57	7.91	6.83	7.74
1993—1994	11.27	16.40	11.79	12.47	2004—2005	9.28	6.75	11.55	7.02
1994—1995	13.02	16.00	15.01	13.78	2005—2006	7.92	10.10	7.02	10.49
1995—1996	10.79	11.10	10.71	8.28	2006—2007	7.77	6.94	10.82	7.28※
1996—1997	11.80	13.01	12.45	14.63	2007—2008	12.00	16.64	16.81	12.91
1997—1998	7.81	6.58	7.35	6.55	2008—2009	20.77	18.19	23.41	20.68
1998—1999	5.74	6.35	6.44	5.85	2009—2010	11.73	12.63	13.32	10.75
1999—2000	3.58	1.77	1.83	2.78	2010—2011	13.92	23.32	18.18	19.54
2000—2001	4.41	6.21	4.84	6.72					
基年 2007—2008 = 100									
2008—2009	17.0	18.9	21.1	20.7	2011—2012	11.0	10.4	7.1	5.3
2009—2010	10.1	13.8	12.9	10.8	2012—2013＊	7.7	7.92	7.9	7.5
2010—2011	13.7	21.2	16.6	19.5	2013—2014＊	8.7	8.28	9.8	

注 ＊2012年7月至2013年4月及2013年7月至2014年4月的数据。※以2005—2006年度为基，即以2005—2006年度的物价指数为100。

资料来源：Ministry of Finance, Government of Pakistan, *Pakistan Economic Survey 2012 – 13*, Islamabed, 2013, Statistical Appendices, Table 7.3B; *Pakistan Economic Survey 2013 – 14*, Islamabad, 2014, pp. 107, 110, 111.

币基金组织指导的结构调整计划是分不开的。[①] 同时，从前文可知，这期间的货币资产增幅虽然没有加快，但也没有比此前减慢。而且，这期间巴的经济增速较慢。这些也会影响到物价涨落。

应该说，这些研究得出的一些结论是符合巴基斯坦实际的。从统计数据看，这个时期物价涨幅较大的商品主要有：以 2000—2001 年度的物价指数为 100，普通小麦的价格从 1990—1991 年度每公斤 3.07 卢比升至 1996—1997 年度的 6.59 卢比，面粉价格从 3.66 卢比升为 7.32 卢比，牛肉价格从每公斤 25.51 卢比升为 54.01 卢比，羊肉价格从 50.39 卢比涨到 99.42 卢比，土豆价格从每公斤 5.19 卢比涨至 12.08 卢比，芥子油价格从每公斤 20.93 卢比涨为 47.27 卢比，酥油价格从每公斤 19 卢比涨至 42.76 卢比，红辣椒价格从每公斤 24.38 卢比涨到 74.15 卢比，食糖价格从每公斤 11.26 卢比涨到 21.26 卢比，鲜奶价格从每公升 7.71 卢比升到 15.12 卢比，洗衣皂价格从每块 2.49 卢比涨为 5.95 卢比，稻米价格从每公斤 4.84 卢比涨为 9.99 卢比，煤油价格从每公升 2.57 卢比升为 10.66 卢比。[②] 这些商品价格上涨与巴经济结构问题即农业增长慢，工业化水平低密切相关。这期间的结构调整，巴政府总体上放松了对市场物价的管制，让市场机制更多调控物价，同时减少了对许多日用消费品的价格补贴。

1997—1998 年度至 1999—2000 年度的 3 个年度，巴的消费者价格指数涨幅回落到年均 5.7%，其中食品价格指数回落到年均 5.3%，非食品价格指数回落到年均 6.1%；批发价格指数回落到年均 4.9%；敏感价格指数回落到年均 5.2%。2000—2001 年度到 2002—2003 年度的 3 个年度，消费者价格指数的涨幅年均为 3.7%，食品价格指数的涨幅年均为 3.1%，非食品价格指数涨幅年均为 4.3%；批发价格指数涨幅年均为 4.8%，敏感价格指数涨幅年均为 4.0%。[③] 1997—1998 年度至 2002—2003 年度物价涨幅回落的原因又是什么呢？相对从紧的货币政策，日用必需品供应的改

---

① S. Akbar Zaidi, *Issues in Pakistan's Economy*, Oxford University Press, Karachi, 2000, pp. 284 – 287.

② Ministry of Finance, Government of Pakistan, *Pakistan Economic Survey 2011 – 12*, Islamabad, 2012, Statistical Appendices, Table 7.4.

③ Ministry of Finance, Government of Pakistan, *Pakistan Economic Survey 2002 – 03*, Islamabad, 2003, Statistical Appendices, Table 8.2.

善，政府管制类商品价格没有再提高，税率包括关税税率的降低，巴一些主要进口商品价格下降，都对这个时期的物价回落发挥了不同程度的作用。同时，1999—2007 年巴的经济增速加快，保持较高增速，也对物价涨幅降低起了作用。这期间，1994—1997 年年均上涨 12.4% 的食品价格，1999—2000 年度的涨幅已经降到 2%。[1] 从前文可知，这期间巴的财政赤字率大幅降低，货币供应增幅较稳定，它们对物价回落也有一定作用。

2003—2004 年度后，巴的价格上涨再次加快，2008 年以来进入两位数的物价上涨时期，物价涨幅仅低于佐·布托执政时期。原因有：食品、原料、石油价格居高不下，不断上升。以 2000—2001 年度的物价指数为 100，2006—2007 年度，巴食品的批发价格指数为 145.67，2007—2008 年度为 173.27，2010—2011 年度达 285.93；同期，原料批发价格指数分别为 138.85、156.57 和 374.44，燃料、照明和润滑剂批发价格指数分别为 184.10、223.34 和 348.19。结果，总批发价格指数分别涨到 146.17、170.15 和 279.30。[2] 如果以 2007—2008 年度的物价指数为 100，则2008—2009 年度，巴的食品价格指数为 123.11，2011—2012 年度为 182.77，同期的总物价指数分别为 117.03 和 162.57。2008—2009 年度，食品价格指数的上涨幅度为 23.13%，总物价指数的涨幅为 17.03%；2009—2010 年度分别为 12.93% 和 10.1%；2010—2011 年度分别为 18.02% 和 13.66%；2011—2012 年度分别为 11.01% 和 11.03%。[3] 这期间巴国内食品和燃料价格高，在一定程度上和很大程度上是国际食品价格高和石油价格高企的反映。其次，为刺激经济，为贫困人口提供补贴，政府财政支出增加，财政赤字率提高。2006—2007 年度，巴的财政赤字率为 4.1%，2007—2008 年度提高到 7.3%，2011—2012 年度仍然高达 6.8%。[4] 另外，国内局势不够稳定，恐怖主义活动频繁也有一些影响。还有，2010 年发生的洪灾和 2011 年信德省等发生的暴雨的影响。估计 2011 年暴雨引发的洪灾造成

① Ministry of Finance, Government of Pakistan, *Pakistan Economic Survey 1999 - 2000*, Islamabad, 2000, Statistical Appendices, Table 8.2.

② Ministry of Finance, Government of Pakistan, *Pakistan Economic Survey 2011 - 12*, Islamabad, 2012, Statistical Appendices, Table 7.4.

③ Ministry of Finance, Government of Pakistan, *Pakistan Economic Survey 2012 - 13*, Islamabad, 2013, Statistical Appendices, Table 7 (B).

④ Ibid., p. 49.

3245 亿卢比（占当年国内生产总值的 1.6%）的损失，其中农业 1630 亿卢比。[①] 再有，巴货币卢比不断贬值。1991—1992 年度，24.84 卢比可以兑换 1 美元，1995—1996 年度为 33.57 卢比兑换 1 美元，2001—2002 年度为 61.43 卢比兑换 1 美元，2005—2006 年度为 59.86 卢比兑换 1 美元，2010—2011 年为 85.5 卢比兑换 1 美元。[②] 巴卢比的这种弱势地位，必然对巴的物价产生一定影响。最后，货币扩张速度远高于国内生产总值的增速。除上述原因外，2003 年以来的物价上涨加快，还与 1999—2007 年巴经济增速较快引起的经济过热，人们收入提高后需求增加及消费结构改变有关。

这期间巴基斯坦政府应对通货膨胀的措施主要是实行从紧的货币政策，压低政府的财政支出，增加商品生产和供应，畅通商品供应和分配渠道。2009 年 4 月 21 日，巴国家银行规定的政策利率为 14%，同年 11 月 25 日降至 12.5%，但后来又重新提高，2010 年 11 月 30 日调回到 14%。[③] 从表 6—9 可见，从 2007 年到 2009 年，巴的货币供应增长幅度在不断降低，降低了 9.7 个百分点。从前文可知，这些政策措施收到了一定成效，从 2011—2012 年度开始，巴的物价开始回落。

① Ministry of Finance, Government of Pakistan, *Pakistan Economic Survey 2011 - 12*, Islamabad, 2012, p. 110.

② Ministry of Finance, Government of Pakistan, *Pakistan Economic Survey 2012 - 13*, Islamabad, 2013, Statistical Appendices, Table 8.11.

③ Ministry of Finance, Government of Pakistan, *Pakistan Economic Survey 2011 - 12*, Islamabad, 2012, p. 66.

第七章

金融业的发展

　　独立前，由于巴基斯坦仅是当时英属印度的一部分，也不是经济政治中心地区，故巴的金融业是十分落后的，不用说不可能有中央银行，就是商业银行的分支机构也很少，货币市场和资本市场几乎是空白。在列入当时英印政府中央银行即印度储备银行第二表的 99 家银行中，仅有一家在巴基斯坦设立了办事处。这些表列银行开设了 3496 家支行，其中只有 631 家设在后来组成巴基斯坦的区域内。这 631 家支行的已缴资本和储备仅占英属印度银行已缴资本和收入总额的 10%。且巴独立后，631 家支行中，仅有 213 家在营业，已缴资本占比降为 1.5%。[①] 因此，可以说独立后巴的金融业几乎是从零水平开始发展。经过独立以来 60 多年的建设和发展，今天，巴已经建成系统的金融体系，银行、发展金融机构、非银行金融机构、保险、货币和资本市场都取得明显发展。主要以货币资产 M2 与国内生产总值的比率这个指标的不断提高为依据，巴基斯坦政府认为巴在金融深化方面取得了显著进步。1990—1991 年度，巴货币资产 M2 与国内生产总值的比率为 36.9%，2006—2007 年度最高增至 46.6%。[②] 当然，巴的金融业还存在发展不足、管理不当、效益不高等问题。

[①] S. Akbar Zaidi, *Issues in Pakistan's Economy*, Oxford University Press, Karachi, 2000, pp. 252 – 253.

[②] Ministry of Finance, Government of Pakistan, *Pakistan Economic Survey 2007 – 08*, Islamabad, 2008, p. 89.

第一节　中央银行——巴基斯坦国家银行

一　中央银行的建立及其职能

每个国家都设有自己的中央银行，只是称呼不一罢了。巴基斯坦的中央银行叫做巴基斯坦国家银行（State Bank of Pakistan），于 1948 年 7 月 1 日按照《1948 年巴基斯坦国家银行法》建立。目前，巴基斯坦国家银行的结构、业务和权力主要按《1956 年巴基斯坦国家银行法》确定。1948 年的银行法授权巴国家银行管理银行券的发行，保持储备以稳定货币，有效执行国家的货币和信贷制度规定。1956 年的国家银行法规定，巴基斯坦国家银行负责管理巴的货币和信贷制度，通过保证货币稳定和充分利用国家的生产资源，促进国家利益的最大增长。巴国家银行股份的 51%（1956 年为 3 千万卢比）由巴联邦政府持有，其余 49% 由私营部门持有。1974 年 1 月巴国家银行国有化后，巴政府通过补偿支付方式获取了私营部门持有的股份。

巴基斯坦国家银行的事务和业务由中央董事会（Central Board of Directors）监督和指导。中央董事会由 1 位董事长、1 位或多位副董事长和 7 位董事组成。这些人由巴联邦政府任命。除一位政府部长外，联邦议员和省议员、政府带薪官员、任何银行职员或官员、另外一家银行的董事不能担任中央董事会董事。中央董事会每年至少召开 6 次、每个季度至少召开 1 次会议。巴基斯坦国家银行有 1 位行长，1 位或多位副行长，副行长协助行长工作。行长和副行长均由巴联邦政府任命，每届任期 5 年，可以连任。联邦议员及省议员、从公共基金中领薪水的人员、官员、部长、另外一家银行或金融机构的职员、任何一家银行和金融机构股份的持有人，都不能担任行长或副行长。行长必须整个工作日在国家银行工作，代表中央董事会控制和指导银行事务，主持中央董事会会议。

根据 1956 年银行法第四章的有关规定，巴基斯坦国家银行发挥的职能主要有：

发行货币。除 1 卢比面值的纸币和铸币由巴基斯坦政府财政部负责发行外，面值 10、20、50、100、500 和 1000 卢比的纸币的发行权，只由巴国家银行独享。巴国家银行发行的银行券中，至少有 30% 由金币、金条和政府认可的外汇担保。目前，巴国家银行在卡拉奇、拉合尔和白沙瓦设有货币发行办公室，还在全国各地设有许多金库。货币发行的最高限额由巴国家银行会同年度计划协调委员会、国家信贷咨询委员会，根据巴国内生产总值发展计划指标和国际价格形势讨论后共同决定。

充当政府的银行家、顾问、代理人。巴国家银行充当巴联邦政府和各省政府的银行家。它接受它们的现金存款、其他银行开立的支票或汇票，为政府提供发放薪水和工资所需要的现金及其他现金支出，为政府在不同账户和地区间转移资金提供服务。当国家财政需要资金时，巴国家银行也向联邦和省两级政府提供信用，或以国库票据和国家有价证券抵押的方式提供短期信贷，或动用国家银行自有的资金购买国家债券，或向联邦政府透支，等等。实行金融业改革，通过拍卖方式发行政府国库券和其他债券后，巴国家银行每年都要拍卖一定数额的政府国库券和债券。例如，2011年7月至2012年3月，巴国家银行通过一级市场承兑了24862亿卢比的政府国库券，承兑了1591.77亿卢比的巴基斯坦投资债券，市场购买了42590亿卢比的国库券和2423.36亿卢比的巴基斯坦投资债券。[①] 巴国家银行收集各种经济发展信息，在农业信贷、工业融资、汇率控制、储蓄动员、计划和发展等方面，向中央和省两级政府提出建议，发行和贴现政府国库券等，代表政府控制汇率，管理政府的公债，代表政府制定和实施货币及信贷政策。

充当银行家的银行。巴基斯坦国家银行不直接向工商企业办理信贷业务，而只同商业银行、专业银行、金融机构发生业务往来。为加强中央银行的金融地位和控制信贷的能力，巴基斯坦的表列银行必须将它们活期和定期存款的至少5%作为储备金存入巴国家银行。为了为农业和工业发展融资，巴国家银行有权购买、持有和出售任何银行公司和任何公司的股票和债券。反之，表列银行有权从国家银行再贴现政府证券、为期90天的商业汇票和农业票据。巴国家银行有权制定和实施有关政策，促进巴银行和信贷机构的扩张。当其他银行有需要时，巴国家银行有义务向它们提供农业和工业信贷的指导。巴国家银行除通过调整利率、公开市场业务、存款储备制度等对银行的信贷量进行调控外，还采用信贷限额甚至强制措施影响银行的信贷。此外，根据《1962年银行条例》，国家银行还单独享有

---

① Ministry of Finance, Government of Pakistan, *Pakistan Economic Survey 2011 – 12*, Islamabad, 2012, p. 73.

批准银行开办新支行和改变支行营业地址申请的权利，可以禁止经营情况不佳的银行吸收新的存款，还可以把不履行各种法律规定的银行告上法庭。

实行外汇控制。巴国家银行还被赋予实施外汇控制的权力，可以控制国内的外汇流入和流出，可以向其他银行发放从事外汇业务的许可证，控制资本从国内流入和流出，检查某些商品的出口价格。

二　巴基斯坦国家银行在经济发展过程中的作用

巴基斯坦国家银行建立以来，在巴经济发展过程中发挥了一系列作用。赛义德等巴学者总结了以下几个方面：[①]

促进银行系统的成长。在本节第一段话中，我们已经指出了独立之初巴基斯坦银行业的落后状况。因此，巴国家银行建立后的重要任务之一，就是促进本国银行业的发展。今天，巴已建立各类银行和金融机构，银行分支机构已经遍布巴城乡，非银行金融机构大量存在。具体情况请看本章后面几节。

对专门的金融机构提供援助。巴基斯坦国家银行对巴基斯坦农业银行、住房建设金融公司、巴基斯坦工业发展银行、联邦合作银行等专业银行、金融机构提供贷款及资金援助，使它们能够为各种经济建设和发展提供资金。

实施货币和信贷政策。巴基斯坦国家银行代表国家执行货币和信贷政策，抑制通货膨胀，供应经济发展需要的资金，使银行能够得到生产活动需要的足够资金，促进经济发展和宏观经济稳定。例如，2001—2003 年，为促进经济发展，巴国家银行几次对利率结构进行调整，不断降低银行利率。名义贷款利率从 2001 年 1 月的 14.23%，下调为 2002 年 8 月的 11.56% 和 2003 年 3 月的 8.26%，同期名义存款利率分别降到 6.37%、4.31% 和 2.81%，国库券利率分别降到 10.96%、6.40% 和 1.65%。[②] 与 2001 年 1 月 14.23% 的贷款利率相比，2003 年 3 月的贷款利率下调了 597

---

① K. Amjad Saeed, *The Economy of Pakistan*, Oxford University Press, Karachi, 2007, pp. 96 – 97.

② Ministry of Finance, Government of Pakistan, *Pakistan Economic Survey 2002 – 03*, Islamabad, 2003, Statistical Appendices, Table 6. 7.

个基点。2000 年以来，巴国家银行的货币政策经历了 2000—2003 年的宽松（easy）阶段，2003—2004 年的紧缩阶段，2004—2005 年度的逐渐紧缩阶段，2005 年以来的全面紧缩阶段。期间，巴国家银行把法定流动性比率从 15% 提高到 18%，把现金准备率从 5% 提高到 7%，把贴现率（政策利率）从 9% 提高到 9.5%。实行全面从紧的货币政策后，巴国家银行把贷款利率从 2005 年 6 月的 8.2%，提高到 2006 年 2 月的 10.2% 和 12 月的 11.2%；同期，把存款利率从 1.9% 分别提高到 2.8% 和 3.7%。[1] 2011 年，为促进经济增长，巴国家银行实行扩张性的货币政策，起先把贴现率降低 50 个基点，从 14% 降低到 13.5%。当看到消费者价格指数和政府从中央银行的借款保持在较低水平时，便将贴现率再降低 150 个基点，降到 12% 的水平。[2]

为出口融资。巴基斯坦国家银行向有关银行提供资金，使它们能够以优惠利率为出口商提供贷款，促进出口。

促成优先发展部门信贷目标的实现。在每年的信贷计划中，巴基斯坦国家银行要求商业银行为国家要优先发展的部门及产业提供一定数额的贷款，促进生产发展。

金融制度伊斯兰化。按政府要求，从 1985 年 7 月 1 日开始，巴基斯坦国家银行准备和实施了伊斯兰模式金融计划，银行按伊斯兰制度开展金融和贷款业务（不收利息）。

建立银行公共委员会。为促成人们养成银行习惯和动员储蓄，巴基斯坦国家银行于 1959 年成立了银行公共委员会（Banking Publicity Board）。

开展培训。巴基斯坦国家银行实施了培训计划，向各银行的职员及希望进入银行工作的人提供银行业务知识培训，培养了大批银行家及金融专家。

然而，由于来自巴基斯坦政府方面的过多干预，巴国家银行的独立性和自治地位受到了侵犯，巴国家银行因此不能完全按照经济发展规律和金融业发展规律实行货币及信贷管理，巴国家银行管理货币供应，稳定物价

[1] Ministry of Finance, Government of Pakistan, *Pakistan Economic Survey 2006 – 07*, Islamabad, 2007, pp. 85 – 86, 95.

[2] Ministry of Finance, Government of Pakistan, *Pakistan Economic Survey 2011 – 12*, Islamabad, 2012, p. 66.

和货币，促进宏观经济稳定和经济发展的职能没能有效发挥，巴国家银行的信誉也受到损害。为此，在 1988 年以来的经济结构调整和金融改革中，巴政府对国家银行法等法律作出了修正，赋予了巴国家银行更大的自治权和对银行、非银行金融机构的监督管辖权。1991 年 8 月 26 日，巴政府对 1962 年的《银行公司法令》作出修正，扩大了巴基斯坦国家银行对非银行金融机构的监督管辖权，修正后的法令从 1992 年 7 月 1 日生效。

第二节　商业银行

银行业是巴基斯坦金融业的主体。独立以来，巴商业银行的发展经历了 1974 年以前公营和私营银行并存，1974—1988 年以公营银行为主，1988 年后转向以私营银行为主的几个发展阶段，获得了很大发展，银行机构大量增加，吸收的存款和发放的贷款也大量增加，活动日益多元化，为巴经济的发展作出了重要贡献。当然，巴的商业银行还存在一些明显问题。

一 1974 年以前的发展情况

1974 年以前，巴基斯坦的商业银行以国有银行为主，但也有私营银行和外国银行。

巴基斯坦最早建立的本土银行是 1942 年建于卡拉奇的联邦银行（ABL）。1947 年巴独立之初，于 1941 年建于孟买的属于巴最早的商业银行哈比卜银行（Habib Bank Limited，HBL）就迁回了卡拉奇。1947 年巴又新建了 2 家大型国有银行即巴基斯坦国民银行（National Bank of Pakistan，NBP）和穆斯林商业银行（Muslim Commercial Bank，MCB）。[1] 据另外一份材料显示，1948 年 7 月，全巴基斯坦仅有 2 家本国表列银行（Scheduled Banks，根据 1956 年的巴国家银行法，实收资本和储备金在 50 万卢比及以上的银行称为表列银行，合作银行即使实收资本和储备金不到 50 万卢比，也属表列银行），[2] 有 65 家银行支行。银行存款总额为

---

① 李勇、李辉富：《巴基斯坦金融发展：理论与实证》，云南大学出版社 2013 年版，第 32 页。

② 李德昌：《巴基斯坦经济发展》，四川大学出版社 1992 年版，第 278 页。

11.081 亿卢比，其中 73% 被主要从事外贸活动的外国银行控制。1948 年
7 月 1 日巴国家银行建立后的 18 个月内，巴新开设了 51 家银行支行，其
中 28 家属于巴基斯坦银行，12 家属于印度银行，4 家属于外汇银行（外
国银行），7 家由新组建的巴基斯坦国民银行开设。1949 年底，巴有 35 家
表列银行，4 家是巴基斯坦银行，23 家是印度银行，8 家是外汇银行。这
些银行在西巴基斯坦开设了 109 家支行，在东巴基斯坦开设了 83 家支行。
外汇银行主要分布在吉大港和卡拉奇。1950 年 6 月以前，巴基斯坦国民
银行的作用是为黄麻生产进行融资。20 世纪 50 年代，更多的银行支行得
以建立，银行动员的国内储蓄增加，银行在主要为外贸和商业提供信贷的
同时，商业银行也在为国内工业生产提供信贷方面发挥重要作用，巴本国
银行的作用日益增大。1952 年，在银行提供给各部门的贷款中，38% 是
巴基斯坦银行的，22% 是印度银行的，40% 是外国银行的。1955 年，巴
基斯坦银行提供的贷款额占到 59%，1970 年占到 89%。在巴国家银行的
推动下，巴银行支行迅速扩张。1963 年，巴的银行支行增加到 957 家，
其中超过 65% 的分布于西巴基斯坦，分布于东巴基斯坦的不到 35%。
1970 年，巴的银行支行增至 3170 家，1973 年达到 3195 家。①

　　随着商业银行的增加，它们的账户数和存款也在不断增加。1948—
1954 年，银行的存款增加了 61%。1964 年，巴 1298 家银行支行的开户
账户为 1907011 个，名义存款数为 65.02 亿卢比，实际存款为 60.52 亿卢
比。1970 年，开户账户数达 6380959 个，名义存款为 141.31 亿卢比，实
际存款为 105.55 亿卢比，储蓄账户占总账户的 77.06%，储蓄存款占名
义存款的 29.92%；1973 年，开户账户数达 8694269 个，名义存款为
219.57 亿卢比，实际存款为 127.39 亿卢比，储蓄账户占总账户的 78.72%，
储蓄存款占名义存款的 36.13%。②

　　20 世纪五六十年代，巴基斯坦的商业银行主要被大商业家族和集团
控制，也主要为商业大亨和团体发放贷款，获得贷款的主要是商业部门，
其次是工业部门，但工业部门获得的贷款迅速增加。到 1959 年 3 月 31
日，63% 的银行贷款被 222 个资金在 100 万卢比及以上的账户获得，2.5

---

① S. Akbar Zaidi, *Issues in Pakistan's Economy*, Oxford University Press, Karachi, 2000,
pp. 253, 258.

② Ibid., pp. 254, 258.

万卢比以下的贷款仅占总贷款额的 6% 。1970 年 9 月，巴国家银行的一份
报告指出，巴银行中的 88 个账户获得了贷款总额的 25% ，这些账户的持
有人大多是银行自己的董事。[①] 从表 7—1 可见，到 1953 年 6 月，表列银
行发放的贷款总额为 5. 147 亿卢比。其中，商业部门获得 2. 17 亿卢比，
占 42% ；农业、林业、渔业和狩猎获得 0. 948 亿卢比，占 18. 4% ；制造
业获得 0. 824 亿卢比，占 16% 。此外，服务部门获得 0. 675 亿卢比，运
输、仓储和通信业获得 0. 123 亿卢比，建筑业获得 790 万卢比，就业等获
得 0. 313 亿卢比。到 1963 年 6 月，表列银行发放的贷款总额为 33. 08 亿
卢比。其中，商业部门获得 13. 16 亿卢比，占 39. 8% ；农业、林业、渔
业和狩猎获得 2. 33 亿卢比，占 7% ；制造业获得 12. 37 亿卢比，占
37. 4% 。此外，服务部门获得 2. 58 亿卢比，运输、仓储和通信业获得
0. 763 亿卢比，建筑业获得 0. 905 亿卢比，就业等获得 0. 799 亿卢比。到
1972 年 6 月，表列银行发放的贷款总额为 124. 33 亿卢比。其中，商业部
门获得 31. 83 亿卢比，占 25. 6% ；农业、林业、渔业和狩猎获得 11. 57 亿
卢比，占 9% ；制造业获得 61. 24 亿卢比，占 49. 3% 。此外，服务部门获
得 9. 25 亿卢比，运输、仓储和通信业获得 3. 06 亿卢比，建筑业获得 1. 50
亿卢比，就业等部门获得 4. 58 亿卢比。另外一份材料的数据是，1965
年，农业获得了 6. 5% 的银行贷款，制造业获得 38. 8% ，商业获得
37. 1% ，其他部门获得 17. 6% ；1970 年，农业获得 9. 6% 的银行贷款，制
造业获得 43. 2% ，商业获得 30. 7% ，其他部门获得 16. 5% 。[②] 数据表明，
随着巴工业化的推进，制造业获得了越来越多的银行贷款，但农业受到忽
视，中小企业也受到冷漠，它们获得的贷款很少。

　　对于 20 世纪 50、60 年代巴基斯坦银行贷款的不平衡分配，巴政府和
巴国家银行也曾试图加以纠正。1959 年 2 月，阿尤布·汗政府成立信贷
委员会，要求该委员会根据国民经济各部门的实际需要制定合理的信贷政
策。根据贷款集中于少数富人和财团的状况，该委员会建议商业银行应分
散其贷款，信贷要有利于生产者，特别要有利于农业部门的发展。1962

　　① S. Akbar Zaidi, *Issues in Pakistan's Economy*, Oxford University Press, Karachi, 2000,
pp. 255 – 256.

　　② Ishrat Husain, *Pakistan The Economy of An Elitist State*, Oxford University Press, Karachi,
1999, p. 175.

表7—1　　1985 年 6 月前表列银行贷款的经济部门分配情况

单位：百万卢比

经济部门	1953 年 6 月	1963 年 6 月	1972 年 6 月	1977 年 6 月	1985 年 6 月
农、林、渔和狩猎	94.8 (18.4)	232.7 (7)	1156.8 (9)	4632.5 (15.8)	14029.1 (12.56)
采矿和采石	0.3	11.6	62.5	381.9	464.9
制造业	82.4 (16)	1236.5 (37.4)	6124.3 (49.3)	12576.9 (42.9)	33765.2 (30.24)
纺织业					13266.6 (11.88)
建筑业	7.9	90.5	149.9	698.7	2155.1
电、气、水和卫生服务	1.1	7.3	68.6	101.3	115.5
商业	217.0 (42)	1315.7 (39.8)	3182.8 (25.6)	6146.1 (21.0)	14896.6 (13.34)
批发和零售贸易		1228.6	2981.0	5723.4	5269.7
运输、仓储和通信	12.3	76.3	305.5	391.4	648.3
服务业	67.5	257.6	924.8	2633.6	709.9
其他私营业务					2852.6
信托基金和非营利组织					100.4
雇员及不足以描述活动	31.3	79.9	457.6	1720.3	
个人					8806.2
其他不足以描述的活动					1001.8
贷款总额	514.7	3308.0	12432.8	29282.7	11655.3

注：括号中的数据为百分比。

资料来源：巴基斯坦国家银行不同年度的银行统计，转引自 S. Akbar Zaidi, *Issues in Pakistan's Economy*, Oxford University Press, Karachi, 2000, pp. 255, 259。

年 5 月，再次成立新的信贷委员会。该委员会指出了信贷集中于少数人的弊端，要求向中小型企业发放贷款，而且要求巴国家银行保证使银行系统贷款的 15%—20% 投向各生产部门的小业主。[1] 但是，由于商业银行都被私人财团或工商业家族控制，它们几乎不听从巴国家银行的要求，加上巴政府也不想实行真正的银行改革，这两次努力并没有收到多少实效。

在这个阶段，巴基斯坦的商业银行受到利率管制，实行信贷配给。巴商业银行存款总额的 30% 必须用于持有政府债券。现金储备率建国初期为 5%，1965 年提高到 7.50%，后又逐步降低至 1968 年的 5%。流动性比率 1948 年 7 月 1 日为 15%，后逐步调高到 1973 年 8 月 16 日的 30%。[2]

二 1974—1989 年的发展情况

1974 年 1 月 1 日，佐·布托政府颁布了《银行国有化法令》，宣布对商业银行实行国有化。该法令规定，只有巴基斯坦联邦政府或由联邦政府拥有或控制的公司才能建立银行；对巴国家银行及所有商业银行进行国有化；国有化银行的所有股份全部转移给联邦政府；巴政府对国有化银行股份的持有者以政府债券方式给予补偿，这些债券在 15 年内分期支付。[3]

法令宣布后，当时巴有的 14 家表列商业银行中的 13 家分阶段重新组成了 5 家大银行。中央银行即巴基斯坦国家银行也实行了国有化。当然，国有化没有涉及外国银行。到 1978 年，巴有 9 家国内银行，19 家外资银行。[4]

1974 年巴基斯坦的银行国有化是有客观原因和背景的。上文已经指出，20 世纪五六十年代，巴的商业银行多是私有银行，大多被大工商业财团或家族拥有、控制，获得银行贷款的主要是少数大工商业公司，一些经济发展急需的行业、中小工商业企业很难获得贷款。这种状况，造成了经济权力和财富的集中。对此，巴政府中的许多人都不满意，广大人民群众更不满意，巴政府也曾经试图改变这种局面。1969 年，印度英迪

① 李德昌：《巴基斯坦经济发展》，四川大学出版社 1992 年版，第 266—267 页。
② 李勇、李辉富：《巴基斯坦金融发展：理论与实证》，云南大学出版社 2013 年版，第 35 页。
③ K. Amjad Saeed, *The Economy of Pakistan*, Oxford University Press, Karachi, 2007, p. 101.
④ 李勇、李辉富：《巴基斯坦金融发展：理论与实证》，云南大学出版社 2013 年版，第 34 页。

拉·甘地领导的政府在印度掀起了国有化高潮，把 14 家主要商业银行国有化。此事在巴基斯坦激起了很大反响，当时巴计划委员会中主要的经济学家都赞同巴实行银行国有化。在这种背景下，以左翼政党形象上台的布托政府，为实现竞选诺言，也为了推行自己的政治经济纲领，当然要对金融业进行改革。

实行银行国有化前，1972 年 5 月，布托政府已经开始对银行的改革，试图改变银行贷款集中在少数人身上的问题；9 月，成立国家信贷咨询委员会，负责确定每个年度的信贷量及部门分配方案。这些改革在改变贷款的部门分配方面，已经产生了一定效果。

从银行国有化到布托政府被推翻期间，银行支行获得了前所未有的高速扩张，银行贷款结构改善。从表 7—2 可见，1974 年银行支行增为 3875 家，1977 年增为 6737 家，年均增幅超过 20%。银行开户账户和存款额在 1974 年出现大幅下降后，又都迅速增加。1974 年的开户账户数为 7221384 个，比上年下降 16.94%；名义存款额为 221.43 亿卢比，比上年增加 0.84%；实际存款额为 103.64 亿卢比，比上年下降 18.64%。1975 年，银行支行增为 5066 家，比上年增长 30.74%；开户账户数为 8745774 个，比上年增加 21.11%；名义存款额为 279.34 亿卢比，比上年增加 26.15%；实际存款额为 106.95 亿卢比，比上年增长 3.19%。1977 年，银行支行数为 6737 家，比上年增长 17.66%；开户账户数为 11970996 个，比上年增长 11.79%；名义存款额为 424.95 亿卢比，比上年增长 14.16%；实际存款额为 131.17 亿卢比，比上年增长 3.16%。同时，表列银行贷款的部门分配获得了明显优化。从表 7—1 可知，到 1977 年 6 月，贷款总额为 292.83 亿卢比。其中制造业获得 125.77 亿卢比，占 42.9%；商业部门获得 61.46 亿卢比，占 21.0%；农业、渔业、林业和狩猎获得 46.33 亿卢比，占 15.8%。此外，服务部门获得 26.33 亿卢比，就业等部门获得 17.20 亿卢比，建筑业获得 6.99 亿卢比，运输、仓储和通信部门获得 3.91 亿卢比。另外一份数据是，1975 年，农业获得的银行贷款占 11.1%，制造业获得的占 40.7%，商业获得的占 30.3%，其他部门获得的占 17.9%。[①]

---

① Ishrat Husain, *Pakistan The Economy of An Elitist State*, Oxford University Press, Karachi, 1999, p. 175.

齐亚·哈克执政期间（1978—1988），巴基斯坦的银行机构扩张除在开始几年和最后两年有所增加外，其他年份则有所下降。但是开户账户继续增长，名义存款和实际存款显著增长。表7—2表明，银行支行方面，1978年为7077家，1982年最多时达7375家，1986年降为7097家，1988年为7206家。1978年，开户账户为13246637个，较上年增长10.66%，名义存款为531.14亿卢比，较上年增长24.99%，实际存款额为150.43亿卢比，较上年增长14.68%；1980年，开户账户为15374410个，较上年增长7.09%，名义存款为699.75亿卢比，较上年增长13.60%，实际存款额为170.00亿卢比，较上年增长2.81%；1988年，开户账户为23947814个，较上年增长6.06%，名义存款为2187.02亿卢比，较上年增长6.10%，实际存款额为306.97亿卢比，较上年增长－3.21%。贷款的部门分配进一步发生变化。到1985年6月，在表列银行1116.55亿卢比的贷款总额中，私营部门获得696.37亿卢比，占62.37%。其中私营制造业部门获得337.65亿卢比，占30.24%；农业获得140.29亿卢比，占12.56%；商业部门获得148.97亿卢比，占13.34%；纺织业获得132.67亿卢比，占11.88%。公营部门企业获得180.59亿卢比，占16.17%；政府获得140.51亿卢比，占12.58%。此外，个人获得88.06亿卢比，批发和零售贸易获得52.70亿卢比，建筑业获得21.55亿卢比，其他私人业务获得28.53亿卢比。[1] 另外一份数据表明，1980年，农业获得银行贷款的12.3%，制造业获得37.50%，商业获得23.2%，其他部门获得27%；1985年，农业获得银行贷款的20.1%，制造业获得48.5%，商业获得21.4%，其他部门获得10.0%；1990年，农业获得银行贷款的27.5%，制造业获得41.3%，商业获得21.0%，其他部门获得10.2%。[2]

此外，银行国有化后，可以与外国银行建立联合银行，外国银行支行的数量从1973年的15家，增加到1982年的95家。[3]

---

① S. Akbar Zaidi, *Issues in Pakistan's Economy*, Oxford University Press, Karachi, 2000, p. 259.

② Ishrat Husain, *Pakistan The Economy of An Elitist State*, Oxford University Press, Karachi, 1999, p. 175.

③ K. Amjad Saeed, *The Economy of Pakistan*, Oxford University Press, Karachi, 2007, p. 102.

表 7—2　　　　　1964—1989 年巴基斯坦银行支行和存款情况

时间	支行数	%变化	账户数	%变化	名义存款	%变化	实际存款	%变化	储蓄账户占比	储蓄存款占比
1964	1298	—	1907011	—	6501.9	—	6052.0	—	—	—
1965	1591	22.57	2390574	25.36	7308.3	12.4	6516.5	7.68	—	—
1966	1967	23.63	3133264	31.07	8965.9	22.68	7776.8	19.34	68.11	21.39
1968	2536	10.98	4686116	20.86	11557.7	14.44	8904.2	11.04	73.30	26.23
1970	3170	11.54	6380959	15.04	14131.3	12.10	10555.2	7.98	77.06	29.92
1972	2600	-23.93	7836207	7.70	18865.4	20.98	126801.0	14.03	78.69	34.27
1974	3875	21.28	7221384	-16.94	22142.6	0.84	10364.4	-18.64	80.22	37.35
1976	5726	13.03	10708367	22.44	37222.4	33.25	12714.7	18.89	80.84	37.57
1978	7077	5.05	13246637	10.66	53114.2	24.99	15043.0	14.68	79.89	41.43
1980	7076	1.67	15374410	7.09	69975.3	13.60	17000.4	2.81	80.58	40.93
1982	7375	0.14	18251389	7.42	95977.6	18.92	19238.0	8.73	81.42	43.51
1984	7189	-1.99	20488157	4.72	129660.0	5.97	22513.0	-3.37	81.01	44.17
1986	7097	-0.32	21720814	2.38	177959.1	17.70	28617.0	13.96	80.30	43.65
1988	7206	0.60	23947814	6.06	218701.5	6.10	30696.7	-3.21	81.15	42.99
1989	7254	0.67	25140525	4.98	245722.5	12.36	31764.0	3.48	81.15	42.99

注：% 变化指与上一年相比增长或下降的百分比；储蓄账户占比指占全部账户的百分比；储蓄存款占比指占名义存款的百分比；实际存款按 1960 年的价格计算；名义存款的单位为百万卢比。

资料来源：巴基斯坦国家银行：《1990—1991 巴基斯坦银行统计》，转引自 S. Akbar Zaidi, *Issues in Pakistan's Economy*, Oxford University Press, Karachi, 2000, p.258。

　　当然，商业银行国有化后，由于政府指定银行负责人（很多人是外行），实行银行利率管制和贷款额度、贷款部门限制，规定必须给一些行业低利率的优惠贷款，把银行的现金准备率定得较高，发行高利率的政府债券与银行争夺存款等被金融学理论认为是金融压抑的政策措施，导致银行出现了不少问题。主要的有：管理不当，职员冗杂，存款增长慢，经营效益不好，服务质量差，坏账和不良资产增多，资本不充足，工会活动激进，分支机构多，有的支行存活能力弱等。20 世纪 90 年代中期的一份研究表明，巴国有化商业银行的股本回报率（return on equity）仅为 3%，而外国银行的高达 53%，部分私有银行达 11%；国有化商业银行的资产回报率（return on assets）仅有 0.1%，而外国银行的高达 2.8%。如果把贷款损失考虑在内，则国有化商业银行的资产回报还是负的。1989 年，国有化商业银行的坏账额达 250 亿卢比，占贷款额的 20%。① 由于受到的管制过多，在银行国有化之前就已经存在的金融抑制问题更加突出，急需金融深化。国内学者指出，从 20 世纪 70 年代初期到 90 年代初期，巴处于严重的金融抑制状态。②

三 1990 年以来的发展情况

从 1988 年开始，巴基斯坦在世界银行和国际货币基金组织指导下进行经济结构调整计划，开始市场化、自由化、私有化和全球化为导向的广泛的经济改革，改革的重要领域就是金融领域。在这种背景下，自 1989 年底开始，巴政府对金融部门进行了系列改革。国内学者李勇等认为，自 1991 年以来，巴的银行业改革大致经历了三个阶段。第一个阶段（1991—1996）即发起阶段，主要改革内容是初步放开银行业的价格管制，通过增量改革初步实施自由化，稀释国有银行的市场份额，促进竞争。第二个阶段（1996—2001）即发展阶段，改革的主要内容是进一步放松银行业准入，同时对国有银行存量进行私有化改革，强化金融监管。第三个阶段（2001 年以来）即深化阶段，改革的主要内容是进一步对国有银行进行私有化，放宽银行业准入，强化银行公司治理和资本约束，促进银行体系效率提升，防范金融风险，维护金融稳定。③ 实际上，他们所提三个阶段改革的内容是交叉进行的。

1990 年至 1995 年，巴政府对银行业改革的重要举措有：1990 年 12 月，巴基斯坦政府对 1974 年的《银行（国有化）法》进行修正，允许建立私有银行；1991 年 1 月 22 日，建立私有化委员会；1991 年 3 月 3 日，允许跨国银行和公司投资政府国库券，同月 13 日，允许它们投资联邦投资债券；1991 年 4 月 8 日，将穆斯林商业银行的管理权转交给私营部门；1991 年 8 月 26 日，向 10 家私营部门新建银行发放了许可证；1991 年 9 月 10 日，将联合银行有限公司转交私营部门管理；1992 年 7 月 14 日，宣

---

① Ishrat Husain, *Pakistan The Economy of An Elitist State*, Oxford University Press, Karachi, 1999, pp. 152 – 153.

② 李勇、李辉富：《巴基斯坦金融发展：理论与实证》，云南大学出版社 2013 年版，第 32 页。

③ 同上书，第 36 页。

布从 8 月 1 日起，取消信贷最高限额，采用按信贷—存款比率发放贷款，合理化银行利率，银行可以把它们存款额的 65% 自由向合法工程贷款；1993 年 10 月 27 日，巴国家银行把法定流动性比率从 45% 降低到 35%；1994 年 3 月 1 日，把贷款利率最高限额从 22% 降低到 19%，把优惠贷款利率从 11% 提高到 12%，把法定流动性比率从 35% 降为 30%；1994 年 11 月 3 日，把贷款最高利率从 19% 降低到 17.5%，优惠贷款利率从 12% 提高到 13%。[①] 1996—2001 年，改革的政策措施主要有：放宽对国内私人银行开设分支机构的限制；从 1997 年底开始实施巴塞尔资本协议，商业银行资本和储备占风险加权资产的比重不低于 8%，并规定了最低实收资本；巴中央银行推出了次级贷款和不良贷款向上迁徙的指导意见，同时改革了贷款分类指导原则，强化风险管理；重新修订了财务信息披露标准，要求银行按照国际会计标准提交年度财务报告，巴中央银行采用两套新系统评估每家银行的业绩表现。2001 年以来的主要改革政策措施是：首先，加快公营银行私有化进程；其次，强化了商业银行的公司治理；再次，强化了商业银行的资本约束，把商业银行的最低实收资本从 5 亿卢比提高到 20 亿卢比；最后，发展消费金融和抵押贷款。[②] 总之，改革方向是放松政府对银行的管制和干预，由市场决定银行利率，允许建立私人银行，对国有化银行进行私有化，扩大银行的业务领域，扩大中央银行的监督管辖权等。

巴基斯坦的国有银行私有化始于 1992 年，首先进行私有化的是穆斯林商业银行（MCB）和同盟银行（ABL）。2004 年，另外两家国有银行哈比卜银行（HBL）和联合银行（United Bank Limited, UBL）也完成了私有化。另外，巴基斯坦国民银行（NBP）13.2% 的股份及阿法拉银行 30% 的股份通过资本市场进行了交易。[③]

在国有银行私有化的同时，巴基斯坦政府先后批准建立了 20 余家私人银行，巴的银行数量明显增加。到 1999—2000 年度，巴银行从 1990 年

---

①　S. Akbar Zaidi, *Issues in Pakistan's Economy*, Oxford University Press, Karachi, 2000, pp. 273 - 274.

②　李勇、李辉富:《巴基斯坦金融发展:理论与实证》,云南大学出版社 2013 年版,第 39—40 页。

③　[巴] 法斯赫·乌丁、M. 阿克拉姆·斯瓦蒂:《巴基斯坦经济发展历程——需要新的范式》,陈继东、晏世经等译,巴蜀书社 2010 年版,第 118、205 页。

的 37 家增为 45 家营业中的银行，其中 25 家是巴基斯坦的，20 家是外国的。在 25 家巴基斯坦银行中，4 家为国有，2 家是由国有被私有化的，4 家是专门银行，15 家是私人银行。[1] 至 2004 年底，巴基斯坦有 2 家国有表列银行，3 家专门银行，21 家私人表列银行，11 家外国银行，14 家投资银行，3 家微型金融银行。[2] 到 2012 年 12 月 31 日，巴有 5 家公营部门商业银行，4 家专门银行，22 家私人银行，7 家外国银行，8 家金融开发机构，9 家小额贷款银行。[3] 数据表明，自实行广泛的金融改革以来，原有的 5 家国有银行，除巴基斯坦国民银行（NBP）外，都已经私有化。同时，公营部门还有另外 4 家银行。私人银行从无到有，20 世纪 90 年代发展迅速，建立了 15 家，目前共有 22 家。相反，外国银行的数量在减少，21 世纪以来减少近半，目前有 8 家。近期获得较大发展的是微型银行，即小额贷款银行。不过，小额贷款银行的贷款额还很小。

在银行数量不断增加的同时，受改革政策影响，银行支行却经历了减少后又增加的发展过程。在巴基斯坦政府放松对银行业的管制，允许建立私人银行，并把两家国有银行私有化后，一些银行关闭了运行不良、生存能力弱的支行。1994—1995 年度，巴所有银行的支行数为 8400 家（其中巴基斯坦银行的 8326 家，外国银行的 74 家），资产总额为 16476 亿卢比，其中 13098 亿卢比（占 79.5%）是巴基斯坦银行的，3378 亿卢比（占 20.5%）是外国银行的；1998—1999 年度，巴所有银行的支行数为 8058 家（其中巴基斯坦银行的 7973 家，外国银行的 85 家）；资产总额为 17343 亿卢比，其中 14563 亿卢比是巴基斯坦银行的，2775 亿卢比是外国银行的。[4] 在银行支行合理化计划实施后，各家银行总共关闭了 788 家支行，其中 1999 年关闭了 103 家。[5] 2003 年 6 月，银行支行进一步减少到

[1] Ministry of Finance, Government of Pakistan, *Pakistan Economic Survey 1999 – 2000*, Islamabad, 2000, Chapter 6.

[2] Ministry of Finance, Government of Pakistan, *Pakistan Economic Survey 2004 – 05*, Islamabad, 2005, Statistical Appendices, Table 5.6.

[3] Ministry of Finance, Government of Pakistan, *Pakistan Economic Survey 2012 – 13*, Islamabad, 2013, Statistical Appendices, Table 5.5.

[4] Ministry of Finance, Government of Pakistan, *Pakistan Economic Survey 1999 – 2000*, Islamabad, 2000, Table 6.6, Table 6.7.

[5] Ibid., Chapter 6.

6889 家，由本国银行的 6819 家和外国银行的 70 家组成。[①] 后来，随着巴国家银行对银行设立支行所需许可证的开放，以及巴经济规模的扩大和银行业务的增加，巴银行支行又大量增加，但外国银行的支行继续减少。2008 年 6 月，有支行 8536 家。其中，公营部门商业银行的有 1714 家，私人银行的有 6217 家，专门银行的有 534 家，外国银行的有 71 家。[②] 2010 年 12 月底，巴表列银行的支行共有 9908 家。其中，公营部门银行的支行有 1791 家，私人银行的支行有 7511 家，专业银行的支行有 546 家，外国银行的支行有 60 家。[③]

　　这个阶段，巴基斯坦银行的资产、存款和贷款都在大量增加。从表 7—3 可见，巴表列银行的实收资本和储备金从 1993 年 6 月的 360.11 亿卢比，增加为 2013 年 3 月的 8780.98 亿卢比。同期，活期存款从 2396.45 亿卢比增为 60342.93 亿卢比，活期定期存款从 5188.45 亿卢比增为 72028.61 亿卢比，贷款总额从 3168.22 亿卢比增为 36916.46 亿卢比，资产总额从 11462.01 亿卢比增为 96364.14 亿卢比。另外一组统计数据是，2005 年，巴表列银行的资产总额为 36600 亿卢比，2012 年 12 月为 97610 亿卢比；同期，净投资额分别为 8000 亿卢比和 40090 亿卢比；净贷款额分别为 19910 亿卢比和 37600 亿卢比，存款额分别为 28320 亿卢比和 73010 亿卢比。近些年来，巴所有银行的资本充足率（Capital Adequacy Ratio）也得到提高，2005 年为 11.3%，2012 年 12 月为 15.4%。[④] 数据表明，巴表列银行的实力得到较大增强，调动的资金和贷款额有很大增加，投资能力显著增强。

---

① Ministry of Finance, Government of Pakistan, *Pakistan Economic Survey 2005 – 06*, Islambad, 2006, p. 97.

② Ministry of Finance, Government of Pakistan, *Pakistan Economic Survey 2008 – 09*, Islamabad, 2009, p. 80.

③ Ministry of Finance, Government of Pakistan, *Pakistan Economic Survey 2010 – 11*, Islamabad, 2011, p. 72.

④ Ministry of Finance, Government of Pakistan, *Pakistan Economic Survey 2009 – 10*, Islamabad, 2010, p. 76; *Pakistan Economic Survey 2012 – 13*, Islamabad, 2013, p. 69.

表 7—3 1993 年以来根据周回报率计算的巴表列银行的债务和资产情况 单位：亿卢比

	1993 年 6 月	1995 年 6 月	2000 年 6 月	2005 年 6 月	2008 年 6 月	2010 年 6 月	2013 年 3 月
实收资本及储备金	360.11	505.33	796.48	1906.52	5513.13	6698.63	8780.98
活期存款总额	2396.45	3300.26	5312.81	12336.35	35567.27	42627.95	60342.93
定期存款总额	2792.00	4183.29	6693.38	11233.77	6167.41	8768.23	11685.68
活期定期存款总额	5188.45	7483.55	12006.19	23570.12	41734.69	51396.17	72028.61
贷款总额#	3168.22	4272.93	8609.42	15752.77	28026.74	32331.76	36916.46
证券和股票投资额	2108.42	2952.96	2870.49	6524.73	10200.32	18610.13	40202.73
资产总额	11462.01	16476.16	18016.33	33426.21	53316.71	67817.71	96364.14

注：#不包括购买和贴现的票据。

资料来源：Ministry of Finance, Government of Pakistan, *Pakistan Economic Survey 2005 - 06*, Islamabad, 2006, Statistical Appendices, Table 5.3；*Pakistan Economic Survey 2012 - 13*, Islamabad, 2013, Statistical Appendices, Table 5.3.

表 7—4 1991 年 6 月后巴基斯坦表列银行贷款的经济部门分配情况 单位：亿卢比、%

	1991 年 6 月	所占比例	2005 年 3 月	所占比例	2013 年 6 月	所占比例
私营部门	1789.00	76.10	2871.04	82.52	24672	82.89
农、林、渔和狩猎	513.02	21.82	140.04	4.02	2220	7.46
采矿和采石	9.43		-58.66		208	
制造业	727.69	30.96	1508.80	43.37	14489	48.68
纺织业	301.96	12.85	947.61	27.24	5149	17.30
建筑业	38.97	1.66	90.00	2.59	534	1.80
电、气、水和卫生服务	9.63	0.41	27.38★	0.01	2289	11.08
商业	337.10	14.30	386.05	11.10	2069	7.69
批发和零售贸易			287.03	8.25		
运输、仓储和通信	12.40	0.53	208.74	6.00	898	3.02
服务业	21.44	0.91	315.23	9.10		
其他私营业务	119.33	5.08	251.21	7.22	421	1.41
信托基金和非营利组织	3.37		-15.06		170	
个人	204.73	8.71	623.11	17.91	3058	10.27

续表

	1991 年 6 月	所占比例	2005 年 3 月	所占比例	2013 年 6 月	所占比例
证券及私营部门股票投资					1722	5.79
贷款总额	2350.75		3479.28		29763	

注：＊仅是电力部门得到的。

资料来源：S. Akbar Zaidi, *Issues in Pakistan's Economy*, Oxford University Press, Karachi, 2000, p. 259; Ministry of Finance, Government of Pakistan, *Pakistan Economic Survey 2005 - 06*, Islamabad, 2006, p. 90; *Pakistan Economic Survey 2013 - 14*, Islamabad, 2014, p. 76.

　　就各类银行的情况看，2008 年 6 月底，在表列银行 55130 亿卢比的资产中，公营部门商业银行的为 10483 亿卢比，私人银行的为 41347 亿卢比，专门银行的为 1312 亿卢比，外国银行的为 1989 亿卢比。在 29219 亿卢比的贷款中，公营部门商业银行的为 5311 亿卢比，私人银行的为 22237 亿卢比，专门银行的为 759 亿卢比，外国银行的为 911 亿卢比。在 41882 亿卢比的存款中，公营部门商业银行的为 8334 亿卢比，私人银行的为 32042 亿卢比，专门银行的为 136 亿卢比，外国银行的为 1371 亿卢比。[①]

　　在贷款的部门分配方面，从表 7—4 可见，私营部门得到的贷款继续增加，2013 年 6 月已经占 82.89%。制造业部门获得的贷款持续增加，2013 年 6 月占 48.68%；基础设施建设和个人获得的贷款虽然有起伏，但趋势是不断增长，2013 年 6 月电、气、水和卫生服务获得的贷款占 11.08%，运输、仓储和通信部门获得的贷款占 3.02%，个人贷款占 10.27%。与此同时，商业部门获得的贷款相对而言不断下降，2013 年 6 月仅占银行贷款总额的 7.69%。这些变化是合理的、良好的，有利于经济发展。

　　事实表明，1990 年以来，巴基斯坦的银行业改革取得了一定成功。与许多发展中国家主要银行以国有为主相比，私营商业银行长期存在，国有化后又重新进行私有化，仍然以私营为主，是巴基斯坦银行业的一个显著特点。

　　[①] Ministry of Finance, Government of Pakistan, *Pakistan Economic Survey 2008 - 09*, Islamabad, 2009, p. 80.

四　目前存在的问题

巴基斯坦的银行业改革在促进银行发展，扩大银行供应，发挥市场经济机制对银行的作用，促使银行朝着健康方向发展方面，是起到了积极作用的。在 2008 年世界金融危机及随后的经济危机爆发前，巴银行业的绩效也有改善，风险水平降低。例如，巴银行业的资本充足率从 2001 年的11.3%，提高到 2007 年的 13.8%；不良贷款率从 19.6%下降到 2006 年的 5.7%；拨备对不良贷款的覆盖率从 53.2%提高到 2007 年的 88.2%；权益收益率从 12.2%提高到 2005 年的 36.9%；资产收益率从 0.6%提高到 2006 年的 3.2%；运营成本比率从 90.92%大幅下降到 2006 年的55.66%；资产流动性和盈利能力有所提高。[①] 但是，2008 年以来，巴银行业的绩效又明显恶化。巴表列银行主要是商业银行还存在明显问题。

首先，不良资产率高。统计数据表明 2005—2006 年度，巴银行的不良贷款为 1770 亿卢比（净额为 390 亿卢比），2008—2009 年度增为 4460亿卢比（净额为 1340 亿卢比）。[②] 到 2012 年 12 月，不良贷款增加到 6070亿卢比（净额为 1710 亿卢比）。[③] 2007—2008 年度至 2011—2012 年度期间，银行不良贷款占净贷款总额的比率都超过 10%，甚至达 16%以上，上文指出，有的研究甚至认为，如果把政府贷款排除，不良贷款比例高达30%。[④] 不论是公营部门银行，还是私人银行，它们的不良贷款额都较高，当然私营部门银行的情况要好些。例如，到 2007 年 3 月，私人银行的贷款为 14368 亿卢比，不良贷款为 981 亿卢比，不良贷款占总贷款的6.82%；公营部门商业银行的贷款为 3556 亿卢比，不良贷款为 390 亿卢比，不良贷款占总贷款的 11%。外国银行的情况最好，它们的贷款为

---

① 李勇、李辉富：《巴基斯坦金融发展：理论与实证》，云南大学出版社 2013 年版，第50—51 页。

② Ministry of Finance, Government of Pakistan, *Pakistan Economic Survey 2011 – 12*, Islamabad, 2012, p. 75.

③ Ministry of Finance, Government of Pakistan, *Pakistan Economic Survey 2012 – 13*, Islamabad, 2013, p. 69.

④ Kamal Munir, Natalya Naqvi, "Pakistan's Post-Reforms Banking Sector", *Economic and Politica Weekly*, November 23, 2013, Vol. XLVIII, No. 47.

1881 亿卢比，但不良贷款仅 20 亿卢比。[①]

其次，盈利能力不强。2005 年，巴基斯坦银行的税后利润为 630 亿卢比，2006 年为 840 亿卢比，2007 年为 730 亿卢比，2008 年为 430 亿卢比，2009 年为 540 亿卢比，2010 年为 650 亿卢比，2011 年为 112 亿卢比，2012 年为 178 亿卢比，2013 年为 111 亿卢比。[②] 与银行的投资额和贷款额相比，利润率确实是很低的。2012 年度，巴银行的税后利润占总资产 97110 亿卢比的 0.18%，占净投资总额 40130 亿卢比的 0.44%，占净贷款总额 38040 亿卢比的 0.47%；2012—2013 年度，巴银行的税后利润占总资产 105370 亿卢比的 0.11%，占净投资总额 43050 亿卢比的 0.26%，占净贷款总额 40470 亿卢比的 0.27%。[③]

最后，贷款部门分布不太合理。最突出的表现是，巴银行给农业部门的贷款这些年来比率总体在下降。农业部门获得的贷款与金融部门改革初和改革前相比，却大大下降了。鉴于农业在巴基斯坦关乎国计民生，这种情况不利于巴国民经济发展和民生。表列银行在政府证券方面的投资比例也高了些，挤占了生产性投资。这在上文已经作了分析，在此不再赘述。

第三节　非银行金融机构、伊斯兰银行和微型金融业的发展

一　非银行金融机构

巴基斯坦的非银行金融机构由非银行金融公司、穆达拉巴（Mudaraba，穆达拉巴的意思是利润分享）基金、金融开发机构包括金融投资公司、共同基金、养老基金、风险资本公司、住房金融公司、租赁公司等构成。非银行金融机构既为巴政府服务，也为各种经济组织服务，还为个人服务。

1988 年金融部门改革以来，巴基斯坦的非银行金融机构获得了快速

---

① Ministry of Finance, Government of Pakistan, *Pakistan Economic Survey 2006 - 07*, Islamabad, 2007, p. 96.

② Ministry of Finance, Government of Pakistan, *Pakistan Economic Survey 2011 - 12*, Islamabad, 2012, p. 75; *Pakistan Economic Survey 2013 - 14*, Islamabad, 2014, p. 81.

③ Ministry of Finance, Government of Pakistan, *Pakistan Economic Survey 2013 - 14*, Islamabad, 2014, p. 81.

发展。1993—1994 年度，非银行金融机构批准的贷款额为 260 亿卢比。租赁公司在巴基斯坦出现较晚，但发展迅速，20 世纪 90 年代中后期曾经以年均 70% 的增速发展。当时主要的租赁公司是国民发展租赁公司（占租赁业务的 30%）、第一格林德雷穆达拉巴基金（First Grindlays Mudaraba，占租赁业务的 17%）、奥瑞克斯（Orix）租赁公司（占租赁业务的 14%）和第一 BRR 资本基金会（First BRR Captial Mudaraba，占租赁业务的 11%）。属于伊斯兰金融业范畴的穆达拉巴（Mudaraba），这种基金发展很快，20 世纪 90 年代后期它们的实收资本超过了 50 亿卢比。[①]

　　进入 21 世纪以来，巴基斯坦非银行金融机构的资产增长幅度较大，几乎翻了一倍，从表 7—5 可知，2003—2004 年度为 3181 亿卢比，2011—2012 年度为 6102 亿卢比。其中，共同基金的资产增长最多，其在非银行金融机构总资产中占的比重从 2003—2004 年度的 32.4%，提高到 2011—2012 年度的 62.4%。同期，开发金融机构和穆达拉巴基金所占比重有下降，分别从 29.8%、5.7% 降为 21.5% 和 4.8%；投资金融公司的降幅最大，从 11.2% 降到 2.7%，其次是租赁公司，从 14.1% 降为 5.4%，住房金融公司的从 6.1% 降为 3.2%。2007—2008 年度，巴有 97 家共同基金，6 家开发金融公司，12 家租赁公司，11 家投资金融公司，27 家穆达拉巴基金，2 家住房金融公司，4 家风险资本公司，1 家开发住房公司，非银行金融机构的总数为 160 家。到 2011—2012 年度，共同基金增加到 158 家，开发金融公司增为 8 家，租赁公司减为 8 家，投资金融公司减为 7 家，穆达拉巴基金减为 26 家，住房金融公司该年度关闭，风险资本公司减为 2 家，开发住房公司 2008—2009 年度已经关闭，非银行金融机构的总数为 209 家。可见，在非银行金融机构中，21 世纪以来发展最好的是共同基金，其次是穆达拉巴基金，再次是开发金融公司，而投资金融公司和租赁公司几乎没有发展，为数本来就少的住房性公司则先后关闭。

　　非银行金融机构的资金主要来自金融机构借款和公众存款，它们开展的业务和服务种类在不断增加。近几年非银行金融机构的运营情况是，它们的资产与资本的比率变化不大，贷款与资产的比率显著下降，用于投资的资产大量增加，营利性资产稍有下降，收入与支出比率提高，资产回报

① S. Akbar Zaidi, *Issues in Pakistan's Economy*, Oxford University Press, Karachi, 2000, pp. 258–259.

率和股份回报率有起伏但呈现增长趋势。2007—2008 年度，它们的资本
与资产的比例为 35.2%，2011—2012 年度为 34.6%。同期，贷款与资产
的比例分别为 52.5% 和 36.2%；投资与资产的比率分别为 28.6% 和
43.1%；营利性资产与总资产的比例分别为 82.6% 和 79.3%；收入与支
出的比例分别为 113.2% 和 135.2%；税后资产平均回报率（return on
average assets）分别为 0.9% 和 1.2%，平均股份回报率分别为 3% 和
3.4%；借款与债务的比率分别为 61.1% 和 58.7%，存款与债务的比例分
别为 25.2% 和 21.2%。[①] 借款最多的是开发金融机构，其他非银行金融机
构则更多依赖存款开展业务，租赁公司获得了大量中长期存款。

表7—5　　　　巴基斯坦非银行金融机构的一些基本情况

	2003—2004	2007—2008	2008—2009	2009—2010	2010—2011	2011—2012
资产（亿卢比）	3181	5856	4701	4219	4782	6102
资产增长率（%）	22.7	3.3	−19.7	−10.2	13.3	30.2
各类非银行金融机构数及其资产占非银行金融机构资产总额的百分比						
共同基金	(32.4)	97 (58.5)	109 (47.9)	135 (47.6)	144 (53.2)	158 (62.4)
开发金融机构	(29.8)	6 (14.5)	8 (24.2)	8 (26.8)	8 (24.6)	8 (21.5)
租赁公司	(14.1)	12 (11.0)	11 (11.9)	9 (8.8)	9 (7.1)	8 (5.4)
投资金融公司	(11.2)	11 (7.4)	9 (6.6)	8 (6.2)	7 (5.2)	7 (2.7)
穆达拉巴公司	(5.7)	27 (5.1)	27 (4.9)	26 (5.8)	26 (5.6)	26 (4.8)
住房金融公司	(6.1)	2 (3.1)	1 (4.0)	1 (4.6)	1 (4.0)	0 (3.2)
风险资本公司		4	3	4	3	2
开发住房公司		1	0	0	0	0
机构总数		160	168	191	198	209

注：括号外的为各类非银行金融机构的数目及总数，括号内的为各类非银行金融机构的资产
占非银行金融机构总资产的比率。

资料来源：State Bank of Pakistan, *Financial Stability Review – 1st Half*, 2012, pp. 42 – 43,
http：//www. sbp. org. pk.

---

① State Bank of Pakistan, *Financial Stability Review – 1st Half*, 2012, p. 44, http：//www.
sbp. org. pk.

近期非银行金融机构出现的问题，首先是投资活动增加，传统业务减少，开发金融机构更是把大量资产投到没有风险的政府票据上。其次，租赁公司和投资金融公司没有能力满足巴基斯坦证券交易委员会（SECP）规定的最低股份要求（minimum equity requirements）。另外，盈利能力不足。非银行金融机构中，许多机构由于没能回收逾期债务等原因，利润很低。非银行金融机构的盈利主要由少数几家大公司和大机构创造，多数租赁公司和投资金融公司创利能力极弱。

开发金融机构主要从事购买政府债券，为各行业提供贷款包括为农业和小型企业提供贷款，投资股票等。但是，近年来，它们在政府证券和股票方面的投资增加，存款停滞，贷款下降。到 2012 年底，它们税前的资产回报率达到 3.5%，比上年同期的 3.1% 有提高，但不良贷款增加，上升 10%，占净资产的 14.1%。开发金融机构存在的另外一个问题是资本利用效率不高，大量资本闲置，经营业务需要拓宽和多样化。①

由于货币市场基金、收入基金（income funds）和股票基金的增加，公营部门借款增加及投资者回避风险意识增强，共同基金业快速发展。在基金业中，近年伊斯兰基金减少，但养老基金（pension fund）增加。2012 年下半年，共同基金的资产增长 32%，与上年同期相比增长 53%，包括货币市场基金、收入基金和股票基金在内的开放型基金增长都很快。在 2011—2012 年度，开放市场基金的收益率为 10.4%，收入基金的收益率为 9.6%，② 大大高出存款利率。在稳定的较高收益的吸引和税收激励下，预计共同基金今后还会保持快速增长势头，年金基金在税收政策的激励下增长会更快。当然，共同基金把大量资金投入波动性较大的货币市场基金，也增加了其风险性。因而，共同基金有必要使投资领域多样化。

2011—2012 年度，8 家租赁公司大多为金融机构拥有，其中 4 家为银行或开发金融机构拥有，其资产占所有租赁公司资产的 90%。1 家的大部分所有权被一家外国金融集团持有。在过去的 10 年中，由于自身实行合

---

① State Bank of Pakistan, *Financial Stability Review - 1st Half, 2012*, p. 46, http：// www. sbp. org. pk.

② Ibid. , p. 47.

并及经济环境原因，租赁公司的规模和业务都出现萎缩。它们的资产超过80%投入租赁活动，剩余的则进行投资。资金不足是租赁公司面对的突出问题。传统上，它们主要依赖从银行借款，但近年来，它们开始设法大量获取存款。租赁公司面临的主要问题是偿付能力弱。2012年营业的8家公司中，5家的股份达不到政府有关管理条例规定的2012年6月30日前必须有5亿卢比股份的要求。另外，规定费用（provisioning expense）和融资成本增加也是问题。[1] 不过，巴国家银行认为，租赁公司未来的发展空间还是很大的，在中小企业的发展方面，它们能发挥更大作用。

由于银行也能开展投资咨询业务、为工程融资和认购风险资金，投资金融公司的生存受到了挑战，它们的机构数从2007年的11家，减为2012年的7家，资产减少70%。在2011—2012年度，6家公司的资产减少了12%—50%，资产恶化，资金压力增大，税后亏损17亿卢比，仅一家公司没有出现巨额亏损，6家公司达不到最低股份要求。为解决投资金融公司的困难，SECP已经允许它们从2011年9月从事经纪业。[2]

穆达拉巴（Mudaraba）公司近些年来的发展势头很好，2011—2012年度它们的资产增加12%，达295亿卢比。它们的业务日益集中于大公司。在26家公司中，2011—2012年度10家公司的市场份额占86%，比上年度提高2%，小公司则在租赁活动中表现优秀。它们的核心业务是从事融资，包括伊贾拉（Ijarah，意为金融租赁）、穆拉巴哈（Murabaha，意思是成本加成业务）及正在减少的穆沙拉卡（Musharaka，意思是股本参与，参看下文伊斯兰银行部分）。存款及借款占它们资产的38%，为它们的业务提供了良好基础。租赁存款（lease deposits）为它们的可持续发展提供了支撑。2011—2012年度它们的税后利润为11.7亿卢比，比上年度增长4%，24家公司中，20家盈利。它们的竞争优势在于能够从事伊斯兰模式的金融和非金融业务。[3]

投资咨询服务公司是为客户提供证券管理的公司，分独立进行投资管理和由客户做投资决定两类，主要为投资额在500万卢比以上的大客户服

---

[1] State Bank of Pakistan, *Financial Stability Review – 1st Half, 2012*, pp. 51 – 53, http://www.sbp.org.pk.
[2] Ibid., pp. 53 – 54.
[3] Ibid., pp. 55 – 56.

务。到 2012 年底，它们在非银行金融机构中占 7% 的份额，管理的投资证券有 440 亿卢比。[①]

二　伊斯兰银行

在金融行业中，伊斯兰银行相对而言是新生事物，是 20 世纪中期后才在阿拉伯国家出现的，此后获得了较大发展，产生了广泛影响。据统计，到 2008 年，全世界的伊斯兰金融机构总数有 614 家，覆盖区域从中东、东南亚扩张到了欧美、北非，并逐步向全球扩展。[②] 学术界对伊斯兰银行有不同的定义，综合现有研究，我认为可以这样给伊斯兰银行下一个定义：伊斯兰银行是遵从伊斯兰教义，吸纳存款，为各种经济活动融资，但不收利息，也不支付利息，禁止参与某些行业的融资和服务，只从服务、投资和经营活动中获取利润、收益及一定的手续费，与储户分担利润和风险的银行。有专门的伊斯兰银行，也有商业银行兼顾开展伊斯兰银行业务的。伊斯兰银行是伊斯兰金融的核心。

伊斯兰银行的负债类产品包括现金账户和投资账户。一般情况下，银行用现金账户的存款投资获得的收益不向客户分配，银行可以视情况向客户发放一定的礼金。但对于投资账户，银行的角色类似于投资基金公司或资金管理公司，存款人则是银行的权益持有人而非普通银行中的债权人，他们与银行事先签订合同或达成协议，同意银行自由将他们的存款投资，投资的利润和风险按一定比例分担。伊斯兰银行的所有交易都必须以实物资产为基础，禁止期货合同等金融衍生工具。伊斯兰银行也不能投资不符合伊斯兰教义的经营活动，诸如酿酒业、色情业、赌博、烟草、武器、猪肉生产及生物基因工程等。伊斯兰银行允许在贷款时向客户收取一定的手续费，作为银行职员经办贷款业务的报酬。伊斯兰银行一般都设立一个沙里亚（Shari'ah）监管董事会即伊斯兰教教法董事会（或至少有一个沙里亚顾问），负责审查和批准符合伊斯兰教教义的金融活动。伊斯兰银行有一系列资金的金融产品和经营方式。

虽然早在 20 世纪 50 年代末，巴基斯坦旁遮普乡村就出现过第一家小

[①] State Bank of Pakistan, *Financial Stability Review - 1st Half*, 2012, p. 57, http://www.sbp.org.pk.

[②] 王若溪：《浅议伊斯兰银行的发展及存在的问题》，《对外经贸实务》2011 年第 3 期。

规模伊斯兰银行,但巴的伊斯兰银行主要是在齐亚·哈克执政期间在巴全面推行伊斯兰化包括经济伊斯兰化过程中出现的。1977 年 9 月,在夺取政权 2 个月后,齐亚·哈克就要求伊斯兰教意识形态委员会 (Council of Islamic Ideology) 根据伊斯兰教教义准备一份免息经济制度的计划蓝图。该委员会建议迅速取消一些金融机构的利息,并试图废除所有国内金融交易的利息。1979 年 2 月,巴政府宣布要在 3 年内取消经济活动中的利息,并开始在住房建设金融公司、国民投资信托公司、共同基金中的巴基斯坦投资公司中取消利息。同年 7 月,巴政府命令国有化商业银行向小农提供免息贷款,1980 年,国有化商业银行的免息贷款扩大到渔民和合作社中。1981 年 1 月,5 家国有化银行单独开设了无利息、利润和损失共同分担的存款。1985 年以后,规定除外汇存款外,银行不得吸纳生息存款,所有银行账户都分担银行获得的利润或损失。

此外,还开始从事 3 种伊斯兰融资模式,即穆沙拉卡 (Musharaka)、穆拉巴哈 (Murabaha) 和穆达拉巴 (Mudaraba)。穆沙拉卡 (Musharaka) 的意思是股本参与。银行与企业合资经营特定的项目,银行作为合作者可以参与项目的经营管理,同企业分享利润和承担风险,不收取利息。银行可以长期持有权益,也可以把自己的权益出售给其他股东,直至退出。穆拉巴哈 (Murabaha) 是成本加成业务,也有译作成本加利润销售合约的。银行根据客户融资的需要,代替客户购买原材料或机器设备,然后按事先约定加价出售给客户,加价部分作为银行的利润。客户根据合同规定的期限偿付欠款,特殊情况下银行允许其延期付款。穆达拉巴 (Mudaraba) 是利润分享业务。在此制度下,项目发起人先向银行提交项目经营方案,银行对其进行评估,如果项目通过评估,银行对项目经营者提供资金,双方通过合同约定经营方经营的领域和经营方式,还要确定分享利润的比例。银行不参与项目的具体经营,如果出现亏损由此前的利润进行补偿,如果利润不够抵偿,由本金来补偿。其中,穆达拉巴 (Mudaraba) 曾是巴基斯坦最流行的伊斯兰融资模式,1980 年巴还颁布了《穆达拉巴条例》。

不过,1985 年以前,公众对伊斯兰金融供给反响冷淡。1985 年,2 家主要从事租赁业务的穆达拉巴 (Mudarabah) 公司在卡拉奇证券交易所上市,股票提供公众认购。由于租赁业务在巴是新生事物,公众对穆达拉巴的概念也不完全明白,所以人们对建立更多穆达拉巴缺乏热情。

但是，人们对上市的 2 家穆达拉巴公司感到满意，公司向股票持有人支付了合理的回报。巴政府通过免税方式鼓励组建更多的穆达拉巴。尽管如此，当时巴的金融部门并没有多少实质性的伊斯兰性质。[①]

巴基斯坦的第一家伊斯兰银行是 2003 年 11 月 22 日在西北边省省会白沙瓦建立的开伯尔银行（Bank of Khyber）。此后，伊斯兰银行发展迅速。它们的支行从 2003 年的 17 家，增加到 2010 年的 667 家，年均增长 78%，资产年均增长 76%，存款年均增长 85%。[②] 到 2013—2014 年度结束时，巴基斯坦有 22 家伊斯兰银行，它们的支行达到 1335 余家。[③] 从表 7—6 可见，2005 年 12 月，它们的资产总额为 715 亿卢比，占各类银行资产总额的 1.95%；存款总额为 499 亿卢比，占各类银行存款总额的 1.75%。2014 年 6 月，它们的资产总额增为 10890 亿卢比，占各类银行资产总额的 9.8%，存款总额增为 9320 亿卢比，占各类银行存款总额的 10.6%。它们的资产的年增长率一般都为两位数。2009 年 12 月的资产总额比上年同期增长 17%，2010 年 12 月又比上年同期增长 16%，2011 年 12 月比上年同期再增长 14.4%，2012 年 6 月比 2011 年 6 月增长 10.9%。它们的净投资额 2009 年 12 月为 722 亿卢比，2012 年 12 月增到 3457 亿卢比，4 年间呈现 18.6%—102.3% 的增幅。它们的融资额也保持了一定增速，2009 年 12 月的融资额为 1535 亿卢比，2011 年 12 月增至 2002 亿卢比。而在 2012 年 6 月，与上年同期相比，巴所有银行的资产总额仅增长 5.9%，净投资总额仅增长 7.2%，存款总额仅增长 9%。[④] 可见，巴伊斯兰银行的发展速度明显快于普通银行。

---

① S. Akbar Zaidi, *Issues in Pakistan's Economy*, Oxford University Press, Karachi, 2000, pp. 256 – 257.

② 李勇、李辉富：《巴基斯坦金融发展：理论与实证》，云南大学出版社 2013 年版，第 102—103 页。

③ State Bank of Pakistan, *Islamic Banking Bulletin*, *September 2014*, http://www.sbp.org.pk/ibd/bulletin/2014/IBB-Sep – 2014.pdf.

④ State Bank of Pakistan, *Financial Stability Review – 1st Half*, *2012*, p. 32, http://www.sbp.org.pk.

表7—6   伊斯兰银行的资产和存款增长情况   单位：亿卢比

	2004.12	2005.12	2006.12	2007.12	2008.12	2009.12	2010.12	2011.12	2014.6
资产总额	441	715	1193	2059	2760	3363	4770	6410	10890
资产占各类银行资产的比例（%）	1.45	1.95	2.79	3.98	4.90	5.60	6.68	7.80	9.80
存款总额	302	499	837	1474	2016	2826	3901	5210	9320
存款占各类银行存款的比例（%）	1.26	1.75	2.62	3.82	4.78	5.90	7.16	8.40	10.60%

资料来源：Ministry of Finance, Government of Pakistan, *Pakistan Economic Survey 2009 – 10*, Islamabad, 2010, p. 77; State Bank of Pakistan, *Islamic Banking Bulletin*, *September 2014*, http://www.sbp.org.pk/ibd/bulletin/2014/IBB-Sep – 2014.pdf.

2004年12月，巴基斯坦伊斯兰银行穆拉巴哈业务（Murabaha）所占份额为57.4%，2012年12月占39.7%。同期，递减的穆沙拉卡业务（Diminishing Musharaka）分别占5.9%和占35.7%，伊贾拉业务（Ijara，金融租赁，银行购买某项资产或物品，然后租赁给客户，转移使用权但保留所有权，在特定期限内收取固定额的租赁费）分别占24.8%和9.2%，伊斯提斯纳业务（Istisna，定制生产）分别占0.4%和7.2%，沙拉姆业务（Salam）分别占0.7%和3%，穆沙拉卡业务（Musharaka）分别占1%和0.8%，穆达拉巴业务（Mudaraba）分别占0.3%（2007年12月数据）和0.2%，其他业务分别占9.8%和4.3%。[1] 可见，虽然穆拉巴哈业务（Murabaha，加成业务）的份额有下降，但仍然是伊斯兰银行最大的业务，递减的穆沙拉卡业务（Diminishing Musharaka）是近些年来上升幅度最大的业务，伊贾拉业务（Ijara,）下降了近七成，伊斯提斯纳（Istisna）业务有明显上升但所占比重依然不大，其他业务份额较小。到2014年6月，它们的融资额为3390亿卢比，其中纺织业占18.4%，能源占11.9%，化工业和制药业占7.5%，个人消费占14.2%，食糖业占4.7%，其他占35.3%。融资的公司客户占77%，消费者占12.8%，小型

---

① Ministry of Finance, Government of Pakistan, *Pakistan Economic Survey 2009 – 10*, Islamabad, 2010, p. 77; *Pakistan Economic Survey 2012 – 13*, Islamabad, 2013, p. 70.

制造业企业占 3.6%，商业占 4.6%。[①]

表7—7　　　　　　　巴基斯坦伊斯兰银行各类金融产品的份额　　　　单位:%

	2004. 12	2005. 12	2006. 12	2007. 12	2008. 12	2009. 12	2010. 12	2011. 12	2012. 12
穆拉巴哈（Murabaha）	57.4	44.4	48.4	44.5	36.5	42.3	44.9	43.8	39.7
伊贾拉（Ijara）	24.8	29.7	29.7	24	22.1	14.2	12.7	10.4	9.2
穆沙拉卡（Musharaka）	1.0	0.5	0.8	1.6	2.1	1.8	2.9	2.4	0.8
穆达拉巴（Mudaraba）				0.3	0.2	0.4	0.2	0.1	0.2
递减的穆沙拉卡（Diminishing Musharaka）	5.9	12.8	14.8	25.6	28.9	30.4	29.5	32.0	35.7
沙拉姆（Salam）	0.7	0.6	1.9	1.4	1.8	1.2	1.4	2.4	3.0
伊斯提斯纳（Istisna）	0.4	1.4	1.4	1.0	2.9	6.1	5.8	4.4	7.2
其他	9.8	12.1	3.0	1.6	5.4	3.6	2.6	4.4	4.3

资料来源：Ministry of Finance, Government of Pakistan, *Pakistan Economic Survey 2009 – 10*, Islamabad, 2010, p.77; *Pakistan Economic Survey 2011 – 12*, Islamabad, 2012, p.77; *Pakistan Economic Survey 2012 – 13*, Islamabad, 2013, p.70.

近年伊斯兰银行的资产质量虽有恶化，但好于普通银行。2011 年 12 月，伊斯兰银行的不良融资为 159 亿卢比，2012 年 6 月增至 183 亿卢比，增加 15%。不过，与普通银行相比，伊斯兰银行的资产质量要好得多。到 2012 年 6 月，在不良融资额与总融资额的比例方面，伊斯兰银行为 8.8%，银行业整体为 15.9%；在净不良融资与融资总额方面，伊斯兰银行为 3.8%，银行业整体为 6%；在净不良融资与总资本比例方面，伊斯兰银行为 12.6%，银行业整体为 26.5%。[②]

但是，在效益方面，伊斯兰银行却不如普通银行。2012 年 6 月，在资产收益率（return on assets）上，伊斯兰银行为 1.8%，银行业整体为 2.3%；在股东资产净值的盈利（股本回报率，return on equity）上，伊斯

---

① State Bank of Pakistan, *Islamic Banking Bulletin*, *September 2014*, http: //www. sbp. org. pk/ ibd/bulletin/2014/IBB-Sep – 2014. pdf.

② State Bank of Pakistan, *Financial Stability Review – 1st Half, 2012*, pp. 34 – 35, http: // www. sbp. org. pk.

兰银行为 20.6%，银行业整体为 24.9%；在营业费用（operating expenses）与总收入的比率上，伊斯兰银行为 64.7%，银行业整体为 52.5%。[①]

除不良资产和经营效益问题外，一般伊斯兰银行存在的主要问题，巴基斯坦的伊斯兰银行同样存在。一是投资账户持有人与股东的利益冲突带来的公司治理问题。在伊斯兰银行中，储户（投资账户持有人）是银行的权益持有人，而不是像普通银行储户那样的债权人。与此同时，伊斯兰银行作为独立法人，还拥有自己的股东。这样，"当银行的管理面对两种权益持有人的利益冲突时，银行的管理陷入了一个道德的困境"。二是信息不对称问题。由于投资账户持有人与银行共同分担投资损失和收益，为保障投资账户持有人的权益，从理论上讲，银行应该充分披露银行投资项目的相关情况。但是，有关研究显示，银行的信息披露是很有限的。三是透明性问题。伊斯兰银行大多设置了收益平衡准备金和投资风险准备金，旨在修正投资账户持有人的收益和弥补他们的损失。投资账户持有人事先同意提取收入的一部分作为两种储备金。但投资账户持有人的收益是否被修正，如何被修正，金额有多少，这些信息账户持有人往往无法获得。[②]此外，由于受到伊斯兰法规禁止收取利息等规定的限制，伊斯兰银行开展一些金融服务的交易复杂性增加，一些有利于分散控制风险的金融工具得不到运用。所以，伊斯兰银行的发展有其需要改进和完善之处。

尽管存在一些问题，但还是应该看到，与传统或普通银行相比，由于在银行建立和经营理念上，伊斯兰银行确实在一定程度上体现了伊斯兰教教义提倡的公平和正义，由此也带来了伊斯兰银行的安全性和稳定性。伊斯兰银行在开展业务时，完全以实物资产为基础，基本不使用包含利息成分的高风险金融衍生品，当然就降低了经营风险，增强了安全性和抵御外部危机的能力。在住房贷款方面，伊斯兰银行借贷双方共同分担风险，更有利于客户尤其是低收入客户及一时资金困难无力还贷的客户。伊斯兰金融无疑为人类的金融和经济活动开拓了一种新模式，打开了新的思想和想象空间。由于伊斯兰金融的这些优点，加上巴基斯坦的国民几乎都信奉伊斯兰教，以及巴政府的支持和鼓励，伊斯兰银行在巴基斯坦已经获得了许

---

① State Bank of Pakistan, *Financial Stability Review – 1st Half*, 2012, p. 35, http://www.sbp.org.pk.

② 王若溪：《浅议伊斯兰银行的发展及存在的问题》，《对外经贸实务》2011 年第 3 期。

多民众的信任，站稳了脚跟，不断成长壮大，成为巴金融部门的重要一员，在巴的经济社会发展中发挥了重要作用。就其发展势头看，今后还会发挥更大作用。

目前，巴基斯坦政府正在进一步推进巴伊斯兰银行的发展。为强化伊斯兰银行遵循沙里亚法的环境，巴政府公布了《沙里亚法治理框架》，从2014年10月1日生效；公布了巴伊斯兰银行业发展的5年战略计划（2014—2018），采取各种措施促进伊斯兰银行的发展，预计到2018年使伊斯兰银行的市场份额占整个银行业的15%；开展巴国民对伊斯兰银行的知识、态度和认知的研究，以制定相应对策；强化宣传，增强人们的伊斯兰银行意识；建立了促进伊斯兰银行业发展的指导委员会，该委员会由著名沙里亚法学者、资深政府官员、银行专家和商界领袖组成。[1] 伊斯兰银行的存在和发展是巴银行业的又一个明显特点。

三　微型金融

微型金融业是20世纪70年代出现的，主要目的是为那些因为没有抵押品，无法从银行获得贷款，但有工作的穷人提供金融服务，帮助他们走出贫困状态。80年代，微型金融在发展中国家获得了很大发展，90年代加速发展，在扶贫中发挥了不小的作用。

巴基斯坦的微型金融业起步于20世纪60年代，主要从事农户贷款。80年代，阿加汗农村支持计划（AKRSP）在巴北部地区实施，带动了一些其他农村支持计划。90年代中期后，巴微型金融业加速发展。期间，第一家非政府组织微型金融机构卡斯福基金（Kashf Foundation）成立并实行市场化利率；第一个城市微型金融发展计划（UPAP）成立，并将微型金融业务从农村扩张到城市；2000年，巴政府制定了《微型金融部门发展计划》，随后，巴中央银行单独设立微型金融政策办公室。巴微型金融协会成立，2001年发展成为正式机构即巴基斯坦微型金融网络（PMN）。2001年后，巴的微型金融业进入发展阶段。在这一年，巴政府颁布《2001年微型金融机构条例》，允许成立银行类微型金融机构即微型金融银行（MFB），并将它们纳入中央银行监管体系。2002年，巴第一家

---

① Ministry of Finance, Government of Pakistan, *Pakistan Economic Survey 2013 – 14*, Islamabad, 2014, pp. 84 – 85.

私营微型金融银行"第一微型金融银行有限公司"在原阿加汗农村扶持计划的基础上成立。2007 年，巴中央银行在此前的微型金融发展处基础上设立微型金融发展部，并颁布微型金融发展战略，提出了发展目标和重点措施。2008 年，推出金融普惠计划。[①]

巴基斯坦的微型金融服务由微型金融银行（MFB）、专业性微型金融机构即小额信贷机构（MFI）、农村支持计划（RSP）和其他机构提供。它们主要开展小额贷款、小额存款和小额保险业务，一些机构还逐步开展了妇女权益保护、教育、医疗保健、技能培训等服务。巴还建立了微型金融业的各种中介服务体系如巴基斯坦微型金融网络、微型金融培训机构、微型金融信用评级机构等，并建立了微型金融银行征信机构。

进入 21 世纪以来，巴基斯坦微型金融业获得高速发展，表现为机构数量、资产规模、服务对象、存款贷款、收入等都大量增长。据巴微型金融网络的统计，从 2003 年到 2009 年 9 月，巴小额储蓄用户从 6.7 万增长到 214 万，增长约 32 倍，年均增长 164%；小额信贷用户数、分支机构数和从业人员增长约 10 倍，年均分别增长 140%、124% 和 137%；小额保险业务从 2007 年开始办理时的 78 万户增至 245 万户，增长约 3 倍，年均增长 146%。从 2003 年至 2008 年，巴微型金融规模（总权益）从 22 亿卢比增加到 80 亿卢比，年均增长 24%；总资产从 46 亿卢比上升到 332 亿卢比，年均增长 39%；贷款资产从 20 亿卢比增长到 200 亿卢比，年均增长 47%；总负债从 24 亿卢比增长到 252 亿卢比，年均增长 48%；储蓄存款从 4 亿卢比提高到 19 亿卢比，年均增长 30%；商业性债务从 9 亿卢比增长到 63 亿卢比，年均增长 38%。[②] 到 2006 年 12 月，巴基斯坦已有 6 家微型金融银行，它们开设了 145 个支行，它们的借款人达 326498 人，贷款总额为 28.47 亿卢比，平均每份贷款的额度为 8721 卢比，存款人为 70891 人，存款总额为 14.2 亿卢比。有 21 家微型金融机构，它们的办事处或营业所有 847 个，借款人达 508962 人，贷款总额是 49.07 亿卢比，平均每份贷款的数额是 9642 卢比。[③] 至 2011 年 12 月，巴的微型金融银行

---

① 李勇、李辉富：《巴基斯坦金融发展：理论与实证》，云南大学出版社 2013 年版，第 113—115 页。

② 同上书，第117—118 页。

③ Ministry of Finance, Government of Pakistan, *Pakistan Economic Survey 2009 - 10*, Islamabad, 2010, p. 78.

增为 9 家，它们的支行有 303 个，它们的借款人达 733931 人，贷款总额为 146.51 亿卢比，平均每份贷款的额度为 19691 卢比，存款人为 1362202人，存款总额为 139.27 亿卢比。有 23 家微型金融机构，它们的办事处或营业点有 1436 个，借款人达 1339140 人，贷款总额是 141.96 亿卢比，平均每份贷款的数额是 10600 卢比。微型金融银行和微型金融机构的总数为 32 家，支行为 1739 个，借款人为 2073071 人，贷款总额为 288.45 亿卢比，平均每份贷款数额为 13914 亿卢比。[①] 2013 年 12 月，巴微型金融部门的支行进一步增至 2157 个，借款人为 280 万人，贷款总额为 521 亿卢比，比上年同期增长 36%，存款总额为 335 亿卢比，比上年同期增长 44.7%，资产从 443 亿卢比增为 580 亿卢比。巴微型金融部门的业务还扩大到向小型企业贷款。[②]

同时，巴基斯坦微型金融业的管理和效益日益好转，可持续发展能力日益增强。2003 年，巴微型金融业的贷款实际收益率为 10.09%，2008年提高到 15.86%。同期，主营业务利润率从 -360.75% 转为 88.18%；资产回报率从 -27.04% 转为 13.62%；权益回报率从 -68.68% 转为 14.70%；违约 90 天以上贷款占总贷款比例从 16.92% 降为 4.59%；经营自足率从 74.85% 提高到 95.28%；财务自足率从 49.67% 提高到 81.40%。[③] 2013 年，巴微型金融服务业的总收入达 173.79 亿卢比，调整后的资产回报率为 2.8%，调整后的权益回报率为 13.5%，违约 30 天以上的贷款占总贷款的比例降为 2.5%，违约 90 天以上的贷款占总贷款的比例降为 2%，经营自足率达 118.1%，财务自足率提高到 116.5%，总投资收益率为 33.5%，是世界上开展微型金融活动的国家中比较高的。[④] 巴微型金融部门的不良贷款所占比例从 2011 年 3 月的 5.29%，降为 2013年底的约 1%，是巴各类金融机构中不良贷款比例最低的之一。英国经

---

①　Ministry of Finance, Government of Pakistan, *Pakistan Economic Survey 2011 - 12*, Islamabad, 2012, p.77.

②　Ministry of Finance, Government of Pakistan, *Pakistan Economic Survey 2013 - 14*, Islamabad, 2014, p.85.

③　李勇、李辉富：《巴基斯坦金融发展：理论与实证》，云南大学出版社 2013 年版，第120—121 页。

④　Pakistan Microfinance Network, *Pakistan Microfinance Review - 2013*, pp.37, 66, 71, http://www.pmronline.info.

济学家情报所在其 2010 年和 2011 年关于微型金融管理框架的有关报告中，连续两年把巴基斯坦的微型金融管理排在全球第一。[①]

统计数据表明，虽然微型金融在巴金融部门中的份额还很小，但 21 世纪以来它确实获得了高速发展，得到了越来越多的乡村和城市贫民的信赖，在解决穷人的金融需要、提高妇女地位等方面发挥了明显的作用，为巴的扶贫工作做出了贡献。而且，巴微型金融业的经营效益日趋好转。巴微型金融的发展，有可以供其他发展中国家借鉴之处。

巴基斯坦微型金融业能够高速发展，有这么几个原因：第一，需求大。巴微型金融机构主要向城乡社会下层有一定经营能力的贫民和小企业开展贷款业务。这些贫民和机构为数众多，急需得到贷款，但很难从大型金融机构获得贷款，微型金融机构正好满足了他们（它们）的需求。第二，政府重视和支持。2001 年，巴政府颁布了《2001 年微型金融机构条例》，随后几年又制定了相应的配套法规，日益规范和完善了微型金融业的经营和监管；2003 年，在巴政府出台的扶贫战略中，把微型金融作为穷人和弱势群体的融资手段；2007 年，巴政府支持中央银行等机构制定颁布了微型金融发展战略；2011 年，巴政府又出台了《巴基斯坦可持续微型金融战略框架》。巴政府还为微型金融机构提供补贴。第三，社会各界积极参与。一些社会公益组织、慈善机构、非政府组织、爱心人士和社会有识之士等，都加入到开展微型金融活动中。第四，国际机构和组织帮助。亚洲开发银行、英国国际开发部等机构，都对巴的微型金融活动提供过资金支持。亚洲开发银行曾专门为巴发展微型金融提供了 1.5 亿美元的软贷款。[②] 一些国际微型金融咨询组织也对巴的微型金融业提供了咨询服务、人员培训和信用评级等服务。

巴基斯坦的微型金融业发展也面临着一些问题，主要是各类微型金融机构资金供应不充足，对补贴和捐助依赖较大；合格的管理人员少，管理技术手段跟不上业务发展需要，内部监控不完善；同类微型金融机构及不同类型微型金融机构之间发展不平衡。例如，到 2010 年 6 月，8 家微型

---

① Ministry of Finance, Government of Pakistan, *Pakistan Economic Survey 2013 - 14*, Islamabad, 2014, p. 85.

② Ministry of Finance, Government of Pakistan, *Pakistan Economic Survey 2011 - 12*, Islamabad, 2012, p. 77; *Pakistan Economic Survey 2013 - 14*, Islamabad, 2014, p. 85.

金融银行的贷款人占所有微型金融提供者贷款人（市场份额）的 34.5%，其中库萨里银行（Khushhali Bank）占 17.8%，第一微型金融银行占 11.2%；8 家专门微型金融机构的贷款人占市场份额的 27.2%，其中卡斯福基金占 17.3%；4 家农村支持计划机构的贷款人占市场份额的 31%，其中全国农村支持计划占 27.2%；8 家非政府组织中，仅信德农林工人合作组织的市场份额就占了 27.2%。① 2013 年，在微型金融业获得的 173.79 亿卢比的总收入中，微型金融银行占 108 亿卢比，微型金融机构占 40 亿卢比，农村支持计划占 25 亿卢比。② 尽管巴的微型金融业面临这些问题，但鉴于巴政府和巴中央银行对巴微型金融业较为完善的监管，有广大的国内需求，发展势头较好，今后巴的微型金融业还将获得进一步发展。

第四节 保险业、股票市场和金融业 对经济发展的作用

在巴基斯坦的金融业中，保险业发展有限，规模较小。如同银行一样，资本市场通过动员社会上各种闲置资金，为各种经济活动融资，提高储蓄率，促进经济发展。资本市场还能为人们提供重要的投资渠道。巴基斯坦的资本市场由股票市场和债券市场组成，在巴独立以来取得了显著发展，本节第二个问题主要介绍巴股票市场的发展情况。本节还将对巴金融业对经济发展的作用进行总结。

一 保险业的发展

与经济情况类似的国家及其他南亚国家相比，巴基斯坦的保险业规模较小，也不发达。巴的保险普及率（insurance penetration）和保险密度（insurance density）都不高。2000—2001 年度，巴保险部门的资产约为

---

① State Bank of Pakistan, *Strategic Framework for Sustainable Microfinance in Pakistan*, Islamabad, 2011, p. 20.

② Pakistan Microfinance Network, *Pakistan Microfinance Review - 2013*, p. 38, http://www.pmronline.info.

1100 亿卢比,2008—2009 年度约为 3700 亿卢比,[1] 2012 年 12 月超过了 5000 亿卢比。2001—2010 年,巴的保险普及率（保险额与国内生产总值的比率）在 0.62%—0.80% 变动,2001 年为 0.68%,2010 年为 0.71%,没有明显变化。[2] 到 2012 年 12 月,巴的保险费收入（premium revenue）为 1450 亿卢比（上年同期为 1240 亿卢比,或 12.9 亿美元）,保险普及率为 0.93%。[3]

巴基斯坦的保险业由人寿保险、非人寿保险和再保险（分保）组成,完全对外开放,只要实收资本达 400 万美元,外国投资就可以控制公司全部的所有权。巴的保险公司既有公营的,也有私营的。巴非人寿保险公司的最低资本要求是 3 亿卢比,人寿保险公司的最低资本要求是 5 亿卢比。2012—2013 年度上半年巴保险业增长 5.3%,资产增长 7.8%,超过了 5000 亿卢比,收入增长 84%,达 44 亿卢比。其中,人寿保险业保险费增长 34%。人寿保险业中,塔卡福尔（Takaful）公司的保险费增长 50%,所占份额从上年度同期的 2.8% 提高到 5%。人寿保险公司的投资领域主要是政府债券,占其投资总额的 68%。此外,股份投资和伊斯兰证券投资占 13%,现金资产占 5%,贷款占 7%,其他资产占 7%。人寿保险公司资本与资产的比率为 1.9%,索赔率（claims ratio）为 36.1%,管理费率为 32.6%,投资回报率为 13.9%,资产回报率为 0.3%。非人寿保险业的净保险费下降 1.1%,但医疗保险的保费增加了 30%。非人寿保险公司的资本与资产比率为 52.6%,索赔率为 62.1%,管理费率为 26.4%,投资回报率为 9.3%,资产回报率为 3.9%。非人寿保险公司 60% 的资产投入股票、共同基金等,其他投资为医疗、火灾和财产、海事和民航等,投资收入为 25 亿卢比。再保险业的资产为 125 亿卢比。[4]

2012 年,巴基斯坦有 40 家非人寿保险公司在营业,保费收入为 570

① Ministry of Finance, Government of Pakistan, *Pakistan Economic Survey 2009 – 10*, Islamabad, 2010, p. 79.

② Ministry of Finance, Government of Pakistan, *Pakistan Economic Survey 2011 – 12*, Islamabad, 2012, p. 79.

③ Ministry of Finance, Government of Pakistan, *Pakistan Economic Survey 2013 – 14*, Islamabad, 2014, p. 86.

④ State Bank of Pakistan, Financial Stability Review – 1st Half, 2012, pp. 58 – 63, http://www.sbp.org.pk.

亿卢比，增长 7%，65% 的市场份额被其中 3 家大公司占有。有 9 家人寿保险公司 [2 家按照伊斯兰教教义经营的塔卡福尔（Takaful）公司和 7 家传统保险公司]，2012 年的业务增长率为 26%，保险费总额为 880 亿卢比。其中，2 家塔卡福尔公司和 1 家国有公司占市场份额的 64%。有两个专门的医疗保险公司（dedicated health insurance company），两个外国人寿保险公司和两个外国非人寿保险公司。新近开展的保险业务有医疗保险、农作物保险和牲畜保险。[①]

巴基斯坦的保险业还有很大的发展潜力。

二　股票市场

巴基斯坦的股票市场建立较早，现已经有 3 家证券交易所。巴最大的证券交易所即卡拉奇证券交易所建立于 1947 年 9 月；第二家证券交易所是拉合尔证券交易所，建立于 1971 年；第三家证券交易所是伊斯兰堡证券交易所，建立于 1989 年。反映卡拉奇证券交易所证券交易情况的指数是卡拉奇证券交易所 KSE100 指数；反映拉合尔证券交易所证券交易情况的指数是拉合尔证券交易所 LSE25 指数；反映伊斯兰堡证券交易所证券交易情况的指数是伊斯兰堡证券交易所 ISE10 指数。拉合尔证券交易所主要为巴基斯坦旁遮普省和北部地区的投资者服务，伊斯兰堡证券交易所主要为巴北部的欠发达地区服务。[②]

国内有学者将巴基斯坦独立以来证券市场的发展划分成三个阶段。第一个阶段为 1947—1987 年，是证券市场的发展初期。主要表现是各类证券机构不断成立，证券市场得到初步的规范。例如，卡拉奇证券交易所和拉合尔证券交易所先后建立；1962 年国家投资信托公司（NIT）发行了巴基斯坦历史上的首支开放式基金（open-end funds），这在当时的南亚国家也属第一例；1966 年，巴基斯坦投资合作公司（ICP）开始发行首个封闭式共同基金（closed-end funds）等。第二阶段为 1988—2002 年，此阶段为证券市场相对封闭发展时期，主要特点是孤立、缓慢发展，但是一个逐

---

① Ministry of Finance, Government of Pakistan, *Pakistan Economic Survey 2012 – 13*, Islamabad, 2013, p. 73; *Pakistan Economic Survey 2013 – 14*, Islamabad, 2014, p. 87.

② Ministry of Finance, Government of Pakistan, *Pakistan Economic Survey 2011 – 12*, Islamabad, 2012, p. 82.

步壮大的过程，无论是从证券交易所公布的交易量还是从上市公司的市值增量来看，巴的证券市场在不断地自我发展和完善。第三阶段为 2002 年以后至 2009 年，此阶段是证券市场不断发展和成熟阶段。主要表现是股价指数在波动调整中稳步拉升。2002 年的阿富汗战争是巴基斯坦经济发展的一大转折点，战后西方各国纷纷解除了对巴基斯坦的经济制裁，重组了该国债务，加大了对该国的援助。同时穆沙拉夫极力保护国外投资者，实行自由化的经济政策，巴基斯坦经济在 2002 年后开始快速增长。这样的经济环境推动了该国股市的发展。[①]

其实，自 1947 年建立以来至 2002 年，巴基斯坦证券市场是取得明显发展的，1971 年新增了拉合尔证券交易所，1997 年伊斯兰堡证券交易所开始营业。建立之初，卡拉奇证券交易所的上市公司仅 5 家，1986 年已达 300 家，1996 年 9 月已经增加到 775 家，卡拉奇证券交易所的上市公司巴国家银行的股价总指数 (General Index of Share Prices) 1990—1991 年度为 100，1994 年 6 月已经达到 290。建立之初卡拉奇证券交易所的实收资本为 3700 万卢比，1996 年的注册资本为 1387 亿卢比，市值 (market capitalization) 达 3418.4 亿卢比。1990—1994 年，卡拉奇证券交易所曾出现过一次大起伏。当时，巴政府对金融部门进行了改革，主要是放松对资本市场的管制和对外开放。从 1991 年起，外国投资者可以自由参与卡拉奇股市交易，享有与巴本国投资者同等的权利，并被免征所得税。同时，巴政府开始推进私有化政策，一些公营部门企业被私有化。巴政府还加强了证券市场基础设施的现代化建设。在良好的市场环境下，巴证券市场的交易迅速攀升。卡拉奇证券交易所指数 4 年内上升 48.3%，从 1990—1991 年度的 1572 点，升至 1993—1994 年度的 2331 点。同期，总市值从 684 亿卢比增为 4046 亿卢比，上市公司从 542 家增为 724 家，每天的股票交易额从 4 亿卢比增至 22 亿卢比。[②] 期间，卡拉奇证交所股指 1991 年 11 月 2 日达到 1000 点，1992 年 1 月 6 日升至 1714 点，1993 年 4 月 24 日回

---

① 李勇：《巴基斯坦股票市场的发展历程及效率分析》，《沿海企业与科技》2011 年第 9 期。

② Ministry of Finance, Government of Pakistan, *Pakistan Economic Survey 1999 - 2000*, Islamabad, 2000, Chapter7.

落到 1084 点，但 1994 年 3 月 22 日又冲高到 2661 点。^① 1994—1995 年度到 1997—1998 年度，由于国内纺织业危机，税收和出口目标没能实现，公司部门情况不佳，外汇减少，货币贬值，政局不稳，加上东南亚金融危机的影响，发达国家因巴核试验对巴的制裁，投资者的信心受到很大冲击，巴股市交易大幅下降。卡拉奇证交所的指数从 1993—1994 年度的 2231 点，猛降至 1997—1998 年度的 880 点，市值从 4050 亿卢比降为 2590 亿卢比。此后几年，在巴政府的激励和推动下，股市情况有所好转，卡拉奇证交所指数 1999—2000 年度曾升至 1999.7 点。^② 所以，巴股票市场出现较大发展和波动是 1990 年以来的事，与巴开展金融改革的时间大致一致。

从 2002 年开始，巴基斯坦股市又一次出现大起大落，令人惊心动魄。先是以每年 1000—2000 点的速度"疯涨"，其间或有小幅短期跳水的时期，但总体一路上扬，其中 2007 年的涨幅最大。2001 年 12 月，卡拉奇证交所的指数为 1273.1 点，2002 年 7 月为 1787.6 点。^③ 从 2002 年到 2007 年的 5 年间，卡拉奇证交所的 KSE100 指数年均增长 136%，2008 年 4 月 18 日冲高到 15676 点的历史最高水平。此后受国际石油价格高涨影响，外汇储备不断减少，金融界担心巴基斯坦政局持续动荡，以及全球金融危机的冲击等因素的影响，巴基斯坦股市一路狂跌，持续低迷。2008 年 4 月至 8 月期间，卡拉奇股市 KSE100 指数从最高时的 15676 点降至 9208.3 点，下跌幅度超过 40%，上市公司的市值从 46348 亿卢比降为 28816 亿卢比。这种状况一度引发股民怒砸股票交易所和附近银行的门窗。巴政府、巴基斯坦证券交易委员会（SECP）和卡拉奇证交所被迫出面干预股市。2008 年 6 月 24 日，巴基斯坦证券交易委员会宣布股市跌停板最高限幅从 5% 改为 1%，涨停板则从 5% 改为 10%；8 月 28 日，卡拉奇证交所决定禁止 KSE100 指数进一步下跌，规定 9144 点为 KSE100 指数的底线，这一禁令一直坚持到 12 月 15 日；巴政府宣布注入 200 亿卢比的

① S. Akbar Zaidi, *Issues in Pakistan's Economy*, Oxford University Press, Karachi, 2000, pp. 260 – 261, p. 263.

② Ministry of Finance, Government of Pakistan, *Pakistan Economic Survey 1999 – 2000*, Islamabad, 2000, Chapter 7.

③ Ministry of Finance, Government of Pakistan, *Pakistan Economic Survey 2002 – 03*, Islamabad, 2003, p. 102.

开放基金和 300 亿卢比的外国投资者担保金。卡拉奇证交所的股票指数禁令解除后，巴股市进一步下跌，2009 年 1 月 26 日 KSE100 指数下跌至 4815.3 点的最低水平。[①]

不过，2009 年 2 月以来，随着巴基斯坦经济走向稳定，以及 2013 年 5 月大选顺利进行，以谢里夫为总理的民选政府产生，巴基斯坦的股市又朝着上涨的方向发展，涨幅巨大。到 2010 年 6 月 30 日，KSE100 指数回升至 9721.9 点，2011 年 1 月 17 日达 12682 点，[②] 2012 年 1 月，稍回落到 11348 点，但 2014 年 4 月已经涨到 28913 点。2012 年 1 月至 2014 年 4 月的涨幅达 155%，总市值从 29610 亿卢比（约合 329 亿美元）升为 71160 亿卢比（约合 722 亿美元）；上市资本 2011 年底为 10484.4 亿卢比，2014 年 4 月达 11531.8 亿卢比。[③] 有报道说，彭博数据显示，2013 年巴基斯坦卡拉奇证交所指数从年初的 11899.72 点一路上涨至年末的 18664.04 点，涨幅高达 56.84%，成为全球表现最好的股市之一。而自 2008 年底以来，巴基斯坦股市即驶入上升通道，截至 2013 年底，股市已累计上涨 331.26%。[④]

到 2014 年 4 月底，卡拉奇证券交易所有 559 家上市公司，上市资本额为 11531.8 亿卢比，总市值为 71160 亿卢比，股票交易额为 484.94 亿卢比，日均交易额为 2.37 亿卢比。拉合尔证交所的上市公司为 433 家，上市资本为 10961 亿卢比，总市值为 62582 亿卢比，股票交易额为 5 亿卢比，LSE25 指数为 5131.1 点（2008—2009 年度为 2132.3 点）。伊斯兰堡证交所的上市公司为 262 家，上市资本为 8909 亿卢比，市值为 50117 亿卢比，股票交易额为 3000 万卢比，ISE10 指数为 4440 点（2008—2009 年度为 1705.1 点）。[⑤] 数据显示，从股票交易看，卡拉奇证交所占据绝对优

---

① Ministry of Finance, Government of Pakistan, *Pakistan Economic Survey 2008 - 09*, Islambad, 2009, pp. 88 - 89.

② Ministry of Finance, Government of Pakistan, *Pakistan Economic Survey 2010 - 11*, Islambad, 2011, p. 79.

③ Ministry of Finance, Government of Pakistan, *Pakistan Economic Survey 2013 - 14*, Islambad, 2014, p. 89.

④ 戴金鸿：《全球投资者勇闯超新兴市场　巴基斯坦股市年涨 57%》，《第一财经日报》，2014 年 1 月 7 日。

⑤ Ministry of Finance, Government of Pakistan, *Pakistan Economic Survey 2013 - 14*, Islambad, 2014, pp. 91, 95 - 96.

势，是巴基斯坦股市的代表。

以上情况表明，巴基斯坦的股票市场为经济发展做出了积极贡献，主要表现就是股市为大批上市公司筹集到了数额可观的资金，为国民投资提供了渠道，为政府增加税收提供了来源，还增加了就业岗位。国内学者李勇、李辉福采用计量经济学方法对巴股市对宏观经济的影响进行了实证分析，得出的结论认为，巴股票市场的资本规模和交易规模对国民产出和货币资产（M2）存在显著影响，而且作用比较明显。然而，由于市场价格大幅起伏，股市换手率和市盈率均比较高，股市的整体性风险水平比较高，股市受国际资金影响较大，所以李勇等学者认为，巴基斯坦的股市虽然发展较好，但仍属于弱势效率。[①]

巴基斯坦的股票市场在发展中也存在一些问题和不足。一是稳定性相对较差，起伏很大，惊心动魄。二是市场规模还不够大，近些年的上市公司不断减少。2009—2010 年度，卡拉奇证券交易所有 652 家上市公司，到 2014 年 4 月已经减少为 559 家，差不多减少 100 家；同期，拉合尔证券交易所的上市公司从 510 家减为 433 家。[②] 三是散户投资者还不够成熟，抗风险意识和能力弱。四是上市公司治理情况不理想，信息披露不规范，信息不对称，对小股东的保护不力，有的政策法规需要进一步完善。

三　金融业发展总体情况及对经济发展的作用

在本章前面的内容中，我们分别分析了巴基斯坦主要金融部门的发展情况、对经济发展产生的影响、存在的问题等。在结束本章前，我们再对巴金融业的发展作出简要总结。

1. 巴基斯坦金融业发展总体情况总结

从本章前文中，我们可以看出，经过 60 多年的发展，巴基斯坦的金融业获得了巨大发展。首先，金融体系逐步健全。独立初，巴仅有屈指可数的几家银行，其他金融机构几乎不存在。现在，巴的金融业已经包括中央银行、商业银行、证券市场、伊斯兰银行、非银行金融机构、保险公

[①] 李勇、李辉富：《巴基斯坦金融发展：理论与实证》，云南大学出版社 2013 年版，第 77—78 页，第 87 页。

[②] Ministry of Finance, Government of Pakistan, *Pakistan Economic Survey 2013 – 14*, Islambad, 2014, pp. 91, 95.

司、微型贷款银行、微型金融机构等。在巴的金融体系中，商业银行居于主导地位，证券市场的融资额日益增大，占有重要地位，伊斯兰银行和微型金融业快速发展，其他金融部门也不断发展。其次，各类金融机构大量增加。巴的金融机构从独立初期仅几家，增加到现在的几百家，金融机构的支行或营业所由几十个增为上万个，遍布城乡。另外，金融机构的各项营业额、总资产巨幅增加。在本章第二节中，我们已经指出，1953 年巴表列银行的贷款额仅为 5.15 亿卢比，1964 年的存款额不过 60.5 亿卢比。但到 2013 年 3 月，表列银行的活期和定期存款额增至 7.2 万亿卢比，贷款额增至 3.69 万亿卢比，总资产从 1993 年的 1.14 万亿卢比，增至 9.64 万亿卢比。1987 年，巴银行总资产为 86.71 亿美元，2009 年增加到 777.55 亿美元；同期，股市总值从 24.6 亿美元增为 332.39 亿美元；金融总资产从 111.31 亿美元增为 1109.94 亿美元；国内生产总值从 333.52 亿美元增为 1619.90 亿美元。[①] 从数据可以算出，金融资产占国内生产总值的比率从 33.37%，提高到 68.52%。

　　但是，与其他发展中国家相比，更不用说与发达国家相比，巴基斯坦的金融业还很不发达，发展水平低，有巨大发展空间。例如，2006 年，新兴经济体国家银行存款占国内生产总值的 85%，股市总值占 79%，政府债券占 34%，私人债券占 18%，所有金融资产占 216%，巴所占比率分别是 47%、32%、32%、1% 和 111%。[②] 巴的金融渗透水平（financial penetration levels）是世界上最低的，56% 的成年人得不到金融服务，32% 的成年人接受非正规金融部门的服务。[③] 2012 年，巴成年人在正式金融机构开设账户的比率男性不足 20%，女性约 2%；南亚各国的比率平均是 40% 和 20%，中低收入国家的比率分别是 36% 和 22%。[④]

　　鉴于巴基斯坦金融业发展水平不高，本章前文相关部分已经讲到，巴

---

　　① 李勇、李辉富：《巴基斯坦金融发展：理论与实证》，云南大学出版社 2013 年版，第 141—142 页。

　　② State Bank of Pakistan, *Pakistan 10 Year Strategy Paper for Banking Sector Reform*, p.10, http：//www. sbp. org. pk/bsd/10YearStrategyPaper. pdf.

　　③ State Bank of Pakistan, *Strategic Framework for Sustainable Microfinance in Pakistan*, Islamabad, 2011, p.4.

　　④ The World Bank, *Financial Inclusion Data for Pakistan*, http：//datatopics. worldbank. org/financialinclusion/country/pakistan.

政府和中央银行采取了许多改革和促进政策措施，推进巴金融业的发展。
在这里，我们再提一提2009年巴中央银行出台的《巴基斯坦银行业改革
10年战略文件》。文件指出，银行业改革的目标是使银行业能够更好地服
务和促进经济可持续增长，促使银行的财务更加健康和稳定，使银行得到
更好的管理和服务，使银行效率更高，更加稳定。银行业改革将在10个
领域开展：创建一个更加多样化和有包容性的银行业；提高对消费者的保
护，加强金融教育；加强竞争，提高效率；巩固和加强银行业；强化审慎
管理和监督；建立综合监督框架；发展金融安全网；强化巴国家银行的自
主权、问责制和治理；发展更平衡的金融体系；发展金融基础设施。[①] 与
此前的银行改革政策措施相比，这份文件强调的是要更好发挥银行的功
能，加强银行业的管理和监督，提高银行业的效率，提高银行业的发展
质量。

2. 金融业发展对经济发展的作用

关于巴基斯坦金融业发展对其经济发展的作用，有些国内外学者曾做
过研究。穆哈迈德（Muhammad）应用自回归分布滞后模型（ARDL）研
究了1971—2004年巴金融发展与经济增长之间的关系，结论认为，从长
期看，巴金融深化和实际利率对经济增长具有积极影响。经济增长与金融
深化之间有着长期的稳定关系，经济增长是金融发展的结果。伊尔凡·拉
尔（Irfan Lal）在2009年研究了巴金融结构与金融发展对经济增长的影
响，发现二者存在正相关关系，认为金融结构在很大程度上解释了巴的产
出水平。李勇等人选取金融相关比率、存款能力指标、信贷规模指标和证
券市场指标建构了计量分析模型进行实证分析。得出的结论是：金融发展
和经济增长之间存在双向促进关系，而且以金融发展对经济增长的作用
为主。[②]

巴基斯坦金融业发展到底从哪些方面促进了经济发展呢？笔者将其总
结如下：

第一，丰富了经济活动，改变了产业结构。随着巴基斯坦金融体系的

---

① State Bank of Pakistan, *Pakistan 10 Year Strategy Paper for Banking Sector Reform*, p. 12,
http：//www. sbp. org. pk/bsd/10YearStrategyPaper. pdf.

② 李勇、李辉富：《巴基斯坦金融发展：理论与实证》，云南大学出版社2013年版，第
12—13、147—156页。

日益完善，巴的经济活动更加多元化，各类存款、贷款、保险、理财、抵押、结算、证券交易、信用消费等活动得以开展，且规模不断扩大。这些活动的开展，同时创造了价值，增大了服务业的产值，改变了产业结构。如表2—3所示，1949—1950年度，金融和保险业增加值只占巴净国民生产总值的0.44%，而到2012—2013年度，金融和保险业增加值已经占国内生产总值的3.1%。

第二，为各种经济活动提供了便利，促进了经济增长。巴基斯坦金融业的发展，为巴从事农业、工业和服务业的许多企业和人员融通了资金，提供了便利，扩大了生产和交易规模。本章前面各节已经介绍和分析了巴各种金融机构在开展贷款、吸纳存款、提供保险、发行和买卖证券、便利交易和结算等方面资金额日益增大的情况。没有这些，各种经济活动就难以顺利开展、日渐扩大。

第三，为人们提供了大量就业就会。不断增加的金融机构及它们开展的日益丰富的金融活动，直接吸收了大量的劳动力到金融业就业。金融机构通过融资和服务促进其他产业的发展，间接增加了就业。

第 八 章

对外贸易

　　独立以来，巴基斯坦政府在不同时期，根据经济发展需要，采取了不同的对外贸易政策，但总体朝着贸易自由化的方向变化。随着经济不断发展，巴的商品贸易规模不断扩大，贸易结构发生明显变化，贸易伙伴增加。但是，巴能出口的商品种类不多，对外贸易基本处于逆差状态，且逆差额不断扩大。

第一节　外贸政策

　　巴基斯坦独立以来对外贸易政策的变化，经历了以下几个时期。

一　1947—1958 年多变时期

　　这个时期是巴基斯坦出口额总体多于进口额，出超年份多于入超年份的时期。期间，巴的进口政策由宽松转向限制，再转向自由化。在工业化开始后，则实行严格的进口控制政策。1948—1949 年度，巴基斯坦的主要贸易伙伴是印度和英国，与这两个国家的贸易额占巴对外贸易总额的67％。1949 年英国将英镑贬值 31％，巴虽然属于英镑贸易区，但未像其他英镑贸易区国家一样对本国货币卢比进行贬值，使得巴从英国和印度的进口更便宜，但向这两国的出口也显得更昂贵。

　　1949 年以前，巴积极鼓励出口，进口政策较宽松。自 1949 年 9 月起，由于印度不认同巴的汇率政策，印巴贸易陷于停滞，巴对进出口实行了一定的数量控制。朝鲜战争爆发后，国际市场主要是英美对巴的黄麻和棉花需求量猛增 109％，这两种商品的价格也提高，巴又实行了自由贸易政策，85％的进口商品都不需要许可证。随着黄麻和棉花出口繁荣的消失，也为了推进工业化，1952 年，巴政府又实行了贸易和外汇控制政策，对进口实行数量和许可证控制，对进口商品征收很高的关税。例如，1955—1956 年度到 1959—1960 年度，对进口的基本消费品征收 35% 的关税，对进口的半奢侈品征收 54% 的关税，对进口的奢侈品征收 99% 的关税，而对机械和设备只征收 14% 的关税。[①] 这种控制政策是巴开始推进工业化，实行进口替代发展战略，用本国生产的消费品替代进口消费品的必然结果。

1956 年以前，巴没有采取过实实在在的出口促进政策，1956 年，巴政府制定了出口促进方案，涉及 67 种初级出口商品和 58 种工业制成品，并向出口商发放进口某些生产出口商品需要的工业品和原料的进口许可证。[②]

巴基斯坦政府长期奉行本国货币币值高估的政策，以使进口商品更便宜，出口商品价值更高。这种政策对进口有利，但抑制了出口。巴首次对本国货币卢比进行贬值是在 1955 年，将卢比对英镑的比值下调 30%。此后 17 年，卢比与美元的名义汇率一直是 4.76 卢比兑换 1 美元。但事实上，从 20 世纪 50 年代到 60 年代，巴实行的是多重汇率制。例如，一段时间内，获得出口奖励的出口商，1 美元可以兑换 8 卢比；有进口许可证的进口商，可以 4.7 卢比兑换 1 美元，而要购买奖券才能进口的进口商，却要花 12 卢比才能兑换 1 美元。[③]

二　阿尤布·汗执政由放松控制再转向严格控制时期

1959 年阿尤布·汗军人政权上台后，对巴基斯坦的外贸政策进行了调整。在出口方面，1959 年采取出口奖励方案（Export Bonus Scheme），发给出口商奖券，使他们（它们）能以比官方汇率高得多的汇率把外汇兑换为本国货币，给予出口企业进口原材料和部件的许可证，促进工业制成品出口。在出口政策激励下，黄麻和棉花在出口中所占比重从 1958—1959 年度的 60% 降低为 1968—1969 年度的 20%，而棉纺织品和黄麻纺织

---

①　S. Akbar Zaidi, *Issues in Pakistan's Economy*, Oxford University Press, Karachi, 2000, p. 169.

②　Ibid., p. 167.

③　Ibid., p. 180.

品出口所占比重却从 8.3% 提高到 35%，其他工业制成品出口所占比重从 2% 增至 20%。在进口方面，1961 年实行普通开放许可证制度和重复（repeat）、自动许可证制度，放松进口控制。1961 年，纳入普通开放许可证（open general licensing）的商品有 11 类（items），1964 年增为 51 类。1960—1961 年度，90.3% 的进口商品需要许可证，1964—1965 年度为 39.5%，1966—1967 年度只有 26.2% 的进口商品需要许可证。1962—1963 年度，可以自由进口的商品为 2.8%，1966—1967 年度增为 49.9%。① 与 20 世纪 50 年代相比，60 年代对进口的控制更多是以市场力量为主，因而是间接控制为主。亚洲开发银行的研究认为，20 世纪 60 年代上半期巴能够实行自由进口政策，与当时巴得到大量外国援助，外汇充足有关。但是，1965 年第二次印巴战争后，由于外汇紧缺，巴政府又开始对进口进行直接控制。1964 年，能够自由进口的商品为 66 类，1968 年减为 14 类，1971 年再减为 11 类。②

三　佐·布托和齐亚·哈克执政转向自由化时期

1972 年初，东巴基斯坦独立成为孟加拉国。而在东巴独立前，它是西巴的工业品市场和重要的原料供应地。在 1969—1970 年度，西巴基斯坦近一半的商品销往东巴基斯坦，从东巴进口 18% 的原材料。而且，东巴通过出口黄麻、茶叶等商品，为分裂前的巴基斯坦挣得了超过一半的外汇。在这种背景下，1971 年底上台的佐·布托政府不得不对巴基斯坦的经济发展政策包括对外贸易政策作出重大调整。佐·布托政府在 1972 年 5 月废除了进口许可证制度、多重汇率制度和出口奖励方案，禁止进口奢侈品，并将卢比对美元的比值下调 131%，由 4.74 卢比兑换 1 美元贬值为 11 卢比兑换 1 美元，1973 年美元贬值后为 9.9 卢比兑换 1 美元，这一比值此后保持了 8 年。在进口方面，佐·布托政府实行自由进口政策。1976 年，允许自由进口的商品为 407 类，1978—1979 年度增至 438 类。推行自由进口政策是为了使国内企业能够进口生产所需的各种商品，提高设备利用率，也是为了生产更多可出口的商品，还为了进口政府大量兴建

---

① S. Akbar Zaidi, *Issues in Pakistan's Economy*, Oxford University Press, Karachi, 2000, p. 170.

② Ibid., p. 171.

的公营重工业和基础工业企业需要的机械设备等。在出口方面，佐·布托政府没有出台系统的、正式的出口政策，主要做法是实行卢比贬值，为出口厂家提供优惠贷款，积极开拓因石油大幅涨价而兴盛的中东石油出口国市场，减免消费税和销售税。1972—1973年度，巴的出口增长38.4%，1973—1974年度增长24.7%。①

　　1977年齐亚·哈克军人政权执政后，巴基斯坦开始迈向全面的贸易自由化时代。齐亚·哈克政权减少了禁止进口的商品数量和许多进口限制，消除了大多数非关税壁垒。在1977年至1983年，增加了自由进口的商品种类，简化了进口程序。1977年自由进口的商品为438类，到1982—1983年度新增了91类。世界银行的报告认为，1980年，巴约41%的国内工业增加值得到禁止进口的保护，另外22%的受到其他限制进口措施的保护；1986年，相应数据降为29%和3.7%。1980—1981年度，406类非资本货物的进口受到进口价值额的限制，1983年7月减少到5类。进口关税也不断下调。尽管在进出口方面有了很大放松，但到1986—1987年度，与世界上许多国家相比，巴的关税率还是很高的。该年度，巴工业制成品的平均进口关税为67.5%，标准偏差（standard deviation）为54.2，最高关税达350%；消费品的平均进口税为100.4%，标准偏差为52.9，最高进口税为350%；中间品的进口税平均为57.8%，标准偏差为53.8，最高关税为350%；资本货物的平均进口税为51.1%，标准偏差为43.6，最高关税为350%。② 军人政权也采取了一些推动出口的政策措施，主要有：出口退税，为出口提供优惠贷款和税收减免；为出口商提供进口便利，出口创汇企业可以免税、自由进口本国缺乏的原材料；取消了卢比与美元的汇率联系，采取了灵活的汇率政策；恢复佐·布托政府时期取消的出口奖励制，实行出口补贴计划；成立巴基斯坦商品质量控制与标准化局，改进包装，促进出口产品质量提高；通过加强国外市场调研，派贸易代表团出国考察，举办博览会，实行进出口相联系的对应贸易，提供进口贷款等措施，进一步开拓发展中国家市场；开始在卡拉奇等地建立出口加工区。

　　① S. Akbar Zaidi, *Issues in Pakistan's Economy*, Oxford University Press, Karachi, 2000, pp. 171 – 172.

　　② Ibid. , pp. 173 – 174.

四　1988 年以来完全转向自由化时期

1988 年以来，随着巴基斯坦开始执行经济结构调整计划，巴的外贸政策更加自由化。主要做法是大幅降低关税，逐步取消各种进出口限制、许可证和政府管制，放开国内市场，大力促进出口，向私营部门开放各类商品的进出口。例如，1988 年巴政府的年度财政预算宣布，要改善关税结构，减少禁止进口和限制进口的商品种类，采取系列出口促进措施，简化进口许可要求，除高级轿车和酒类饮料外，把最高从价关税率（ad valorem duty rate）从 150%—225% 降低到 125%，原料进口的从价关税率降低到 20%—50%。在 3200 种关税额度（tariff lines）中，1134 类降低，462 类调高。在 1988 年与国际货币基金组织签署的第一份结构调整计划中，巴政府承诺，取消非关税壁垒，用关税替代之；到 1990—1991 年度，将禁止进口的商品从 400 种降为 80 种，只保留有关宗教、国家安全、互惠和国际协议规定的禁止进口品；将进口最高关税从 1988—1989 年度的 125% 降至 1990—1991 年度的 100%；逐步取消关税豁免和关税优惠。在出口方面，鼓励出口高附加值商品，允许出口商保留 5% 的外汇所得，允许私营部门大量参与稻米和棉花出口，取消所得税退税制度。1991 年 2 月，允许开设外汇存款账户。1991 年 3 月，除列入负表的商品外，废除其他商品的进口许可证，禁止进口和限制进口的商品进一步减少。1993 年，最高进口关税进一步降到 90%。在 1993 年巴政府的一揽子新贸易政策中，把关税税率分为 10%、15%、25%、35%、45% 和 50% 六个板次（slabs），在 3 年内分阶段完成关税下调，逐渐取消已有的关税豁免和优惠，除本地生产的外，机械设备的进口税都是 10%；国内最优先发展的产业诸如工程和化工业，保护关税为 50%；生产出口商品的原料和中间产品，关税为零；将对进口商品征收的许可证费、伊克拉（iqra）附加费和洪灾救济附加费合并入法定关税中。① 巴政府自 1999 年开始，实行了出口导向的经济增长战略。经济调整和改革前的 1987 年，巴的名义关税

---

① S. Akbar Zaidi, *Issues in Pakistan's Economy*, Oxford University Press, Karachi, 2000, pp. 174–176.

平均税率为 68.9%，改革后，到 2005 年降至 14.6%。[①]

　　在每年的政府财政预算方案中，巴基斯坦政府几乎都会出台新的对外贸易政策。例如，在 2002—2003 年，度巴基斯坦政府推出了系列新的对外贸易政策，宣布对向新市场出口及出口新产品的企业提供 25% 的运输补贴，将样品出口的限额从 5000 美元调高为 10000 美元，允许出口小麦及其加工品，允许私营部门出口石油产品，采取了便利皮革商和珠宝加工商出口产品的措施，出口旧机器不再需要交回进口时获得的退税，通过行李出口的地毯不再需要提供外汇现金证明，出口促进局要求的棉花出口保证金从 3% 降为 2%，在私营部门中建立出口信贷担保机构，为参与出口的中小企业获得运营资本提供便利，取消了 0.5% 的农产品出口附加税，将最高关税降为 25%，关税板从 5 种减为 4 种；取消对用过 5 年以上旧机器进口的禁令，允许进口二手及用过的外科手术设备，允许进口商用自己的外汇进口金银，允许进口移动电话，放松汽车进口限制，工业用户进口价值 30000 美元的机械及部件，只要有银行汇票，就不需要开具信用证。[②] 2005—2006 年度的对外贸易政策宣布，要通过贸易外交改善巴出口商品的国外市场准入，开拓非洲、拉美、东欧、中亚和远东市场，强化政府促进贸易的基础设施建设，开展大规模的人员培训，改进出口商品的技能开发和生产率，进一步多样化出口商品，提供更多贸易便利，通过减少商务成本增强出口竞争力，按照世贸组织和有关贸易协定开展出口能力建设，发展出口服务，改善保证出口商品质量的基础设施。[③]

　　《2006—2007 年度巴基斯坦经济调查》中指出，在 2005—2006 年度巴政府公布的《经济快速增长战略》中，制定了促进出口快速增长的战略及进口政策，内容涉及便利皮革制品出口，开展研发支持鞋类出口，为园艺产品出口提供冷链和冷库支持，促进农业出口，发展参与出口的中小企业，修订出口商品的运费补贴方案，开展出口企业人员的家中及岗位培训，允许进口货物再出口，在伊斯兰堡、白沙瓦和奎塔（Quetta）建设出

　　① Moazzem Hossain, Rajat Kathuria & Iyanatul Islam, *South Asian Economic Development*, Routledge, New York, 2010, p. 93.

　　② Ministry of Finance, Government of Pakistan, *Pakistan Economic Survey 2002 - 03*, Islamabad, 2003, pp. 140 - 141.

　　③ Ministry of Finance, Government of Pakistan, *Pakistan Economic Survey 2005 - 06*, Islamabad, 2006, pp. 138 - 139.

口中心，建设仓库城（warehousing city）和地毯城（carpet city），在卡拉奇增加水泥生产能力，制定贸易组织条例等。巴与斯里兰卡和中国签署的自由贸易协定已经分别于 2005 年和 2007 年生效，2007 年南亚自由贸易区协定（SAFTA）生效，2006 年与伊朗、2007 年与 D8 国家（发展中国家 8 国集团）签订了特惠贸易协议，并与泰国、缅甸、东盟和日本联合研究签署自由贸易协议或特惠贸易协议的可能性。[1]

2009 年，巴基斯坦政府商业部宣布了《2009—2012 年度贸易政策战略框架》，预计使巴的出口在 2009—2010 年度增长 6%，2010—2011 年度增长 10%，2011—2012 年度增长 13%。该战略框架的主要内容有：支持出口商在海外开设办公室；为出口商获得各种质量、环境和社会认证证书提供全额成本支持；为外科手术设备、体育用品和刀叉餐具部门的广告宣传、认证证书获取等成本提供 25% 的补贴；为照明工程产品开发和交易设立专项基金，以提高产品的精致化水品，发挥相关部门的潜力；为皮衣出口商提供咨询、设计室建设等费用 50% 的补贴；为海鲜产品空调运输提供 25% 的运费补贴；为出口的加工食品提供出口额的 6% 的研发补偿；为个人鞣革师建立设计中心和实验室承担 25% 的成本；允许出口厂商用他们旧的、过时的机械折价，进口新的、重新磨光和升级的机械；用于生产珠宝产品的天然珍珠、合成或再造宝石、半宝石，可以免征关税和销售税；工程产品企业头三年出口产品的 50% 可以获得出口导向企业享受的便利，此后其出口产品的 80% 可以获得便利；允许进口旧的、用过的电脑部件。[2] 该战略预计的出口目标在 2010—2011 年度末就实现了。2012 年，巴又宣布了《2012—2015 年度贸易政策战略框架》（STPF）。主要内容是：关注地区贸易；提高执行贸易规章的效率；促进加工农产品的出口；增加巴国内欠发达地区的出口；促进服务部门的出口；使出口商更容易得到出口融资和信贷担保；改进出口促进机构；动员新的投资进入出口导向产业；为出口产业克服能源危机提供便利；促进出口产品和市场开发及多样化；开展有效的贸易外交；增加绿色出口；把关税保护政策合理

---

① Ministry of Finance, Government of Pakistan, *Pakistan Economic Survey 2006 - 07*, Islamabad, 2007, pp. 141 - 143.

② Ministry of Finance, Government of Pakistan, *Pakistan Economic Survey 2009 - 10*, Islamabad, 2010, p. 106.

化；提高妇女在出口中的作用；改革和发展国内贸易。[1] 主要目标是使出口部门成为巴经济增长的引擎；提高巴出口的竞争力；在 2012—2015 年，使巴的累计出口额达到 950 亿美元。2013 年巴还修改和发布了《出口政策条例》和《进口政策条例》。[2]

1973 年 2 月至 1982 年 1 月，巴基斯坦卢比与美元的比值都是 9.9 卢比兑换 1 美元。自 1982—1983 年度起，巴基斯坦的货币就一直在不断被迫或自愿贬值。1982—1983 年度，12.7 卢比兑换 1 美元，1987—1988 年度，17.6 卢比兑换 1 美元，1990—1991 年度，22.42 卢比兑换 1 美元，1995—1996 年度，33.25 卢比兑换 1 美元。[3] 此后，巴卢比贬值速度更快，2000—2001 年度为 58.44 卢比兑换 1 美元，2011—2012 年为 89.24 卢比兑换 1 美元。[4] 卢比不断贬值对巴对外贸易产生了很大影响，在有利于巴本国商品出口的同时，增加了进口负担，还不利于巴的国际收支平衡及外债偿还。

1988 年以来巴的外贸政策调整大方向是对头的，符合世界经济发展潮流，也促进了巴对外贸易的发展。但是，也存在开始时调整步伐过快，影响巴政府关税收入的问题。翟迪指出，到 1992—1993 年度，巴联邦政府收入的 54% 来自进口税，在较短时间内大幅度下调进口税，对巴政府的收入产生了严重影响。[5] 此外，关税过快降低，相应措施不到位，对巴本国工业的冲击较大。

第二节　商品进出口增长情况

独立以来，巴基斯坦的商品进出口增长明显，21 世纪以来更是高速

---

[1] Ministry of Finance, Government of Pakistan, *Pakistan Economic Survey 2012 – 13*, Islamabad, 2013, p. 107.

[2] Ministry of Finance, Government of Pakistan, *Pakistan Economic Survey 2013 – 14*, Islamabad, 2014, p. 124.

[3] S. Akbar Zaidi, *Issues in Pakistan's Economy*, Oxford University Press, Karachi, 2000, p. 181.

[4] Ministry of Finance, Government of Pakistan, *Pakistan Economic Survey 2012 – 13*, Islamabad, 2013, Statistical Appendices, Table 8.11.

[5] S. Akbar Zaidi, *Issues in Pakistan's Economy*, Oxford University Press, Karachi, 2000, p. 176.

增长。但是，巴的进口增长大多数年度快于出口增长，进口额绝大多数年份都超出出口额，东巴基斯坦独立成为孟加拉国后更是如此，因而引发了严重的贸易逆差。

一 独立至 1957—1958 年度

这个阶段巴基斯坦进出口增长波动较大，出口排除 1947—1948 年度，实际还有下降，进口明显增加。东巴基斯坦和西巴基斯坦合在一起，外贸总体有顺差；如果把东巴的数据扣除，西巴基本保持贸易逆差状态。

从表 8—1 可以看出和算出，按卢比计算，实行计划经济前的 1948—1949 年度至 1954—1955 年度，巴的年均进口额为 14.62 亿卢比，此后三个年度的平均数升为 16.05 亿卢比。同期，年均出口额分别为 16.67 亿卢比和 19.03 亿卢比。从 1947—1948 年度至 1957—1958 年度，出口值年均增长 6.6%，进口值年均增长 22.5%，后者增速是前者的 3.4 倍。[①] 数据表明，在这期间，巴的出口总趋势是下降的，进口总趋势是上升的。原因主要是 1950 年朝鲜战争爆发后，世界市场在约两年的时间内对巴的黄麻和棉花需求猛增，随后又锐减。而当时巴由于工业落后，连许多基本日用消费品都需要进口。1955 年开始实施计划经济后，巴的工业化加速，进口量增大。这种情况还是在巴政府严格控制进口，保护国内消费品工业的背景下出现的。数据还表明，这期间巴对外贸易出口值大于进口值，处于顺差状态，独立后出超的年度有 6 年，入超的有 4 年。当然，对外贸易盈余基本是东巴基斯坦创造的。如果仅看西巴基斯坦的情况，则除个别年度外，都处于逆差状态，逆差额在不断扩大，1957—1958 年度已达 8.8 亿卢比。按美元计算，1950—1951 年度，西巴的出口额为 4.06 亿美元，进口额为 3.53 亿美元，1957—1958 年度，出口额为 9100 万美元，进口额为 2.76 亿美元。

二 阿尤布·汗执政至巴基斯坦分裂时期

在这个时期，从 1958—1959 年度到 1970—1971 年度，巴基斯坦的进出口值都有较大增长，但进口增速高于出口，贸易逆差进一步扩大。从表 8—1 可见，1958—1959 年度，巴进口额为 15.78 亿卢比，1960—1961 年

---

① 李德昌：《巴基斯坦经济发展》，四川大学出版社 1992 年版，第 295—296 页。

表8—1　　独立至 1976—1977 年度巴基斯坦的对外贸易情况

年度	出口（百万卢比）	进口（百万卢比）	外贸平衡	出口占进口的百分比	出口（百万美元）	进口（百万美元）	外贸平衡
1947—1948	717	269	+448	267			
1948—1949	1807	1487	+383	126			
1949—1950	1218	1284	−66	95			
1950—1951	2554 (1342)	1620 (1519)	+934 (176)	139	406	353	53
1951—1952	2009 (922)	2237 (1474)	−228 (−552)	90	279	445	−166
1952—1953	1510 (867)	1383 (1017)	+127 (−150)	109	262	307	−45
1953—1954	1286 (641)	1118 (824)	+168 (−183)	115	194	249	−55
1954—1955	1223 (491)	1103 (783)	+120 (−292)	111	149	237	−88
1955—1956	1784 (742)	1325 (965)	+459 (−223)	135	156	203	−47
1956—1957	1608 (698)	2335 (1516)	−727 (−818)	69	147	319	−172
1957—1958	1422 (434)	2050 (1314)	−628 (−880)	69	91	276	−185
1958—1959	1325 (444)	1578 (1025)	−253 (−581)	84	93	215	−122
1959—1960	1843 (763)	2461 (1806)	−618 (−1043)	75	160	379	−219
1960—1961	1799 (540)	3188 (2173)	−1389 (−1633)	56	114	457	−343
1961—1962	1843 (543)	3109 (2236)	−1266 (−1693)	59	114	470	−356
1962—1963	2247 (998)	3819 (2800)	−1572 (−1802)	59	210	588	−378
1963—1964	2299 (1075)	4430 (2982)	−2131 (−1907)	52	226	626	−400

续表

年度	出口（卢比）	进口（卢比）	外贸平衡	出口占进口的百分比	出口（美元）	进口（美元）	外贸平衡
1964—1965	2408（1140）	5374（3672）	-2966（-2532）	45	239	772	-533
1965—1966	2718（1204）	4208（2880）	-1490（-1676）	65	253	605	-352
1966—1967	3006（1297）	5192（3626）	-2816（-2329）	58	273	762	-489
1967—1968	3070（1645）	4655（3327）	-1585（-1682）	66	346	699	-353
1968—1969	3239.8（1700）	4897（3047）	-1657（-1347）	66.2	357	640	-283
1969—1970	3271.1（1609）	5098（3285）	-1827（-1676）	64.1	338	690	-352
1970—1971	3250（1998）	5178（3602）	-1928（-1604）	62.8	420	757	-337
1971—1972	3371	3495	-124	96.5	591	638	-47
1972—1973	8551	8398	+153	101.9	817	797	20
1973—1974	10161	13479	-3318	75.0	1026	1362	-336
1974—1975	10286	20925	-10639	49.1	1039	2114	-1075
1975—1976	11253	20465	-9212	55.0	1137	2067	-930
1976—1977	11294	23012	-11718	49.08	1141	2325	-1184

注：至 1970—1971 年度，括号外的卢比数是原巴基斯坦（包括现在的孟加拉国）的数据，括号内的卢比数是西巴基斯坦（现在的巴基斯坦）的数据，所有的美元数据都已经扣除了东巴数据。1971—1972 年度以后的数据是现巴基斯坦的。个别数据作者作了订正。表中的所有数据都是按现现价计算的。

资料来源：B. M. Bhatia, *Pakistan's Economic Development 1948—88*, Konark Publishers PVT. LTD., New Delhi, 1989, p. 181；S. Akbar Zaidi, *Issues in Pakistan's Economy*, Oxford University Press, Karachi, 2000, p. 163.

度已经提高到 31.88 亿卢比，1964—1965 年度最高时为 53.74 亿卢比，1968—1969 年度即阿尤布·汗政权倒台时为 48.97 亿卢比，1970—1971 年度为 51.78 亿卢比。同期，出口额分别为 13.25 亿卢比、17.99 亿卢比、24.08 亿卢比、32.4 亿卢比和 32.5 亿卢比。从这个阶段起始年到结束年，进口增长 3.28 倍，出口增长 2.45 倍，贸易逆差从 2.53 亿卢比增至 19.28 亿卢比，最大的 1964—1965 年度曾达 29.66 亿卢比，该年度出口与进口的比例只有 45%，是从独立到这个阶段结束最低的。这个阶段巴没有一年出现过贸易顺差。从 1958—1959 年度到 1970—1971 年度的 13 年，年均出口额为 24.86 亿卢比，是前 11 年年均出口值的 1.6 倍，12 年的年均增长率为 7.75%。同期，年均进口额为 40.92 亿卢比，是前一阶段年均进口额的 2.8 倍，12 年年均进口增长率为 10.4%。13 年贸易逆差年均为 16.54 亿卢比，出口额占进口额的年均比例为 60.76%。[①] 从表 8—1 可以看出，这个时期东巴有 5 年出现贸易逆差，但数额都不大，其余 8 年有顺差，但西巴却是年年逆差。所以，贸易赤字主要是西巴造成的。如 1960—1961 年度西巴贸易逆差 16.33 亿卢比，全巴逆差 13.89 亿卢比，东巴实际盈余 2.44 亿卢比；1961—1962 年度西巴贸易逆差 16.93 亿卢比，全巴逆差 12.66 亿卢比，东巴实际盈余 4.28 亿卢比。按美元计算，1958—1959 年度，西巴的出口额为 0.93 亿美元，进口额为 2.15 亿美元，贸易逆差为 1.22 亿美元；1970—1971 年度，相应数分别为 4.2 亿美元、7.57 亿美元和 3.37 亿美元。出现上述情况的原因，一是巴政府的出口鼓励政策虽然使出口有一定增长，但限于巴的工业化水平，出口增速依然低于进口增速；二是阿尤布·汗政府进一步推进工业化，巴进口的机械设备、钢铁等资本货物和工业原材料增加，三是粮食进口值从 1954—1955 年度时仅占进口总额的 0.01%，提高到 1959—1960 年度的 18.67%、1964—1965 年度为 12.65%，1968—1969 年度依然达 7.42%。[②]

三　佐·布托政府时期

1972 年初东巴基斯坦独立为孟加拉国，巴基斯坦失去了它重要的原

---

① 李德昌：《巴基斯坦经济发展》，四川大学出版社 1992 年版，第 298 页。

② B. M. Bhatia, *Pakistan's Economic Development 1948 – 88*, Konark Publishers PVT. LTD., New Delhi, 1989, p. 183.

材料供应地、工业品市场和资金尤其是外汇来源。在这种背景下，1971年12月30日上台的佐·布托政府采取了本节"对外贸易政策"部分所提的卢比贬值、放松控制、新市场开拓等一系列对外贸易调整政策，从而把巴的对外贸易发展推入了一个新时期。在这个时期，巴的对外贸易一度变得比较平衡，但随后出口增长几乎停滞，进口猛然增长，使得巴的贸易逆差大幅增长。

从表8—1可以看出，这个时期，巴基斯坦的出口一度显著增长，增速超过进口，使巴1971—1972年度的贸易逆差额较小，为12.39亿卢比，1972—1973年度获得外贸顺差1.53亿卢比（排除分离出去的东巴，这是巴独立以来获得的第二次商品贸易顺差）。但是好景不长，1973—1974年度后巴的对外贸易形势又迅速逆转。1973—1974年度，巴进口额为134.8亿卢比，出口额为101.61亿卢比，贸易逆差为33.18亿卢比；1976—1977年度，巴的进口增至230.12亿卢比，出口却仅略增至112.94亿卢比，贸易逆差扩大到117.18亿卢比的历史新高。1972—1973年度，巴出口额占进口额的101.8%，但1974—1975年度只占49.1%，为独立以来第二低。按美元计算，1971—1972年度，巴的出口额为5.91亿美元，1976—1977年度为11.41亿美元；同期，巴的进口额分别为6.38亿美元和23.25亿美元，贸易逆差分别为4700万美元和11.84亿美元。1972—1973年度至1976—1977年度，巴进口年均增长28.65%，是此前12年进口年均增速的2倍多，巴的出口年均增长7.35%，还比此前12年的年均增速低0.4个百分点；贸易赤字年均增长56.75%，是此前12年年均增速的3倍多。[①]

产生上述情况的原因主要有：首先，1972年5月11日，巴政府宣布将卢比贬值131%，由4.76卢比兑换1美元贬为11卢比兑换1美元。次年美元贬值后，为9.9卢比兑换1美元。卢比贬值自然扩大了按卢比计算的外贸规模，卢比贬值使得巴的出口商品变得便宜，开初确实也促进了巴的出口增长和规模。这从按不变价格计算的进出口额也可以反映出来。按不变价格，1971—1972年度，巴的出口额为23.70亿卢比，进口额为17.74亿卢比，有5.96亿卢比的贸易顺差；1976—1977年度，出口额仅

---

① 李德昌：《巴基斯坦经济发展》，四川大学出版社1992年版，第300—301页。

21.28 亿卢比，进口额为 29.01 亿卢比，贸易逆差额为 7.73 亿卢比。[①] 其次，佐·布托政府实行以建立公营企业为主大力发展巴的基础工业和重工业的政策，使得巴仍然需要进口大量的机械设备、钢铁等；另外，巴是石油短缺的国家，随着经济的发展，需要进口的石油及其相关产品不断增加。而 1973 年的世界石油危机导致石油价格巨幅上升，迅猛推高了巴的石油及其产品进口值。据统计，1968—1969 年度，石油和矿产品进口值仅占巴进口总额的 2.50%，1975—1976 年度，同类商品的进口值占巴进口总额的比率陡然升至 18.71%。同期，化工品和化肥进口值所占比率从 2.36% 升为 5.03%。[②]

四　齐亚·哈克执政时期

　　1977 年 7 月，齐亚·哈克将军推翻了佐·布托的文人政府，对巴基斯坦的经济发展政策包括对外贸易政策作出很大调整，巴的对外贸易发展由此进入下一个阶段。齐亚·哈克执政至 1988 年 8 月。

　　在这个阶段，巴基斯坦的进出口都保持较快增长，但出口增速高于进口增速，致使贸易平衡情况有一定改善。不过，由于进口基数较大，巴的贸易逆差绝对值还是较高，巴也始终处于贸易逆差状况。从表 8—2 可见和可以算出，1977—1978 年度，巴的出口额为 129.8 亿卢比，1982—1983 年度增至 344.42 亿卢比，1987—1988 年度升为 784.45 亿卢比，11 年间增长 6.04 倍。同期，巴的进口额分别为 278.15 亿卢比、681.51 亿卢比和 1125.51 亿卢比，11 年间增长 4.05 倍。按美元计算，1977—1978 年度，出口额为 13.11 亿美元，进口额为 28.10 亿美元；1987—1988 年度，出口额为 44.55 亿美元，进口额为 63.91 亿美元。进出口的增长依然显著。按李德昌先生的计算，这期间出口的年均增长率高达 19.7%，是独立以来各时期最高的；年均进口增长率为 15.0%，比同期的年均出口增长率低近 5 个百分点。结果，贸易赤字的年均增长率是独立以来最低的一个阶段，年均赤字额为 311.4 亿卢比，分别是前两个阶段年均赤字的 18.8 倍

---

　　① S. Akbar Zaidi, *Issues in Pakistan's Economy*, Oxford University Press, Karachi, 2000, p. 163.

　　② B. M. Bhatia, *Pakistan's Economic Development 1948 – 88*, Konark Publishers PVT. LTD. , New Delhi, 1989, p. 183.

和 4.48 倍，赤字的年均增长率为 8.65%，分别比前两个阶段的赤字年均增长率低近 10 个百分点和 48 个百分点。这个阶段出口占进口的比例 1981—1982 年度曾提高到 81.6%，1987—1988 年度也还达 69.7%，但 1984—1985 年度也曾创下只占 42.3% 的历史新低，整个阶段出口总额与进口总额的比例为 54.4%，比前两个阶段的 60.76% 和 59.74% 分别低 6.36 个百分点和 5.34 个百分点。[①]

表 8—2　　　　　　　　齐亚·哈克政府时期巴基斯坦对外贸易情况

年度	出口 （百万卢比）	进口 （百万卢比）	外贸 平衡	出口占进口 的百分比	出口 （百万美元）	进口 （百万美元）	外贸 平衡
1977—1978	12980	27815	-14835	46.7	1311	2810	-1499
1978—1979	16925	36388	-19463	46.5	1710	3676	-1966
1979—1980	23410	46929	-23519	49.9	2365	4740	-2375
1980—1981	29280	53544	-24264	54.7	2958	5409	-2451
1981—1982	26270	59482	-33212	81.6	2464	5622	-3158
1982—1983	34442	68151	-33709	50.5	2694	5357	-2663
1983—1984	37339	76702	-39368	48.8	2768	5685	-2917
1984—1985	37979	89788	-51799	42.3	2491	5906	-3415
1985—1986	49592	90946	-41354	45.3	3070	5634	-2564
1986—1987	63355	92431	-29076	68.5	3686	5380	-1694
1987—1988	78445	112551	-34106	69.7	4455	6391	-1936

资料来源：巴基斯坦政府：《1990—1991 年度经济调查》和《1995—1996 年度经济调查》，转引自李德昌《巴基斯坦经济发展》，四川大学出版社 1992 年版，第 302 页；S. Akbar Zaidi, *Issues in Pakistan's Economy*, Oxford University Press, Karachi, 2000, p. 163。

五　1988 年实行经济结构调整以来的时期

这个时期巴基斯坦的进出口继续保持快速增长势头，总体看进口增速稍快于出口增速，但不同年份有差别，进出口规模空前扩大。从表 8—3 可以看出及按卢比现价可以算出，从 1988—1989 年度至 2012—2013 年度的 25 年，巴的出口额从 901.83 亿卢比增至 23664.78 亿卢比，绝对数增

---

① 李德昌：《巴基斯坦经济发展》，四川大学出版社 1992 年版，第 303 页。

表 8－3　　1988 年以来巴基斯坦的对外贸易情况

年度	出口（百万卢比）	进口（百万卢比）	外贸平衡	出口增长率（%）	进口增长率（%）	外贸平衡增长（%）	出口（百万美元）	进口（百万美元）	外贸平衡	出口增长率（%）	进口增长率（%）	外贸平衡增长（%）
1988—1989	90183	135841	-45658	14.96	20.69	33.87	4661	7034	-2373	4.62	10.06	22.57
1989—1990	106469	148853	-42384	18.06	9.58	-7.17	4954	6935	-1981	6.29	-1.41	-16.52
1990—1991	138282	171114	-32832	29.88	14.96	-22.54	6131	7619	-1488	23.76	9.86	-24.89
1991—1992	171728	229889	-58161	24.19	34.35	77.15	6904	9252	-2348	12.61	21.43	57.80
1992—1993	177028	258643	-81615	3.09	12.51	40.33	6813	9941	-3128	-1.32	7.45	33.22
1993—1994	205499	258250	-52751	16.08	-0.15	-35.37	6803	8564	-1761	-0.15	-13.85	-43.70
1994—1995	251173	320892	-69719	22.23	24.26	32.17	8137	10394	-2257	19.61	21.37	28.17
1995—1996	294741	397575	-102834	17.35	23.90	47.50	8707	11805	-3098	7.01	13.58	37.26
1996—1997	325313	465001	-139688	10.37	16.96	35.84	8320	11894	-3574	-4.44	0.75	15.36
1997—1998	373160	436338	-63178	14.71	-6.16	-54.77	8628	10118	-1490	3.70	-14.39	-58.31
1998—1999	390342	465964	-75622	4.60	6.79	19.70	7779	9432	-1653	-9.84	-6.78	10.94
1999—2000	443678	533792	-90114	13.66	14.56	19.16	8569	10309	-1740	10.15	9.30	5.26
2000—2001	539070	627000	-87930	21.50	17.46	-2.42	9202	10729	-1527	7.39	4.07	-12.24
2001—2002	560947	634630	-73683	4.06	1.22	-16.20	9135	10340	-1205	-0.73	-3.63	-21.09

续表

年度	出口(百万卢比)	进口(百万卢比)	外贸平衡	出口增长率(%)	进口增长率(%)	外贸平衡增长(%)	出口(百万美元)	进口(百万美元)	外贸平衡	出口增长率(%)	进口增长率(%)	外贸平衡增长(%)
2002—2003	652294	714372	-62078	16.28	12.57	-15.75	11160	12220	-1060	22.17	18.18	-12.03
2003—2004	709036	897825	-188789	8.70	25.68	204.12	12313	15592	-3279	10.33	27.59	209.34
2004—2005	854088	1223079	-368991	20.46	36.23	95.45	14391	20598	-6027	16.88	32.11	89.30
2005—2006	984841	1711158	-726317	15.31	39.91	96.84	16451	28581	-12130	14.31	38.76	95.42
2006—2007	1029312	1851806	-822494	4.52	8.22	13.24	16976	30540	-13564	3.19	6.85	11.82
2007—2008	1196638	2512072	-1315434	16.26	35.66	59.93	19052	39966	-20914	12.23	30.86	54.19
2008—2009	1383718	2723570	-1339852	15.63	8.42	1.86	17688	34822	-17134	-7.16	-12.87	-18.07
2009—2010	1617458	2910975	-1293517	16.89	6.88	-3.46	19290	34710	-15420	9.06	-0.32	-10.00
2010—2011	2120847	3455286	-1334440	31.12	18.69	3.16	24810	40414	-15604	28.61	16.43	1.19
2011—2012	2110605	4009093	-1898488	-0.48	16.03	42.27	23641	44912	-21271	-4.71	11.13	36.32
2012—2013	2366478	4349880	-1983402	12.12	8.50	4.47	24460	44950	-20490	3.46	0.08	-3.67

资料来源：Ministry of Finance, Government of Pakistan, *Pakistan Economic Survey 2013 - 14*, Islamabad, 2014, Statistical Appendices, Table 8.3.

长 26.24 倍；同期巴的进口额从 1358.41 亿卢比增加到 43498.80 亿卢比，增长 32.02 倍。这 25 年巴的出口年均增长 14.87%，比上个时期约低 5 个百分点；巴的进口年均增长 16.30%，比上个时期高 1.3 个百分点。出口占进口的比例最低的是 2004—2005 年度和 2008—2009 年度，都是 47.6%。在这 25 年中，进出口增速最快的是前 8 年，即 1988—1989 年度至 1995—1996 年度，出口年均增长 18.29%，进口年均增长 17.51%，出口增速略高于进口增速。进出口增速最低的是中间 8 年，即 1996—1997 年度至 2003—2004 年度，出口年均增长 11.73%，进口年均增长 11.14%，出口增速也略高于进口增速。最后 9 年，进口增速是 24 年中最高的，年均为 19.84%；出口增速慢于头 8 年，但快于中间 8 年，年均增长 14.15%，2011—2012 年度出现 0.43% 的负增长。按美元现价计算，出口额从 1988—1989 年度的 46.61 亿美元上升到 2012—2013 年度的 244.60 亿美元，增长 5.25 倍。同期，进口额从 70.34 亿美元提高到 449.50 亿美元，增长 6.39 倍。

从表 8—3 的数据还可以看出，巴基斯坦对外贸易受 2007 年美国次贷危机引发的世界金融危机和经济危机以及近年来的欧元区国家主权债务危机的影响不太大。出口受冲击最大的是 2011—2012 年度，该年度巴出口下降了 0.43%，是这个时期 25 年按卢比现价计算唯一出现负增长的一年。进口受冲击较大的是 2008—2009 年度和 2009—2010 年度。

2013—2014 年度前 3 个季度，即从 2013 年 7 月至 2014 年 3 月，巴基斯坦的出口增速快于进口增速。出口额为 19915.77 亿卢比，比上年度同期增长 14.98%；进口额为 34489.45 亿卢比，比上年度同期增长 9.50%。同期，按美元计算，出口额为 190.82 亿美元，比上年度同期增长 5.92%；进口额为 330.38 亿美元，比上年度同期增长 0.86%。[①]

这个时期出现上述情况，是巴基斯坦政府实行自由化贸易政策的结果，也得益于世界贸易的较快增长。至于按卢比现价计算贸易规模的飞速扩大，与巴卢比的不断大幅贬值分不开。据统计，1991—1992 年度，24.84 卢比可以兑换 1 美元，2001—2002 年度贬值为 61.43 卢比兑换 1 美

① Ministry of Finance, Government of Pakistan, *Pakistan Economic Survey 2013 - 14*, Islamabad, 2014, Table 8.3.

元，2012—2013 年度 96.73 卢比才能兑换 1 美元。[①] 可见，这期间巴卢比与美元的币值贬值 3.89 倍。正因为如此，如上文所述，按美元计算，25 年间巴的贸易规模扩张远远低于按卢比计算的水平。按卢比不变价格计算，巴贸易规模的扩大也会小得多。这个时期巴进口额增长较快，尤其是在最近一段时期进口额增速高，与世界石油和石油产品价格居高不下有较大关系。从下文关于巴对外贸易结构的分析中，我们可以看到，21 世纪以来，石油和石油产品进口额是巴各进口项目中最大的。

六　对外贸易增长的国际比较

据雷诺兹书中的统计数据，1950—1960 年，巴基斯坦商品出口的增长率为 -4.2%，在他研究的人口超过 1000 万的 37 个国家中列倒数第一。1960—1970 年，巴的商品出口年均增长 10%，大大高于他研究的第一级国家 6.0%、第二级国家 6.8%、第三级国家 5.0% 和第四级国家 5.8% 的水平。1970—1980 年，巴商品出口的年均增长率为 13.2%，而第一级国家平均为 24.5%，第二级国家平均为 19.9%，第三级国家平均为 14.1%，第四级国家平均为 7.9%。1950—1980 年，巴商品出口年均增长 6.9%，第一级国家年均增长 10.0%，第二级国家年均增长 9.1%，第三级国家年均增长 7.2%，第四级国家年均增长 5.2%。[②] 这组数据认为 20 世纪 50 年代巴的商品出口年均下降 4%，是不完全符合历史事实的。尽管如此，从这些数据来看，1950—1980 年期间，巴基斯坦商品出口增长情况总体低于与其类似的发展中国家，只有 20 世纪 60 年代的情况好于类似国家，是可以肯定的。

按世界银行的统计数据，1980—1990 年，巴基斯坦的出口值年均增长 8.0%，在有统计数据的 118 个国家和地区中，比巴增速低的国家和地区有 90 个；进口值年均增长 3.0%，在有统计数据的 118 个国家和地区中，比巴增速低的国家和地区有 63 个。[③] 数据表明，这期间巴的出口增长较快，在世界上处于中上水平，进口增长处于中间水平。1990—2000

---

①　Ministry of Finance, Government of Pakistan, *Pakistan Economic Survey 2013 - 14*, Islamabad, 2014, Table 8.10.

②　Lloyd G. Reynolds, *Economic Growth in the Third World*, *1850—1980*, Yale University Press, 1985, p.410.

③　世界银行：《2000 年世界发展指标》，中国财政经济出版社 2000 年版，第 192—194 页。

年，巴的出口额年均增长 4.3%，在有统计数据的 117 个国家和地区中，比巴增速低的国家和地区有 38 个；进口值年均增长 3.1%，在有统计数据的 117 个国家和地区中，比巴增速低的国家和地区有 29 个。2000—2008 年，巴的出口额年均增长 11.6%，在有统计数据的 117 个国家和地区中，比巴增速低的国家和地区有 35 个；进口值年均增长 21.2%，在有统计数据的 117 个国家和地区中，比巴增速低的国家和地区有 94 个。[①]数据表明，在 1990—2000 年间，与其他国家相比，巴的出口和进口增长都较慢，处于世界中下等水平；2000—2008 年间，巴的出口增长依然较慢，处于世界的中下等水平，但进口增长很快，处于世界中上等水平。

综合巴基斯坦独立以来的总体情况看，与世界上其他国家相比较，巴的对外贸易增长不够快，可以说处于世界的中下水平，商品出口尤其如此。

巴基斯坦对外贸易占国内生产总值的比例长期不高。按巴政府的统计，1980—1981 年度，巴出口额占国内生产总值的 10.5%，进口额占19.3%；1990—1991 年度，出口额占国内生产总值的 13.5%，进口额占16.7%；2000—2001 年度，出口额占国内生产总值的 12.9%，进口额占15.1%；2012—2013 年度，出口额占国内生产总值的 10.5%，进口额占19.3%。[②] 世界银行的统计数据是，1990 年，巴货物和服务出口占国内生产总值的 16%，2000 年占 13%，2011 年占 14%；同期，货物和服务进口分别占国内生产总值的 23%、15% 和 19%。同期，世界货物和服务出口分别占世界国内生产总值的 19%、25% 和 29%，世界货物和服务进口分别占世界国内生产总值的 20%、25% 和 30%；货物和服务出口分别占南亚国家国内生产总值的 9%、14% 和 23%，货物和服务进口分别占南亚国家国内生产总值的 11%、16% 和 30%。[③] 世界银行的另外一组统计数据是，2008 年，巴基斯坦商品贸易占国内生产总值的 38.1%，服务贸易占国内生产总值的 8.3%。世界平均水平分别为 53.0% 和 12.3%；低收入国家的平均水平分别为 74.9% 和 15.2%，中等收入国家的分别为 56.2% 和

---

① 世界银行：《2010 年世界发展指标》，中国财政经济出版社 2010 年版，第 358—360 页。

② Ministry of Finance, Government of Pakistan, *Pakistan Economic Survey 2013 - 14*, Islamabad, 2014, Statistical Appendices, Table 8. 2.

③ 世界银行：《2013 年世界发展数据手册》，中国财政经济出版社 2013 年版，第 163 页、第 2、7 页。

9.6%，南亚国家的分别为 41.3% 和 12.8%。① 数据说明巴的对外贸易水
平不够高，巴经济融入世界经济的水平也不高，不及世界平均水平，甚至
不如巴所处南亚地区的平均水平。仅从巴政府的那组统计数据看，目前巴
融入世界经济的水平还不如 1990 年。

第三节　对外贸易结构

独立以来，巴基斯坦的进出口结构都发生了显著变化，进口商品中原
料和中间品比重不断增加，出口商品由以初级产品为主转为以制成品为
主，但出口商品的集中度一直很高，纺织品始终占很高比例。1973 年世
界石油危机后，石油进口在巴进口额中始终占有很大比重。

一　1970 年以前

独立初，巴基斯坦可供出口的产品非常有限，且以原材料为主。
1948—1949 年度，巴出口值的 99% 来自于生黄麻（raw jute）、原棉、羊
毛、生皮和茶叶 5 种产品。随着巴工业化的推进，巴的出口结构在不断变
化，1951—1952 年度，上述 5 种产品在出口总额中所占比例降为 93%；
到 1958—1959 年度，它们在巴出口总额中的比例进一步降为 75%。② 另
外一组更为详细的数据反映在了表 8—4 中。从该表中可见，1954—1955
年度，生黄麻占巴出口总额的 51.18%，原棉占 25.36%，稻米占 6.36%，
茶叶占 4.77%，生羊毛占 4.28%，鱼（不包括鱼罐头）占 2.25%，黄麻
制品占 1.95%。仅生黄麻和原棉就占了 76.54%。1959—1960 年度，生黄
麻占巴出口总额的 39.56%，黄麻制品占 12.33%，原棉占 10.24%，棉捻
和棉纱（cotton twist and yarns）占 9.52%，茶叶占 1.93%，生羊毛占
4.09%，稻米占 3.69%，生丝占 3.67%，棉布（cotton piece goods）占
3.04%，鱼（不包括鱼罐头）占 2.53%。生黄麻和原棉占比降为
49.80%，黄麻制品、棉捻和棉纱、棉布 3 种初级加工品和半成品成为主
要出口品，占比为 24.89%。数据表明，到 1960 年，巴基斯坦的消费品

① 世界银行：《2010 年世界发展指标》，中国财政经济出版社 2010 年版，第 354—356 页。
② S. Akbar Zaidi, *Issues in Pakistan's Economy*, Oxford University Press, Karachi, 2000,
p. 159.

工业取得了一些发展，出口商品虽然还是以原材料为主，但有些是进行了初级加工的产品。20世纪60年代，巴的工业化取得新进展，反映在出口商品方面，到1969—1970年度，生黄麻出口虽然还占出口总值的第一位，但比例降至23.3%，黄麻制品居第二，占8.31%，棉布第三，占8.25%，棉捻和棉纱第四，占8.20%，原棉第六，占6.43%。此外，皮及皮制品占3.34%，鱼占2.74%。生黄麻和原棉占比又降为29.73%，黄麻制品、棉捻和棉纱、棉布3种初级加工品和半成品占比提高到24.76%，加上皮及皮制品及地毯，占29.83%，其他出口品占29.98%。

表8—4　　1970年以前巴基斯坦主要出口商品占出口总额的百分比

	1954—1955	1959—1960	1964—1965	1969—1970
地毯	0.01	0.33	1.20	1.73
棉布	0.06	3.04	5.51	8.25
棉捻和棉纱	0.05	9.52	5.78	8.20
鱼（不含鱼罐头）	2.25	2.53	3.52	2.74
黄麻制品	1.95	12.33	12.47	8.31
皮和皮制品	0.005	0.71	2.43	3.34
原棉	25.36	10.24	18.91	6.43
生黄麻	51.18	39.56	35.07	23.3
生羊毛	4.28	4.09	2.43	0.81
稻米	6.36	3.69	4.95	2.87
茶叶	4.77	1.93	0.42	0.00009
其他出口品	0.79	6.66	11.55	29.98

资料来源：B. M. Bhatia, *Pakistan's Economic Development 1948 - 88*, Konark Publishers PVT. LTD. , New Delhi, 1989, p. 185.

进口方面，刚独立时，巴基斯坦的主要进口商品是棉布、棉捻和棉线等日用消费品。巴开始推进工业化后，机械、粮食、钢铁、运输设备和石油等成为主要进口商品。从表8—5可见，1954—1955年度，最大的进口商品类是机械，占进口值的34.54%，第二位的是石油和矿产品，占11.73%，第三位的是钢铁及其制品，占7.66%，第四位的是运输设备，占4.83%。此外，棉布占3.98%，药品占3.24%，棉捻和棉纱占

3.07%。进口品的集中度低于出口品。1959—1960 年度，最大的进口项目还是机械，占进口值的 22.39%，第二位的变为粮食、豆类和面粉，占 18.67%，第三位的是石油和矿产品，占 9.68%，第四位的是钢铁及其制品，占 8.73%，第五位的是运输设备，占 6.21%。此外，药品占 3.26%，电子产品占 3.02%，化学品和化肥占 2.48%。1969—1970 年度，机械进口额仍占 22.32%，钢铁及其制品占 13.79%，运输设备占 7.93%，粮食、豆类和面粉占 7.42%，电子产品占 6.85%。

表 8—5　　1970 年以前巴基斯坦主要进口商品占进口总额的百分比

	1954—1955	1959—1960	1964—1965	1968—1969
化学品和化肥	2.01	2.48	2.00	2.36
棉布	3.98	0.17	0.08	1.01
棉捻和棉纱	3.07	0.35	0.37	0.17
药品	3.24	3.26	2.15	1.97
染料和颜色	2.00	1.78	2.19	1.64
电子产品	2.18	3.02	6.12	6.85
粮食、豆类和面粉	0.01	18.67	12.65	7.42
钢铁及其制品	7.66	8.73	16.36	13.79
机械	34.54	22.39	17.40	22.32
石油和矿产品	11.73	9.68	2.33	2.50
食用油和蔬菜	0.41	2.33	3.81	2.50
运输设备	4.83	6.21	9.99	7.93
其他进口品	18.25	15.75	19.60	23.75

　　资料来源：B. M. Bhatia, *Pakistan's Economic Development 1948 - 88*, Konark Publishers PVT. LTD. , New Delhi, 1989, p.183.

二　1971 年以来

　　1972 年初孟加拉国独立出去后，巴基斯坦失去了非常重要的黄麻及黄麻制品出口地及茶叶供给地，黄麻及黄麻制品和茶叶已经不是巴的主要出口商品，茶叶相反还成为主要进口商品之一，巴政府对对外贸易政策进行了很大调整，努力开拓新的对外贸易市场，推动新产品的出口。因此，我们把 1971 年以来列为巴商品贸易结构变化的另外一个时期。

出口方面，这个时期总的变化趋势是初级产品的种类虽然有增加，但在出口总额中所占比例不断下降；半制成品的种类有增加，所占比重在起伏中不断下降；制成品的种类增加，所占比重大幅提高。例如，1971—1972 年度，初级产品占出口总额的 45%，半制成品占 27%，制成品占28%；1980—1981 年度，初级产品占 44%，半制成品占 11%，制成品占45%；1990—1991 年度，初级产品占比降至 19%，半制成品占比升为24%，制成品占比提高到 57%；2000—2001 年度，初级产品占比再降到13%，半制成品占比降为 15%，制成品占比继续升至 72%。初级产品在2003—2004 年度降至最低即 10% 以后，又有所回升，2011—2012 年度占18%。半制成品 2004—2005 年度占 10%，2010—2011 年度占 13%；制成品 2004—2005 年度达到占 79% 的最高水平，2010—2011 年度占 69%。[①]

具体的主要出口商品是，1975—1976 年度，稻米居第一位，占22.03%；棉捻和棉纱居第二位，占 12.63%，棉布居第三位，占12.08%；原棉居第四位，占 8.72%。此外，地毯占 6.39%，皮和皮制品占 5.30%，非罐头鱼占 2.48%。[②] 与 1970 年前相比，没有了黄麻和黄麻制品，稻米出口大量增加，原棉、棉布、棉捻和棉纱合在一起在出口总值中的比例最高，为 33.43%。地毯、皮及皮制品的地位提升。1980—1981年度，稻米占 19.13%，棉花占 17.82%，纺纱、纤维、人造纺织品及相关产品占 14.24%，布和布配件占 9.27%。与 1975—1976 年度相比，稻米出口占比有一定下降，出口产品进一步朝棉花及棉纺织品集中，棉花、布匹、纱、纤维等合在一起占 41.35%。1986—1987 年度，稻米占8.11%，棉花占 12.28%，纺纱、纤维、人造纺织品及相关产品占41.52%，布和布配件占 15.03%。出口产品朝棉花及棉纺织品集中的程度更高，棉花、布匹、纱、纤维等合在一起占 68.83%。[③]

进口方面，1973 年石油危机后，石油及其产品在巴基斯坦进口总额中日渐占据第一位，机械产品进口额有所减低，粮食进口有所增加后减

① Ministry of Finance, Government of Pakistan, *Pakistan Economic Survey 2011 - 12*, Islamabad, 2012, Statistical Appendices, Table 8.5.

② B. M. Bhatia, *Pakistan's Economic Development 1948 - 88*, Konark Publishers PVT. LTD., New Delhi, 1989, p.185.

③ S. Akbar Zaidi, *Issues in Pakistan's Economy*, Oxford University Press, Karachi, 2000, p.168.

少，化工产品进口不断增加。1975—1976 年度，石油及矿产品的进口额占 18.71%，机械占 13.98%，粮食占 8.96%，钢铁及其制品占 8.49%，运输设备占 6.76%，电子产品占 5.94%，食用油和蔬菜占 5.23%，化工品和化肥占 5.03%。[1] 1980—1981 年度，巴石油及相关产品进口额占总进口额的 28.68%，机械和运输设备的进口额占 21.65%，化学及相关产品占 13.73%，动物和植物油及脂肪占 5.86%，其他进口品占 30.05%。1986—1987 年度，石油及相关产品占比降到 15.12%，机械和运输设备的进口额占比提高为 29.80%，化学及相关产品占 17.06%，动物和植物油及脂肪占 5.41%，其他进口品占 31.32%。[2]

　　1990 年以来，在出口方面，巴基斯坦虽然以半制成品和制成品为主，但始终以棉制品为最主要的出口品。从表 8—6 中可见，1990—1991 年度，巴的棉制品占出口总额的 61.0%，1995—1996 年度甚至占 64.1%，2000—2001 年度占 58.9%，2005—2006 年度占 59.4%，2010—2011 年度占 52.9%，2012—2013 年度占 51.6%。不过，进入 21 世纪以来，棉花制品在出口中的重要性有了明显下降，2002—2003 年度占 63.3%，2012—2013 年度占 51.6%，下降了 11.7 个百分点。在棉制品中，主要是棉布、针织品、床上用品、服装等。例如，1999—2000 年度，棉布占纺织品出口总额的 19.6%，棉纱占 19.2%，针织品占 15.9%，床上用品（bed wear）占 12.7%，成衣（readymade garments）占 13.8%，合成纺织品（synthetic textiles）占 8.2%，人造品（made up articles）占 5.5%，毛巾占 3.5%；2000—2001 年度，棉布占纺织品出口总额的 17.9%，棉纱占 18.7%，针织品占 15.8%，床上用品占 12.9%，成衣占 14.4%，合成纺织品占 9.5%，人造品占 5.7%，毛巾占 4.2%；2005—2006 年度，棉布占纺织品出口总额的 21.6%，棉纱占 13.7%，针织品占 17.6%，床上用品占 20.8%，成衣占 13.9%，合成纺织品占 2.0%，人造品占 4.3%，毛巾占 5.8%。[3] 2013 年 7 月至 2014 年 4 月，巴出口的纺织品总额为 114.38

①　B. M. Bhatia, *Pakistan's Economic Development 1948 – 88*, Konark Publishers PVT. LTD., New Delhi, 1989, p. 183.

②　S. Akbar Zaidi, *Issues in Pakistan's Economy*, Oxford University Press, Karachi, 2000, p. 168.

③　① Ministry of Finance, Government of Pakistan, *Pakistan Economic Survey 2006 – 07*, Islamabad, 2007, p. 135.

亿美元。其中,棉布出口额为 23.47 亿美元,棉纱出口额为 17.08 亿美元,针织品出口额为 18.42 亿美元,成衣出口额为 15.81 亿美元,床上用品出口额为 17.67 亿美元,毛巾出口额为 6.25 亿美元,人造品出口额为 5.52 亿美元,原棉出口额为 1.96 亿美元。同期,巴出口的食品额为 39.46 亿美元。其中,稻米出口额为 18.50 亿美元,食糖出口额为 2.48 亿美元,水果出口额为 3.99 亿美元,鱼及鱼制品出口额为 2.92 亿美元,蔬菜出口额为 1.87 亿美元,肉及肉制品出口额为 1.93 亿美元;巴出口的珠宝额为 3.19 亿美元,化学品和药品额为 9.63 亿美元,皮革制品额为 5.19 亿美元,水泥出口额为 4.15 亿美元,鞣制皮革 (leather tanned) 额为 4.38 亿美元,体育用品为 2.86 亿美元,外科用品和医疗器械为 2.82 亿美元,工程用品为 2.55 亿美元。[①]

表 8—6　　1990 年以来巴基斯坦主要出口商品占出口总额的百分比

年度	1. 棉花制品	2. 皮革制品	3. 稻米	4. 合成纺织品	5. 运动用品	前面各栏合计※	其他	总数
1990—1991	61.0	9.1	5.6	5.7	2.2	83.6	16.4	100.0
1991—1992	61.3	8.6	6.0	6.1	2.0	84.0	16.0	100.0
1992—1993	59.8	9.3	4.7	7.4	1.9	83.1	16.9	100.0
1993—1994	57.9	9.2	3.6	9.5	2.9	83.1	16.9	100.0
1994—1995	58.7	8.0	5.6	7.1	3.2	82.6	17.0	100.0
1995—1996	64.1	7.2	5.8	5.2	2.8	85.1	14.9	100.0
1996—1997	61.3	7.7	5.6	6.1	3.7	84.4	15.6	100.0
1997—1998	58.7	6.7	6.5	7.2	4.4	83.5	16.5	100.0
1998—1999	59.1	6.9	6.9	5.1	3.3	81.3	18.7	100.0
1999—2000	61.0	6.3	6.3	5.3	3.3	82.2	17.8	100.0
2000—2001	58.9	7.5	5.7	5.9	2.9	80.9	19.1	100.0
2001—2002	59.4	6.8	4.9	4.5	3.3	78.9	21.1	100.0

---

① Ministry of Finance, Government of Pakistan, *Pakistan Economic Survey 2013 – 14*, Islamabad, 2014, p. 119.

续表

年度	1. 棉花制品	2. 皮革制品	3. 稻米	4. 合成纺织品	5. 运动用品	前面各栏合计※	其他	总数
2002—2003	63.3	6.2	5.0	5.1	3.0	82.6	17.4	100.0
2003—2004	62.3	5.4	5.2	3.8	2.6	79.3	20.7	100.0
2004—2005	57.8	5.8	6.5	2.1	2.1	73.9	26.1	100.0
2005—2006	59.4	6.9	7.0	1.2	2.1	76.6	23.4	100.0
2006—2007	59.7	5.2	6.6	2.5	1.7	75.7	24.3	100.0
2007—2008	51.9	5.8	9.8	2.1	1.6	71.2	28.8	100.0
2008—2009	52.2	5.4	11.2	1.6	1.5	71.9	28.1	100.0
2009—2010	50.6	4.5	11.3			66.4	33.6	100.0
2010—2011	52.9	4.4	8.7			66	34.0	100.0
2011—2012	49.6	4.4	8.7			62.7	37.3	100.0
2012—2013	51.6	4.7	7.8			64.1	36.0	100.0

注：※2009—2010 年度及以后年度的数据是棉花制品、皮革和稻米 3 栏的数据。

资料来源：Ministry of Finance, Government of Pakistan, *Pakistan Economic Survey 2002 - 03*, Islamabad, 2003, Chapter 9, Table 9.4; *Pakistan Economic Survey 2006 - 07*, Islamabad, 2007, p.134; *Pakistan Economic Survey 2009 - 10*, Islamabad, 2010, p.93; *Pakistan Economic Survey 2013 - 14*, Islamabad, 2014, p.120.

从表 8—6 可见，其他主要出口品中，皮革及其制品的重要性也显著下降，1992—1993 年度，皮革及其制品占出口总额的 9.3%，但 2011—2012 年度已经只占 4.4%。稻米的重要性有所提高，20 世纪 90 年代稻米占出口总额的最高比例是 6.9%，最近几年占比一般在 8% 以上，2008—2009 年度曾占 11.3%。合成纺织品的重要性变化最显著，1993—1994 年度其出口额占出口总额的 9.5%，2005—2006 年度已经只占 1.2%。运动用品（sports goods）占比从 2.2% 提高到 4.4% 后，又降到 2005—2006 年度的 2.1%。结果，主要出口品之外的其他出口品所占比例有一定提高，1990—1991 年度占 16.4%，2005—2006 年度占 23.4%，2011—2012 年度除棉花制品、皮革制品和稻米外的其他出口品占 37.3%。

表 8—7　1990 年以来巴基斯坦主要进口商品额占进口商品总额的百分比

年度	1. 机械 *	2. 石油及其制品	3. 化学品※	4. 运输设备	5. 食用油	6. 钢铁	7. 化肥	8. 茶叶	1—8 项	其他	总数
1990—1991	20.5	22.2	12.8	6.7	5.3	3.3	3.5	2.2	76.5	23.5	100.0
1991—1992	27.0	15.0	13.1	9.0	4.4	3.5	2.8	1.9	76.7	23.3	100.0
1992—1993	24.3	15.5	12.5	12.5	5.9	3.2	2.5	2.1	78.5	21.5	100.0
1993—1994	22.0	16.1	14.4	9.7	5.7	3.8	3.1	2.2	77.0	23.0	100.0
1994—1995	22.8	15.3	14.0	5.9	9.6	3.6	1.2	1.8	74.2	25.8	100.0
1995—1996	21.6	16.8	15.6	4.7	7.3	4.1	2.9	1.4	74.4	25.6	100.0
1996—1997	23.1	19.0	13.4	4.7	5.1	3.9	3.2	1.1	73.5	26.5	100.0
1997—1998	18.9	15.5	15.7	4.8	7.6	3.2	2.1	2.2	70.0	30.0	100.0
1998—1999	17.9	15.5	16.6	5.7	8.7	3.1	2.8	2.4	72.7	27.3	100.0
1999—2000	13.9	27.2	17.5	5.5	4.0	3.0	1.9	2.0	75.0	25.0	100.0
2000—2001	19.3	31.3	20.0	4.0	3.1	2.6	1.6	1.9	83.8	16.2	100.0
2001—2002	17.1	27.1	15.9	4.8	3.8	3.3	1.7	1.5	75.2	24.8	100.0
2002—2003	18.5	25.1	15.1	5.6	4.8	3.3	2.1	1.4	75.9	24.1	100.0
2003—2004	17.8	20.3	16.1	5.6	4.2	3.3	1.8	1.2	70.3	29.7	100.0
2004—2005	22.5	19.4	15.5	6.2	3.7	4.3	2.0	1.1	74.7	25.3	100.0
2005—2006	18.0	22.3	13.4	7.7	2.7	5.1	2.4	0.9	72.5	27.5	100.0
2006—2007	22.1	24	13.0	7.6	3.1	3.9	1.5	0.7	75.9	24.1	100.0
2007—2008	18.5	28.8	12.3	5.5	4.3	3.3	2.2	0.5	75.4	24.6	100.0
2008—2009	19.2	27.1	13.5	3.8	4.3	5.0	1.6	0.6	75.1	24.9	100.0
2009—2010	15.6	28.9	14.2	5.6	3.9	4.6	2.7	0.8	76.3	23.7	100.0
2010—2011	13.2	29.9	14.0	5.3	5.2	3.9	1.3	0.8	73.6	26.4	100.0
2011—2012	12.7	34.0	13.3	4.8	5.4	3.9	2.5	0.8	77.3	22.7	100.0
2012—2013	12.8	33.3	12.8	5.3	4.5	4.4	1.5	0.8	75.4	24.6	100.0

注：* 不包括运输设备；※不包括化肥；2008—2009 年度后的数据是作者计算的。

资料来源：Ministry of Finance, Government of Pakistan, *Pakistan Economic Survey 2002 - 03*, Islamabad, 2003, Chapter 9, Table 9.11; *Pakistan Economic Survey 2006 - 07*, Islamabad, 2007, p. 139; *Pakistan Economic Survey 2013 - 14*, Islamabad, 2014, Statistical Appendices, Table 8.6.

　　进口方面，按资本货物、工业原料和消费货物（consumers goods）三大类分，1990—1991 年度以来的情况是，资本货物进口额所占比例在起伏中有下降。1990—1991 年度，资本货物进口额占 33%，1992—1993 年度最高时占 42%，2000—2001 年度降低到占 25%，2005—2006 年度又升为 37%，在经济增速降低后再次下降，2012—2013 年度占 24%。工业原料又分为用于生产资本货物的和用于生产消费货物的。其中，生产资本货物的原料进口额占比变化很小，最低如 1994—1995 年度占 5%，最高如 2008—2009 年度占 9%，多数年度占 6%—7%，1990—1991 年度占 7%，2012—2013 年度还是占 7%。数据说明巴的资本货物工业发展进展有限。用于生产消费货物的工业原料的进口额所占比例在起伏中呈现上升趋势，最高年度和最低年度的占比差距有 11 个百分点。1990—1991 年度占 44%，最低如 1992—1993 年度占 38%，最高如 2001—2002 年度占 55%，2012—2013 年度占 54%。[①]

　　进口方面，按具体商品类别分，从表 8—7 可以看出，变化情况是，不包括运输设备但包括电机在内的机械产品的进口额在起伏中占比有明显下降，1991—1992 年度的进口额占 27.0%，2005—2006 年度占 18.0%，2012—2013 年度占 12.8%，一些年度是巴进口额最大的商品；石油和石油产品进口额在起伏中有上升，进入 21 世纪以来常常是巴基斯坦进口额占比最高的商品，近年约占 1/3，1991—1992 年度的进口额占 15%，2000—2001 年度为 31.3%，2006—2006 年度为 22.3%，2012—2013 年度占 33.3%。不包括化肥在内的化学产品的进口额占比有一定提高后又降低到原有水平，1990—1991 年度占 12.8%，最高的 2000—2001 年度占 20.0%，2005—2006 年度占 13.4%，2012—2013 年度占 12.8%。机械产品、石油和石油产品以及化学产品是巴进口最多、进口额占比最高的 3 类产品。运输设备进口额占比在明显下降后又有一定上升，然后又下降，1990—1991 年度占 6.7%，1992—1993 年度最高时占 12.5%，2005—2006 年度占 7.7%，2012—2013 年度占 5.3%；食用油进口额占比在上升后又下降，1990—1991 年度占 5.3%，1994—1995 年度曾高达 9.6%，2005—2006 年度占 2.7%，2012—2013 年度占 4.5%；钢铁进口额占比多数年度在 3%—3.5% 之间，最低为 2000—2001 年度的 2.6%，最高为 2005—2006 年度的 5.1%，2012—2013 年度占 4.4%；化肥 21 世纪以来

---

　　① Ministry of Finance, Government of Pakistan, *Pakistan Economic Survey 2013 - 14*, Islamabad, 2014, Statistical Appendices, Table 8.5B.

的进口额占比有下降，1990—1991 年度占 3.5%，2012—2013 年度占 1.5%；茶叶进口占比在起伏后，进入 21 世纪后明显下降，近几个年度占 0.8%。实际上，茶叶早已经算不上巴的主要进口商品。例如，2004—2005 年度，巴的茶叶进口额为 132.02 亿卢比，但粮食的进口额为 261.67 亿卢比，纸、纸板和文具的进口额为 148.50 亿卢比，药品的进口额为 173.43 亿卢比，非铁金属的进口额为 155.47 亿卢比。[①] 在石油和石油产品中，近些年来石油产品的进口额高于原油。例如，2012 年 7 月至 2013 年 4 月，巴进口的原油价值为 45.96 亿美元，石油产品价值为 77.67 亿美元；2013 年 7 月至 2014 年 4 月，巴进口的原油价值为 47.39 亿美元，进口的石油产品价值为 74.67 亿美元。[②]

巴主要进口商品中的机械包括发电机、办公设备（office machines）、纺织机械、建筑和采矿机械、飞机、船舶和农业机械。例如，2011 年 7 月至 2012 年 4 月，巴进口了 8.77 亿美元的发电机，进口了 2.40 亿美元的办公设备，进口了 3.39 亿美元的纺织机械，进口了 1.11 亿美元的建筑和采矿机械，进口了 3.06 亿美元的飞机和船舶；进口了 1.03 亿美元的农业机械。巴进口的原料包括原棉、合成纤维、丝线（silk yarn），化肥、杀虫剂、塑料材料（plastic material），钢铁、钢铁废料。化肥、钢铁的进口情况前面已经提及，这里再介绍一下其他原料的进口。2011 年 7 月至 2012 年 4 月，巴进口了 3.7 亿美元的原棉，4.35 亿美元的合成纤维，5.04 亿美元的丝线、1.1 亿美元的杀虫剂，12.88 亿美元的塑料材料，4.47 亿美元的钢铁废料。同期，巴还进口了 13.12 亿美元的公路交通车辆（road motor vehicles），10.50 亿美元的电信设备。[③] 在巴政府开列的主要进口商品表中，没有列塑料材料，实际上巴进口的塑料材料额还超过了钢铁、化肥。

① Ministry of Finance, Government of Pakistan, *Pakistan Economic Survey 2011 - 12*, Islamabad, 2012, Statistical Appendices, Table 8.6.

② Ministry of Finance, Government of Pakistan, *Pakistan Economic Survey 2013 - 14*, Islamabad, 2014, p.122.

③ Ministry of Finance, Government of Pakistan, *Pakistan Economic Survey 2011 - 12*, Islamabad, 2012, p.121.

第四节　贸易方向

贸易方向指出口商品的主要输出地区和国家，指进口商品的主要输入地区和国家，也就是指主要的对外贸易地区和贸易伙伴。独立以来，巴基斯坦的贸易方向经历了由少数地区和国家向更多地区和国家转变的过程，主要贸易国家和地区发生了显著变化。

一　与世界各国及各类国家的贸易

刚刚独立之初，巴基斯坦的主要对外贸易地区是欧美地区，主要贸易伙伴是发达国家和印度。由于独立前巴是英属印度的一部分，是英属印度的原料供应地和工业品市场，所以，印巴分治后，印度一度是巴最大的贸易伙伴。1949 年，西巴对外贸易的 50% 多、东巴对外贸易的 80% 是与印度开展的，巴黄麻和棉花出口量的约 65% 输出到印度。[1] 1948—1949 年度，在巴的出口额中，出口印度的占了 60%，进口额中来自印度的占 32%。1949—1950 年度，英国变为巴第一出口国，印度第二，日本第三。从 1953—1954 年度至 1956—1957 年度，英国一直是巴最大的进口和出口国。随着巴寻求更多的贸易伙伴，日本、西德、美国、法国、中国香港等国家和地区也成为巴的主要贸易伙伴和地区。1952—1953 年度，日本一度取代英国成为巴的最大出口国，1957—1958 年度，美国成为巴第一进口大国，英国居第二位。[2] 由于印度有意从巴减少进口，巴也有意从印度减少进口，以及巴贸易伙伴的增加，印度在巴对外贸易中的重要性大大降低，到 1958—1959 年度，在巴的出口额中，输出到印度的已经只占 4.1%。[3] 少数几个发达国家作为巴主要贸易伙伴的状况，一直持续到 20 世纪 60 年代中期。

20 世纪 60 年代初期，巴基斯坦调整外交政策，从单一亲美转变为既同美国等西方国家友好，又同原苏联、中国等社会主义国家友好，并加强

---

[1]　S. Akbar Zaidi, *Issues in Pakistan's Economy*, Oxford University Press, Karachi, 2000, pp. 165 – 167.

[2]　李德昌：《巴基斯坦经济发展》，四川大学出版社 1992 年版，第 311 页。

[3]　S. Akbar Zaidi, *Issues in Pakistan's Economy*, Oxford University Press, Karachi, 2000, p. 159.

同第三世界国家特别是中东伊斯兰国家的关系，还因为 1973 年以来石油价格暴涨，巴的主要贸易伙伴也随之发生变化。到 1973—1974 年，进口巴商品最多的是中国香港地区，占巴出口额的 10.98%；其次是印度尼西亚，占 9.48%；再次是英国，占 6.76%；第四是日本，占 6.2%；第五是美国，占 5.32%；第六是西德，占 4.56%；第七是沙特阿拉伯（下文简称沙特），占 3.91%；第八是伊朗，占 3.23%。向巴输出商品最多的是美国，占巴进口额的 25.61%；第二是日本，占 9.35%；第三是西德，占 7.79%；第四是英国，占 7.05%；第五是沙特，占 6.62%；第六是科威特，占 3.7%，第七是中国，占 3.5%，第八是伊朗，占 1.64%。[①] 可见，在该年度，美、日、英、西德、沙特是巴排列第一至第五位的贸易伙伴；巴主要从发达国家进口，主要向亚洲发展中国家和地区出口。1980—1981 年度，进口巴商品最多的 8 个国家和地区分别是：中国，占 12.2%；伊朗，占 7.8%；日本，占 6.4%；美国，占 6.05%；沙特，占 5.95%；西德，占 4.3%；英国，占 3.97%；香港，占 3.9%。同年，向巴基斯坦出口商品最多的 8 个国家和地区分别是：沙特，占 12.83%；日本，占 11.56%；美国，占 10.12%；科威特，占 7.99%；英国，占 6.12%；西德，占 5.03%；迪拜，占 3.6%；中国，占 3.3%。该年度，列巴最大贸易伙伴的 5 个国家分别是沙特、日本、美国、中国和英国，巴依然主要从发达国家进口，向亚洲发展中国家特别是中东伊斯兰国家及石油输出国出口。1986—1987 年度，进口巴商品最多的国家和地区第一是日本，占 10.86%；第二是美国，占 10.92%；第三是英国，占 7.14%；第四是沙特，占 7.12%；第五是西德，占 7.03%；第六是韩国，占 3.1%；第七是香港和迪拜，分别占 2.8%。出口巴商品最多的国家第一是日本，占 16.4%；第二是美国，占 11.02%；第三是西德，占 6.68%；第四是科威特，占 7.43%；第五是英国，占 7.52%；第六是沙特，占 5.3%。[②] 该年度日本是巴第一大贸易伙伴，美国位列第二，沙特列第三位，西德列第四，英国列第五，发达国家在巴对外贸易中的地位提升，发展中国家的地位降低。

①　S. Akbar Zaidi, *Issues in Pakistan's Economy*, Oxford University Press, Karachi, 2000, p. 168.

②　Ibid. .

表 8—8　　　　　1990—2008 年巴基斯坦出口商品的主要国家和
地区（占出口总额的百分比）

	美国	德国	日本	英国	香港	迪拜	沙特	阿富汗	前几栏合计	其他国家	总数
1990—1991	10.8	8.9	8.3	7.3	6.0	2.8	3.6		47.7	52.3	100.0
1992—1993	13.9	7.8	6.8	7.1	6.6	5.9	4.7		52.8	47.2	100.0
1994—1995	16.2	7.0	6.7	7.1	6.6	4.0	2.7		50.3	49.7	100.0
1996—1997	17.7	7.5	5.7	7.2	9.4	4.6	2.6		54.7	45.3	100.0
1998—1999	21.8	6.6	3.5	6.6	7.1	5.4	2.4		53.4	46.6	100.0
2000—2001	24.4	5.3	2.1	6.3	5.5	5.3	2.9		51.8	48.2	100.0
2002—2003	23.5	5.2	1.3	7.1	4.6	9.0	4.3		55.0	45.0	100.0
2004—2005	23.9	4.8	1.1	6.2	3.9	3.3	2.5	4.4 ⊕	50.1	49.9	100.0
2007—2008	19.5	4.3	0.7	5.4	2.7		2.0	6.0	40.6	59.4	100.0

注：⊕ 2006—2007 年度的数据。

资料来源：Ministry of Finance, Government of Pakistan, *Pakistan Economic Survey 2002 – 03*, Islamabad, 2003, Chapter 9, Table 9.6; *Pakistan Economic Survey 2009 – 10*, Islamabad, 2010, p.95.

表 8—9　　　　　2008 年以来巴基斯坦出口商品的主要国家和
地区（占出口总额的百分比）

	美国	中国	阿联酋	阿富汗	英国	德国	法国	孟加拉国	意大利	西班牙	其他国家
2008—2009	19	4	8	8	5	4	2	2	3	3	40
2009—2010	17	6	9	8	5	4	2	3	3	2	41
2010—2011	16	7	7	9	5	5	2	4	3	2	51
2011—2012	15	9	10	10	5	4	1	3	2	2	38
2012—2013	14	11	9	9	5	4	4	3	2	2	37
2013—2014 *	15	10	8	7	6	4	3	3	3	2	40

注：* 2013 年 7 月至 2014 年 3 月的暂定数。

资料来源：Ministry of Finance, Government of Pakistan, *Pakistan Economic Survey 2013 – 14*, Islamabad, 2014, p.121.

1990—1991年度以来，出口方面，就单个国家而言，发达国家中美国的重要性提升后又有下降，德国、英国的地位有一定下降，日本地位下降最明显，已经算不上巴主要的出口对象国；发展中国家中，中国、阿拉伯联合酋长国（下文简称阿联酋）、阿富汗等国的重要性提高。从表8—8和表8—9可见，1990—1991年度，美国进口巴的商品占巴商品出口总额的10.8%，2000—2001年度最高时占24.4%，2012—2013年度降为14%，20多年来一直处于第一位。同期，德国所占比例分别为8.9%、5.3%和4%，英国所占比例分别为7.3%、6.3%和5%。日本所占比例1990—1991年度为8.3%，但2004—2005年度已经降为1.1%。近年来进口巴商品第二多或第三多的国家是阿联酋、阿富汗或中国，2008—2009年度阿联酋占8%，阿富汗8%，2012—2013年度中国占11%，阿联酋占9%，阿富汗占8%。

进口方面，发达国家的重要性下降，中国、中东石油输出国特别是沙特和阿联酋的重要性提升，马来西亚、印度尼西亚成为向巴出口商品的主要国家之一。从表8—10和表8—11可见，1990—1991年度，巴从日本进口的商品额占其进口总额的13.0%，从美国进口的占11.8%，从德国进口的占7.3%，从英国进口的占4.9%；2000—2001年度，从日本进口的占5.3%，从美国进口的也占5.3%，从德国进口的占3.5%，从英国进口的占3.2%；2012—2013年度，从日本、美国和德国的进口额占比分别降至5%、4%和3%。相反，1990—1991年度，巴从沙特进口的商品额占其进口总额的6.2%，从科威特进口的占0.7%，但到2000—2001年度，从沙特进口的占比升为11.7%，从科威特进口的占比升为8.9%。2012—2013年度，巴从沙特进口额的占比为8%，从科威特进口额的占比为9%。2000—2001年度以来，阿联酋一直是向巴出口商品第一多或第二多的国家，2000—2001年度巴从阿联酋的进口占其进口总额的14.5%，2012—2013年度占17%。从巴方的统计数据看，2008年以来，中国是向巴出口商品第二多的国家，有的年度是第一多的国家。所以，进入21世纪以来，阿联酋、沙特和中国轮流成为巴进口商品的第一大来源，科威特列第三或第四位。当然，巴从阿联酋、沙特和科威特进口的商品，主要是石油和石油产品。

表 8—10　　　　1990—2008 年巴基斯坦进口商品的主要国家和
地区（占进口总额的百分比）

	美国	日本	科威特	沙特	德国	英国	阿联酋	马来西亚	前几栏合计※	其他国家	总数
1990—1991	11.8	13.0	0.7	6.2	7.3	4.9		4.0	47.9	52.1	100.0
1992—1993	9.4	15.9	3.3	5.4	7.4	5.2		5.1	51.7	48.3	100.0
1994—1995	9.4	9.6	5.8	4.9	6.8	5.1		8.8	50.4	49.6	100.0
1996—1997	12.0	8.6	6.9	6.0	5.6	5.0		4.7	48.8	51.2	100.0
1998—1999	7.7	8.3	5.9	6.8	4.1	4.3		6.7	43.8	56.2	100.0
2000—2001	5.3	5.3	8.9	11.7	3.5	3.2	14.5	3.9	56.3	43.7	100.0
2002—2003	6.0	6.6	6.6	10.7	4.6	2.9	12.4	4.6	54.4	45.6	100.0
2004—2005	7.6	7.0	4.6	12.0	4.4	2.6	8.3	2.6	49.1	50.9	100.0
2007—2008	6.1	4.6	7.5	13.4	3.2	1.9	8.5	3.9	49.1	50.9	100.0

注：※2000—2001 年度以前的数据不包括阿联酋的。

资料来源：Ministry of Finance, Government of Pakistan, *Pakistan Economic Survey 2002 - 03*, Islamabad, 2003, Chapter 9, Table 9.13; *Pakistan Economic Survey 2008 - 09*, Islamabad, 2009, p. 129; *Pakistan Economic Survey 2010 - 11*, Islamabad, 2011, p. 111.

表 8—11　　　　2008 年以来巴基斯坦进口商品的主要国家和
地区（占进口总额的百分比）

	阿联酋	中国	科威特	沙特	马来西亚	日本	印度	美国	德国	印度尼西亚	其他国家
2008—2009	9	12	7	12	5	4	3	5	4	2	39
2009—2010	14	13	7	10	5	4	4	5	3	2	33
2010—2011	14	14	8	11	6	4	4	4	2	2	29
2011—2012	17	17	9	11	5	4	3	3	3	3	24
2012—2013	19	15	9	8	5	5	4	4	3	3	27
2013—2014 *	17	16	10	7	5	4	4	3	3	3	27

注：* 2013 年 7 月至 2014 年 3 月的暂定数。

资料来源：Ministry of Finance, Government of Pakistan, *Pakistan Economic Survey 2013 - 14*, Islamabad, 2014, p. 124.

就国家类别、洲际和次区域的情况看，20 世纪 90 年代，巴基斯坦向发达国家出口的商品额占其出口总额的 55.6%—61.0%，1990—1991 年度占 60.8%，1995—1996 年度占 55.6%，1999—2000 年度占 61.0%。但是，进入 21 世纪后，巴向发达国家的出口额占比自 2004—2005 年度后不断减少，2003—2004 年度占 58.2%，2010—2011 年度降至 43.3%，减少 14.9 个百分点。而巴从发达国家的进口额占比，从 1991—1992 年度后就朝着下降方向运动，1991—1992 年度占 62.2%，2000—2001 年度占 31%，此后有所回升，2004—2005 年度占 38%，但 2010—2011 年度已经降低到 22.2%。在发达国家中，巴的对外贸易对象主要是经济合作与发展组织国家，巴与经合组织国家的贸易额占据与发达国家贸易额的绝大部分。巴与发展中国家的贸易走势与发达国家相反。进入 21 世纪的 2003—2004 年度以来，巴向发展中国家的出口额所占比例不断提高，2003—2004 年度占 41.4%，2010—2011 年度占 55.4%，增加 14 个百分点。巴从发展中国家的进口，1991—1992 年度占 37.8%，2000—2001 年度占 68.1%，2010—2011 年度占 76.6%，几乎增加了 30 个百分点。在发展中国家中，巴与 OIC（伊斯兰会议组织）国家的贸易额最大。1991—1992 年度，这些国家占巴出口总额的 14.6%，占进口总额的 16.5%；2000—2001 年度，占巴出口总额的 16.5%，占进口总额的 39.3%。10 年间，这类国家从巴的进口除年度间有变化外，占比前后变化很小，但巴从它们的进口大量增加。进入 21 世纪以来，这些国家从巴的进口明显增加，但向巴出口有所下降后又回升，不过再没有达到 2000—2001 年度的水平。2001—2002 年度，它们从巴进口额的占比为 19.2%，向巴的出口额占 36%；2004—2005 年度，相应数分别是 21.9% 和 29.2%；2010—2011 年度，相应数分别是 28.3% 和 38.0%。①

　　进入 21 世纪以来，巴基斯坦与南亚区域合作联盟各国的贸易明显增长。2001—2002 年度，巴向南亚区域合作联盟各国的出口额占巴出口总额的 2.5%，2010—2011 年度增至 6.5%，增长 2 倍多；同期，巴从南亚区域合作联盟各国的进口额占巴进口总额的比例分别为 2.4% 和 4.7%，

增长近 2 倍。① 2007—2008 年度，巴向南盟的出口额为 19 亿美元，2011—2012 年度增为 35 亿美元。② 从上文可知，近年来，在南盟国家中，阿富汗、印度和孟加拉国都已经成为巴的主要贸易伙伴。

近年来，中国已经是巴最大的贸易伙伴，具体情况请看下文。

二 与中国的贸易情况

长期以来，中国和巴基斯坦都是友好邻邦，双方之间的友好关系在各种考验中日益深化。1950 年 1 月 4 日，巴基斯坦正式承认新建立的中华人民共和国，中巴两国开始有经贸关系。1951 年 5 月 21 日中巴正式建立外交关系后，两国贸易进一步发展。1963 年 1 月，两国签订第一个贸易协定。1982 年 10 月，两国成立了经济、贸易和科技合作联合委员会。1989 年 2 月 12 日，中国与巴基斯坦签署双边投资保护协定；1989 年 11 月 15 日，两国签署《关于对所得避免双重征税和防止偷漏税的协定》；2003 年 11 月，两国签署了《优惠贸易安排》，2006 年 11 月 24 日，中国与巴基斯坦签署了《中华人民共和国政府和巴基斯坦伊斯兰共和国政府自由贸易协定》，该协定于 2007 年 7 月 1 日起生效实施。按照协定规定，协定生效后，中巴将对全部货物产品分两个阶段实施降税。第一阶段在协定生效后 5 年内，双方对占各自税目总数 85％的产品按照不同的降税幅度实施降税，其中 36％的产品关税将在 3 年内降至零。第二阶段从协定生效第六年开始，双方将在对以往情况进行审评的基础上，对各自产品进一步实施降税。目标是在不太长的时间内，在照顾双方各自关注的基础上，使各自零关税产品占税号和贸易量的比例均达到 90％。第二阶段的自由贸易谈判 2013 年已经开始进行。2009 年 2 月 21 日，双方签署自由服务贸易协定。由于有稳定而友好的外交关系作保障，在中巴两国政府的重视和推动下，中巴贸易规模不断扩大，中国一直是巴基斯坦重要的贸易伙伴，巴也是中国在南亚地区重要的贸易伙伴。

1950—1956 年，中巴两国贸易额年均超过 3000 万美元，在两国对外

---

① Ministry of Finance, Government of Pakistan, *Pakistan Economic Survey 2011 - 12*, Islamabad, 2012, Statistical Appendices Table 8. 7.

② Ministry of Finance, Government of Pakistan, *Pakistan Economic Survey 2012 - 13*, Islamabad, 2013, p. 109.

贸易中都占有重要地位。1951—1952 年度和 1952—1953 年度,巴基斯坦对中国的出口额分别为 2.54 亿卢比和 1.091 亿卢比,中国仅次于英国和日本,连续两年成为巴的第三大出口国。当时巴向中国出口的主要是棉花和黄麻。[①] 1972—1990 年的中巴商品贸易情况见表 8—12。从表 8—12 可见,20 世纪 70 年代末以来,巴向中国的出口有显著增长,但起伏不定,个别年度如 1980—1981 年度中国曾是巴主要的商品出口地。1984—1985 年度至 1987—1988 年度,巴向中国的出口出现大幅下降,占巴出口额的比例一度降到不足 0.5% 的水平。但是巴从中国的进口额稳定增长,占巴进口额的比例自 1976—1977 年度以来处于上升趋势。按美元计算,1985 年中巴双边贸易额为 2.34 亿美元,1989 年升至 6.8 亿美元。[②] 在中巴贸易中,除 1980—1981 年度外,巴都处于逆差状态,且逆差额不断扩大,1984—1985 年度为 14.33 亿卢比,1989—1990 年度增为 42.75 亿卢比。

表 8—12　　　　1972—1990 年巴基斯坦与中国的贸易情况　　单位:百万卢比

年度	巴向中国出口	占巴出口的%	巴从中国进口	占巴进口的%	巴中贸易平衡
1972—1973	193	2.3	362	4.3	−169
1976—1977	96		634	2.8	−538
1979—1980	1442	6.2	1464	3.1	−22
1980—1981	3571	12.2	1765	3.3	+1860
1984—1985	1032	2.7	2465	2.7	−1433
1985—1986	275.2		1954.1	2.1	−1678.9
1986—1987	330.1		3622.8	3.8	−3292.7
1987—1988	877.1	1.1	3947.6	3.5	−3070.5
1988—1989	3670.8	4.1	5944.1	4.4	−2273.3
1989—1990	1540.8	1.4	5816.2	3.9	−4275.4

资料来源:李德昌:《巴基斯坦经济发展》,四川大学出版社 1992 年版,第 316 页。

20 世纪 90 年代以来,虽然 1995—2000 年出现过徘徊,但中巴贸易

[①] 李德昌:《巴基斯坦经济发展》,四川大学出版社 1992 年版,第 315—316 页。

[②] 安维华:《巴基斯坦的经济调整与中巴经贸关系》,《亚非纵横》1996 年第 1 期;Ministry of Finance, Government of Pakistan, *Pakistan Economic Survey 2011-12*, Islamabad, 2012, Statistical Appendices, Table 8.7。

规模总体上不断扩大。从表8—13可见，到1990年，中巴贸易额为5.85亿美元。此后到1999年，中巴贸易在起伏间增长，1999年达9.71亿美元。进入21世纪以来，巴中贸易高速增长，2007年以前年均增速接近30%，2009年有一定下降后，再次高速增长。2000年，双边贸易总额达11.62亿美元，2006年已经升为52.47亿美元，2012年又提高到124.17亿美元。2012年比2000年增长10.69倍。但是，中巴贸易很不平衡。从1994—1998年，中国对巴出口处于下降趋势，巴对中国出口有4年高速增长。1999—2005年，中国对巴出口高速增长，巴对中国的出口仅有3年高速增长。近年来，尽管受世界经济不景气影响，世界贸易和中国对外贸易增速下降，但中巴贸易继续保持了高速增长，贸易额连创新高。根据巴政府的统计，自中巴自由贸易协定生效以来，巴中双边贸易高速增长，巴中贸易总额从2006—2007年度的41亿美元，猛增到2012—2013年度的92亿美元，增长124%。期间，巴向中国的出口增长了400%，从6亿美元增为26亿美元。[①] 尽管这期间中巴双边贸易有起伏，但正如1990年以前一样，巴始终处于逆差状态，且逆差额在明显缩小后，21世纪以来不断扩大，1993年为6.56亿美元，2000年为1.78亿美元，2011年最高达63.16亿美元，2012年为61.36亿美元，2013年创下78.19亿美元新高。详见表8—13。

长期以来，由于中巴双方外汇短缺，致使易货贸易在中巴贸易中占有十分重要的地位。1952年易货贸易协定规定的易货贸易额为巴向中国出口9720万卢比的棉花。1968年中巴双方易货贸易额达到1450万美元，1979年更上升到4800万美元。此外，1969年中巴两国签订边境贸易协定，并开始进行边境贸易。1978年喀喇昆仑公路通车后，中国新疆同巴基斯坦北部地区之间的边境贸易大幅度增加，年边境贸易额从1970年的24万卢比增加到1983年的390万卢比，1988年更增加到4000万卢比。进入20世纪90年代以来，中巴边境贸易进一步增加，呈现出不断增长的态势。[②] 2005年，我国新疆与巴的边境贸易额为3.43亿美元，占当年中

---

① Ministry of Finance, Government of Pakistan, *Pakistan Economic Survey 2013 - 14*, Islamabad, 2014, p.129.

② 文富德：《论中巴经济贸易合作的发展前景》，《南亚研究季刊》2007年第1期。

巴贸易总额的 8.04%，2008 年增至 4.12 亿美元，占当年中巴贸易总额的 5.83%。[①]

表 8—13	1990 年以来中巴贸易情况							单位：万美元
年度	总额	中国出口	中国进口	巴方逆差	总额增长,%	中国出口增长,%	中国进口增长,%	巴方逆差增长,%
1990	58486	49480	9006	40474				
1991	68730	59809	8922	50887				
1992	64256	55144	9113	46031				
1993	84863	75222	9641	65581				
1994	76800	60600	16200	44400	- 9.5	- 19.40	68.03	- 32.30
1995	101080	78768	22312	56456	31.80	30.20	37.70	27.15
1996	96375	62148	34227	27921	- 5.10	- 21.40	52.50	50.54
1997	106700	68800	37900	30900	11.30	11.10	11.50	10.67
1998	91300	52400	38900	13500	- 14.50	- 23.90	2.60	- 56.31
1999	97100	58100	39000	19100	6.20	10.70	0.30	41.48
2000	116200	67000	49200	17800	19.60	15.50	25.60	- 6.81
2001	139696	81508	58178	23330	20.40	21.60	18.80	31.07
2002	179983	124233	55750	68483	28.80	52.40	- 4.20	193.54
2003	243000	185500	57500	128000	35.00	49.40	3.00	86.91
2004	306100	246600	59500	187100	26.00	32.90	3.50	46.17
2005	426000	343000	83000	260000	39.00	39.00	40.00	38.96
2006	524690	423973	100717	323256	23.10	23.70	20.90	24.30
2007	688566	578042	110523	467519	24.60	28.20	11.05	32.33
2008	705787	605107	100680	504427				
2009	678834	552833	126001	426832				

---

① 段丽丽：《基于中国巴基斯坦自由贸易区的中巴经贸关系研究》，http://doc. mbalib.com/view/29800cb4550333ef54bfeef0a9e1ad67.html。

续表

年度	总额	中国出口	中国进口	巴方逆差	总额增长,%	中国出口增长,%	中国进口增长,%	巴方逆差增长,%
2010	866862	693760	173102	520657				
2011	1056406	843998	212408	631590	21.9	21.7	22.7	
2012	1241655	927633	314022	613611	17.6	9.9	48.2	
2013	1421873	1101897	319975	781922	14.5			

　　资料来源：中国对外经济贸易年鉴编委会：《1992 年中国对外经济贸易年鉴》，中国社会出版社 1992 年版，第 398 页；《1993 年中国对外经济贸易年鉴》，中国社会出版社 1993 年版，第 446 页；中国政府商务部编：《2007 年中国商务年鉴》，中国商务出版社 2007 年版，第 116 页；中国政府商务部编：《2008 年中国商务年鉴》，中国商务出版社 2008 年版，第 101 页；中国驻巴基斯坦使馆经商处：《历年中巴双边贸易统计》（1993—2005），http：//pk. mofcom. gov. cn/aarticle/zxhz/tjsj/200603/20060301790376. html；中国海关总署：《中国海关统计年鉴》（2010）以及《海关统计》，2011 年第 12 期；海关统计资讯网：《2013 年 12 月进出口商品国别（地区）总值表》，http：//www. chinacustomsstat. com/aspx/1/NewData/Stat ＿ Data. aspx? State ＝ 1&next ＝ 3&currency ＝ usd&year ＝ 2013。

　　在近些年来的中巴贸易中，巴从中国进口的主要是机电产品、纺织原材料、化工产品、贱金属、矿产品等，巴向中国出口的主要是棉花、皮革、矿产品、活动物等。例如，2008 年巴从中国进口的商品总额为 57.74 亿美元。其中，进口了 22.43 亿美元的机电、音像设备及零件、附件（机械器具及零件、锅炉等 10.33 亿美元，电机、电器、音像设备及零附件 12.10 亿），12.56 亿美元的纺织原料和纺织制品，6.19 亿美元的化工产品，5.44 亿美元的贱金属及其制品，2.38 亿美元的塑料、橡胶及其制品，2.14 亿美元的矿产品，1.33 亿美元的矿物材料制品、陶瓷、玻璃及其制品。巴向中国出口了 10.06 亿美元的商品，其中有 5.99 亿美元的棉花，2.31 亿美元的矿产品，7489 万美元的生皮，3001.9 万美元的活动物、动物产品，2042.1 万美元的植物产品。[①] 2013 年，巴向中国出口商品约 32 亿美元。其中，棉花 21.73 亿美元，植物产品主要是谷物为 2.34 亿美元，矿产品 2.55 亿美元，铜及其制品 1.76 亿美元，生皮（毛皮除外）及皮革

------

　　① 中国政府商务部编：《2009 年中国商务年鉴》，中国商务出版社 2009 年版，第 108—110、130—131 页。

1.48 亿美元。巴从中国进口 110.19 亿美元。其中,纺织原料及纺织制品 27.14 亿美元(化学纤维长丝 9.64 亿美元,化学纤维短丝 6.33 亿美元,蚕丝 2.26 亿美元,针织物及钩编织物 2.25 亿美元),化学工业及其相关工业产品 12.85 亿美元(有机化学品 4.57 亿美元,肥料 3.09 亿美元),机电、音像设备及其零件、附件 34.64 亿美元(电机、电气、音像设备及其零附件 20.77 亿美元,核反应堆、锅炉、机械器具及零件 13.88 亿美元),车辆、航空器、船舶及运输设备 3.27 亿美元,贱金属及其制品 10.76 亿美元(钢铁 4.74 亿美元,钢铁制品 3.61 亿美元)。[①]

　　在 1998 年前的不少年里,巴基斯坦都是中国在南亚地区最大的贸易伙伴。例如,1993 年,中巴两国的贸易额占中国与南亚贸易总额的 41.3%。[②] 近年来,在巴基斯坦政府每年发布的经济调查中,《2013—2014 年度巴基斯坦经济调查》才把中国列为最主要的贸易伙伴之一,并提供巴方的统计数据,见表 8—9 和 8—11。根据表 8—13 中国政府有关部门公布的统计数据,结合巴方公布的数据,我们可以得出结论,中国无疑是巴最大的贸易伙伴。例如,从表 8—3 中,我们可以看出,2011—2012 年度,巴的商品出口总额为 236.41 亿美元,进口额为 449.12 亿美元,外贸总额为 685.53 亿美元。用表 8—3、表 8—8 和表 8—9 中的相关数据计算,可以得出巴与阿联酋的贸易总额约为 84 亿美元,与美国的贸易总额约为 49 亿美元。而巴政府说 2011—2012 年度,巴中贸易总额为 89 亿美元。[③] 因而,我们可以得出结论说,2011—2012 年度,中国是巴第一大贸易伙伴。从表 8—13 可见,2012 年,巴中贸易总额为 124.17 亿美元,其中中国向巴出口 92.76 亿美元,从巴进口 31.4 亿美元。如果对应 2011—2012 年度巴的贸易规模,以及表 8—8 至表 8—11 中巴主要贸易伙伴占巴进出口总额的比例,虽然数据不完全可比,但说中国是巴最大的贸易伙伴,是向巴出口商品最多的国家,是从巴进口最多的国家之一,也是

---

　　① 海关统计资讯网:《2013 年 12 月对部分国家(地区)出口商品类章金额表》及《2013 年 12 月对部分国家(地区)进口商品类章金额表》,http://www.chinacustomsstat.com/aspx/1/NewData/Stat_ Data.aspx? State = 1&next = 3&currency = usd&year = 2013。

　　② 孙士海主编:《南亚的政治、国际关系及安全》,中国社会科学出版社 1998 年版,第 209 页。

　　③ Ministry of Finance, Government of Pakistan, *Pakistan Economic Survey 2012 - 13*, Islamabad, 2013, p.109.

不会错的。我国外交部的材料也说，据统计，2012 年中巴双边贸易额为 124.17 亿美元，同比上升 17.6%。其中，中方出口额 92.76 亿美元，同比上升 9.9%；进口额 31.40 亿美元，同比上升 48.2%。中国是除欧盟外巴第一大贸易伙伴。[①] 而且，从表 8—8 至表 8—10 中，我们还可以看到，我国香港特区长期以来也是巴重要的贸易伙伴。如果把香港的数据加入，那么中国目前是巴最大的贸易伙伴更是无疑的。

中巴贸易存在的主要问题是巴方逆差严重。从表 8—13 可见，1998 年中巴贸易巴方逆差 1.35 亿美元，但 2013 年剧增为 78.19 亿美元，超过当年中巴贸易总额的一半，是巴主要贸易伙伴中最高的，与中国的商品贸易逆差近年占巴贸易逆差比例的约 30%。另外是巴方能向中国出口的商品种类不多，短期和中期内恐怕难于改变与中国商品贸易的逆差状况。巴能够向中国出口的主要是棉花，外加数额不大的谷物、矿产品、铜及其制品、生皮（毛皮除外）及皮革。这两个问题可能会影响中巴贸易的可持续发展，应引起中巴两国政府的重视。

第五节　外贸发展特点、作用及目前存在的问题

一　对外商品贸易发展的特点

从本章前文中，我们可以总结出独立以来巴基斯坦对外贸易发展的几个特点：

1. 巴基斯坦几乎年年处于贸易逆差状态，且逆差额不断扩大。从表 8—1、表 8—2 和表 8—3 可见，从独立至 1955—1956 年度，把东巴的出口加入，则巴有过 7 年的贸易顺差。如果减去东巴数字，1950—1951 年度后，巴只有 1950—1951 年度获得 5300 万美元的顺差，1972—1973 年度获得 2000 万美元的顺差，其他年度都是逆差。1959—1960 年度，巴的贸易逆差突破 2 亿美元，达 2.19 亿美元；此后至 1970 年，巴的贸易逆差额在 5.4 亿美元以下，最高为 1964—1965 年度的 5.33 亿美元。但是到 1976—1977 年度，巴的贸易逆差已经冲高到 11.84 亿美元，1979—1980 年度突破 20 亿美元大关达 23.75 亿美元，

---

① 中国政府外交部：《巴基斯坦国家概况》，http://www.fmprc.gov.cn/mfa_chn/gjhdq_603914/gj_603916/yz_603918/1206_604018/。

1981—1982 年度已达到 31.58 亿美元,2004—2005 年度连续突破 40、50 亿美元,升为 60.27 亿美元,2011—2012 年度已经陡升至 212.7 亿美元。这种情况对巴的外汇资源造成巨大压力,也在很大程度上影响了巴的经济发展。为填补对外商品贸易缺口,巴被迫动用大量宝贵的外汇资源。同时,巴获得的很大一部分、有时甚至几乎全部外援,都用在了弥补贸易赤字上,无法用于经济发展。

2. 巴基斯坦在国际市场上有竞争力的出口商品不多,能够出口的商品较集中,主要是附加值和科技含量低的棉纺织品等。从表 8—4 可见,在东巴独立以前,巴能够出口的商品主要是生黄麻、原棉、黄麻制品、茶叶、稻米等几种原料及初级加工品。1954—1955 年度,生黄麻出口占巴出口总额的 51.18%,原棉占 25.36%,二者合计占 76.54%;1964—1965 年度,生黄麻出口占巴出口总额的 35.07%,原棉占 18.91%,二者合计占 53.98%,另外棉花制品和黄麻制品占 24%。从上文可知,1980—1981 年度,稻米出口额占 19.13%,棉花占 17.82%,纺纱、纤维、合成纺织品及相关产品占 14.24%,布和布配件占 9.27%。从表 8—6 可见,1990 年以来,巴的主要出口商品集中到棉纺织品上,包括棉布、棉纱、针织品、成衣、毛巾等,这类产品的出口额长期占巴出口总额的 60% 多,目前也还占约 50%。此外出口额大一些的产品主要是稻米、皮革及其制品等,它们的附加值也不高,也只是初级产品及初级加工品。这种出口情况,对巴的对外贸易是十分不利的。

3. 巴基斯坦的进口商品也较集中,目前石油和石油制品是巴进口额最大的商品。从表 8—5、表 8—7 及前文对巴贸易结构的分析可知,20 世纪 70 年代以前,机械、粮食、钢铁及其制品、运输设备是巴进口额最大的几类商品。20 世纪 90 年代以来,机械、石油及其制品和化工制品是巴的主要进口商品,目前石油和石油制品进口额的比例最大。2012—2013 年度,石油及其制品占巴进口额的 33.3%,机械占 12.8%,化学制品(不包括化肥)占 12.8%。

4. 主要贸易伙伴由发达国家转向发展中国家。从前文对巴对外贸易方向的分析及表 8—8、表 8—9、表 8—10、表 8—11 和表 8—13 可知,独立至 20 世纪 70 年代,除少数年度外,巴基斯坦的主要贸易伙伴都是美国、日本、英国、西德等发达国家,20 世纪 80 年代以来则日益转向发展中国家,主要是沙特、阿联酋、科威特和中国等国,目前中国是巴最大贸易伙伴。巴主要贸易伙伴的变化，首先是世界经济发展和本国经济发展引起的。世界经济发展导致发达国家出口的主要是高科技产品和服务，而中国等国则成为世界制造业大国，巴由于自己经济水平不高，需要推进工业化，故进口的高科技产品有限，服务贸易规模小，但却需要大量进口工业原料和资本货物。其次是因为巴石油短缺，需要从沙特、科威特和阿联酋等国进口大量石油和石油产品。

5. 巴基斯坦的对外贸易增长不够快。在上文开展的国际比较中，我们指出，1950—1980 年期间，巴基斯坦商品出口增长情况总体低于类似的发展中国家，只有 20 世纪 60 年代的情况好于类似国家。在 1990—2000 年间，巴的出口和进口增长都较慢，处于世界中下等水平；2000—2008 年间，巴的出口增长依然较慢，处于世界的中下等水平，但进口增长很快，处于世界中上等水平。

二 对外贸易对经济发展的作用

对外贸易在巴基斯坦的经济发展过程中，发挥了重要作用。首先，使得巴基斯坦的工业化能够开展和持续。独立初的巴基斯坦没有基础工业和重工业，消费品工业也很落后。巴政府首先实行的是进口替代的工业化战略，大力发展消费品工业。要迅速推进工业化，只有通过从国际市场上进口生产各种国内消费品所需的机器设备和中间产品。正是因为能够从国际市场上进口机器设备及中间产品，巴以纺织业为主的各种消费品工业才能迅速发展起来，一些消费品不但能够满足国内需要，还能够大量出口。其次，使得巴能够出口工业制成品，挣得进一步发展工业等的大量宝贵外汇。到 1963 年，巴国内需要的超过 3/4 的消费品已经能够自己生产，1969—1970 年度，工业制成品已经占出口总额的 2/3。① 另外，促进了巴农业的发展。在巴独立后的相当长一段时间内，由于工业化水平低，促进农业生产发展的农药化肥以及农机具都要大量进口，即便到今天，巴本国生产的农药化肥依然满足不了需要。因此，从国际市场进口的这些产品，促进了巴农业发展。还有，创造了大批就业岗位。在进口支撑下的工业化，创造了大批就业机会，生产出口产品，也创造了大批就业机会。斯特

① Stephen Guisinger, *Trade Policies and Employment: The Case of Pakistan*, pp. 295 - 296, http://www.nber.org/chapters/c8736.

芬·圭辛格(Stephen Guisinger)认为,1970年以前巴基斯坦的出口生产是劳动力密集型的。例如,1969—1970年度,每生产100万卢比的食糖,用于出口需要的劳动力比用于国内消费的高6.85倍,生产烟草的比国内高7.31倍,生产棉纺织品的高2.77倍,其他纺织品的高4.17倍,运输设备、煤和石油产品、金属的也很高。①最后,通过上述各个方面,对外贸易促进了巴的经济增长。1951—1954年,巴消费品工业增长的96%、中间品工业增长的87%、投资品工业增长的106%、全部工业增长的96%由进口替代推动。从1963—1970年,西巴基斯坦消费品工业增长的15%、投资品工业增长的26%、全部工业增长的13%由进口替代推动;巴消费品工业增长的26%、中间品工业增长的23%、投资品工业增长的3%、全部工业增长的17%由出口扩张推动。②巴基斯坦古吉拉特大学的索玛·沙西姆(Salma Shaheem)等人的计量经济学分析认为,在1975—2010年间,贸易自由化、固定资本形成总额对实际国内生产总值产生了正影响。贸易开放扩大1%,实际国内生产总值增长0.426%。③

但是,同样应用计量经济学方法进行研究,国内有的研究文章却认为,在1970—2005年间,"商品与劳务出口并没有给巴基斯坦的实际GDP带来推动效应,相反还有所阻碍"。④笔者认为,该文的研究结论是不符合上文所述事实的,特别是该文还把劳务出口也计算在内,与事实的差距就更大了。在下一章中,笔者将分析和指出,劳务输出对巴基斯坦的经济发展发挥了多种有益的作用,也扩大了巴的经济规模。说在短暂的时间内,出口对国内生产总值没有推动,尚可以理解。说在几十年内,出口都阻碍了经济增长,那就让人无法相信了,没有一个国家会长期实行阻碍自己经济增长的外贸政策措施。

---

①　Stephen Guisinger, *Trade Policies and Employment: The Case of Pakistan*, pp. 315 – 316, http://www. nber. org/chapters/c8736.

②　Ibid. , p. 303.

③　Salma Shaheen, Mahnaz Muhammad Ali, Impact of Trade Liberalization on Economic growth in Pakistan, *Interdisciplinary Journal of Contemporary Research in Business*, September 2013, Vol. 5, No. 5.

④　郑瑜、孙丽辉:《巴基斯坦的产业结构经济开放与经济增长的实证研究》,《企业研究》2007年第10期。

三　目前巴对外商品贸易存在的主要问题

目前巴基斯坦对外贸易存在的问题主要有四个。

第一，巴基斯坦在国际市场上出口的商品种类少，附加值不高。巴在国际市场上有一定竞争力的出口商品是棉花和棉纺织品，此外是优质大米等。可是，受种植面积、种植技术和棉花作物自身生长规律的限制，棉花产量难于大幅度提高，巴的棉花出口量是有限的，巴自身的棉纺织业也受到原料供应的限制。而且，正如我们在本书第三章分析巴基斯坦纺织业存在的问题时指出的那样，巴的棉纺织业也受到种种限制，出口产品面临激烈的国际竞争。同时，巴出口的纺织品的附加值不高。

第二，巴基斯坦的贸易逆差严重。在巴对外贸易发展特点中我们指出，到1976—1977年度，巴的贸易逆差已经冲高到11.84亿美元，1979—1980年度突破20亿美元大关达23.75亿美元，1981—1982年度已达到31.58亿美元，2004—2005年度升为60.27亿美元，2011—2012年度已经陡升至212.7亿美元。这种情况对巴有限的外汇资源造成巨大压力，也在很大程度上影响了巴的经济发展。

第三，巴基斯坦的外贸对象虽然在过去增加了很多，但依然不够广泛。目前，巴与拉丁美洲国家和中亚国家等的贸易非常有限。例如，到2010—2011年度，巴向中亚国家的出口仅占其出口总额的0.1%，向中美洲国家的出口额占0.8%，向南美洲国家的出口额占1.5%；从中亚国家的进口仅占其进口总额的0.2%，从中美洲国家的进口额占0.1%，从南美洲国家的进口额占1.1%。[1]巴与撒哈拉沙漠以南非洲国家的贸易额也有限。

第四，巴基斯坦总体的贸易规模较有限。巴的国土面积列世界第35位，人口列世界第6位，但如表8—3所示，2012—2013年度的贸易规模仅694.1亿美元。上文也已经指出，巴的商品贸易额占国内生产总值的比例明显低于同类国家的平均水平，也低于南亚国家的平均水平。

巴基斯坦参与世界贸易的经历和事实说明，在当今世界的生产方式和消费方式下，像巴这样的国家，由于可供出口的丰富的自然资源不多，由

---

[1]　Ministry of Finance, *Government of Pakistan*, *Pakistan Economic Survey 2011 - 12*, Islamabad, 2012, Statistical Appendices, Table 8. 7.

于科学技术水平低，由于工业化水平提高缓慢，因而在世界贸易中处于十分不利的地位和十分尴尬的局面，进退两难。不开展对外贸易，工业化难于推进，经济发展面临许多问题；开展对外贸易，则面临贸易逆差严重，外汇非常紧张的现实。

第九章

外援、外资和侨汇收入

发展中国家在开始工业化的过程中，由于国内储蓄率低，调动资源的能力不足，而希望达到的经济增长率却较高，投资额大，所以不同程度上存在资本稀缺的问题。同时，在工业化过程开始后，许多发展中国家需要进口大量的机械设备及其他工业生产需要的物资，但出口能力有限，从而造成贸易逆差，需要外汇弥补缺口。这两个因素使得发展中国家急需获得外国援助。除了获取赠款、贷款等形式的外援外，发展中国家还通过允许、鼓励外国直接投资，扩大生产规模，加快经济发展步伐，也就产生了外资问题。许多发展中国家人口增长快，劳动力丰富，国内就业形势紧张，因此一些国民主动移居国外，政府也积极开展劳务输出。于是，这些发展中国家就获得了侨汇收入。巴基斯坦同样如此。

第一节 外援

巴基斯坦是发展中国家中利用外援较多、外援对国民经济发展产生较大影响的国家，因而是分析外援对国民经济发展影响的典型之一。

一 外援规模和结构

巴基斯坦从1950年的科伦坡计划起开始接受外国援助，1951年2月与美国签订第一份技术援助协议，1952年从世界银行获得第一笔工程贷款，同年与华盛顿进出口银行签署第一份商品贷款协议。此后，巴获得和利用外援的数量不断增大。

独立以来巴基斯坦接受外援有这么几个特点：

第一，从表9—1和其他材料中，可以看出，自巴基斯坦开始利用外援以来至 20 世纪 80 年代，巴的外援额不断增大，20 世纪 90 年代出现回落，但 2003—2004 年度后又迅速增加，2009—2010 年度达到最高点。从 1951—1952 年度到 1954—1955 年度，外国及国际机构承诺给巴的经济援助每年平均约 6700 万美元，"一五"计划（1955—1960）期间年均为 2.15 亿美元，"二五"计划（1960—1965）期间年均为 5.82 亿美元，"三五"计划（1965—1970）期间年均为 5.87 亿美元，1970—1971 年度到 1977—1978 年度无计划期间年均为 8.71 亿美元，"五五"计划（1978—1983）期间年均为 14.47 亿美元，"六五"计划（1983—1988）期间年均为 23.81 亿美元，"七五"计划（1988—1993）期间年均为 27.82 亿美元，"八五"计划（1993—1998）期间年均为 24.30 亿美元，1998—1999 年度到 2002—2003 年度年均为 21.28 亿美元，2003—2004 年度至 2007—2008 年度年均为 36.34 亿美元，2008—2009 年度至 2011—2012 年度年均为 55.98 亿美元。外援增长最快的是"二五"计划期间、无计划期间、"六五"计划期间以及 2003—2004 年度以来至 2009—2010 年度。如果按外援与巴国民经济的规模比率，20 世纪 70 年代是最高的。1971—1975 年，外援占国内生产总值的 6.1%，1976—1980 年占 4.6%。[①]"二五"计划期间巴接受的外援大量增加，是因为巴加快了工业化进程；无计划期间巴争取的外援额进一步增大，是因为巴国内经济政策调整，需要更多的外援支持巴发展公营的基础工业和重工业；20 世纪 80 年代巴获得的外援增多，是因为 1979 年苏联入侵阿富汗，巴成为西方阵营抵御苏联的前线国家，美国等西方国家和国际机构加大对巴的各种援助；2008—2009 年度和 2009—2010 年度巴争取的外援大量增加，与受世界经济衰退及欧元区危机影响，巴遇到经济困难有关。

　　第二，从表 9—1 可见，总体看，在巴基斯坦获得的外援中，工程援助额占的比重最大。按巴政府的统计，在 1999—2000 年度以前，国外承诺的工程援助占巴获得的外援的 67.3%，非食品援助占 14.3%，食品援助占 12.0%，国际收支援助（BOP）占 3.2%，救济款占 3.2%。当然，如果按实际支出的计算，工程援助占比有所下降，占 63.2%，其他援助

---

① Ishrat Husain, *Pakistan The Economy of An Elitist State*, Oxford University Press, Karachi, 1999, p. 333.

表9—1 巴基斯坦接受外国援助情况*

单位：百万美元

年份	工程援助		非工程援助								总额	
			非食品		粮食		BOP		救济			
	承诺	支出	承诺	支出	承诺	支出	承诺	支出	承诺	支出	承诺	支出
1951—1955	170		48		119						337	
一五计划	527	406	375	244	173	192					1075	842
二五计划	1702	1209	699	420	510	765					2911	2394
三五计划	1582	1811	881	763	474	469					2937	3043
1970—1978	3762	2556	1209	1299	906	785	1090	1090			6967	5730
五五计划	4659	3363	987	950	413	306	531	531	643	643	7233	5993
六五计划	9132	4882	1234	791	807	776			734	734	11907	7183
七五计划	9960	7643	1435	1992	1561	1558	413	413	545	545	13913	12081
八五计划	8882	9564	1223	1200	1986	1923	1161	1139	61	61	12152	12784
1998—1999	1382	1620			185	270	650	550	2	2	2219	2442
1999—2000	523	1263			567	100	284	385	6	2	1380	1750
2000—2001	396	1030			91	23	1128	1128	21	5	1637	2186
2001—2002	973	741			40	114	2589	1880	0	21	3603	2756
2002—2003	700	846				9	1089	1057	11	8	1800	1920

续表

年份	工程援助		非工程援助								总额	
			非食品		粮食		BOP		救济			
	承诺	支出	承诺	支出	承诺	支出	承诺	支出	承诺	支出	承诺	支出
2003—2004	1214	622					1263	755	2	3	2479	1380
2004—2005	2089	918					1202	1803		2	3291	2723
2005—2006	3250	2084	133		22	10	1225	1262	1	1	4498	3357
2006—2007	1365	1308				12	2649	2058	3	3	4151	3381
2007—2008	2440	1565		80	18		1309	2013	2	2	3751	3660
2008—2009	2296	1272	125	175			3947	3238	2	2	6389	4688
2009—2010	3729	1213	100	100			2846	2305	68	49	6744	3668
2010—2011	2384	1076					397	648	1799	895	4580	2620
2011—2012	3754	1787	100	73			1135	949	103	513	5092	3321
2012—2013	1848	2088	100	77			708	568	4	166	2660	2899

注：*表中1998—1999年度后的数据不包括国际货币基金组织的贷款；"一五"计划中工程援助、非食品援助和食品援助的支付款是1951—1952年度至1959—1960年度的支付总额；BOP是国际收支的英文缩写。

资料来源：Ministry of Finance, Government of Pakistan, *Pakistan Economic Survey 1999 – 2000*, Islamabad, 2000, Statistical Appendices, Table 9. 2; *Pakistan Economic Survey 2013 – 14*, Islamabad, 2014, Statistical Appendices, Table 9. 2.

占比分别为 15.9%、13.4%、3.8% 和 3.7%。① 不过，进入 21 世纪以来，工程援助占比降低。例如，20 世纪 80 年代，工程援助额年均为 8.10 亿美元，90 年代，工程援助额年均为 17.36 亿美元，2001—2005 年度年均为 7.06 亿美元。20 世纪 90 年代，工程援助年均占援助总额的 73%，非工程援助年均占 27%；2001—2004 年度，工程援助年均占 39%；非工程援助占 61%。②

第三，从表 9—1 可见，1999 年以前，食品援助在巴获得的外援中，始终占有一定比例，但此后食品援助几乎没有了。在"二五"计划期间，实际支出的食品援助额达 7.65 亿美元，"七五"计划期间达 15.58 亿美元，"八五"计划期间达 19.23 亿美元。

第四，从表 9—1 可见，进入 21 世纪以来，国际收支援助（BOP）成为巴获得外援的重要形式，其比重仅次于工程援助，有的年度其比重还超过工程援助。从表 9—1 可见，在 21 世纪以前，BOP 援助额仅 1973—1974 年度、1979—1980 年度、1993—1994 年度、1997—1998 年度和 1998—1999 年度大一些，1979—1980 年度曾占援助总额的约 1/4。2000—2001 年度，BOP 援助额突破 10 亿美元大关，此后每年基本都在 10 亿美元以上，2008—2009 年度高达 39.47 亿美元，占当年外援总额的 61.78%。这是由巴贸易逆差不断增加引起的。

第五，在巴接受外援的初期，赠款及优惠援助占的比重最大，后来贷款和非优惠援助占的比重逐渐增加，最后贷款成为巴获得外援的主要形式，当然不同时期赠款所占比例有所起伏。在实行计划经济前的几年，巴获得的外援中，赠款占 64.57%，贷款占 35.43%。③ 按巴政府的统计，"一五"计划期间，赠款及赠款类援助占 80%，"二五"计划期间占 46%，"三五"计划期间占 32%，"四五"计划期间占 10%，"五五"计划和"六五"计划期间约占 22%，"七五"计划期间占 16%，"八五"计划期间占 9%，1998—1999 年度占 13%，1999—2000 年度占 18%，2000—2001 年度占 4%，2001—2002 年度占 31%，2002—2003 年度占

①　Ministry of Finance, Government of Pakistan, *Pakistan Economic Survey 1999 - 2000*, Islamabad, 2000, Statistical Appendices, Table 9.2.

②　Ministry of Finance, Government of Pakistan, *Pakistan Economic Survey 2005 - 06*, Islamabad, 2006, p.151.

③　李德昌：《巴基斯坦经济发展》，四川大学出版社 1992 年版，第 334 页。

15%。贷款和信贷的利率，20 世纪 50 年代平均为 4.6%，60 年代为
3.3%，70 年代为 3.6%，80 年代为 4.8%，90 年代为 4.4%。贷款和信
贷期限 50 年代平均为 21 年，宽限期为 2 年；60 年代平均为 30 年，宽限
期为 7 年；70 年代平均为 25 年，宽限期为 6 年；80 年代平均为 28 年，
宽限期为 7 年；90 年代平均为 21 年，宽限期为 6 年。①

　　第六，从表 9—1 可见，在 20 世纪 80 年代，救济款在巴获得的外援
中占有一定比例，其他时间仅在个别年度占一定比例。主要原因是 1979
年苏联入侵阿富汗，大批阿富汗难民进入巴基斯坦，国际社会通过巴基斯
坦向这些难民提供了救济援助。

二　向巴基斯坦提供经济援助的主要国家和机构

　　20 世纪 60 年代以前，美国、加拿大、英国是向巴基斯坦提供经济援
助的主要国家。截至 1956 年 9 月底，在各方承诺给巴的 67556 万美元经
济援助中，美国承诺的为 46408 万，世界银行的为 7725 万，加拿大的为
5503 万，澳大利亚的为 3006 万，英国的为 2968 万。到 1959 年 3 月底，
在巴接受的 11 亿美元经济援助中，美国提供的为 9.56 亿美元。如果把美
国的军事援助计入，则美国的援助额还要高出许多。② 20 世纪 60 年代初，
美国、英国等国家组建援巴财团（现称为巴基斯坦发展论坛，由巴黎俱
乐部国家和多边机构组成），该集团从此成为巴经济援助的主要提供者。
进入 20 世纪 70 年代后，中东石油出口国的石油收入大幅增长，巴积极争
取出口石油的伊斯兰国家的援助。此外，巴还从苏联、中国、澳大利亚、
罗马尼亚等国家争取到了一定数额的经济援助。1973—1974 年度，在国
外承诺给巴的 12.683 亿美元的经援中，援巴财团占 50.5%，伊斯兰国家
占 48.1%，其他国家占 1.4%；1985—1986 年度，在国外承诺给巴的
21.056 亿美元的经援中，上述三者所占比例分别是 92.4%、1.2% 和
6.2%；1990—1991 年度，在承诺的 35.7 亿美元的援助中，援巴财团占
92.1%，其他两个来源合计占 7.9%。③ 据另外一份材料，1971—1977 年

---

　　① Ministry of Finance, Government of Pakistan, *Pakistan Economic Survey 2002 – 03*, Islamabad, 2003, Chapter 10.

　　② 铎生：《巴基斯坦的政治和经济》，世界知识出版社 1960 年版，第 85—85 页。

　　③ 李德昌：《巴基斯坦经济发展》，四川大学出版社 1992 年版，第 337 页。

度，在巴的外债中，官方援助占93.4%，私人援助占6.6%。其中，多边机构提供的占20.3%，世界银行提供的占15.2%，双边援助占73%，伊斯兰国家提供的占10.0%，国际货币基金组织提供的占4.4%，亚洲开发银行提供的占0.7%，其他国家提供的占22.3%。就单个国家看，美国提供的占35.6%，日本提供的占5.2%。到1995年底，官方援助占80.0%，私人援助占20%。其中，多边机构提供的占45.0%，世界银行提供的占21.0%，国际货币基金组织提供的占5.0%，亚洲开发银行提供的占14.4%，其他机构提供的占4.6%，双边援助占35.0%，伊斯兰国家提供的占2.0%，其他国家提供的占13.0%。就单个国家看，美国提供的占9.2%，日本提供的占10.8%。[①] 2001—2002年度，巴获得的经援总额为23.337亿美元。其中，援巴财团提供了17.789亿美元，非援巴财团国家提供了2.5亿美元，伊斯兰国家提供了3.048亿美元。在援巴财团提供的17.789亿美元中，日本提供了3260万美元，德国提供了730万美元，美国提供了930万美元，国际开发协会提供了8.394亿美元，亚洲开发银行提供了8.761亿美元，IFAD提供了1420万美元。在非财团国家中，奥地利提供了1570万美元，中国提供了2.325亿美元，西班牙提供了180万美元。在伊斯兰国家中，欧佩克基金（OPEC Fund）提供了1500万美元，伊斯兰开发银行提供了2480万美元，阿布扎比基金（Abu Dhabi Fund）提供了2.65亿美元。[②]

近年来，在双边援助中，中国提供的援助总额是最多的，其次是沙特。在多边机构中，国际开发协会、国际复兴和开发银行、亚洲开发银行等提供的较多。例如，2013年7月至2014年3月，巴基斯坦获得经援88.11亿美元。其中，多边机构提供了20.24亿美元，非巴黎俱乐部国家提供了67.595亿美元。在非巴黎俱乐部国家中，中国提供了64.77亿美元，沙特提供了2.83亿美元。在巴黎俱乐部国家中，只有德国提供了2760万美元。在多边机构中，亚行提供了6.84亿美元，国际复兴和开发银行提供了5.55亿美元，伊斯兰发展银行债券为2.75亿美元，欧洲投资

① Ishrat Husain, *Pakistan The Economy of An Elitist State*, Oxford University Press, Karachi, 1999, p. 333.

② Ministry of Finance, Government of Pakistan, *Pakistan Economic Survey 2005 - 06*, Islamabad, 2006, Statistical Appendices, Table 9. 7.

表9—2　巴基斯坦已支付未偿还的（Disbursed and Outstanding）外债

单位：百万美元

国家或机构	2000.6.30	国家或机构	2000.6.30	国家或机构	2014.3.31	国家或机构	2014.3.31
比利时	55.8	西班牙	26.3	奥地利	54	沙特	432
加拿大	348.6	中国	357.8	比利时	31	阿联酋	65
法国	828.6	丹麦	19.9	加拿大	485	非俱乐部国家总额	4988
德国	1268.4	捷克斯洛伐克	14.4	芬兰	5	上述国家总额	18473
意大利	211.9	罗马尼亚	0.0	法国	2111	亚行	10308
日本	4590.9	奥地利	27.8	德国	1846	IBRD	1348
荷兰	110.6	俄国	202.2	意大利	159	IDA	11469
挪威	32.4	瑞士	67.9	日本	6306		
NORDIC	45.2	芬兰	6.1	韩国	469	EIB	31
瑞典	115.1	澳大利亚	96.4	荷兰	118	IDB	778
英国	94.9	韩国	748.3	挪威	16	IFAD	216
美国	2671.8	上述国家总额	1567.1	俄国	108	NORD. 发展基金	13
财团国家总额	10374.2	科威特	65.2	西班牙	77	NORD. I. 银行	1

续表

国家或机构	2000.6.30	国家或机构	2000.6.30	国家或机构	2014.3.31	国家或机构	2014.3.31
ADB	5397.7	利比亚	17.4	瑞典	136	欧佩克基金	54
IBRD	3772.6	阿联酋	59.2	瑞士	116	E.C.O银行	10
IDA	3852.7	沙特	79.6	英国	9	上述机构总额	24227
IFAD	132.6	欧佩克基金	29.4	美国	1438	债券（BONDS）	1550
IFC	0.0	IBD	54.6	俱乐部国家总额	13485	IDB（ST）	275
新加坡银行	1.3	也门	6.9	巴林	—	商业银行	323
NBPBahrain	28.3	土耳其	48.3	中国	4341	地区货币债券	78
E.I.BANK	6.0	伊斯兰国家总额	360.6	科威特	146	总额	44926
上述机构总额	13191.2	全部国家及机构	25493.1	利比亚	5		

注：表中截至 2000 年 6 月 30 日的数据是估计计数，原出处未注明是否只具中长期债务，截止 2014 年 3 月 31 日的数据是中长期债务。2000 年以前不是巴黎俱乐部。2000 年指巴黎俱乐部的韩国等国后来加入了该俱乐部，从而成为了援巴财团国家。ADB 指亚洲开发银行；IBRD 指国际重建和开发银行；IDA 指国际开发协会；IDB 指伊斯兰开发银行；IFAD 指国际农业发展基金；全称是新加坡印度苏伊士银行（Bank of Indosueaz Singapore）。俱乐部指巴黎俱乐部。新加坡银行的数据是中长期债务。新加坡银行的 EIB 指欧洲投资银行。

资料来源：Ministry of Finance, Government of Pakistan, *Pakistan Economic Survey 1999 – 2000*, Islamabad, 2000, Statistical Appendices, Table 9. 1; *Pakistan Economic Survey 2013 – 14*, Islamabad, 2014, Statistical Appendices, Table 9. 1.

银行提供了 1.38 亿美元。①

　　综合几十年的情况看，据统计，到 1972—1973 年度，各国和有关国际机构承诺给巴基斯坦的赠款及赠款类援助总额为 34.47 亿美元。其中，美国按 480 号公法（PL－480）提供了 16.09 亿美元，另外提供普通赠款 8.10 亿美元；加拿大提供了 2.59 亿美元；福特基金提供了 5242 万美元；英国提供了 4940 万美元；澳大利亚提供了 4083 万美元；联合国特别基金提供了 3593 万美元。截至 1977 年 6 月，各国和有关国际机构承诺给巴的贷款总额为 102.72 亿美元。其中，美国提供的为 32.23 亿美元，英国提供了 21.72 亿美元，苏联提供了 6.11 亿美元，西德提供了 5.53 亿美元，加拿大提供了 3.95 亿美元，法国提供了 3.27 亿美元，中国提供了 2.24 亿美元，意大利提供了 1.74 亿美元，荷兰提供了 1.40 亿美元。在国际机构中，国际开发协会提供了 9.38 亿美元，国际重建和开发银行提供了 8.73 亿美元。② 可见，把赠款和贷款相加，1977 年以前，向巴提供援助最多的是美国，第二是英国，第三是加拿大，第四是苏联，第五是德国。在多边机构中，国际开发协会和国际重建和开发银行提供的援助最多，但赶不上美国和英国的援助额。

　　从表 9—2 可以看出，截至 2000 年 6 月 30 日，在援巴财团中，向巴基斯坦提供经援最多的国家是日本，为 45.909 亿美元；排第二位的是美国，为 26.718 亿美元；排第三位的是德国，为 12.684 亿美元；排第四位的是法国，为 8.286 亿美元；排第五位的是加拿大，为 3.486 亿美元。在援巴财团的机构中，亚洲开发银行提供的援助最多，为 53.977 亿美元；国际开发协会提供的其次，为 38.527 亿美元；国际重建和开发银行提供的再次，为 37.726 亿美元。在非援巴财团国家中，韩国提供的援助最多，为 7.483 亿美元，中国提供的援助列第二，为 3.578 亿美元，俄国列第三，提供了 2.022 亿美元。此外，沙特等 8 个伊斯兰国家提供了 3.606 亿美元。

　　从表 9—2 中还可以看出，2000 年以后，截至 2014 年 3 月 31 日，在

---

　　① Ministry of Finance, Government of Pakistan, *Pakistan Economic Survey 2013 - 14*, Islamabad, 2014, Table 9.7.

　　② B. M. Bhatia, *Pakistan's Economic Development 1948 - 88*, Konark Publishers PVT. LTD., New Delhi, 1989, pp. 197, 199.

援巴财团国家（这时称巴黎俱乐部国家）中，提供援助最多的还是日本，为63.06亿美元；提供援助第二多的是法国，为21.11亿美元；提供援助第三多的是德国，为18.46亿美元；提供援助第四多的是美国，为14.38亿美元；提供援助第五多的是加拿大，为4.85亿美元。在非援巴财团国家中，中国提供的援助大幅度增加，达43.41亿美元，列所有援巴国家（包括巴黎俱乐部国家和非巴黎俱乐部国家）的第二位，仅次于日本。在援巴财团机构中，这时国际开发协会提供的援助最多，为114.69亿美元，亚洲开发银行紧随其后，为103.08亿美元，国际复兴和开发银行提供的援助额仅13.48亿美元。

几十年来，向巴基斯坦提供经济援助的国家和机构呈现出这样几个特点：第一，就双边援助看，西方发达国家提供的援助最多，美国、日本、英国等列前几位。据统计，1951—2011年，按2011年的不变价格计算，美国共向巴提供援助670亿美元，20世纪50、60年代主要以经济援助为主，但在总援助额中军事援助占了相当大的比重。[①] 第二，进入21世纪以来，中国对巴的经援迅猛增长，援助额仅次于日本，列所有援巴国家的第二位，最近已经列第一位。第三，进入20世纪80年代以来，亚洲开发银行、国际开发协会一直是向巴提供援助最多的多边机构。第四，进入20世纪70年代以来，巴从一些伊斯兰国家及其组织中获得了一定数额的经援。第五，进入21世纪以来，巴黎俱乐部（援巴财团）的国家有增加。第六，20世纪80年代以前，多边机构提供的援助额没有美国、英国等单个国家提供的援助额大。

三　外援对经济发展产生的积极作用

1. 扩大了投资规模和力度，提高了经济增长率。

发展经济学知识告诉我们，在发展中国家走向工业化和现代化的初期，由于自身储蓄率低因而投资能力有限，资本稀缺是制约经济发展的主要因素之一。在这种背景下，如果能够从国外获得经济援助，就能够提高投资能力，提高固定资本形成率，扩大经济建设规模，从而提高经济增长率。从巴基斯坦的情况看，外国经济援助在这方面发挥了很大作用，20世纪90年代以前尤其如此。例如，1956年，巴获得4.72亿卢比的外援，

---

① *Aid to Pakistan by the Numbers*, http://www.cgdev.org/page/aid-pakistan-numbers.

占巴政府发展支出总额的 34.8%；1960 年，巴获得 10.68 亿卢比的外援，占巴政府发展支出总额的 38.1%；1964 年，巴获得 31.05 亿卢比的外援，占巴政府发展支出总额的 42.2%；1973 年，巴获得 35.57 亿卢比的外援，占巴政府发展支出总额的 75.21%；1977 年，巴获得 139.02 亿卢比的外援，占巴政府发展支出总额的 81.76%。① 在 20 世纪 80 年代，巴 20% 多的投资是通过向外借款融资的，1990—1999 年更是达到约 1/3。② 从这些数据中，我们可以想见，如果没有外援，巴的经济建设规模将会大为缩小，经济增长率也就达不到已经取得的水平。

2. 促进了巴基斯坦的工农业和交通等基础设施发展。从表 9—1 中可以看出，独立以来，巴基斯坦获得了大量的工程援助，工程援助中多半是大型工业建设和各种基础设施建设。例如，世界银行给巴的第一笔贷款，就是用于修建从苏伊气田到卡拉奇的输气管道，巴最大的水电和水利工程塔贝拉水坝先后获得过世界银行、援巴财团的巨额资金援助。从 1947 年至 1986 年 6 月，不包括塔贝拉水坝援助，巴先后获得 34 亿美元的外国能源援助。从 1961 年到 1988 年，巴从各方面获得的外援承诺额为 320 亿美元，已经使用的为 240 亿美元，用于发展水利、电力的外援承诺额为 72.8 亿美元，使用额为 38.3 亿美元，分别占外援承诺额的 22.8% 和使用额的 16%。1983—1984 年度至 1985—1986 年度 3 个年度，用于发展交通和通信的外援分别占外援总额的 6.6%、13.2% 和 10.8%。在外国援助下，巴开发和建设了印度河流域包括水库、运河、大坝、拦河坝、电站等的巨大农田水利工程。仅塔贝拉水坝的完工和使用，就新增了 30 万公顷水稻种植面积和 17 万公顷甘蔗种植面积，使印度河谷地地带的小麦每公顷单产增长 200 公斤。到 1986 年 6 月底，巴获得的外国工业援助额为 39 亿美元，占外国承诺援助额的 18%。巴的萨因达克铜矿、年产设备能力 110 万吨的巴基斯坦钢铁厂、塔克西拉重型机械综合厂等重要工矿业工程，都是外国援建的。③ 在第二、三两个五年计划期间，在使用的 7.51 亿美元外援中，用于工业的为 2.813 亿美元，占 37%；用于运输和通信

---

① B. M. Bhatia, *Pakistan's Economic Development 1948 - 88*, Konark Publishers PVT. LTD., New Delhi, 1989, pp. 197, 193.

② Ministry of Finance, Government of Pakistan, *Pakistan Economic Survey 2002 - 03*, Islamabad, 2003, Chapter 10.

③ 李德昌：《巴基斯坦经济发展》，四川大学出版社 1992 年版，第 341—344 页。

的为 2.634 亿美元，占 35%；用于水电项目的为 1.521 亿美元，占 20%。[①]

3. 在一定时期内缓解了巴基斯坦的粮食供应紧张局面。独立以来，由于人口增长较快，本国农业生产发展却不快，在相当长的一段时间内，巴都需要从美国等国大量进口粮食。从表 9—1 可见，21 世纪以前，在外国援助额中，粮食援助始终占有一定比例。第一、二、三和第八个五年计划期间，外国承诺的粮食援助额，都占承诺援助总额的 16% 以上。上文提到，到 1972—1973 年度，美国按照其 480 号公法，为巴提供干了 16.09 亿美元的粮食援助。

4. 在一定时期内缓解了巴基斯坦的国际收支逆差，从而对巴的宏观经济局势稳定发挥了作用。从表 9—1 可见，从 20 世纪 70 年代起，尤其是进入 21 世纪以来，巴获得了外国大量的国际收支援助，有些年承诺的国际收支援助额占外援承诺总额的一半以上，2001—2002 年度曾高达 71.86%。可以想见，如果没有外援，巴将会出现无法维持从国外进口经济建设所需物资和急需的消费品，经济建设将无法顺利开展，人民生活会受到影响，外债偿还也会发生问题，从而整个宏观经济局势就会不稳定。

四　外援带来的问题

1. 债务负担不断加重，偿债额在很大程度上抵消了外援。由于外国援助的相当一部分是以贷款方式提供的，且如前文所述，后来贷款占了援助的绝大部分，这样，如本书财政那章政府公债一节分析的，接受外国援助就带来了外债问题。1960—1961 年度，巴的偿债额为 1715.7 万美元，占外汇创收额的 3.6%，1965—1966 年度，偿债额为 7368.9 亿美元，占外汇创收额的 10.7%，1970—1971 年度，偿债额为 2.09 亿美元，占外汇创收额的 29.6%。1971 年 5 月，巴政府发生偿债危机，被迫宣布暂停还债。次年，经与援巴财团和世界银行协商，达成重新安排短期债务的协议。1976—1977 年度，外债偿还额占巴联邦政府预算支出的 26% 和年度发展计划支出的 31.2%。[②] 1980—1981 年度，不包括给阿富汗难民的救济

---

① B. M. Bhatia, *Pakistan's Economic Development 1948－88*, Konark Publishers PVT. LTD., New Delhi, 1989, p. 202.

② Ibid. , pp. 200－201.

援助,巴使用的外援为 8.61 亿美元,扣除 6.13 亿美元的偿债额,实际得到的外援仅 2.48 亿美元,实际得到的占总支出的 29%;1986—1987 年度,不包括给阿富汗难民的救济援助,巴使用的外援为 12.68 亿美元,扣除 11.01 亿美元的偿债额,实际得到的外援仅 1.67 亿美元,占总支出的 13%。[1] 2012—2013 年度,外国承诺的外援为 26.6 亿美元,外债偿还额为 71.85 亿美元,偿还额高出承诺额 45.25 亿美元;2013 年 7 月至 2014 年 3 月,外国承诺的援助额为 89.96 亿美元,外债偿还额为 53.88 亿美元。[2] 所以,外国援助一方面增加了巴的经济社会发展支出能力,扩大了经济社会建设规模,另一方面,日益沉重的偿债负担又挤占了发展、建设资金,使巴出现了借新债还旧债的情况。因为债务负担沉重,从 1999 年 1 月至 2001 年 12 月,巴政府被迫先后 3 次与巴黎俱乐部等协商重新安排债务偿还日期,其中 2001 年 12 月的协商重新安排偿还的额度达 125 亿美元。[3]

2. 在一定程度上影响了巴基斯坦国内储蓄能力和投资能力的提高。由于能够从国外较容易得到外援,巴政府努力提高国内民众储蓄能力的动力减弱,巴国内民众的储蓄率长期不高。受储蓄率低影响,巴的资本形成率长期也较低。20 世纪 70 年代,巴国民储蓄平均占国内生产总值的 11.2%,21 世纪头 10 年平均占 15.9%,2011—2012 年度占 12.8%,同期,巴基斯坦总投资年均占国内生产总值的 17.1%、17.9% 和 14.9%。[4]巴基斯坦的投资能力在世界上是较低的。例如,2008 年,全世界的资本形成总值占国内生产总值的 22%。其中,低收入国家占 27%,下中等收入国家占 37%,东亚和太平洋地区占 40%,南亚占 36%,巴基斯坦占 22%。同年,全世界储蓄总额占国内生产总值的 21%。其中,下中等收入国家占 41%,东亚和太平洋地区占 48%,南亚占 35%,巴基斯坦

① B. M. Bhatia, *Pakistan's Economic Development 1948 – 88*, Konark Publishers PVT. LTD., New Delhi, 1989, p. 262.

② Ministry of Finance, Government of Pakistan, *Pakistan Economic Survey 2013 – 14*, Islamabad, 2014, pp. 141 – 142.

③ Ministry of Finance, Government of Pakistan, *Pakistan Economic Survey 2002 – 03*, Islamabad, 2003, Chapter 10.

④ Ministry of Finance, Government of Pakistan, *Pakistan Economic Survey 2012 – 13*, Islamabad, 2013, Economic and Social Indicator.

占 20%。①

3. 经济建设成本提高。由于一些外援提供方在提供外援时，往往规定要按援助方规定的价格购买提供援助国的商品，使得巴在接受援助时，不得不以高出世界市场同类商品的价格购买援助方指定的商品，从而提高了经济社会建设成本。例如，1967 年，巴按援助方要求购买的钢铁产品价格，估计高出世界市场最低价格的 41%—111%。②

4. 国家经济、政治主权受到一定干涉和限制。外国和国际金融机构在向巴基斯坦提供经济援助时，往往要求巴政府答应它们改变巴经济及政治政策等的一些要求。例如，1972 年 5 月，巴因为要求援助方重新安排外债偿还期限，被迫接受援巴财团和世界银行的要求，将本国货币贬值131%。③ 1980 年以来，巴政府由于需要继续从国际货币基金组织和世界银行获得贷款，被迫按照它们的要求，实行经济结构调整。同时，有的援助国在提供援助时，还附加了政治条件。例如，在美国对巴进行援助时，20世纪 50、60 年代欲将巴纳入美主导的反苏同盟，70、80 年代则把援助政策同巴发展核技术和阿富汗问题密切联系，1990 年美国在巴经济困难时停止对巴进行经济、军事援助，意图是希望巴放弃发展核技术和改变内外政策。④ 2001 年 "9·11" 恐怖事件发生后，由于当时穆沙拉夫将军主政的巴政府表示支持和参与美国的反恐活动，美向巴提供了大量经济和军事援助。

由于在接受外国援助时存在上述种种问题，所以巴基斯坦政府一直试图努力增强自身的经济实力，增加税收，提高国内储蓄率，减少对外援的依赖。进入 21 世纪以来，取得了一定成效，外债占巴公债的比例已经大大下降，巴的外债负担不断减轻。1982—1983 年度至 2000—2001 年度，巴偿债额占国内生产总值的比例都在 2% 以上，最高的 1997—1998 年度达 3.8%，但此后仅 2008—2009 年度达 2.0%，2011—2012 年度已经降为1.0%。⑤

---

① 世界银行：《2010 年世界发展指标》，中国财政经济出版社 2010 年版，第 255—256 页。

② B. M. Bhatia, *Pakistan's Economic Development 1948 - 88*, Konark Publishers PVT. LTD., New Delhi, 1989, p. 204.

③ Ibid., p. 201.

④ 李德昌：《巴基斯坦经济发展》，四川大学出版社 1992 年版，第 352 页。

⑤ Ministry of Finance, Government of Pakistan, *Pakistan Economic Survey 2012 - 13*, Islamabad, 2013, Statistical Appendices, Table 9.3.

第二节　外国投资

本节所讲的外国投资包括外国直接投资和外国证券投资。外国投资可以缓解发展中国家资本稀缺的问题，扩大经济建设规模，引进外国先进的生产技术工艺及管理经验，开发资本及技术流入国的人力资源，增加出口。而且，相比外国援助中的贷款，外国投资还有一个优势，即不需要偿还，不会带来债务负担。所以，二战后独立的许多发展中国家都采取吸引外国投资尤其是外国直接投资的政策。巴基斯坦建国后，长期采取欢迎外国直接投资的做法。

一　外国直接投资

1. 外国直接投资情况

截至 1947 年印巴分治前，英国在巴基斯坦领土内（包括东巴和西巴）的直接投资约 1 亿英镑，约合 10 亿卢比。巴基斯坦独立后，采取欢迎外国投资的政策，保证不对外国企业进行国有化，保证外国企业可以自由汇出其利润，并在税收方面给予优惠，只是在 13 种企业中，外资必须与巴本国资本合营，且外资控股比例不得超过 49%。自 1947 年 8 月到 1957 年 1 月，外国在巴的工业投资增加了 5.067 亿卢比，商业投资（不包括银行、保险业）增加了 3000 万卢比。截至 1957 年 1 月，外国在巴的直接投资约 20 亿卢比。其中，英国约 16 亿卢比，美国约 2 亿卢比，印度 1.5 亿卢比，加拿大、新西兰、瑞典等共约 5000 万卢比。外国在巴工商业中的直接投资，约占当时巴工商业投资总额 50%，仅英国就占了约 40%。英国在巴的投资分布于石油、天然气、铬矿、船舶修造、金融、交通运输等行业。[①] 可见，当时外国直接投资在巴工商业发展中发挥的作用是巨大的，巴经济发展受外资影响很大。

进入 20 世纪 50 年代末以后到 60 年代，巴基斯坦更多通过获取外国经援的方式解决本国资本稀缺，加快经济发展。因此，流入巴的外国直接投资数额很小。从表 9—3 可见，在 20 世纪 70 年代布托政府时期，由于实行国有化政策，巴获得外国直接投资很少，1970 年为 2300 万美元，1971 年为

---

① 译生：《巴基斯坦的政治和经济》，世界知识出版社 1960 年版，第 72—73 页。

100 万美元，1972 年为 1700 万美元，1977 年为 1522.32 万美元。

1978 年后，在齐亚·哈克执政时期，巴政府开始大力吸引外国直接投资，并实行私有化政策，巴获得的外国直接投资明显增加。从表 9—3 可以看出，巴获得的外国直接投资 1978 年为 3227.32 万美元，1981 年为 1.08 亿美元，1985 年为 1.31 亿美元，1988 年达 1.86 亿美元。

表 9—3　　　　　　1970 年以来巴基斯坦获得的外国直接投资　　单位：百万美元

年度	资金	年度	资金	年度	资金	年度	资金
1970	23	1981	108.08	1992	336.48	2003	534.00
1971	1	1982	63.83	1993	348.56	2004	1118.00
1972	17	1983	29.46	1994	421.02	2005	2201.00
1973	4	1984	55.51	1995	722.63	2006	4273.00
1974	4	1985	131.39	1996	921.98	2007	5590.00
1975	25	1986	105.73	1997	716.25	2008	5438.00
1976	8.22	1987	129.38	1998	506.00	2009	2338.00
1977	15.22	1988	186.46	1999	532.00	2010	2018.00
1978	32.27	1989	210.60	2000	308.00	2011	1308.77
1979	58.25	1990	245.26	2001	383.00	2011—2012	820.6
1980	63.63	1991	258.41	2002	823.00	2012—2013	1456.9

资料来源：*Pakistan-Foreign direct investment*，http：//www. indexmundi. com/facts/pakistan/ foreign-direct-investment；State Bank of Pakistan，Summary of Net Inflow Investment in Pakistan，http：//www. sbp. org. pk/ecodata/NetinflowSummary. pdf.

1988 年巴基斯坦按照国际货币基金组织和世界银行的要求开始经济结构调整后，巴政府采取了减少政府对企业的干预，实行自由化贸易政策，简化审批程序，允许外资全部控股，提供税收优惠，提供贷款便利和汇出利润及本金便利，改善基础设施，允许参与巴本国的私有化，扩大投资领域等措施大力吸引外国直接投资，巴获得的外国直接投资在起伏中大量增长。从 1990 年到 2005 年，流入巴的外国直接投资年均混合增长 21.47%。[1] 从表 9—3 可见，1989 年巴获得外国直接投资 2.11 亿美元，1995 年为 7.23 亿美元，2000 年为 3.08 亿美元，2007 年为 55.90 亿美元，达到峰值。1998

---

[1]　Muhammad Arshad Khan，Shujaat Ali Khan，*Foreign Direct Investment and Economic Growth in Pakistan：A Sectoral Analysis*，Pakistan Institute of Development Economics，Islamabad，2011.

年到 2002 年出现明显回落，主要原因是 1998 年巴试爆核武器后受到美国等西方国家制裁，经济增速慢，国内政局不稳定等。2007—2008 年度后，受世纪经济衰退和巴基斯坦经济增速放慢影响，加上国内政局不稳，巴获得的外国直接投资再次明显减少。2008 年，巴获得 54.38 亿美元的外国直接投资，2009 年剧降为 23.38 亿美元，2010 年再降为 20.18 亿美元，2011 年进一步降为 13.09 亿美元。不过，进入 2012 年后，巴获得的外国直接投资又开始上升。2012—2013 年度前三个季度，巴获得的外国直接投资额为 18.936 亿美元，比上年度同期增长了 29.7%。1970 年，外国直接投资仅占巴国内生产总值的 0.23%，1978 年占 0.18%，1988 年占 0.48%，1996 年占 1.46%，2007 年占 3.67%，2013 年占 0.56%。[1] 巴获得的外国直接投资净流入额占国内生产总值的百分比情况可进一步参看图 9—1，从中我们可以看出，在很多年份，外国直接投资净额都不到巴国内生产总值的 0.5%，总体上巴获得的外国直接投资是很少的。

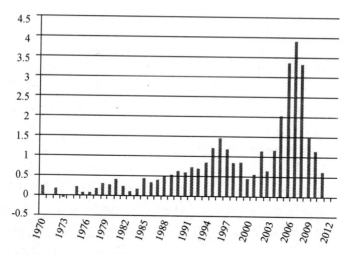

图 9—1　巴基斯坦获得外国直接投资占 GDP 百分比情况

注：纵轴方向的数据是占国内生产总值（GDP）的百分比，横轴方向数字指年份。

资料来源：Muhammad Mudassar, A Study on Industrial Structure Upgrading in Pakistan, p. 45, 武汉理工大学 2013 年的博士学位论文，用英文撰写。

---

[1] *Pakistan-Foreign direct investment*, http://www.indexmundi.com/facts/pakistan/foreign-direct-investment.

就外国直接投资的来源国和国际机构看，从表 9—4 可知，1995—1996 年度巴基斯坦获得的外国直接投资为 11.02 亿美元。其中，来自美国的为 3.198 亿美元，来自英国的为 3.317 亿美元，来自阿联酋的为 5280 万美元，来自日本的为 8210 万美元，来自沙特的为 2690 万美元，其他国家为 2.884 亿美元。2007—2008 年度，巴获得外国直接投资 51.528 亿美元。其中，来自美国的为 13.093 亿美元，来自英国的为 4.602 亿美元，来自阿联酋的为 5.886 亿美元，来自日本的为 3600 万美元，来自沙特的为 4620 万美元，其他国家为 21.23 亿美元。截至 2012 年 12 月底，巴获得的外国直接投资累计为 231.25 亿美元，其中发达国家为 147.78 亿美元，发展中国家为 79.97 亿美元。在发达国家中，英国为 53.77 亿，瑞士为 38.41 亿，美国为 15.35 亿，荷兰为 9.33 亿；在发展中国家中，阿联酋为 25.51 亿，中国为 10.57 亿，开曼群岛为 7.3 亿，马来西亚为 5.88 亿。[1] 最近，中国对巴的投资大量增加，在 2013—2014 年度净流入的 16.31 亿美元外国直接投资中，来自中国的为 7.0 亿，香港的为 2.27 亿，瑞士的为 2.26 亿，美国的为 2.07 亿，英国的为 1.16 亿，意大利的为 0.79 亿。[2]

从表 9—5 可见，巴基斯坦获得外国直接投资最多的部门是服务业，主要是电信业和金融业，仅 2004—2005 年度后的 3 年，电信业获得的外国投资就超过了 50 亿美元。此外，制造业也获得了不少的外国直接投资。在制造业中，油气勘探获得的外国直接投资最多，其次是电力，再次是化工和石化业，石油精炼、纺织业等也获得了一定的外国直接投资。截至 2012 年 12 月 31 日，巴各行业累计获得的外国直接投资是：金融业 51.41 亿美元，电信业 32.24 亿，食品业 31.19 亿，石油和天然气勘探业 24.12 亿，热电业 20.86 亿，化工业 8.94 亿，石油精炼业 8.29 亿，药品和 OTC 产品业 8.28 亿，运输设备业 8.24 亿。[3]

① State Bank of Pakistan, *Foreign Investment in Pakistan by Region/Country*, http://www.sbp.org.pk/publications/IIPP/2012/Data Tables.pdf.

② State Bank of Pakistan, *Foreign Investment in Pakistan by Country*, http://www.sbp.org.pk/ecodata/Netinflow.pdf.

③ State Bank of Pakistan, *Foreign Investment in Pakistan by Economic Group*, http://www.sbp.org.pk/publications/IIPP/2012/Data Tables.pdf.

表9—4　1995—2008年度各国对巴基斯坦直接投资情况

单位：百万美元

	1995—1996	1996—1997	1997—1998	1998—1999	1999—2000	2000—2001	2001—2002	2002—2003	2003—2004	2004—2005	2005—2006	2006—2007	2007—2008
美国	319.8	246.2	256.6	163.9	166.9	92.7	326.4	211.5	238.4	326.0	516.7	913.3	1309.3
英国	331.7	240.1	135.5	81.6	169.0	90.5	30.3	219.4	64.9	181.5	244.0	860.0	460.2
阿联酋	52.8	54.9	19.2	6.9	5.7	5.2	21.5	119.7	134.6	367.5	1425.5	662.2	588.6
日本	82.1	36.6	17.8	57.4	17.7	9.1	6.5	14.1	15.1	45.2	57.0	64.4	36.0
沙特	26.9	-17.0	12.0	1.1	28.6	56.6	1.3	43.5	7.2	18.4	277.8	104.9	46.2
其他	288.4	121.3	160.2	65.1	82.0	68.3	98.7	189.8	489.2	585.4	100.1	2534.8	2123.9
总计	1101.7	682.1	601.3	376.0	469.9	322.4	484.7	798.0	949.4	1524.0	3521.0	5139.6	5152.8

资料来源：[巴] 法斯赫·乌丁、M. 阿克拉姆·斯瓦蒂：《巴基斯坦经济发展历程——需要新的范式》，陈继东、晏世经等译，巴蜀书社2010年版，第56—57页。

表 9—5　　　　　　2001—2009 年度巴基斯坦各产业分部门获得的

外国直接投资　　　　　单位：百万美元

	2001—2002	2002—2003	2003—2004	2004—2005	2005—2006	2006—2007	2007—2008	2008—2009
食品、饮料和烟草	-5.1	7.0	4.6	22.8	61.9	515.8	57.1	146.5
纺织业	18.4	26.1	35.5	39.3	47.0	59.4	30.1	28.4
食糖、纸张和纸浆	0.9	2.3	2.1	4.3	5.1	17.4	10.5	14.3
皮革及橡胶制品	0.8	1.2	3.5	6.5	8.2	7.3	5.5	4.0
化工和石化	12.9	86.9	16.8	52.1	72.4	52.5	106.2	82.0
石油精炼	2.8	2.2	70.9	23.7	31.5	155.2	74.5	103.7
采矿采石	6.6	1.4	1.0	0.5	7.1	23.7	42.3	12.8
油气勘探	268.2	186.8	202.4	193.8	312.7	545.1	635.0	612.1
药品和 OTC 产品	7.2	6.2	13.2	38.0	34.5	38.4	45.6	26.2
水泥	0.4	-0.4	1.9	13.1	39.0	33.7	102.5	31.7
电子和其他机械	26.4	17.6	17.0	16.5	21.0	22.0	51.9	39.9
运输设备（汽车）	1.1	0.6	3.3	33.1	33.1	50.4	111.5	70.2
电力	36.4	32.8	-14.2	73.3	320.6	204.6	70.3	80.2
建筑	12.8	17.6	32.0	42.7	89.5	157.1	89.0	76.8
贸易	34.2	39.1	35.6	52.1	118.0	173.4	175.9	147.7
通信	12.7	24.3	221.9	517.6	1937.7	1898.7	1626.8	828.5
通信中的电信	6.0	13.5	207.1	494.4	1905.1	1824.3	1440.1	767.1
金融	3.5	207.6	242.1	269.2	329.2	930.1	1607.9	680.9
社会和其他服务	10.2	19.7	16.4	24.7	64.7	88.4	107.4	81.2
其他	12.7	28.8	33.1	78.9	65.5	166.1	202.9	-28.3
总数	484.7	798.0	949.4	1524.0	3521.0	5139.6	5152.8	3038.8

注：表中 2008—2009 年度的数据是 2008 年 7 月至 2009 年 3 月的。

资料来源：Ministry of Finance, Government of Pakistan, *Pakistan Economic Survey 2007 - 08*, Islambad, 2008, p.14; *Pakistan Economic Survey 2008 -09*, Islambad, 2009, p.16.

一些中国企业也在巴基斯坦进行了直接投资。从 20 世纪 80 年代起，中国在向巴提供经援贷款的同时，积极在巴开展工程承包和合资经营等。1992 年中巴签署核电站合作合同，后来巴开发山达克铜金矿，中国又与其进行合作。[①] 2001 年到 2007—2008 年度，中国公司投资额较大的是 2006—2007 年度，为 7. 12 亿美元，其次是 2008—2009 年度，为 1. 014 亿美元，其他年度的投资不多。[②] 据中国驻巴基斯坦使馆经商处提供的信息，截至 2010 年底，中方在巴直接投资总额为 13. 67 亿美元，在巴的中资企业有几十家，分布在巴基斯坦首都伊斯兰堡以及拉合尔、费萨拉巴德、苏斯特和卡拉奇等几个城市。这些企业主要涉及电信、金融、工程建设、机械、石油、航空、交通、家电、运输、水产和包装等行业。[③] 据中国商务部统计，2012 年 1 至 12 月中方对巴直接投资金额为 6016 万美元，同比下降 30. 8%。到 2012 年底投资存量为 21. 12 亿美元。[④] 不过，从上文可知，按巴中央银行的统计，中国在巴的直接投资到 2012 年底只有 10. 57 亿美元。2013—2014 年度，中国对巴的直接投资为 7 亿美元。

2. 外国直接投资对巴经济发展的影响

学术界对外国直接投资对巴基斯坦经济发展的影响存在一定分歧。据马扎尔·穆格尔（Mazhar Mughal）在他的文章中介绍，阿克末尔（Akmal）等人对 1973—2003 年巴接受外国直接投资的影响进行了研究，认为在对外贸易开放的情况下，从长期看，外国直接投资减轻了巴的贫困情况。泽山·阿提克（Zeshan Atique）等人的研究认为，在出口促进的外贸体制下，外国直接投资促进了巴的经济增长。汗等人对 1973—2005 年巴接受外国直接投资的研究认为，从长期看，外国直接投资对私人投资有负面影响。马扎尔·穆格尔采用约翰森协整技术（Johansen co-integration technique）和向量误差修正模型（Vector Error Correction Model）对 1961—2005 年外国直接投资对巴基斯坦经济发展的影响进行了研究。他认为，在短期内，外国直接投资提高了国内生产总值的增长率和外贸增长率，但长期影响较小，外国直接投资对经济发展的作用比国内投资小；外

---

① 孙士海主编：《南亚的政治、国际关系及安全》，中国社会科学出版社 1998 年版，第 209—210 页。

② Mazhar Mughal, *Boon or bane-role of FDI in the economic growth of Pakistan*, http：// mpra. ub. uni-muenchen. de/16468/.

③ 《中国企业在巴基斯坦的发展前景和风险》，http：//www. bjfao. gov. cn/yhjw/city/asia/ Islamabad/25628. htm。

④ 中国驻巴基斯坦使馆经商处：《2012 年中巴双边经贸合作简况》，http：//pk. mofcom. gov. cn/article/zxhz/hzjj/201304/20130400082535. shtml。

国直接投资引起了通货膨胀；在 20 世纪 90 年代，外国直接投资缓解了巴的电力供应短缺；外国直接投资对巴本国劳动力技能的提高不明显；外国直接投资对巴金融部门的发展有一定负面影响。因此，他下结论说："对巴基斯坦而言，外国直接投资不是绝对好的东西，也不是完全坏的东西"。[①]

穆罕默德·阿萨德·汗（Muhammad Arshad Khan）和苏贾特·阿里·汗（Shujaat Ali Khan）也运用计量经济学方法对 1981—2008 年巴基斯坦接受外国直接投资对其经济增长的影响进行了研究。他们得出的结论是：外国直接投资对国内生产总值的实际产出有正面影响；就三次产业看，外国直接投资提高了第一产业和第三产业的实际产出，对制造业产出的提高要小一些；外国直接投资在巴的出口促进中作用有限。[②]

在笔者看来，外国直接投资对巴基斯坦经济发展起到的积极作用是主要的。巴基斯坦是资本稀缺、科学技术相对落后、本国投资能力弱的国家，又是劳动力丰富但素质整体较差的国家，能够吸引到大量外国直接投资，对巴扩大经济发展规模，改善基础设施，提高生产技术，加快各产业的发展，增加就业，推动出口等，都产生了积极作用。定量分析非常必要，但定量分析有时得出的结论却不一定准确，尤其是不能看到总体影响。从表 9—5 中，我们可以想见，如果没有外国直接投资，近些年来巴电信业的快速发展及电话密度的快速提高是不可想象的，巴金融业、油气勘探、化工业、电力生产等的发展，也从外国直接投资获益不少。外国直接投资对巴生产、服务技术的改进，对巴企业管理的示范，对就业的促进，对国民对外开放态度的转变等，不是简单的计量经济学方法可以计算出的。巴获得外国直接投资不是多了，而是少了。

二　外国证券投资

外国证券投资是外国私人和公共机构在当地购买证券、债券等的净流入额。在 20 世纪 90 年代以前，外国在巴基斯坦的证券投资几乎可以忽略

---

① Mazhar Mughal, *Boon or bane-role of FDI in the economic growth of Pakistan*, http://mpra. ub. uni-muenchen. de/16468/.

② Muhammad Arshad Khan, Shujaat Ali Khan, *Foreign Direct Investment and Economic Growth in Pakistan: A Sectoral Analysis*, Pakistan Institute of Development Economics, Islamabad, 2011.

不计。所以，我们在这里主要分析 1990 年以来的情况。

从表 9—6 可见，自 1990—1991 年度以来，巴基斯坦获得的外国私人证券投资起伏较大，最多的 2006—2007 年度曾高达 18.2 亿美元，但最低的 2008—2009 年度曾出现 5.1 亿美元的外流，近年又开始较快流入。出现这种状况的原因，是因为与直接投资相比，证券投资与证券市场紧密联系，投机性更大，对经济情况和证券市场情况反映较灵敏，较容易流入和容易变现后撤出。截至 2012 年 12 月 31 日，巴获得的外国证券投资为 35.60 亿美元。其中，投资石油和天然气勘探业的为 14.68 亿美元，投资金融业的为 8.31 亿，投资水泥业的为 2.58 亿，投资化肥业的为 2.50 亿，投资食品业的为 2.07 亿，投资纸和纸浆业的为 0.99 亿。[①]

表 9—6   1990—1991 年度以来巴基斯坦获得的外国证券投资

单位：百万美元

年度	资金	年度	资金	年度	资金	年度	资金
1990—1991	-9.0	1996—1997	267.7	2002—2003	22.1	2008—2009	-510.4
1991—1992	218.5	1997—1998	221.3	2003—2004	-27.7	2009—2010	587.9
1992—1993	136.8	1998—1999	27.3	2004—2005	152.6	2010—2011	364.6
1993—1994	288.6	1999—2000	73.5	2005—2006	355.8*	2011—2012	-60.0
1994—1995	1089.9	2000—2001	-140.4	2006—2007	1820.4	2012—2013	119.6
1995—1996	205.0	2001—2002	-10	2007—2008	40.1	2013—2014	630.9

注 * 2005 年 7 月至 2006 年 4 月的数据。

资料来源：Ministry of Finance, Government of Pakistan, *Pakistan Economic Survey 2005 - 06*, Islamabad, 2006, Statistical Appendices Table 3.7; Pakistan Economic Survey 2007 - 08, Islamabad, 2008, p. 13; *Pakistan Economic Survey 2008 - 09*, Islamabad, 2009, p. 15; State Bank of Pakistan, *Summary of Net Inflow Investment in Pakistan*, http: //http: //www. sbp. org. pk/ecodata/NetinflowSummary. pdf.

与外国直接投资相比，巴基斯坦获得的外国私人证券投资数额较小，再加上起伏较大，因此，可以说外国证券投资对巴经济增长的作用有限。总体看，外国证券投资对繁荣巴的证券市场发挥了一定作用，对巴一些上市公司获得投资、发展生产也产生了一定作用。

---

① State Bank of Pakistan, *Foreign Portfolio Investment（Equity）in Pakistan by Economic Group*, http: //www. sbp. org. pk/publications/IIPP/2012/Data Tables. pdf.

第三节　侨汇

巴基斯坦人口众多，经济社会发展水平低，就业竞争激烈，又是伊斯兰国家，因而长期以来，到国外包括伊斯兰国家谋生是许多巴基斯坦人的选择。20 世纪 70 年代以来，随着中东产油国石油收入增加，经济建设加快，它们自身因劳动力不足而对外来劳工需求增大，一大批巴基斯坦人通过不同途径前往中东伊斯兰国家工作。这样，巴基斯坦就获得了大量侨汇收入，侨汇对巴的经济发展产生了重要作用。

一　海外侨民和劳务输出情况

早在英国殖民统治时期，巴基斯坦人和印度人就按 1922 年英属印度移民法到国外谋生，到二战结束前后，已有数以百万计的巴基斯坦人在美洲、欧洲、亚洲的一些国家工作，多数在英国。然而，巴大规模向外输出劳动力始于 20 世纪 70 年代初。当时佐·布托政府利用中东输出石油的伊斯兰国家大量需要劳动力，巴需要外汇和市场，巴大批国民需要就业机会，提出从劳动力的技术方面援助中东国家的政策，采取多种措施输出劳动力。随后的齐亚·哈克政府继续完善劳务输出政策。这样，巴移往国外的劳动力大量增长。仅向沙特、科威特、阿联酋、巴林、阿曼和卡塔尔等海湾 6 国输出的劳动力，就从 1977 年的 50 万增至 1982 年的 120 万，平均每年输出近 12 万劳动力。1983 年在世界各地工作的巴基斯坦人共 240 万，而在中东产油国的就达 200 万，占海外巴基斯坦劳动力的 83%，占当年中东石油生产国 550 万外籍劳工的 36.4%。[1] 巴输出中东国家劳动力的第一次高峰出现在 1977 年，第二次出现在 1981 年，1984—1989 年年均低于 10 万人，1990 年海湾战争后又出现一次高峰，达 19.5 万人，但 20 世纪 90 年代后半期的输出人数较低。在 2001—2008 年间，2001 年为 12.35 万人，2003 年为 20.9 万人，2007 年为 28.7 万人，2008 年最高为 43 万人。巴前往北美的移民主要是从 20 世纪 90 年代起开始的。巴基斯坦移居欧美的移民多半是永久移民，而前往中东的一般是中期移民，停留

---

① 李德昌：《巴基斯坦经济发展》，四川大学出版社 1992 年版，第 354—356 页。

时间为 4—5 年。[①]

到 2004 年 6 月，在海外生活、工作和学习的巴基斯坦人估计为 397.3 万人。其中，在中东国家的有 189.3 万人，占 47.7%。在中东国家的巴基斯坦人中，在沙特的有 110 万，占 27.7%；在阿联酋的有 50 万，占 12.6%；在科威特的有 10 万人，占 2.5%；在其他国家的有 19.3 万人，占 4.9%。在欧洲的巴基斯坦人有 109.5 万人，占 27.6%。其中，在英国的有 80 万，占 20.1%；在法国的有 5 万，占 1.3%；在德国的有 5.3 万，占 1.3%。在北美的巴基斯坦人有 85.1 万。其中，分布于美国的有 60 万，占 15.1%；分布于加拿大的有 25 万，占 6.3%。在中东以外的其他亚洲国家的有 7.3 万人，占 1.8%。在上述国家外的所有其他国家的有 6.1 万人，占 1.5%。[②] 到 2014 年 5 月，在海外的巴基斯坦人估计超过 700 万人。分布情况是：亚洲为 4140301 人。其中沙特 150 万，阿联酋 120 万，孟加拉国 91.9 万，科威特 15 万，阿曼 8.5 万，马来西亚 5.59 万，卡塔尔 5.2 万，巴林 4.5 万，中国香港 3 万，中国大陆 2.7 万；欧洲为 225.5 万。其中，英国 120 万，意大利 8 万，希腊 8 万，西班牙 7 万，法国 6 万，德国 7.5 万。在美洲的巴基斯坦人主要分布在北美，其中美国 70 万，加拿大 15.53 万，古巴 1 万。非洲 49249 人，其中利比亚 3 万，南非 1.25 万，索马里约 9200 人。[③]

从表 9—7 可见，20 世纪 70 年代以来到海外就业的巴基斯坦工人主要分布于中东国家，多集中于海湾地区的沙特、阿联酋、阿曼、科威特、巴林和卡塔尔。从 1971—2000 年，在沙特工作过的巴基斯坦工人共有 164.83 万人，在阿联酋工作过的有 62.67 万，在科威特工作过的有 10.63 万，在巴林工作过的有 6.60 万，在卡塔尔工作过的有 5.05 万，在阿曼工作过的有 2.12 万，在中东各国工作过的共有 258.65 万。进入 21 世纪以来，阿联酋、阿曼和科威特吸收了更多的巴基斯坦工人，到中东国家工作的巴基斯坦工人年均比以前明显增加。从 1971—2008 年，在沙特工作过的巴基斯坦工人共有 235.13 万人，在阿联酋工作过的有 134.14 万，在阿曼工作过的有 32.25 万，在科威特工作过的有 17.91 万，在巴林工作过的

① G. M. Arif, *Economic and Social Impacts of Remittances on Households: The Case of Pakistani Migrants Working in Saudi Arabia*, International Organization for Migration, Geneva, 2010, p. 18.

② Ibid. , p. 101.

③ Overseas Pakistanis, http://en. wikipedia. org/wiki/Overseas_ Pakistani. 维基百科的数据随时在更新，这里的数据是作者查阅时的，总数是作者估计的。

表9—7　　　　　　　　1971—2008 年在海外就业的巴基斯坦工人　　　　单位：人

	1971—2000	2001	2002	2003	2004	2005	2005	2007	2008	1971—2008
中东	2586487	123469	144515	209359	167932	128152	173031	279244	420933	4424058
沙特	1648279	97262	104783	126397	70896	35177	45594	84587	138283	2351285
阿联酋	626705	18421	34113	61329	65786	73642	100207	139405	221765	1341373
阿曼	21231	3802	95	6911	8982	8019	12614	32474	37441	322469
卡塔尔	50481	1633	480	367	2383	2175	2247	5006	10171	74943
巴林	65987	1173	1022	809	855	1612	1630	2615	5932	81635
科威特	106307	440	3204	12087	18498	7185	10543	14544	6250	179060
利比亚	63701	713	781	1374	375	261	67	450	940	68662
也门	3796	25	73	85	157	81	127	163	151	4658
马来西亚	1993	64	59	114	65	7690	4757	1190	1756	17688
韩国	3634	271	564	2144	2474	1970	1082	434	1534	14107
英国*	1059	800	703	858	1419	1611	1741	1111	756	10058
美国*	802	788	310	140	130	238	202	297	232	3139
意大利	405	824	48	128	581	551	431	2765	2876	8609
西班牙	159	362	189	202	254	290	183	176	85	2100
其他	96578	1351	798	1094	969	1633	1764	1816	2142	108145
总数	2882017	127929	147422	214039	173824	142135	183191	287033	430314	4587904

注释：* 仅指通过巴基斯坦政府移民和海外就业局出国的移民。

资料来源：巴基斯坦政府移民与海外就业局 2009 年公布的数据。转引自 G. M. Arif, *Economic and Social Impacts of Remittances on Households*：*The Case of Pakistani Migrants Working in Saudi Arabia*, International Organization for Migration, Geneva, 2010, pp. 101 – 102。

有 8.16 万，在卡塔尔工作过的有 7.49 万，在中东各国工作过的共有 442.41 万。除海湾国家外，2000 年以前中东国家中接受巴劳务输出最多的国家是利比亚，1971—2000 年为 6.37 万人，但进入 21 世纪以来每年吸收的就不多了。在发达国家中，吸收巴输出的工人较多的是英国、意大利、美国和西班牙，但人数远远不能与海湾国家相比。1971—2008 年，英国安置的巴劳务工人为 10058 人，意大利安置的为 8609 人，美国安置的为 3139 人，西班牙安置的为 2100 人。此外，1971—2008 年马来西亚接收过巴劳务工人 17688 人，韩国接收过

14107 人，上述国家外的其他国家接收过 10. 81 万。更详细的情况请进一步参看表 9—7。

输出到中东国家的巴基斯坦工人以没有技术的及有一定技术的为主，高质量工人、高技术工人和半技术工人占的比例不高。从图 9—2 可见，1981—2008 年，无技术工人（Unskilled Workers，主要是普通农民和工人）的比例在约 35%—53% 之间变动，技术工人（Skilled Workers，包括焊工、秘书、速记员、仓库管理员、文书、打字员、砖瓦匠、木匠、电工、水暖工、钢铁安装工、油漆匠、电缆焊接工、司机、裁缝、钳工、金匠、铁匠、营业员等）的比例在约 39%—52% 之间变动，半技术工人（Semi-Skilled Workers，包括厨师、服务员和行李搬运工）的比例在 5% 以下，高技术工人（Highly Skilled Workers，包括护士、领班、监工、技工、接线员、检查员、电脑程序员及电脑分析员、设计人员、药剂师、吊运工、摄影师等）一般在 5%—10% 之间，1999 年一度达约 18%。高质量工人（Highly Qualified Workers，包括医生、牙医、工程师、教师、会计师和经理）的比例在 4% 以下。

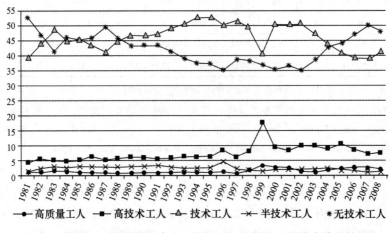

图 9—2   1981—2008 年在中东工作的巴基斯坦工人的技术构成情况

资料来源：巴基斯坦政府移民与海外就业局 2009 年公布的数据。转引自 G. M. Arif, *Economic and Social Impacts of Remittances on Households: The Case of Pakistani Migrants Working in Saudi Arabia*, International Organization for Migration, Geneva, 2010, p. 21。

巴基斯坦到国外工作的工人主要来自旁遮普省。1981—2008 年，在到中东国家务工的巴基斯坦人中，旁遮普省占 52%，大致与该省占巴人口的比例相当。从信德省移民的较少，只占 9%，远远低于该省占巴人口的比例。从开伯尔—普什图省（原西北边省）出去的人也较多，占这期间移民人数的约 25%，大大高于该省人口占巴人口的比例（约 14%）。从俾路支省外出的占 1.3%，低于该省占巴人口 5% 的比例。巴分为 111 个县，但 60% 的移民来自其中的 20 个县，主要是旁遮普省北部的县、开伯尔—普什图省的县、信德省的卡拉奇和旁遮普省南部的两个县。[①] 巴基斯坦人到国外工作的主要原因是家庭经济贫困及失业。2009 年的一项抽样调查表明，移民的平均年龄为 26.3 岁。[②]

二 侨汇增长及来源国

随着巴基斯坦海外侨民和输出劳务人员的增加，巴获得的侨民汇款也在起伏中不断增加。目前，巴已经进入世界上获得侨汇收入最多的 10 个国家中。侨民汇款对巴的经济社会发展产生了重要而广泛的影响。

表 9—8　　　　　1972—2014 年度巴基斯坦获得侨汇
收入的情况　　　　单位：百万美元

年度	金额	年度	金额	年度	金额	年度	金额
1972—1973	136.00	1983—1984	2737.44	1994—1995	1866.10	2005—2006	4600.12
1973—1974	139.14	1984—1985	2445.92	1995—1996	1461.17	2006—2007	5943.65
1974—1975	211.10	1985—1986	2595.31	1996—1997	1409.47	2007—2008	6451.24
1975—1976	339.02	1986—1987	2278.56	1997—1998	1489.55	2008—2009	7811.43
1976—1977	577.72	1987—1988	2012.60	1998—1999	1060.19	2009—2010	8905.95
1077—1978	1156.33	1988—1989	1896.99	1999—2000	983.73	2010—2012	11200.97
1978—1979	1397.93	1989—1990	1942.35	2000—2001	1086.57	2011—2012	13186.58

---

① G. M. Arif, *Economic and Social Impacts of Remittances on Households: The Case of Pakistani Migrants Working in Saudi Arabia*, International Organization for Migration, Geneva, 2010, pp. 22 – 23.

② Ibid., pp. 35. 38.

续表

年度	金额	年度	金额	年度	金额	年度	金额
1979—1980	1744.14	1990—1991	1848.29	2001—2002	2389.05	2012—2013	13921.86
1980—1981	2115.88	1991—1992	1467.48	2002—2003	4236.85	2013—2014 *	11582.78
1981—1982	2224.89	1992—1993	1562.24	2003—2004	3871.58		
1982—1983	2885.67	1993—1994	1445.56	2004—2005	4168.79		

注释：＊2013 年 7 月至 2014 年 3 月的数据。

资料来源：S. Akbar Zaidi, *Issues in Pakistan's Economy*, Oxford University Press, Karachi, 2000, p.169; Ministry of Finance, Government of Pakistan, *Pakistan Economic Survey 2013 - 14*, Islamabad, 2014, Statistical Appendices, Table 8.9.

　　从表 9—8 可知，进入 20 世纪 70 年代以来，巴基斯坦获得的侨汇收入总额在起伏中朝着上升的趋势变化。在佐·布托时期，巴的侨汇收入从 1972—1973 年度的 1.36 亿美元，增至 1977—1978 年度的 11.56 亿美元，增长 8 倍多。这期间巴获得的侨汇收入高速增长，首先是因为 1973 年石油危机后世界石油价格大幅度上涨，中东石油输出国开始变富并加快发展进程，扩大对外开放力度。巴政府抓住了机遇，利用在宗教文化方面与中东国家的相同性，积极开展与伊斯兰国家的外交，密切了彼此关系，除从伊斯兰国家获得援助外，还向这些国家大量输出劳动力，从而获得大量输出劳工的汇款。在齐亚·哈克执政时期，由于分享了佐·布托执政时期密切与中东伊斯兰国家关系的好处，并继续推进这一政策，扩大向海湾国家输出劳动力，加上这期间巴与欧美国家的关系更加密切，巴获得的侨汇收入继续保持高速增长。1978—1979 年度，巴获得侨汇收入 13.98 亿美元，1982—1983 年度已经翻了一番多，达 28.86 亿美元。此后几年，巴获得的侨汇收入虽然有所回调，但都保持在每年 20 亿美元以上，哈克政权结束前的 1987—1988 年度为 20.13 亿美元。哈克政权结束到 2000 年，巴获得的侨汇收入呈现下降趋势，1988—1989 年度为 18.97 亿美元，1999—2000 年度仅为 9.84 亿美元。这期间巴获得的侨汇收入不断下降，首先是因为中东主要石油输出国国家经济不够景气，吸收巴工人的数量减少；其次是因为巴国内汇率低，政局不稳定；还有就是欧洲国家经济增速缓慢。2000 年以来巴获得的侨汇收入又恢复高速增长，2000—2001 年度为 10.87 亿美元，2005—2006 年度增到 46 亿美元，2011—2012 年度又剧增为 131.87 亿美元，11 年间增长了 12.1 倍。目前，巴已经进入世界上获得侨汇收入最多的 10 个国家之一。

进入 21 世纪以来巴侨汇收入大量增加的原因是：第一，穆沙拉夫军人政权执政后，迅速稳定了国内政局，并推行更自由化的经济政策，给予侨民汇款更多的优惠；第二，2001 年 "9·11" 恐怖事件发生后，穆沙拉夫政府采取支持美国反恐的政策，改善了与美国等发达国家的关系；第三，中东国家经济繁荣，巴输出海湾国家的劳动力更多。国际货币基金组织在 2011 年发布的一份工作报告，专门研究了进入 21 世纪至 2009 年巴侨汇大量增长的原因，主要有：首先，巴输出到海湾国家的工人增加；其次，在输出的工人中，技术型工人增加；另外，海湾国家经济繁荣；还有，巴货币贬值。此外，巴经济增速放慢、受自然灾害影响等，也对吸收更多侨汇产生了影响。[1]

不过，巴基斯坦侨汇与其国内生产总值的比率，最高的是 20 世纪 80 年代。20 世纪 70 年代，侨汇年均为国内生产总值的 4.2%，80 年代为 7.5%，90 年代为 2.9%，2007 年回升到 4.2%。[2]

就巴基斯坦获得侨汇收入的国家看，主要来自沙特、阿联酋、科威特等海湾国家及英美等发达国家。1972—1973 年度，在巴获得的 1.36 亿美元的侨汇收入中，来自英国的为 7231 万美元，苏丹的为 1220 万，美国的为 998 万，沙特的为 787 万，科威特的为 704 万，巴林的为 246 万，利比亚的为 222 万，卡塔尔的为 217 万，加拿大的为 212 万。1977—1978 年度，在巴获得的 11.56 亿美元的侨汇中，汇自沙特的为 4.64 亿，迪拜的为 9655 万，阿布扎比的为 8179 万，英国的为 7669 万，苏丹的为 6393 万，科威特的为 5397 万，美国的为 5153 万，卡塔尔的为 5093 万，巴林的为 4343 万。1982—1983 年度，在巴获得的 28.86 亿美元侨汇中，源自沙特的为 14.42 亿，科威特的为 2.10 亿，阿布扎比的为 1.64 亿，英国的为 1.62 亿，苏丹的为 1.47 亿，迪拜的为 1.43 亿，美国的为 1.34 亿，利

---

① Udo Kock and Yan Sun, *Remittances in Pakistan—Why have they gone up, and why aren't they coming down?* IMF, New York, 2011, https://www.imf.org/external/pubs/ft/wp/2011/wp11200.pdf.

② Abdul Qayyum, Muhammad Javid and Umaima Arif, *Impact of Remittances on Economic Growth and Poverty*, Pakistan Institute of Development Economics, Islamabad, 2008, http://mpra.ub.uni-muenchen.de/22941/.

比亚的为 9927 万，卡塔尔的为 9218 万，西德的为 4987 万，巴林的为 4680 万。1989—1990 年度，巴获得 19.42 亿美元侨汇。其中，来自沙特的为 7.92 亿，美国的为 2.09 亿，英国的为 1.78 亿，科威特的为 1.28 亿，苏丹的为 9997 万，迪拜的为 8374 万，阿布扎比的为 6720 万，巴林的为 4600 万，西德的为 3154 万，卡塔尔的为 3065 万。①

　　1991—1992 年度以来巴基斯坦主要侨汇来源国各自所占百分比见表 9—9。从表 9—9 可以知道，正如在 1990 年以前一样，沙特是巴基斯坦获得侨汇最多的国家。不过，来自沙特的侨汇从 1994—1995 年度占巴全部侨汇的 45.15%，不断降低到 2002—2003 年度的 13.86%，近年才又回升，2012—2013 年度占 29.48%。这期间，巴从美国获得的侨汇 21 世纪以来明显上升后又下降。1991—1992 年度，来自美国的侨汇占巴侨汇的 12.00%，2000—2001 年度占 13.20%，2001—2002 年度陡升至占 33.28%，此后至 2008—2009 年度都是巴获得侨汇最多的国家，但至 2012—2013 年度已经降至占 15.70%，列第三位。巴从阿联酋获得的侨汇上升后下降，然后又上升。1991—1992 年度，源于阿联酋的侨汇占巴侨汇的 8.39%，2001—2002 年度升至占 20.06%，2005—2006 年度降为占 15.61%，2010—2011 年度升为占 23.19%，列第二位。源于英国的侨汇下降后又上升。1991—1992 年度，寄自英国的侨汇占巴侨汇的 10.94%，2001—2002 年度降到最低点占 6.49%，2012—2013 年度回升到占 13.98%，列第四位。其他供给巴侨汇较多的国家是科威特、阿曼、巴林、卡塔尔等。

三　侨汇对巴基斯坦经济社会发展产生的影响

　　巴基斯坦本国及国外的一些学者对侨汇对巴经济发展的作用进行过计量经济学的实证分析研究，他们得出的结论一般都认为侨汇对巴经济发展产生了积极作用。例如，扎法尔·伊克巴尔（Zafar Iqbal）等人利用 1972—1973 年度至 2002—2003 年度间的有关材料，对巴侨汇与经济增长间的关系进行了研究，他们的结论认为，侨汇与国内生产总值的比率每提

---

① 巴基斯坦政府：《1990—1991 年度巴基斯坦经济调查》，转引自李德昌《巴基斯坦经济发展》，四川大学出版社 1992 年版，第 357 页。

高 1 个百分点，国内生产总值年均增长 0.45%。① 阿卜杜尔·卡尤姆（Abdul Qayyum）等人对 1973—2007 年巴获得侨汇收入情况进行了研究，结论认为，侨汇对巴的经济增长产生了积极的、重要的影响，对贫困缓解产生了强烈的、统计学上重要的影响。② 艾哈迈德·雷兹万·拉希姆（Ahmed Rizwan Raheem）等人研究了 2008 年 9 月至 2012 年 12 月期间巴侨汇对商品进口的影响，认为侨汇对商品进口产生了重要作用。③ 拉希德·胡赛因等人研究了 1973—2011 年巴侨汇对经济增长的作用，认为侨汇对巴经济增长产生了积极作用。④

我们把侨汇对巴基斯坦经济发展的积极作用归纳为以下几点：

第一，扩大了巴基斯坦经济建设规模，加快了经济增长速度。不少研究都表明，巴国内生产总值的年均增长率和侨汇的增长有明显的正相关关系。例如，扎法尔·伊克巴尔（Zafar Iqbal）等人的研究提供的数据表明，在 20 世纪 70 年代，巴侨汇年均占国内生产总值的 3.9%，实际国内生产总值年均增长 5.2%；在 80 年代，巴侨汇年均占国内生产总值的 8.2%，实际国内生产总值年均增长 6.4%；在 90 年代，巴侨汇年均占国内生产总值的 3.3%，实际国内生产总值年均增长 4.5%。⑤ 从本书前面相关部分的研究中，我们知道，2001—2002 年度以来，巴获得的侨汇大量增长，占国内生产总值的比例提高，在 2008 年世界金融危机和经济危机爆发之前，巴经济增长相应进入快速时期。

那么，侨汇增加为什么会促使巴基斯坦经济增长提速呢？可以从这几个方面来理解。首先，侨汇提高了巴国内的投资能力。根据巴政府有关部

① Zafar Iqbal and Abdus Sattar, *The Contribution of Workers' Remittances to Economic Growth in Pakistan*, Pakistan Institute of Development Economics, Islamabad, 2005.

② Abdul Qayyum, Muhammad Javid and Umaima Arif, *Impact of Remittances on Economic Growth and Poverty*, Pakistan Institute of Development Economics, Islamabad, 2008, http://mpra.ub.uni-muenchen.de/22941/.

③ Ahmed Rizwan Raheem, Parmar Vishnu and Ahmad Nawaz, Causal Relationship between Worker's Remittances and Imports in Pakistan, *European Journal of Scientific Research*, 120 (1): 177 – 188, March 2014.

④ Rashid Hussain and Ghulam Abbas Anjum, Worker's Remittances and GDP Growth in Pakistan, *International Journal of Economics and Financial Issues*, Vol. 4, No. 2, 2014, pp. 376 – 381.

⑤ Zafar Iqbal and Abdus Sattar, *The Contribution of Workers' Remittances to Economic Growth in Pakistan*, Pakistan Institute of Development Economics, Islamabad, 2005.

表 9—9　　　　　　　　　　1991—1992 年度以来巴基斯坦主要侨汇来源国（各自占百分比）

	巴林	加拿大	德国	科威特	卡塔尔	沙特	阿曼	阿联酋	英国	美国	其他	总数
1991—1992	2.22	0.79	2.64	3.53	1.03	41.21	4.82	8.39	10.94	12.00	12.33	100.00
1992—1993	2.05	0.61	3.28	4.86	0.88	42.47	4.17	7.89	9.21	12.74	11.84	100.00
1993—1994	2.37	0.52	2.64	4.38	0.69	45.15	4.21	9.09	9.25	11.20	10.49	100.00
1994—1995	2.72	0.37	2.10	4.39	0.87	42.05	4.67	13.53	8.34	10.71	10.24	100.00
1995—1996	2.71	0.46	2.12	3.70	1.15	41.00	5.25	13.19	8.94	11.56	9.90	100.00
1996—1997	2.70	0.33	1.76	3.56	0.90	38.81	4.28	15.25	9.08	13.57	9.77	100.00
1997—1998	2.77	0.33	1.34	4.23	0.98	38.37	5.01	16.78	7.99	13.44	8.75	100.00
1998—1999	3.80	0.40	1.36	12.51	1.48	36.38	5.10	14.29	8.41	9.36	7.28	100.00
1999—2000	3.21	0.42	1.15	14.81	1.45	33.92	5.08	16.18	8.02	8.75	7.00	100.00
2000—2001	2.34	0.48	0.90	12.08	1.31	29.80	3.73	18.60	7.97	13.20	9.59	100.00
2001—2002	1.69	0.88	0.57	3.83	1.36	16.08	2.70	20.06	6.49	33.28	13.07	100.00

续表

	巴林	加拿大	德国	科威特	卡塔尔	沙特	阿曼	阿联酋	英国	美国	其他	总数
2002—2003	1.71	0.36	0.64	5.28	2.09	13.86	2.23	19.99	6.53	29.53	17.76	100.00
2003—2004	2.11	0.60	1.22	4.63	2.32	14.77	2.75	15.62	8.73	32.02	15.25	100.00
2004—2005	2.20	1.17	1.30	5.17	2.09	15.10	2.87	17.16	8.96	31.17	12.82	100.00
2005—2006	2.19	1.78	1.29	5.38	2.59	16.36	2.84	15.61	9.56	27.08	15.32	100.00
2006—2007	2.48	1.59	1.40	5.26	3.11	18.64	2.94	15.78	7.83	26.58	14.40	100.00
2007—2008	2.18	1.56	1.14	5.96	3.62	19.40	3.49	16.91	7.12	27.32	11.30	100.00
2008—2009	1.96	1.01	1.29	5.53	4.35	19.97	3.56	21.62	7.75	22.22	10.75	100.00
2009—2010	1.70	1.29	0.91	5.00	3.98	21.53	3.23	22.89	9.84	19.89	9.73	100.00
2010—2011	1.49	1.65	0.95	4.42	2.73	23.84	3.01	23.19	10.71	18.47	9.53	100.00
2011—2012	1.60	1.35	0.67	4.42	2.42	27.96	2.90	21.60	11.54	17.70	7.84	100.00
2012—2013	2.03	1.27	0.60	4.45	2.31	29.48	2.78	19.75	13.98	15.70	7.67	100.00

资料来源：Ministry of Finance, Government of Pakistan, *Pakistan Economic Survey 2013 - 14*, Islamabad, 2014, Statistical Appendices, Table 8. 9, 经整理。

门 2009 年进行的"海外移民和汇款家庭调查"（抽样调查），巴 1994—2006 年前往沙特工作的工人，每个人平均在沙特工作了 7.6 年，每个有移民的家庭平均收到 105 万卢比的汇款。在收到的汇款中，22.12%用于投资住房和农业机械，14.08%用于储蓄。这份抽样调查虽然只是针对巴到沙特工作的工人家庭进行的，不一定能完全反映巴有侨汇收入家庭的开支情况，但它说明巴有侨汇收入的家庭把侨汇的相当一部分用于经济投资。投资当然会在一定程度上拉动经济增长。其次，侨汇提高了巴国内的消费能力。购置农机，购置或建设房产，本身也是一种投资。此外，按上述抽样调查材料，收到侨汇的家庭，平均将侨汇的 17.75%用于购买食品，3.56%用于医疗保健，4.51%用于教育，8.06%用于购买耐用品，17.14%用于婚姻。[①] 消费的增加，当然也会在一定程度上拉动经济增长。另外，下文将会分析，侨汇扩大了巴的对外贸易规模，使巴能维持大量进口，保证经济发展需要。

　　第二，大大缓解了巴的外汇短缺和国际收支逆差，扩大了对外贸易规模。从本章外援一节可知，由于经济建设规模大大超出国内的筹资能力，巴基斯坦自独立以来始终对外援有较大依赖。而在对外商品贸易中绝大多数年度都处于入超的状况，且贸易逆差额越来越大。这些情况使得巴外汇严重短缺。在这种背景下，获得侨汇收入且侨汇总体上不断增加，就大为缓解了巴对外汇的饥渴，因而也使得巴能够保证不断扩大进口规模，获得经济发展需要的进口货物。且劳务输出不断扩大，劳务收入不断增长，本身就扩大了巴的外贸规模，因为劳务输出也属于服务贸易。从表 9—10 可见，1973—1974 年度以来，在绝大多数年度，巴基斯坦的侨汇都超过其商品贸易逆差的 50%，有 8 个年度还超过商品贸易逆差额，最多的2001—2002 年度侨汇几乎超过商品贸易逆差的 2 倍。可以想象，如果没有侨汇收入，巴的外汇缺口将会更大，巴的进口能力将大为缩小，将不能保持已有的对外贸易规模。

　　第三，对巴基斯坦贫困人口的减少发挥了明显作用。前文提到，巴到海外务工的多数人（53.27%），是因为家庭经济贫困。他们到海外工作

---

　　① G. M. Arif, *Economic and Social Impacts of Remittances on Households: The Case of Pakistani Migrants Working in Saudi Arabia*, International Organization for Migration, Geneva, 2010, pp. 52, 65.

表9—10　　1973年以来巴基斯坦侨汇与外贸逆差对比表

单位：亿美元

年度	金额	年度	金额	年度	金额	年度	金额
1973—1974	1.39 （3.36）	1984—1985	24.46 （34.15）	1995—1996	14.61 （30.98）	2006—2007	54.43 （135.64）
1974—1975	2.11 （10.75）	1985—1986	25.93 （25.64）	1996—1997	14.09 （35.74）	2007—2008	64.51 （209.14）
1975—1976	3.39 （9.30）	1986—1987	22.79 （16.94）	1997—1998	14.90 （14.90）	2008—2009	78.11 （171.34）
1976—1977	5.78 （11.84）	1987—1988	20.13 （19.36）	1998—1999	10.60 （16.53）	2009—2010	89.06 （154.20）
1077—1978	11.56 （14.99）	1988—1989	18.97 （23.73）	1999—2000	9.84 （17.40）	2010—2011	112.01 （156.04）
1978—1979	13.98 （19.66）	1989—1990	19.42 （19.81）	2000—2001	10.87 （15.27）	2011—2012	131.87 （212.71）
1979—1980	17.44. （23.75）	1990—1991	18.48 （14.88）	2001—2002	23.89 （12.05）	2012—2013	139.22 （204.9）
1980—1981	21.56 （24.51）	1991—1992	14.67 （23.48）	2002—2003	42.37 （10.60）	2013—2014 *	115.83 （139.6）
1981—1982	22.25 （31.58）	1992—1993	15.62 （31.28）	2003—2004	38.72 （32.79）		
1982—1983	28.86 （26.23）	1993—1994	14.46 （17.61）	2004—2005	41.69 （60.07）		
1983—1984	27.37. （29.17）	1994—1995	18.66 （22.57）	2005—2006	46.00 （121.30）		

注：括号中的数据是商品贸易逆差额，括号外的数据是侨汇收入。

资料来源：巴基斯坦政府：《经济调查》（不同年度）。转引自 B. M. Bhatia，*Pakistan's Economic Development 1948 - 88*，Konark Publishers PVT. LTD.，New Delhi，1989，p. 181；李蕙昌：《巴基斯坦经济发展》，四川大学出版社1992年版，第302页；S. Akbar Zaidi，*Issues in Pakistan's Economy*，Oxford U-niversity Press，Karachi，2000，pp. 163，169；Ministry of Finance，Government of Pakistan，*Pakistan Economic Survey 2013 -14*，Islamabad，2014，Statistical Appendices，Table 8.3，Table 8.9。

后，挣到了远比国内高的工资，然后把大笔结余汇给了国内的亲人。这样，有家庭成员到海外工作的贫困家庭，基本上都解决了贫困问题。根据上文提到的抽样调查，2008—2009 年度巴 36.1% 的人口为贫困人口。但是，在至少有 1 个家庭成员到沙特工作 3 年以上的家庭中，只有 2%（城市 1.2%，农村 2.8%）的家庭是贫困家庭。[①] 上文提到，扎法尔·伊克巴尔等人的研究也表明，移民和侨汇对巴缓解贫困产生了明显作用。

第四，缓解了巴基斯坦的失业问题，有利于巴的社会稳定。按照上文提到的巴政府有关部门的那份抽样调查，巴到沙特务工的人员平均年龄为 26.3 岁，相当一部分（18.50%）出国是因为在国内处于失业状态。[②] 从表 9—7 中，我们可以看出，在 1971—2008 年间，先后有 458.79 万巴劳动力到国外主要是中东国家务工。而收到侨汇的家庭，也能利用侨汇解决一定的就业问题。因此，考虑到巴国内庞大的劳动力规模和较高的失业率，我们完全可以说，输出劳工，获取侨汇，在相当程度上缓解了巴的失业问题。由于失业问题缓解，因为失业特别是青年人失业可能带来的各种犯罪等社会不稳定因素也就得到了缓解。

第五，促进了巴的人力资源开发。到海外工作，可以增长到海外工作人员的见识，开阔视野，进一步提高劳动力的劳动纪律和劳动技能，促进这部分人员的素质和发展。从抽样调查看，侨汇的汇入，帮助获得侨汇的家庭增加了教育支出，保证使他们的孩子获得更多更稳定的教育。当巴全国初级小学生（5—9 岁）的入学率只有 56% 时，至少有 1 人移民沙特务工家庭 5—15 岁孩子的入学率高达 79%。移民前，移民家庭中只有 15% 的孩子进入私立学校学习；移民后，这些家庭孩子到私立学校学习的比例上升到 48%。移民前，移民家庭成员生病时，44% 的人去公立医院就诊，1/4 的人找传统医师（traditional healers）看病；移民后，90% 的城市移民家庭的病人找私人医生看病，75% 的农村移民家庭的病人找私人医生看病。[③] 总之，侨汇收入改善了获得侨汇家庭孩子的教育，改善了有侨汇收入家庭成员的医疗保健。

---

① G. M. Arif, *Economic and Social Impacts of Remittances on Households*: *The Case of Pakistani Migrants Working in Saudi Arabia*, International Organization for Migration, Geneva, 2010, pp. 40, 72, 75.

② Ibid., pp. 35, 40.

③ Ibid., pp. 81 – 83.

此外，输出工人到海外工作，获得侨汇，还提高了移民家庭的社会地位，促进了巴有移民的社区的发展。限于篇幅，这些方面不再展开论述。

当然，没有十全十美的事物。大量输出劳工，获取大量侨汇收入也有一定不利影响，主要是大批巴基斯坦国民移居国外或到国外务工，一定程度上造成了巴人才外流。巴到美国等发达国家学习和工作的国民，大多长期定居国外，这当然造成了巴人才的外流。从图 9—2 可见，巴输出到中东国家工作的人员，技术工人、高技术工人和高质量人员的比例超过一半。对于巴这样一个人力资源开发不足，技术工人较缺乏的国家而言，这在一定程度上也影响到了巴国内经济的发展。同时，家庭成员长期在国外生活，也多少影响了家庭的美满和幸福。

巴基斯坦海外移民和劳务输出的经历告诉我们，在当今世界存在国际移民和劳动力流动的背景下，利用自身丰富的劳动力优势和适宜的国际环境，发展中国家部分国民实现移民和输出劳动力，有利于国民经济的发展，有利于就业问题的缓解，总体上也有利于接受移民国家及劳动力稀缺国家的发展，促进世界大家庭的交流、理解、融合和共同发展，使多方受益，是世界走向一体化的一条重要途径。

第十章

人力资源及其开发进展

本章主要描述和分析独立后巴基斯坦的人口增长、教育发展和医疗保健服务等情况。相对于其他方面的发展而言，巴独立后人力资源开发明显滞后，对经济发展产生了严重制约。

第一节　人口和劳动力

独立以来，由于人口控制措施不力和阻力大，巴基斯坦的人口增速较快，使得巴现成为世界第六大人口国。巴地区间的人口分布不均，人口结构较年轻，人口就业压力大。

一　人口增长和分布情况

还在独立以前，巴基斯坦的人口增长就出现了较快势头，1921—1931年，巴的人口增长率年均为 1.1%，1931—1941 年年均为 1.85%，1941—1951 年年均为 1.79%。① 独立后至 1990 年人口增速一直较快。1951 年以来巴基斯坦人口增长及地区间的分布情况见表 10—1。

表 10—1　　　1951 年以来巴基斯坦人口增长及地区间分布情况*

地区/省	面积	1951 年	1961 年	1972 年	1981 年	1998 年	2011 年	2012 年	2013 年
全国	796096 (100)	33740 (100)	42880 (100)	65309 (100)	84254 (100)	132352 (100)	177095 (100)	180711 (100)	184349 (100)
旁遮普	205345 (25.79)	20541 (60.88)	25464 (59.4)	37607 (57.6)	47292 (56.13)	73621 (55.63)	96545 (54.52)	98355 (54.43)	100174 (54.34)

---

① 李德昌：《巴基斯坦经济发展》，四川大学出版社 1992 年版，第 20 页。

续表

地区/省	面积	1951年	1961年	1972年	1981年	1998年	2011年	2012年	2013年
信德	140914 (17.70)	6048 (17.93)	8367 (19.5)	14156 (21.7)	19029 (22.59)	30440 (23.00)	42188 (23.82)	43132 (23.87)	44080 (23.91)
开伯尔—普什图	74521 (9.36)	4556 (13.50)	5731 (13.4)	8388 (12.8)	11061 (13.13)	17744 (13.41)	23770 (13.42)	24277 (13.43)	24788 (13.45)
俾路支	347190 (43.61)	1167 (3.46)	1353 (3.2)	2429 (3.7)	4332 (5.14)	6566 (4.96)	9064 (5.12)	9278 (5.13)	9495 (5.15)
联邦直辖部落区	27220 (3.42)	1332 (3.95)	1847 (4.3)	2491 (3.8)	2199 (2.61)	3176 (2.40)	4206 (2.37)	4307 (2.38)	4410 (2.39)
伊斯兰堡	906 (0.11)	96 (0.28)	118 (0.3)	238 (0.4)	340 (0.40)	805 (0.61)	1322 (0.75)	1362 (0.75)	1401 (0.76)

注：*表中面积单位为平方公里，人口单位为千，括号内的数据为百分比。1951年和1961年的数据已经扣除了当时属于巴基斯坦的东巴人口。

资料来源：Ministry of Finance, Government of Pakistan, *Pakistan Economic Survey 2013 - 14*, Islamabad, 2014, Table 12.5, Statistical Appendices, Table 12.7.

根据巴基斯坦政府统计数据，20世纪50年代巴人口年均增长2.43%，60年代年均增长3.69%，70年代年均增长3.06%，80年代年均增长3.05%。[①] 世界银行的数据是，1965—1980年，巴人口年均增长3.1%，低收入国家和中等收入国家中高于巴基斯坦的只有卢旺达、肯尼亚、洪都拉斯、叙利亚、博茨瓦纳等少数国家。[②] 1980—1990年，巴人口年均增长2.7%，明显高于低收入国家2.3%和中等收入国家1.7%的水平；1990—1999年，巴人口年均增长2.5%，明显高于低收入国家2%和中等收入国家1.2%的水平；[③] 1990—2008年，巴人口年均增长2.4%，高于低收入国家2.2%和中等收入国家1.3%的水平。[④] 在南亚主要国家中，巴的人口增长速度也是最快的。例如，1990—2005年，孟加拉国人口的年均增长率为2.2%，印度为2%，斯里兰卡为1.1%，而巴为

① 李德昌：《巴基斯坦经济发展》，四川大学出版社1992年版，第20—21页。

② The World Bank, *World Development Report 1991*, Oxford University Press, 1993, pp.254 - 255.

③ 世界银行：《2000/2001年世界发展报告》，中国财政经济出版社2001年版，第283页。

④ 世界银行：《2010年世界发展指标》，中国财政经济出版社2010年版，第63—64页。

2.8%。预计 2005—2015 年，孟加拉国人口的年均增长率为 1.6%，印度为 1.4%，斯里兰卡为 0.4%，而巴为 1.9%。[1] 总之，我们可以得出结论，巴基斯坦是发展中国家中人口增长很快的国家。由于人口增长率始终较高，巴的人口规模迅速扩大，成为世界人口大国。从表 10—1 可以算出，从 1951 年到 2013 年，巴基斯坦的人口规模增长了 4.46 倍。目前，巴基斯坦是世界第六大人口国，仅次于中国、印度、美国、印度尼西亚、巴西。

人口快速增长致使人口密度迅速提高。1972 年，巴基斯坦的人口密度为每平方公里 82 人，1981 年为 106 人，1998 年为 166 人，[2] 2011 年为 229 人。[3]

独立以来，巴基斯坦人口高速增长的原因，首要的是现代医疗保健技术的迅速推广和普及。在巴经济水平低，人们的生育观念和生育模式基本还停留在过去，基本没有发生转变的时候，起源于西方国家的现代医疗保健技术就被引入，并得到日益普及，以往对人类生命危害较大的各种疾病特别是传染病得到有效控制，人口死亡率因而迅速降低，导致出现高出生率、低死亡率的情况。笔者认为，这也是二战后绝大多数发展中国家人口高增长的原因。对发展中国家而言，这是福音，但在一定意义上也是不小的灾难。其次，社会长期和平稳定。独立以来，巴基斯坦虽然与印度先后爆发过三次战争，但规模都小，持续时间短，对普通民众影响范围有限，巴国内也没有发生过大的动荡和民族冲突。另外，伊斯兰文化的影响。传统的伊斯兰文化允许一夫多妻，多生养孩子。这种观念对独立后的巴国民依然有一定影响。我们也看到，二战后人口增长率最高的国家，多是伊斯兰国家。还有，人口控制措施推进缓慢。虽然巴是世界上实施人口控制最早的发展中国家，开始于 20 世纪 50 年代，但由于文化、政府执行力等因素制约，人口控制政策措施实施的进展和成效却缓慢而有限。直到现在，在世界上，巴还是避孕普及率很低的国家。2003—2008 年，全世界避孕普及率（指 15—49 岁的已婚或者同居女性或者其性伴侣采取了任何形式

---

① Moazzem Hossain, Rajat Kathuria & Iyanatul Islam, *South Asian Economic Development*, Routledge, New York, 2010, p. 38.

② Ministry of Finance, Government of Pakistan, *Pakistan Economic Survey 2011 - 12*, Islamabad, 2012, Statistical Appendices, Table 12. 3.

③ 世界银行：《2013 年世界发展指标》，中国财政经济出版社 2013 年版，第 23 页。

的避孕措施的女性所占百分比）为61%，低收入国家为38%，下中等收入国家为65%，南亚国家为53%，印度为61%，孟加拉国为56%，但巴基斯坦仅为30%。[①] 预计2014年巴的避孕普及率也仅能到达35%，在南亚国家中是最低的（如果把阿富汗算作南亚国家，则巴高于阿富汗的21%）。[②]

但是，正如上文巴基斯坦独立以来的人口年均增长率显示的那样，20世纪90年代以来，巴基斯坦人口增长率已经趋向放缓。这种趋势从粗出生率和粗死亡率变化的差别中也可以看出。1991年，巴的粗出生率为39.5‰，粗死亡率为9.8‰；1999年，相应数分别为30.5‰和8.6‰；2012年，相应数分别为27.2‰和7.2‰。[③] 2012年，巴的人口增长率为2%，2013年为1.97%。[④] 1990年，巴的总生育率（每个女性生育数）为6，2000年为4.5，2011年为3.3。[⑤] 尽管如此，由于现在巴的人口规模已经很大，巴的人口结构又比较年轻，加上许多农村和边远地区人们的受教育水平很低，生育观念仍然落后，今后一段时期，巴人口还会保持相对高的增长率，世行预计2008—2015年巴的人口增长率为年均2.2%。[⑥] 到2050年，巴的人口规模预计将达到3.63亿人。[⑦]

巴基斯坦政府认为，1981年以前，巴处于高生育率、依附人口不断增长的人口转型阶段。以1981年为转折点，巴转向生育率明显降低、工作年龄人口上升、依附率下降的人口转型阶段。截至1981年，巴0—14岁的依附人口一直在增加，15—59岁的工作年龄人口却在不断下降。但是，1981年后，依附人口比例不断下降，工作年龄人口比例不断上升。同时，育龄妇女的人均生育率不断下降。1961年，巴0—14岁人口占总

---

① 世界银行：《2010年世界发展指标》，中国财政经济出版社2010年版，第132—134页。

② Ministry of Finance, Government of Pakistan, *Pakistan Economic Survey 2013 - 14*, Islamabad, 2014, p. 182.

③ Ministry of Finance, Government of Pakistan, *Pakistan Economic Survey 2011 - 12*, Islamabad, 2012, Statistical Appendices Table 12. 1.

④ Ministry of Finance, Government of Pakistan, *Pakistan Economic Survey 2013 - 14*, Islamabad, 2014, p. 179.

⑤ 世界银行：《2013年世界发展数据手册》，中国财政经济出版社2013年版，第163页。

⑥ 世界银行：《2010年世界发展指标》，中国财政经济出版社2010年版，第63页。

⑦ Ministry of Finance, Government of Pakistan, *Pakistan Economic Survey 2013 - 14*, Islamabad, 2014, p. 179.

人口的 42.4%，15—59 岁的人口占 50.6%；1972 年，0—14 岁人口占 43.8%，15—59 岁人口占 49.2%；1981 年，0—14 岁人口占 44.5%，15—59 岁人口占 48.5%；1998 年，0—14 岁人口占 43.4%，15—59 岁人口占 51.1%；2006 年，0—14 岁人口占 36.8%，15—59 岁人口占 57.2%。1970—1975 年，巴育龄妇女的人均生育率为 6.3 人，2005—2006 年度降为 3.8 人。这种人口转型为巴提供了收获人口红利的机会。① 但是，从下文可以看到，近几年来，巴依附人口比例相对讲还是较高的，且能否收获人口红利，关键还要看工作年龄人口有多少能够得到就业机会并就业。

从表 10—1 可见，巴基斯坦的人口在各省区分布一直不均衡。巴的人口绝大部分主要分布于平原地区即旁遮普省和信德省，俾路支省由于地处高原、沙漠地区，虽然土地面积占全国的近 44%，但人口密度一直很低，2013 年的人口也只占全国的 5.15%。虽然旁遮普省的面积仅占巴国土面积的 25.79%，信德省的占 17.7%，但 1951 年，旁遮普省人口占全国的 60.88%，信德省占 17.93%，二者合计占 78.81%；2013 年，旁遮普省人口占全国的 53.34%，信德省占 23.91%，二者合计占 77.25%。不过，60 余年间还是发生了一些变化。主要是旁遮普省和联邦直辖部落区的人口占全国的比例有一定下降，信德省、俾路支省和首都地区（伊斯兰堡）的人口占全国人口的比例有不同程度提高。与 1951 年相比，2013 年，旁遮普省人口占全国人口的比例下降了 6.54 个百分点，联邦直辖部落区下降 1.56 个百分点，信德省增加 5.98 个百分点，俾路支省增加 1.69 个百分点，伊斯兰堡首都地区增加 0.48 个百分点。

就城乡人口分布看，根据 1972 年的人口统计，巴基斯坦城市人口为 1659.4 万，农村人口为 4871.6 万，全部人口为 6530.9 万。依此，可知城市人口占 25.41%，农村人口占 74.59%。根据 1981 年的人口统计，巴城市人口为 2384.1 万，农村人口为 6041.2 万，全部人口为 8425.3 万。依此，可算出城市人口占 28.3%，农村人口占 71.70%。根据 1998 年的人口统计，巴城市人口为 4303.6 万，农村人口为 8931.6 万，全部人口为

① Ministry of Finance, Government of Pakistan, *Pakistan Economic Survey 2006 - 07*, Islamabad, 2007, p. 190.

1.324 亿。从中可知城市人口占 32.52%，农村人口占 67.48%。① 2013 年，巴人口为 1.844 亿，其中城市人口为 6987 万，占 37.9%，农村人口为 1.145 亿，占 62.1%。②

二 人口结构

在性别比例方面，巴基斯坦人口一直是男性多于女性，但人口性别比在不断缩小。1951 年，巴全国男性与女性比为 117：100，1961 年为 116：100，1972 年为 114：100，1981 年为 110：100，1990 年为 105：100。③1972 年，在 6530.9 万人中，男性有 3483.3 万，占 53.34%，女性有 3047.6 万，占 46.66%。1981 年，在 8425.3 万人中，男性有 4423.2 万，占 52.5%，女性有 4002.1 万，占 47.5%。1998 年，在 1.324 亿人中，男性有 6887.4 万，占 52.04%，女性有 6347.8 万，占 47.96%。2010 年，在 1.735 亿人中，男性为 8976 万，占 51.73%，女性为 8351 万，占 48.27%。④

在年龄方面，从表 10—2 可见，1981—1998 年，巴基斯坦 15 岁以下人口占有比率曾有所下降，1981 年占总人口的 44.5%，1998 年占 43.4%，表明巴的抚养负担有一定减轻。此后，15 岁以下人口占比有明显下降，2012—2013 年度占 40.84%。巴 65 岁及以上的人口比率不大，且呈下降趋势，1981 年占 4.29%，1998 年占 3.5%，2012—2013 年度占 1.84%。数据表明，巴的人口结构较年轻，2012—2013 年度巴不满 30 岁的人口占总人口的 68.54%。按照国际上把年龄不到 15 岁及年龄超过 64 岁的幼年人口和老年人口算作依附人口，把 15—64 岁人口算作工作年龄人口的惯例，那么 2008 年巴人口的依附率（依附人口与工作年龄人口之比）幼年的为 63%，老年的为 7%，合计为 70%。同年，低收入国家幼年人口的依附率为 66%，老年人口的为 6%，合计为 72%，南亚地区的

① Ministry of Finance, Government of Pakistan, *Pakistan Economic Survey 2011 – 12*, Islamabad, 2012, Statistical Appendices, Table 12.3.

② Ministry of Finance, Government of Pakistan, *Pakistan Economic Survey 2013 – 14*, Islamabad, 2014, p.182.

③ 杨翠柏、李德昌编著：《当代巴基斯坦》，四川人民出版社 1999 年版，第 21 页。

④ Ministry of Finance, Government of Pakistan, *Pakistan Economic Survey 2011 – 12*, Islamabad, 2012, Table 12.2, Statistical Appendices, Table 12.3.

相应数分别为52%、7%和59%。① 就是说，巴的人口依附率与低收入国家大致相当，但明显高于南亚地区的平均水平。这种人口结构在目前和今后的一段时期内，对巴的经济发展是有不利影响的。

表10—2　　　　　　　　几个年度巴基斯坦各年龄段人口比率　　　　　　单位:%

1981 年				1998 年 *				2012—2013 年度			
年龄	男女	男性	女性	年龄	男女	男性	女性	年龄	男女	男性	女性
0—4	15.32	7.56	7.77	0—4	14.80	7.56	7.24	0—4	13.37	6.87	6.53
5—14	29.18	15.44	13.74	5—14	28.60	15.08	13.52	5—14	27.47	14.50	12.96
15—19	9.46	5.11	4.35	15—19	10.37	5.35	5.02	15—19	11.39	6.08	5.30
20—29	14.27	7.51	6.76	20—29	16.34	8.28	8.06	20—29	16.31	7.85	8.46
30—39	10.74	5.50	5.25	30—39	11.00	5.80	5.20	30—39	11.46	5.45	6.01
40—49	8.46	4.32	4.14	40—49	7.98	4.10	3.88	40—49	9.06	4.55	4.50
50—59	5.58	3.04	2.53	50—59	5.36	2.87	2.49	50—59	5.85	3.14	2.71
60—64	2.70	1.58	1.12	60—64	2.04	1.10	0.94	60—64	1.89	1.07	0.82
65 以上	4.29	2.45	1.83	65 以上	3.50	1.92	1.59	65 以上	3.20	1.84	1.36
总数	100	52.51	47.49	总数	99.99	52.06	47.94	总数	100	51.35	48.65

注: * 1998 年的数据中不包括巴基斯坦联邦直辖部落区的 317.6 万人。

资料来源: Ministry of Finance, Government of Pakistan, *Pakistan Economic Survey 2011 – 12*, Islamabad, 2012, Statistical Appendices, Table 12.4; Ministry of Finance, Government of Pakistan, *Pakistan Economic Survey 2013 – 14*, Islamabad, 2014, p.180, 经整理。

随着人口增长，劳动力也不断增加。把 15—64 岁的人口算作工作年龄人口，按表10—1 和表10—2 中的数据计算，则 1981 年，巴基斯坦的工作年龄人口占 51.21%，即 8425.4 万人口中的 4314.65 万；1998 年，总人口为 1.29 亿，工作年龄人口占 53.09%，约为 6848.61 万。当然，实际就业的人数要比工作年龄人口低许多。像西方国家一样，巴认为专门从事家务劳动、上学、生病以及不能、不愿和找不到工作的人"不属劳动力人口"，在劳动力人口中已经扣除军队官兵而专指民用劳动力（civilian labour force）。1951 年，巴的民用劳动力为 950.7 万（已经扣除当时的东

---

① 世界银行:《2010 年世界发展指标》，中国财政经济出版社 2010 年版，第 63—64 页。

巴人数），占总人口的 30.6%。[1] 1981 年，巴的民用劳动力为 2262.7 万人，其中就业 2192.5 万人，失业 70.2 万人。[2] 2003—2004 年度，巴的民用劳动力为 4550 万人，其中就业的为 4200 万人，失业的为 350 万人。2010—2011 年度，巴的民用劳动力为 5724 万人，其中就业的 5384 万人，失业的 340 万人。[3] 2012—2013 年度，巴的民用劳动力为 5974 万人，其中就业的为 5601 万人，失业的为 373 万人。[4]

巴基斯坦的劳动力参与率不高。1981 年，劳动参与率为 41%，其中男性 74%，女性 3.2%。[5] 近期，巴政府用粗略活动率（crude activity rates，缩写为 CAR，指劳动力占总人口的百分比）和精确活动率（refined activity rates，缩写为 RAR，指 10 岁及以上人口中的劳动力的百分比）计算劳动力参与率。2008—2009 年度，巴劳动力的粗略活动率为 32.8%，其中男性为 49.6%，女性为 14.9%。农村的粗略活动率为 34.3%，其中男性 49.2%，女性 18.5%；城市的粗略活动率为 29.9%，其中男性 50.4%，女性 7.6%。劳动力的精确活动率 2008—2009 年度为 45.7%，其中男性 69.3%，女性 20.7%，农村的相应数分别为 49.2%、71% 和 26.4%，城市的相应数分别为 39.3%、66.3% 和 10.1%。[6] 2012—2013 年度，巴劳动力的粗略活动率为 32.9%，其中男性为 49.3%，女性为 15.6%。农村的粗略活动率为 34.2%，其中男性 48.5%，女性 19.3%；城市为 30.2%，其中男性 50.7%，女性 8.2%。劳动力的精确活动率为 45.7%，其中男性 68.9%，女性 21.5%，农村的相应数分别为 49%、70.3% 和 27.3%，城市的相应数分别为 39.7%、66.4% 和 10.8%。劳动力参与率为不同年龄段存在差别。例如，2012—2013 年度，巴 25—54 岁男性劳动力的参与率在 95.7%—98.7%，而 15—19 岁男性劳动力的参与

① B. M. Bhatia, *Pakistan's Economic Development 1948 – 88*, Konark Publishers PVT. LTD., New Delhi, 1989, p. 39.

② 李德昌：《巴基斯坦经济发展》，四川大学出版社 1992 年版，第 24 页。

③ Ministry of Finance, Government ofPakistan, *Pakistan Economic Survey 2011 – 12*, Islamabad, 2012, p. 168.

④ Ministry of Finance, Government of Pakistan, *Pakistan Economic Survey 2013 – 14*, Islamabad, 2014, p. 184.

⑤ 李德昌：《巴基斯坦经济发展》，四川大学出版社 1992 年版，第 24 页。

⑥ Ministry of Finance, Government of Pakistan, *Pakistan Economic Survey 2011 – 12*, Islamabad, 2012, p. 168.

率只有 35.8%。[①] 可见，巴劳动力参与率男性远远高于女性，女性的参与率不到男性的1/3；巴农村劳动力的参与率高于城市；巴农村女性劳动力的参与率高于城市，2012—2013 年度农村女性劳动力精确活动率是城市女性的 2.53 倍。近年来巴劳动力参与率总体变化较小，发生的变化是男性劳动力参与率有所降低，女性劳动力参与率有所提高。总之，巴劳动力没有得到充分利用，很大一部分劳动力被浪费了。如果按照国际上通用的劳动力标准统计，巴的失业率恐怕更高。

与世界上其他国家比较，巴基斯坦女性劳动力参与率低的问题就更加突出了。2008 年，全世界的劳动力参与率（指年龄在 15 岁及以上的人中从事经济活动人口比例，劳动力即所有的在特定阶段为货物和服务的生产提供劳力的人）男性为 77%，女性为 52%。同年，低收入国家分别为 83% 和 65%，下中等收入国家分别为 79% 和 49%，南亚地区分别为 82% 和 35%，巴基斯坦分别为 85% 和 21%。女性在劳动力中所占的百分比巴只有 19.2%，大大低于全世界 40.4%、低收入国家 44.5%、下中等收入国家 38.1%、南亚国家 29.4% 的平均水平。[②]

在劳动力的产业分布方面，巴基斯坦也经历了劳动力从第一产业日益向第二产业和第三产业转移的情况。1951 年，在巴 950.7 万劳动力中，从事农业、畜牧业和林业的占 66%，从事渔业的占 0.2%，从事采矿和采石业的占 0.1%，从事制造业、建筑业和运输业的占 11.5%，从事贸易和商业的占 6.8%，从事公共管理、专业和艺术的占 3.5%，从事国内及个人服务的占 4.9%，从事其他工作的占 7.7%。[③] 1990—1991 年度，在就业的 2952 万劳动力中，农业吸收了 1401 万，占 47.46%；制造业和采矿业吸收了 366 万，占 12.4%；建筑业吸收了 195 万，占 6.61%；贸易业吸收了 390 万，占 13.21%；运输业吸收了 155 万，占 5.25%；供电供气业吸收了 24 万，占 0.81%；其他行业吸收了 421 万，占 14.26%。[④]

---

① Ministry of Finance, Government of Pakistan, *Pakistan Economic Survey 2013 - 14*, Islamabad, 2014, pp. 185 - 186.

② 世界银行:《2010 年世界发展指标》，中国财政经济出版社 2010 年版，第 67—68 页。

③ B. M. Bhatia, *Pakistan's Economic Development 1948 - 88*, Konark Publishers PVT. LTD., New Delhi, 1989, p. 40.

④ Ministry of Finance, Government of Pakistan, *Pakistan Economic Survey 2006 - 07*, Islamabad, 2007, Table 12.10, Statistical Appendices, Table 12.11.

2012—2013 年度，巴在农林渔猎业就业的劳动力占 43.7%，在制造业就业的占 14.1%，在建筑业就业的占 7.4%，在批零贸易业就业的占 14.4%，在运输、仓储和通信业就业的占 5.5%，在社区、社会及个人服务业就业的占 13.3%，在其他部门就业的占 1.6%。就业人员中，26.4% 在正规部门就业，73.6% 在非正规部门就业。[①] 可见，现在巴农业部门依然是吸收劳动力最多的，其次是服务业，再次是工业。各产业中，非正规部门吸收了绝大多数劳动力。

三　贫困人口比率

独立初，巴基斯坦人口的贫困问题比较严重。在巴政府各项贫困缓解政策措施以及经济增长的作用下，巴的贫困人口比率虽然在不断下降，但起伏不定，进入 21 世纪后呈现大幅度下降趋势。按阿劳丁（Alauddin）1975 年的研究，以人均月消费 250 卢比为贫困线，1963—1964 年度巴农村的贫困率为 57%，1969—1970 年度为 36%；以人均月消费 300 卢比为贫困线，同期巴城市的贫困率分别为 50% 和 30%。纳西姆（Naseem）在 1977 年使用与阿劳丁同样的贫困线进行研究，他的结论是 1963—1964 年度巴农村的贫困率为 43%，1969—1970 年度为 36%；同期巴城市的贫困率分别为 55% 和 35%。马里克在 1988 年的研究认为，巴农村的贫困率 1963—1964 年度为 37%，1969—1970 年度为 44%，1978—1979 年度为 29%，1984—1985 年度为 24%；同期，城市的贫困率分别为 40%、34%、24% 和 19%。[②] 另外一份数据表明，1963—1964 年度，巴的贫困率为 40.24%，其中农村为 42.6%，城市为 48.89%；1969—1970 年度，相应数分别为 46.53%、50.7% 和 42.55%；1979 年，相应数分别为 30.68%、35.1% 和 30.95%。[③] 1986—1987 年，按照巴政府（巴政府把成人每天最少摄入 2350 卡路里作为指标，再依此计算出贫困线的货币指标）的统计，巴生活在贫困线以下的人口占总人口的 29.1%，其中城市占 29.8%，农

---

① Ministry of Finance, Government of Pakistan, *Pakistan Economic Survey 2013 – 14*, Islamabad, 2014, pp. 187 – 188.

② S. Akbar Zaidi, *Issues in Pakistan's Economy*, Oxford University Press, Karachi, 2000, p. 396.

③ Ishrat Husain, *Pakistan The Economy of An Elitist State*, Oxford University Press, Karachi, 1999, p. 232.

村占 28.2% 。1990—1991 年度，贫困线以下的人口比例降至 26.1% ，其中城市为 26.6% ，农村为 25.2% 。但是，在 20 世纪 90 年代，贫困率明显增长，1996—1997 年度升为 29.8% ，其中城市为 22.6% ，农村为 33.1% ；2000—2001 年度，贫困率升至 34.5% 的高点，其中城市为 22.7% ，农村为 39.3% 。2005—2006 年度，贫困率降至 22.3% ，其中城市为 13.1% ，农村为 27% ；[①] 2010—2011 年度，巴的贫困率暂定为 12.4% ，其中城市为 7.1% ，农村为 15.1% 。2000—2001 年度，巴的贫困线是人均月消费 723.4 卢比，2005—2006 年度为 944.47 卢比，2010—2011 年度为 1745 卢比。[②]

如果按照世界银行 2014 年贫困人口分析，将每天消费低于 1.25 美元的人口算为贫困人口，则 2008 年巴贫困率为 21.04% ；将每天消费低于 2 美元的人口算作贫困人口，则贫困率为 60.19% 。在南亚地区的主要国家中，巴的贫困率低于孟加拉国、印度和尼泊尔。按每天消费低于 1.25 美元的标准，孟加拉国的贫困率为 43.25% ，印度 2010 年的贫困率为 32.67% ，尼泊尔 2010 年的贫困率为 24.82% 。[③]

四　人口增长速度快的影响

独立以来，巴基斯坦人口增长速度很快，对巴的经济社会发展产生了积极影响，也产生了系列不利影响。可以说，巴人口增长快，在很大程度上拖了巴经济社会发展的后腿。

1. 积极影响

从供给方面讲，劳动力是基本的生产要素之一，人口迅速增长，为巴基斯坦提供了丰富的劳动力资源，使巴能够不断扩大产业规模和产业行业，从而推动经济增长。表 10—3 表明，1961—2000 年，劳动力投入始终是巴国内生产总值增长的最大推动力，贡献率达 47% ，是各种生产要素中贡献最大的。

从需求方面讲，规模较大的人口，为各种产品和服务提供了广阔的市

---

①　[巴] 法斯赫·乌丁和 M. 阿克拉姆·斯瓦蒂：《巴基斯坦经济发展历程——需要新的范式》，陈继东、晏世经等译，巴蜀书社 2010 年版，第 246 页。

②　Ministry of Finance, Government of Pakistan, *Pakistan Economic Survey 2013 - 14*, Islamabad, 2014, p.231.

③　Ibid. , p.232.

场，使得巴发展各种产业、扩大产业规模和获得规模效益成为可能。

如前文所言，近年来，巴基斯坦政府及巴国内一些机构和人士已经在谈论巴基斯坦的人口红利问题，认为巴基斯坦的人口红利可能为巴今后50年的经济增长提供动力。这种观点的主要依据是自20世纪80年代开始，巴的人口结构开始由15—59岁的劳动力减少转变为增加，0—14岁的依附性人口由增长转变为减少，育龄妇女的生育率下降。但是，鉴于2006年以来巴的依附人口比率又有一定增加，按照目前的人力资源开发水平、开发能力和巴的经济发展情况，巴基斯坦要想收获人口红利，还面临不少困难和问题。

表10—3　　　　　　　　1961—2000年巴基斯坦国内生产总值增长的
推动因素*　　　　　　　　　　单位:%

时间	GDP增长率	资本贡献	劳动力贡献	人力资本贡献	方程余值
1961—1970	6.8	0.8	3.1	0.6	2.3
1971—1980	4.8	0.3	2.9	0.5	1.1
1981—1990	6.5	0.3	2.3	0.7	3.2
1991—2000	4.6	0.2	2.6	0.8	1.0
1961—2000	5.7	0.4 (7)	2.7 (47)	0.7 (12)	2.0 (34)

注: *括号中的数据为每一因素对国内生产总值增长的贡献率；方程余值中包括内生性技术进步。

资料来源: Qaisar Abbas, James Foreman-Peck, *Human Capital and Economic Growth: Pakistan, 1960 - 2003*, http://www.docin.com/p - 115383195.html.

2. 不利影响

首先，人口增长速度快，在较大程度上抵消了经济增长成果。根据巴基斯坦政府的统计，20世纪60年代，巴的国内生产总值年均增长6.8%，70年代年均增长4.8%，80年代年均增长6.5%，90年代年均增长4.6%。[①] 我们在上文指出，巴人口增长率20世纪60年代年均为3.69%，70年代年均为3.06%，80年代年均为3.05%，1990—1999年年均为2.5%。人口增长和国内生产总值抵消，巴20世纪60年代的人均国内生

---

① Ministry of Finance, Government of Pakistan, *Pakistan Economic Survey 2012 - 13*, Islamabad, 2013, Economic and Social Indicators.

产总值年均增长率约为3%，70年代不到1.8%，90年代约2.1%。2007年至2013年，巴的人口年均增长1.95%。2007—2008年度至2013—2014年度，巴的国内生产总值年均增长3.31%。扣除人口增长影响，2007—2008年度后的7个年度，巴的人均国内生产总值的年均增长率约为1.4%①

其次，人口增长快，延缓了巴基斯坦人力资源开发的进度。在后文中，我们将分析，人口增长快，使得巴政府和国民需要将很大一部分资金用于满足新增人口的吃饭等基本需求，能够投入新增人口教育、卫生保健等的资金有限，影响了巴人力资源开发进度和国民整体素质的提高。巴人口规模不断增大，导致巴贫困缓解进展缓慢，巴的贫困人口比率一直较高。这些致使巴的人类发展指标远远低于与巴经济发展水平相近的国家，制约了巴经济发展。

另外，人口增长快，使巴基斯坦面临的就业压力不断增大。据人口统计，1961年巴基斯坦的失业率为1.6%，1972年为4.6%，1981年为4.5%。② 根据巴政府的统计，巴的失业率20世纪80年代为1.4%，90年代为5.7%，21世纪头10年为6.8%。③ 如果我们像世界上许多国家一样，把在巴没有列入劳动力队伍的大批妇女计算在内，再加上变相失业和就业不足的人口，以及移民国外的劳动力，巴的失业问题就更为突出了。有的巴基斯坦学者也指出，巴基斯坦官方公布的失业率低于实际水平，因为官方的估计数把大量变相失业和就业不足的人口排除在外。④ 失业问题严重，是巴大量向中东等石油输出国大批输出劳务的重要原因。

还有，人口增长快，对巴基斯坦的生态环境造成了巨大压力。人口规模不断增大，使得巴的国土及资源开发和利用强度不断增大，环境污染不断加重，环境退化日益严重，人均可得的资源量不断下降。巴基斯坦人均

---

① Ministry of Finance, Government of Pakistan, *Pakistan Economic Survey 2013 - 14*, Islamabad, 2014, Statistical Appendices, Table 12.1, Table 1.3.

② Ishrat Husain, *Pakistan The Economy of An Elitist State*, Oxford University Press, Karachi, 1999, p.241.

③ Ministry of Finance, Government of Pakistan, *Pakistan Economic Survey 2013 - 14*, Islamabad, 2014, Economic and Social Indicators.

④ Ishrat Husain, *Pakistan The Economy of An Elitist State*, Oxford University Press, Karachi, 1999, p.360.

可用水量正逐年减少，从 1951 年的每年人均 5000 立方米降低到了 2006 年的每年人均 1274 立方米。而据人口统计学家估计，2025 年巴基斯坦的人口将达到 2.21 亿，到那时该国人均可用水量预计将不足 700 立方米，完全进入"水资源奇缺"国家的行列。[①] 1979—1981 年，巴基斯坦的人均可耕地面积为 0.24 公顷，[②] 1990—1992 年，人均耕地面积为 0.152 公顷，2005—2007 年为 0.134 公顷。[③] 一些专家估计，环境恶化每年造成巴经济损失 3650 亿卢比。其中，供水不足、环境卫生和个人卫生损失 1120 亿卢比，农业土壤退化损失 700 亿卢比，室内污染损失 670 亿卢比，城市空气污染损失 650 亿卢比，铅暴露损失 450 亿卢比，土地退化和森林减少损失 60 亿卢比。另外一些专家估计环境恶化造成的经济损失达 4500 亿卢比。[④] 环境恶化还造成自然灾害频发。2010 年、2011 年和 2013 年巴都发生过严重洪灾，1999—2003 发生严重干旱，2008 年 1 月卡拉奇和瓜达尔沿岸发生两次飓风。

第二节　教育发展

教育是人力资源开发最重要的方式，是民族和国家进步的重要动力，在当代世界受到各国政府的高度重视。独立以来，巴基斯坦的教育事业虽然取得了明显发展，但由于政府和社会各界重视不够，资金投入严重不足，教育事业发展滞后，成人识字率低，人均受教育水平低，国民整体素质低，不能很好满足经济发展需要，影响了经济增长速度。

一　教育政策和教育制度

教育是一个国家或地区开发人力资源基本的、最重要、最有效的途径。人们受教育程度的提高，知识和技能的增长，从而达到综合素质的提升，对经济增长、社会发展、就业和后代培养等，都有重要积极作用。

巴基斯坦独立后至阿尤布·汗执政时期，巴政府对教育的重视程度不

[①] 刘思伟：《水资源与南亚地区安全》，《南亚研究》2010 年第 2 期。

[②] 世界银行：《2000/2001 年世界发展报告》，中国财政经济出版社 2001 年版，第 293 页。

[③] 世界银行：《2010 年世界发展指标》，中国财政经济出版社 2010 年版，第 155—156 页。

[④] Ministry of Finance, Government of Pakistan, *Pakistan Economic Survey 2013 - 14*, Islamabad. , 2014, p. 245.

够，在教育方面的投资较少。从佐·布托政府开始，虽然提高了对教育的认识，但投入依然较少。在"一五"计划（1955—1960）期间，巴政府的教育和培训支出为5.8亿卢比，"二五"计划（1960—1965）为13.23亿卢比，"三五"计划（1965—1970）为30.30亿卢比，"四五"计划（1970—1975）为43.60亿卢比。[①] 1960年，公共教育支出占国内生产总值的0.9%，1965年占1.8%，1970年占2.5%，1975年占2.2%，1980年占2%，1985年占2.7%，1990年占2.7%，1995年占2.2%，2000年占2%，2005年占2.5%。[②] 另外一份数据还要低一些。1972—1975年度，政府教育支出占国民生产总值的1.4%，1975—1985年度占1.5%。20世纪80年代后期，巴政府用于教育的支出有了显著增加。1985—1990年占2.3%。家庭教育支出占家庭消费总额的比例不高，1972—1975年为1.19%，1975—1980年为0.92%，1980—1985年为1.04%，1985—1990年为1.22%。[③] 2007—2008年度，巴政府教育支出占国民总收入的2.4%，但2010—2011年降为1.7%，2012—2013年度为2%。[④] 与世界上多数国家相比，巴政府的教育支出占国内生产总值的比率是很低的。2008年，全世界教育公共支出占国内生产总值的4.6%，下中等收入国家占4%，南亚地区占2.9%，印度占3.2%，孟加拉国占2.4%，尼泊尔占3.8%，巴基斯坦占2.9%。[⑤]

为加快教育事业的发展，进入20世纪90年代以来，巴基斯坦政府推出了一个又一个的教育发展计划、规划等，也签署了一些国际教育发展协议，但实施的效果都不够理想。"八五"计划期间（1993—1998），巴政府出台了"社会行动计划"（1992—1995），决定增加对教育的投资。1992年12月20日，巴政府宣布了为期10年的教育发展规划（1992—2002）。2000年达卡（Dakar）世界教育论坛举办后，巴政府出台了全国

---

① K. Amjad Saeed, *The Economy of Pakistan*, Oxford University Press, Karachi, 2007, pp. 151 – 153.

② Qaisar Abbas, James Foreman-Peck, *Human Capital and Economic Growth: Pakistan, 1960 – 2003*, http://www.docin.com/p – 115383195.html.

③ S. Akbar Zaidi, *Issues in Pakistan's Economy*, Oxford University Press, Karachi, 2000, p. 359.

④ Ministry of Finance, Government of Pakistan, *Pakistan Economic Survey 2013 – 14*, Islamabad, 2014, pp. 155 – 156.

⑤ 世界银行:《2010年世界发展指标》，中国财政经济出版社2010年版，第102—104页。

教育行动计划和教育改革行动计划，制定了 1998—2010 年全国教育政策。在 1998—2010 年全国教育政策基础上，又制定了十年远景计划（2001—2011）和三年计划。近期巴制定的最重要的教育政策是 2009 年 9 月 9 日内阁批准的全国教育政策。该政策从 2005 年开始草拟，经过了广泛讨论，征询了各省和各方面的意见，进行了多次修改，被巴政府官员认为具有里程碑意义。该政策规定：对 3—5 岁的儿童实施早期教育；小学教育学生的年龄为 6—10 岁；促进性别之间和地区之间的教育公平；把 11—12 年级的职业教育并入中等教育，不再列入学院教育；免费教育指免除与教育相关的所有成本；把高等教育入学率从 4.7% 提高到 2015 年的 10% 和 2020 年的 15%；到 2015 年，把政府用于教育的经费提高到占国内生产总值的 7%；改善各级教育行政主管部门的管理，提高它们制定教育发展计划和执行计划的能力；建立教育投入、过程和结果的最低国家标准；把教师培训的安排、确认和认证标准化；把课程开发和评估标准化和制度化；促进信息通信技术在教育中的应用；把考试制度标准化；建议建立全国教育质量参照标准；等等。① 总之，就是要增加教育投入，促进教育公平，规范教育管理，改进教育手段，提高教育质量。但是，上文提到，到 2012—2013 年度，巴的教育支出仅占国内生产总值的 2%。所以，到 2015 年把教育经费提高到 2009 年全国教育政策规定的占国内生产总值的 7% 是不现实的。巴在 2000 年达卡教育论坛上签署的教育千年发展目标完成得也不好。千年发展目标预计到 2015 年，要普及小学教育，使小学入学率和完学率达 100%，把识字率提高到 88%。可是，到 2012—2013 年度，巴的小学入学率只达到 57%，识字率只达到 60%，2011—2012 年度小学完学率只达到 50%。②

应该说，自佐·布托政府开始，尤其是进入 21 世纪以来，巴基斯坦政府开始重视国民教育，制定了系列政策措施，试图推进教育发展，是符合巴的经济社会发展需要的，也符合教育发展的一般原则，是值得肯定的。但是，这些政策措施的实施却是不力的，尤其是教育投入不足的问题

① Ministry of Finance, Government of Pakistan, *Pakistan Economic Survey 2009 - 10*, Islamabad, 2010, pp. 151 – 152.

② Ministry of Finance, Government of Pakistan, *Pakistan Economic Survey 2013 - 14*, Islamabad, 2014, p. 148.

始终没能解决,给人雷声大雨点小的感觉,巴的教育发展由此深受影响。

按照巴基斯坦宪法有关规定,国家应该向所有 5—16 岁的孩子提供免费教育。但实际上,1972 年以前,公立学校只对小学生实行免费教育,1972 年以后公立学校的免费教育才扩大到中学生。巴基斯坦的学校教育由公立学校和私立学校共同提供,且中等教育和高等教育以私立学校为主。各级私立学校都实行收费教育。据估计,1968 年 11% 的中学和 35% 的学院由私营部门控制。1972 年,当时执政的佐·布托政府将 3067 所中小学、155 所学院(college)和 5 所技术教育机构国有化。到 1976—1977 年度,仅有 1.5% 的中小学和 4.1% 的学院由私营部门控制。但是,齐亚·哈克政府执政后,1979 年允许私营部门开设新的私立学校,并将此前国有化的部分学校私有化,恢复了此前公、私营部门共同办学的做法。进入 20 世纪 80 年代末期以来,巴政府采取了鼓励私人投资教育的政策。到 1995 年,巴政府开设的学校在旁遮普省北部农村地区为 92.3%,南部农村地区为 93.1%,信德省农村为 96.5%,西北边省农村为 97.8%,俾路支省农村为 89.8%,全国的小城镇为 75%,主要城市为 57.3%。其余的学校由私营部门开设。这就意味着,在主要城市,42.7% 的学校是私立的。[①] 由于私立学校一般教学质量较高,选择读私立学校的学生日渐增多,城市地区尤其这样。至 2013—2014 年度,巴农村地区 74% 的学生在公立学校上学,26% 的在私立学校上学;城市中,41% 的学生在公立学校上学,59% 在私立学校上学。[②]

巴基斯坦 1973 年的宪法规定,联邦政府教育部负责制定教育政策、发展计划、教学大纲;负责各级各类学校的专业设置、教育质量评估、职业技术培训、伊斯兰教育等。按照第 18 次宪法修正案,巴基斯坦教育部门的控制和管理由省政府负责,包括课程设置和教学大纲,1—12 年级的教育标准和伊斯兰教育等。教育计划、教育政策和 12 年级以上的教育标准由巴联邦政府负责。各省对实施 2009 年全国教育政策都承担义务。

巴基斯坦的正规教育分为 5 个阶段。小学教育学制 5 年,1—5 年级;

① S. Akbar Zaidi, *Issues in Pakistan's Economy*, Oxford University Press, Karachi, 2000, pp. 358 - 360.

② Ministry of Finance, Government of Pakistan, *Pakistan Economic Survey 2013 - 14*, Islamabad, 2014, p. 147.

中学教育（初中）学制 3 年，6—8 年级；高中教育学制 2 年，9—10 年
级；中等职业教育学制 2 年，11—12 年级；高等教育分人文和科学学院
教育、专业学院教育和大学教育 3 类。

　　同时与正规教育制度并存的还有传统清真寺学校。这类学校设在清真
寺内，教师由宗教人员担任，从学前教育到大学教育都能进行。学前教育
是 moques，主要教学生背诵《古兰经》；小学是 maktabs；中学是
madrasas；大学是 mohallak，讲授阿拉伯文学、介绍伊斯兰教的各种流派，
也教授修辞、语法、逻辑、几何学、代数、天文学、伊斯兰教理论、自然
哲学、医学和神学。① 在齐亚·哈克执政期间推行的伊斯兰化运动中，教
育制度的伊斯兰化也是内容之一。齐亚·哈克政府在各大学设立了宗教
系，并建立了一些伊斯兰大学，慈善性质的宗教学校也得到了政府的支
持，天课税的 10% 提供给 100 所宗教学校。因此，这期间宗教学校发展
迅速。② 此外，在非清真寺学校，几乎所有小学都设有伊斯兰教方面的
课程。

　　宗教学校的存在一方面固然对补充正规教育、提高巴基斯坦国民的识
字率、传承传统文化等发挥了一定的积极作用，但另外一方面，宗教学
校，尤其是一些保守的宗教学校所教授的一些极端主义内容、反现代文明
的内容，甚至包庇极端主义分子，又明显阻碍了巴教育世俗化乃至政治经
济社会发展的现代化，成为极端主义产生的温床。所以，在穆沙拉夫将军
执政期间，曾经大力开展过针对宗教学校的教育改革。2001 年 8 月，巴
政府设立了"巴基斯坦宗教学校教育委员会"，负责管理宗教学校及树立
和评定"宗教学校榜样，鼓励宗教学校开设世俗化课程，对宣传宗教仇
恨、容留外国武装分子的极端宗教学校和机构进行整顿"。③

　　可见，巴基斯坦的教育制度是较有特色的，比较重视职业教育，宗教
教育占有一定地位。

二　教育发展

　　几十年来，随着投入和需求的增加，巴基斯坦的各类教育机构显著增

---

① 杨翠柏、李德昌编著：《当代巴基斯坦》，四川人民出版社 1999 年版，第 271 页。
② 陈峰君主编：《世界现代化历程·南亚卷》，江苏人民出版社 2012 年版，第 429 页。
③ 同上书，第 431 页。

表10—4

巴基斯坦各类教育机构增加情况

	小学（千所）	中学（千所）	高中（千所）	中等职业教育机构（所）	人文和科学学院（所）	专业学院（所）	大学（所）
1947—1948	8.413 (1.549)	2.19 (0.153)	0.408 (0.064)	46 (18)	40 (5)	—	2
1959—1960	17.90 (3.26)	1.97 (0.28)	1.07 (0.20)	100 (35)	126 (32)	40 (5)	4
1971—1972	45.85 (12.29)	4.11 (1.04)	2.25 (0.57)	284 (134)	339 (93)	73 (6)	8
1980—1981	59.17 (18.60)	5.30 (1.41)	3.48 (0.97)	231 (88)	433 (119)	99 (8)	19
1990—1991	114.58 (30.42)	8.54 (3.35)	8.01 (2.04)	725 (344)	612 (218)	99 (8)	22
1995—1996	143.1 (40.5)	13.3 (4.4)	9.5 (2.4)	577 (224)	909 (338)	286 (124)	38
2000—2001	147.7 (54.3)	25.5 (12.0)	14.8 (4.6)	630 (236)	1710 (691)	366 (171)	59
2004—2005	157.2 (58.7)	30.4 (14.8)	16.6 (5.3)	747 (328)	1604 (684)	677 (331)	108
2009—2010	157.5 (60.6)	41.3 (19.5)	24.8 (10.6)	3192 (2182)	3329 (1763)	1439 (821)	132
2011—2012	154.6 (57.0)	42.0 (21.0)	28.7 (11.6)	3257 (2229)	4515 (2184)	1384 (643)	139

注：括号外的为总数，括号内的为女性教育机构数；1995—1995 年度后的小学机构数中包括学前教育学校和清真寺学校。

资料来源：K. Amjad Saeed, *The Economy of Pakistan*, Oxford University Press, Karachi, 2007, p. 158; S. Akbar Zaidi, *Issues in Pakistan's Economy*, Oxford University Press, Karachi, 2000, p.358; Ministry of Finance, Government of Pakistan, *Pakistan Economic Survey 2012 – 13*, Islamabad, 2013, Statistical Appendices, Table 10.1.

表 10—5

巴基斯坦各类教育机构入学学生人数

	小学生（1—5年级，万人）	中学生（6—8年级，万人）	高中生（9—10年级，万人）	中等职业教育学生（万人）	人文和科学学院学生（万人）	专业学院学生（万人）	大学生（万人）
1947—1948	77（11）	22.1（2.1）	5.8（0.7）	0.4（0.1）	1.4（0.1）	0.44（0.03）	0.07
1959—1960	189.0（37）	42.2（6.3）	14.9（2.3）	1.3（0.3）	7.6（1.2）—	1.24（0.19）	0.41（0.08）
1969—1970	391.0（103.0）	89.9（17.5）	33.7（6.2）	2.9（0.9）	17.5（4.5）	3.36（0.42）	1.55
1979—1980	521.3（167.6）	139.1（3.45）	47.6（12.5）	3.5（0.7）	25.3（7.8）	7.25（1.32）	4.18
1992—1993	1027.1（369.6）	304.0（99.4）	116.8（35.7）	9.3（2.4）	42.2（15.1）	28.1（10.0）	6.83（1.49）
1995—1996	1165.7（495.0）	360.5（127.0）	144.7（48.0）	8.6（1.4）	44.0（17.9）	29.4（12.0）	8.30（2.31）
2000—2001	1410.5（555.9）	375.9（170.6）	156.5（67.5）	8.3（1.4）	58.2（28.5）	30.5.（14.96）	12.49（3.670）
2005—2006	1775.7（771.0）	532.2（219.1）	218.8（90.5）	23.9（9.0）	89.1（44.4）	35.6（21.0）	52.15（21.30）
2009—2010	1877.2（832.0）	550.4（233.7）	258.3（107.8）	27.3（10.2）	116.6（49.5）	38.4（21.8）	93.56（42.63）
2011—2012	1866.7（790.5）	602.0（257.3）	275.3（115.5）	29.0（10.9）	129.4（36.7）	49.7（22.2）	131.98（64.22）

注：括号外的为总数，括号内的为女生数。

资料来源：K. Amjad Saeed, *The Economy of Pakistan*, Oxford University Press, Karachi, 2007, p. 160; Ministry of Finance, Government of Pakistan, *Pakistan Economic Survey 2012－13*, Islamabad, 2013, Statistical Appendices, Table 10.2.

长，增幅远高于人口增长。从表 10—4 可见，独立至 20 世纪末，中小学数增加较快。小学（primary schools）数由 1947—1948 年度的 8413 所，增至 1990—1991 年度的 11.46 万所，增加 12.6 倍。加上学前教育学校和清真寺学校，到 2011—2012 年度，小学数已达 15.46 万所。中学（middle schools，指初中）数从 1959—1960 年度的 1970 所，上升到 2011—2012 年度的 4.2 万所，增加 20.3 倍；同期，高中（high schools）数从 1070 所，增至 2.87 万所，增长 25.7 倍；中等职业教育机构（secondary vocational institutions）从 100 所增到 3257 所，增加 31.6 倍；人文和科学学院（arts and science colleges）从 126 所增到 4515 所，增加 34.83 倍；专业学院（professional colleges）从 40 所增加为 1384 所，增加 33.6 倍；大学（universities）从 4 所增为 139 所，增加 33.8 倍。2004—2005 年度以来，中等职业教育机构和专业学院大量增加，表明职业教育得到前所未有的重视，社会需求巨大。各类教育机构的大量增加，也带来入学学生数量的巨大增长。从表 10—5 可知，1947—1948 年度，巴基斯坦入学的小学生仅有 77 万人，初中生有 22.1 万人，高中生有 5.8 万人，中等职业教育学生有 4000 人，人文和科学学院学生有 1.4 万人，专业学院学生有 4368 人，大学生有 700 人。巴入学的小学生数量 1959—1960 年度增为 189 万，2011—2012 年度达到 1866.7 万，是 1947 年的 24.24 倍。中学生数量 1992—1993 年度增至 304 万，2011—2012 年度达 602 万；同期，高中生数量从 116.8 万增加到 275.3 万，接受中等职业教育的学生从 9.3 万增为 29 万人，进入人文和科学学院学习的学生从 42.2 万人上升到 129.4 万人。2004—2005 年度后，接受中等职业教育的学生大幅增长，表明巴政府突出了中等职业教育。直到 1959—1960 年度，巴综合大学教育几乎可以忽略，该年度这类学生人数仅约 4100，但进入 21 世纪以来，巴政府加快了综合高等教育发展，这类学生人数迅猛增加，从 2000—2001 年度的 12.49 万，增为 2011—2012 年度的 131.98 万，几乎每年都增加 10 万人。

　　由于各类教育机构和学生人数大幅度增长，教师人数也不断增加。1947—1948 年度，小学教师有 1.78 万人，其中女教师 2400 人；初中教师有 1.2 万人，女教师 800 人；高中教师有 6800 人，女教师 800 人。1959—1960 年度，相应数分别为 4.48 万人和 8400 人，1.3 万人和 1900 人，1.83 万人和 3900 人。1969—1970 年度，小学教师有 9.2 万人，女教

师 2.5 万人；初中教师有 3.45 万人，女教师 7700 人；高中教师有 3.55
万人，女教师 9600 人；中等职业教育机构教师 2050 人，女教师 520 人；
人文和科学学院教师 7950 人，女教师 2370 人；专业学院教师 1737 人，
女教师 228 人；大学教师有 1473 人。[①] 1992—1993 年度，小学教师有
33.25 万人（其中女教师 12.25 万人），2011—2012 年度，增为 42.74 万
人（女教师 19.86 万人）。同期，中学教师从 11.9 万人（女教师 6.63 万
人）增至 35.14 万人（女教师 2.34 万人），高中教师从 1.66 万人增为
4.59 万人（女教师 2.71 万人），中等职业教育机构教师从 9153 人（女教
师 2605 人）增为 15847 人（女教师 5079 人），人文和科学学院教师从
25485 人（女教师 9138 人）增为 9.76 万人（女教师 5.27 万人），专业学
院教师从 8269 人（女教师 3058 人）增为 40191 人（女教师 16815 人），
大学教师从 5728 人增为 70053 人。[②]

　　教育的日益普及和入学人数不断增加，使巴基斯坦人口的识字率不断
提高，人们的文化素质不断提升。1951 年，巴国民的识字率仅 13.2%，
其中男性为 17%，女性为 8.6%；1961 年，国民识字率提高到 18.4%，
其中男性为 26.9%，女性为 8.2%；1981 年，相应数分别提高到 26.2%、
35% 和 16%；1990 年，相应数又分别提高到 34.9%、45.1% 和 20.9%。[③]
2001—2002 年度，巴 10 岁及以上人口的识字率为 45%，其中男性为
58%，女性为 32%，农村为 36%，城市为 64%。[④] 到 2012—2013 年度，
巴 10 岁及以上人口的识字率上升到 60%（男性 71%，女性 48%）。其
中，农村识字率为 55%，城市为 77%。[⑤]

　　与世界上其他国家相比，巴基斯坦的主要教育指标是较低的。2005—
2008 年，全世界成人男性的识字率为 87%，女性为 76%，低收入国家分
别为 76% 和 63%，下中等收入国家分别为 87% 和 73%，南亚国家分别为

　　① K. Amjad Saeed, *The Economy of Pakistan*, Oxford University Press, Karachi, 2007, p. 159.

　　② Ministry of Finance, Government of Pakistan, *Pakistan Economic Survey 2012 - 13*, Islamabad, 2013, Statistical Appendices, Table 10.3.

　　③ S. Akbar Zaidi, *Issues in Pakistan's Economy*, Oxford University Press, Karachi, 2000, p. 356.

　　④ Ministry of Finance, Government of Pakistan, *Pakistan Economic Survey 2005 - 06*, Islamabad, 2006, p. 160.

　　⑤ Ministry of Finance, Government of Pakistan, *Pakistan Economic Survey 2013 - 14*, Islamabad, 2014, pp. 151 - 152.

73%和50%，巴分别为67%和40%，位列有统计数据的国家的倒数第15位。2008年，巴小学毕业率男性为67%，女性为53%。与此同时，低收入国家分别为69%和62%，下中等收入国家分别为95%和93%，南亚地区分别为82%和76%。[①] 2007年，在中学升学人数方面，巴男性为73%，女性为71%，南亚地区分别是85%和83%。[②] 巴经调整的小学净入学率男性为72%，女性为60%；低收入国家分别为83%和79%，下中等收入国家分别为91%和89%，南亚地区分别为92%和86%。[③] 因此，从受教育程度讲，巴的人口素质是不够高的，人力资源开发相对滞后，还有很大提升空间。

三 教育存在的主要问题

第一，教育发展一直不平衡，尽管随着时间的推移不平衡在缩小。首先表现在性别不平衡方面。从表10—4可见，1959—1960年度，在1.79万所小学中，女生学校仅3260所，不到总数的1/5；同年，在1070所高中中，女生学校仅200所，也不足1/5；2011—2012年度，在15.46万所小学中，女生学校仅5.7万所，占36.9%。同期，在2.87万所高中中，女生学校为1.16万所。此外，从独立至20世纪末，其他各类教育机构中，女生学校的比例也较低，只是近些年来情况才发生根本转变，如2011—2012年度，初中学校中女生学校占了一半，中等职业教育机构中女生学校占了2/3多。

从表10—5可知，1959—1960年度，在入学的189万小学生中，女生只有37万人，在入学的4100名大学生中，女生只有800人，女生人数都不到1/5。1992—1993年度，在1027.1万小学生中，女生为369.6万人；在304万初中生中，女生有99.4万人；在116.8万高中生中，女生为35.7万人；在9.3万中等职业教育学生中，女生有2.4万人；在42.2万人文和科学学院学生中，女生为15.1万人；在28.1万专业学院学生中，女生有10万人；在6.83万大学生中，女生为1.49万人。2011—2012年度，在1866.7万小学生中，女生为790.5万；在602万初中生中，

---

① 世界银行：《2010年世界发展指标》，中国财政经济出版社2010年版，第114—116页。

② 同上书，第111—112页。

③ 同上书，第107—108页。

女生有 257.3 万人；在 275.3 万高中生中，女生为 115.5 万人；在 129.4
万人文和科学学院学生中，女生为 36.7 万人；在 49.7 万专业学院学生
中，女生有 22.2 万人；在 131.98 万大学生中，女生为 64.22 万人。在识
字率方面，上文提到，1951 年，巴国民的识字率仅 13.2%，其中男性为
17%，女性为 8.6%；到 2012—2013 年度，巴 10 岁及以上人口的识字率
上升到 60%，其中男性为 71%，女性为 48%。

表 10—6　　　　　两个年度巴基斯坦 10 岁及以上人口识字率　　　单位:%

	1998—1999			2012—2013		
	男性	女性	总数	男性	女性	总数
全国	59	31	45	71	48	60
农村	52	20	36	64	37	51
城市	73	56	65	82	69	76
旁遮普省	57	34	46	71	54	62
农村	52	24	38	66	45	55
城市	71	58	64	82	72	77
信德省	65	35	51	72	47	60
农村	53	15	35	59	22	42
城市	79	58	69	84	70	77
开伯尔—普什图省	56	20	37	72	35	52
农村	54	16	34	69	31	49
城市	66	40	53	78	52	66
俾路支省	54	16	36	62	23	44
农村	51	12	33	55	15	37
城市	72	39	56	81	47	65

资料来源：Ministry of Finance, Government of Pakistan, *Pakistan Economic Survey 2005 - 06*,
Islamabad, 2006, p.160；*Pakistan Economic Survey 2013 - 14*, Islamabad, 2014, pp.151 - 152.

教育发展不平衡其次表现在城乡不平衡和地区不平衡方面。从表
10—6 可以看到，1998—1999 年度，巴 10 岁及以上人口的识字率为
45.0%，农村为 36%，城市为 65%。到 2012—2013 年度，巴 10 岁及以
上人口的识字率上升到 60%，农村识字率为 51%，城市为 76%。各省之
间的差距也很大。识字率最高的是旁遮普省。2012—2013 年度，旁遮普

省人口的识字率为 62%，其中男性 71%，女性 54%；在农村，识字率为 55%，其中男性为 66%，女性为 45%；在城市，识字率为 77%，其中男性为 82%，女性为 72%。识字率最低的是俾路支省。2012—2013 年度，该省人口的识字率为 44%，比全国平均水平低 16 个百分点；其中男性 62%，比全国低 9 个百分点，女性 23%，比全国低 25 个百分点；在该省农村，识字率为 37%，其中男性为 55%，女性为 15%；在城市，识字率为 65%，其中男性为 81%，女性为 47%。目前俾路支省农村妇女识字率之低，令人吃惊。城市识字率最高的是信德省，为 84%。教育发展的地区不平衡还表现在教育基础设施、教师人数和质量、教育投入等方面，具体分析见下文。

第二，教育质量和水平有待进一步提高。近些年来，巴基斯坦国家人类发展委员会和多个民间组织合作，每年都发布年度教育状况报告。根据 2013 年的教育状况报告，1—5 年级学生的学习水平比上年有所下降。5 年级一半的学生不会读 2 年级教材中用乌尔都语、信德语及普什图语写的故事，43% 的 5 年级学生（2012 年为 48%）能够读 2 年级教材中的英语句子，43% 的 5 年级学生能够做 3 位数的除法。在信德省，只有 29% 的 5 年级学生会做两位数的除法，只有 25% 的 5 年级学生会读 2 年级的英语句子，只有 16% 的 3 年级学生会读用乌尔都语、信德语及普什图语写的故事，只有 15% 的 3 年级学生会读英语句子（2012 年为 19%），只有 12% 的 3 年级学生会做两位数的除法（2012 年为 15%）。[1] 关于教育水平低的问题，请看上文入学率、毕业率、识字率等教育指标，在此不再赘言。此外，根据 2009 年联合国教科文组织全球教育文摘提供的数据，巴基斯坦只有 6% 的人口（男性 9%，女性 3.5%）受过高等教育。[2]

第三，教育设施和高质量教师不足。根据 2013 年的教育状况报告，在接受调查的 48% 的公立学校和 30% 的私立学校中，2 年级的学生与其他年级的学生共同坐在同一教室上课；在接受调查的 15% 的公立学校和 37% 的私立学校中，8 年级的学生与其他年级的学生共同坐在同一教室上课。在接受调查的公立小学中，位于城市县的 31% 没有可用厕所，24%

---

① Ministry of Finance, Government of Pakistan, *Pakistan Economic Survey 2013 – 14*, Islamabad, 2014, p. 164.

② Wikipedia, *Education in Pakistan*, http：//en. wikipedia. org/wiki/Education_ in_ Pakistan.

没有饮水设施，位于农村县的 53% 没有可用厕所，36% 没有可用饮水设施。在接受调查的 138 个农村县的 3959 所公立学校和 1694 所私立学校中，公立学校教师的出勤率为 87%，私立学校的为 93%；34% 的公立学校教师大学毕业，39% 的私立学校教师大学毕业；40% 的公立学校教师有教育学士学位，46% 的私立学校的教师有教育学士学位；17% 的公立学校的教师获得硕士学位，11% 的私立学校的教师获得硕士学位。[1] 学校中的许多教学设备严重老化。

第四，上文相关处已经指出，巴基斯坦的教育投入长期很低，目前也只占国内生产总值的 2%。至于巴基斯坦为什么长期不重视教育，政府许下的投入公共教育的诺言长期兑现不了，使得国民的识字率提高缓慢，有的巴基斯坦学者认为，原因是巴基斯坦是一个由少数精英统治的国家，为保持经济和政治权力集中于他们手中，他们有意采取愚民政策，尽量使更少的人识字，因而缺乏参与政治的能力。[2] 这一观点虽然显得激进，但巴教育投入很少是事实。

此外，巴基斯坦教育还存在需要完善统一的各级教育质量标准、考试标准，改进课程设置，完善教育评估，提高各级教育行政主管部门管理能力和效率，大学教育对理工科不重视、学文科的学生太多等问题。

第三节 医疗保健事业及人类发展总体情况

提高人口健康素质也是人力资源开发的重要方面。独立后，巴基斯坦的医疗保健事业取得了明显发展，但与同等发展水平国家比较，成绩有限。由于人口增长快，教育事业发展不快，医疗保健存在一些问题，几十年来，尽管巴的人类发展情况有所进步，但总体情况不够理想，目前巴的人类发展指数在世界上排名较后。

一 政府的发展政策和措施

健康状况是反映国民健康程度及人力资源素质的重要方面。公民健

---

① Ministry of Finance, Government of Pakistan, *Pakistan Economic Survey 2013 - 14*, Islamabad, 2014, pp. 164 - 165.

② Ishrat Husain, *Pakistan The Economy of An Elitist State*, Oxford University Press, Karachi, 1999, p. 359.

康，特别是处于劳动力阶段公民的健康状况，不仅关乎个人及其家庭的健康、收入、发展、社会地位和幸福感受等，而且还关系到国家的经济及社会发展支出。健康而又有高素质人口的国家和地区，一般情况下，经济社会都发展较快、较好。所以，无论是国际社会或各国政府，都越来越重视人口健康水平的提高。

独立后的巴基斯坦政府同样重视发展本国的医疗保健事业，采取了各种政策措施促进国民健康水平的提高。主要包括制订发展计划，开展各种专项活动，增加投资，培养专业人员，建设和添置各种基本设施，改进政府管理等。

巴基斯坦联邦政府曾设有联邦卫生部，但根据第 18 次宪法修正案，2011 年 6 月巴政府取消了卫生部的职能，将制定卫生事业发展计划、规划、政策措施，组织开展各项活动，提高人们健康水平的工作转给各省政府进行。巴基斯坦的公立医疗保健机构分为初级、第二级和第三级 3 级。初级和第二级医疗保健机构由县级行政部门管理，第三级医疗保健机构包括大医院、重病特别护理机构和高级诊断服务等。除了建立大批公共医疗保健机构外，巴政府还允许私营部门参与医疗保健服务，从初级到第三级的私立医疗机构遍布巴城乡，开展着不同水平层次、多种多样的服务，在产妇和儿童医疗保健服务领域占据主导地位。巴基斯坦的医疗保健机构除医院、诊所外，还建有基本保健所（Basic Health Units，缩写为 BHUs），农村保健中心（Rural Health Centres，缩写为 RHCs）。基本保健所下，还分设了许多次级保健中心，另外还有专门的产妇儿童保健中心（Maternity and Child Health Centres）以及各种疾病防治中心等。

巴基斯坦政府一直在对医疗保健进行必要的投入，且随着经济发展和政府财力增强，投入的绝对数不断增大。"一五"计划的公共健康支出为 1.397 亿卢比，"二五"计划公营部门健康发展支出为 1.286 亿卢比，"三五"计划的公共健康和计划生育发展支出为 5.6 亿卢比，"四五"计划的公共健康支出为 9 亿卢比，"五五"计划的各种健康医疗计划公共支出为 66 亿卢比，"六五"计划的支出为 130 亿卢比。[①] 就投资看，巴政府的医疗保健支出是从 20 世纪 70 年代，尤其是齐亚·哈克军人政权时期大量增

---

① K. Amjad Saeed, *The Economy of Pakistan*, Oxford University Press, Karachi, 2007, pp. 143 – 145.

加的。1960—1961 年度，巴政府在医疗保健方面的投资（包括发展支出
和非发展支出，非发展支出后来又叫经常支出）为 6570 万卢比，1970 年
增至 2.12 亿卢比，1980—1981 年度增为 17.37 亿卢比，1990—1991 年度
提高到 77.38 亿卢比，2000—2001 年度升至 242.81 亿卢比，2012—2013
年度已经增加到 794.55 亿卢比。尽管投入的绝对额不断增大，但实际上，
20 世纪 90 年代中期以来，巴政府医疗保健支出占国民生产总值或国内生
产总值的比率不但没有增加，反而还有下降，近年的下降额还非常大。
1960 年，公共医疗健康支出占国内生产总值的 0.4%，1965 年占 0.6%，
1970 年占 0.5%，1975 年占 0.6%。[1] 20 世纪 70 年代，巴的年均医疗健
康支出占国内生产总值的 0.6%，80 年代年均占 0.8%，90 年代年均占
0.7%，进入 21 世纪以来的头 10 年年均占 0.6%。[2] 2000—2001 年度，巴
政府医疗保健支出占国内生产总值的比率为 0.72%，2005—2006 年度降
至 0.51%，次年度又升至 0.57%，但随后再次出现下降，2010—2011 年
度占 0.23%，2011—2012 年度占 0.27%，2012—2013 年度前 3 个季度占
0.35%，2013—2014 年度前 3 个季度占 0.4%。2010 年和 2011 年支出的
大幅降低，是因为巴 2010 年发生大洪灾，巴政府将原来用于医疗保健的
大量资金转移到灾民救济和安置等方面。[3] 巴是世界上医疗卫生投入最少
的国家之一。在医疗卫生支出占国内生产总值的百分比方面，2007 年，在
有统计数据的 150 个国家中，全世界为 9.7%，低收入国家为 5.4%，下中
等收入国家为 4.3%，南亚地区为 4%，巴基斯坦为 2.7%，低于巴基斯坦
的仅 9 个国家。在公共医疗卫生支出占总医疗卫生支出的百分比上，巴为
30%，比巴低的国家仅 18 个，全世界的为 59.6%，低收入国家为 42.7%，
下中等收入国家为 42.4%。[4]

巴基斯坦政府的公共医疗保健支出主要用于医院、诊所、病床等设施
的建设和更新，用于开展各种流行病和传染病防控，用于开展医疗保健教

① Qaisar Abbas, James Foreman-Peck, *Human Capital and Economic Growth: Pakistan, 1960 – 2003*, http://www.docin.com/p – 115383195.html.

② Ministry of Finance, Government of Pakistan, *Pakistan Economic Survey 2012 – 13*, Islamabad, 2013, Economic and Social Indicators.

③ Ministry of Finance, Government of Pakistan, *Pakistan Economic Survey 2013 – 14*, Islamabad, 2014, pp. 169 – 170.

④ 世界银行：《2010 年世界发展指标》，中国财政经济出版社 2010 年版，第 120—122 页。

育、研究和人才培养，用于各种专项医疗保健计划的开展等。

　　几十年来，巴基斯坦各级政府相关组织、社会相关组织和人员，在巴城乡开展了多种多样的医疗保健计划和活动。近年来实施中的主要有：计划生育（家庭计划）和初级保健计划（又叫女性健康工作员计划）；免疫扩张计划（EPI），从1978年起就开始施行，针对导致巴儿童死亡的7种主要疾病；疟疾控制计划；国家结核病控制计划；艾滋病控制计划；国家产妇和儿童健康计划；国家盲人防控计划；肝炎防治计划；癌症治疗计划；登革热传播控制计划等。为提高国民的健康水平，还开展和实施了一些营养增进的活动和计划，主要包括：2013年签署协议后加入"增加营养运动"；普通食盐加碘计划；儿童微量营养补充；强化小麦和面粉的营养价值计划；本纳西尔（Benazir）收入支持计划；国家零饥饿计划和严重营养不良及营养监督管理等。

　　目前巴基斯坦正在执行的重要医疗保健政策是2009年国家医疗保健政策。该政策提出，要把婴儿死亡率从2006—2007年度的78‰降低到2014—2015年度的43‰。同期，把孕产妇死亡率从276/100000降低到150/100000，把12个月至23个月大的婴儿的免疫率从76%提高到85%，把结核病的治疗成功率从87%提高到91%。为实现目标，巴政府将增加投资，促使医保系统更有响应性、更负责任，对医保部门进行改革，促使医保机构提高治疗效果，优先考虑社会弱势群体的医保需求。[①]

二　医疗保健机构和人员的增加

表10—7　　　1947年以来巴基斯坦的主要医疗保健设施增长情况

年份	医院（所）	诊所（所）	基本保健所次级中心（所）	产妇和儿童保健中心（所）	农村保健中心（所）	结核病防治中心（所）	总病床数（张）	每张病床服务人数（人）
1947	292	722	—	91	—	—	13769	—
1955	333	984	—	198	—	—	19197	2077
1960	342	1195	3※	348	1※	18※	22394	2034

---

① Ministry of Finance, Government of Pakistan, *Pakistan Economic Survey 2011 - 12*, Islamabad, 2012, pp. 151 - 152.

续表

年份	医院 （所）	诊所 （所）	基本保健所 次级中心 （所）	产妇和儿童 保健中心 （所）	农村保 健中心 （所）	结核病防 治中心 （所）	总病 床数 （张）	每张病床 服务人数 （人）
1965	379	1695	—	554	—	—	25603	2022
1971	495	2136	249	668	87	79	34077	1804
1975	518	2908	373	696	134	89	37776	1892
1980	602	3466	736	812	217	98	47412	1716
1985	652	3415	2647	778	334	100	55886	1699
1990	756	3795	4213	1050	459	220	72997	1444
1995	827	4253	4986	859 *	498	260	85805	1416
2000	876	4635	5171	856 *	531	274	93907	1456
2005	919	4632	5334	907	556	289	101490	1483
2010	972	4842	5344	909	577	304	104137	1701
2011	980	5039	5449	851	579	345	107537	1647

注释：一指统计数据不可得；※为 1961 年的数据；＊不包括家庭福利中心的数据。

资料来源：K. Amjad Saeed, *The Economy of Pakistan*, Oxford University Press, Karachi, 2007, p. 143；S. Akbar Zaidi, *Issues in Pakistan's Economy*, Oxford University Press, Karachi, 2000, p. 349；Ministry of Finance, Government of Pakistan, *Pakistan Economic Survey 2005 – 06*, Islamabad, 2006, Statistical Appendices, Table 11.1；*Pakistan Economic Survey 2012 – 13*, Islamabad, 2013, Statistical Appendices, Table 11.1.

　　几十年来，随着人口增长和各方面在医疗保健项目上投资的增加，巴基斯坦的各种医疗机构数目大量增加。从表 10—7 可见，1955 年，巴全国有 333 所医院，984 个诊所（dispensaries），198 个产妇儿童保健中心，19197 张病床，平均每张病床要服务 2077 人。此外，1961 年的有关数据还表明，该年巴有 3 个基本保健所的次级中心（BHUs Sub Health Centres）、1 个农村保健中心，18 个结核病防治中心。到 1971 年，各种医疗机构数分别增至：医院 495 家，诊所 2136 家，249 个基本保健所的次级中心，668 个产妇儿童保健中心，87 个农村保健中心，79 个结核病防治中心，34077 张病床，每张病床应服务人数降为 1804 个。2000 年，有医院 876 家，诊所 4635 家，5171 个基本保健所的次级中心，856 个产妇儿童保健中心，531 个农村保健中心，274 个结核病防治中心，93907 张

病床，每张病床应服务人数降为 1456 个。2011 年，各种医疗机构数分
别增至：医院 980 家，诊所 5039 家，5449 个基本保健所的次级中心，
851 个产妇儿童保健中心，579 个农村保健中心，345 个结核病防治中
心，107537 张病床，每张病床应服务人数降为 1647 个。农村保健所和
基本保健中心，是巴普通民众和社会下层主要的疾病救治和基本身体保
健机构，基础性和作用不言而喻。在几十年间，医疗机构中增长最多的
是基本保健所次级中心，1971 年仅有 249 个，2011 年达 5449 个，40
年间增长 20 倍多；其次是农村保健中心，40 年间由 87 个增为 579 个，
增长近 6 倍。1947 年以来，医院数增加 2 倍多，诊所增加约 6 倍，产妇
儿童保健中心增加 8 倍多，病床数增加近 6.8 倍，但由于人口增长快，
每张病床应该服务的病人仅下降 400 多人。

在医疗人员方面，1954 年，巴基斯坦仅有 99 名注册医生。[①] 从表
10—8 可见，1960 年，巴有 477 位注册医生，2012 年增加为 160289 人，
增长 335 倍；注册护士从 1975 年的 1985 人增至 2012 年的 82119 人，增
长约 40 倍；注册助产士从 1975 年的 1201 人增至 2012 年的 31503 人，增
长 25.23 倍。从 1962 年至 2012 年，每个医生应该服务的人数从 59636 人
降至 1127 人，减少了 58509 人，但 2012 年每个医生还是要为 1127 人服
务。由于 1962 年只有 2 名牙医，50 年间牙医的人数增长 6271 倍，但每名
牙医的服务人数 2012 年却还是高达 14406 人。

到 2013—2014 年度，巴有注册医生 167759 人，注册牙医 13761 人，
注册护士 86183 人，每个医生需要服务的对象为 1099 人，每个牙医需要
服务的对象为 13441 人，每张病床应该服务的对象为 1647 人。[②]

三　医疗保健发展存在的主要问题

第一，投入低。在上文中，我们已经指出，巴基斯坦在医疗保健方面
的投入是很低的，甚至低于经济发展水平比自己低的国家。

第二，多数发展指标低，人口健康素质不高。从下文可以看出，在医
疗卫生的主要指标方面，除人均预期寿命、改善水源获得等指标外，巴在

---

① K. Amjad Saeed, *The Economy of Pakistan*, Oxford University Press, Karachi, 2007, p. 143.

② Ministry of Finance, Government of Pakistan, *Pakistan Economic Survey 2013 - 14*, Islamabad, 2014, pp. 169 - 170.

其他指标方面都较低，甚至低于经济发展水平低于自己的国家。

第三，地区、城乡和不同收入水平人口之间发展不平衡。例如，1982年，在信德省，每个医生服务的人口为 3988 人。其中，城市每个医生服务的人口为 1667 人，农村高达 57964 人。在卡拉奇县，城市中每个医生的服务人数为 1416 人，农村为 1756 人。1988 年，在 602 所医院中，467所分布于城市，135 所分布于农村；城市中 610 人可以分享一张病床，农村地区 7004 人才能分享一张病床；城市中每个医生为 1801 人服务，农村地区每个医生要为 25829 人服务。农村地区缺医少药的情况可见一斑。1991 年，旁遮普省城市的婴儿死亡率为 89‰，旁遮普省北部农村为111‰，南部为 147‰。同年，信德省城市为 92‰，农村为 143‰；西北边省分别为 154‰和 128‰；俾路支省分别为 201‰和 149‰。[1] 根据《1991年巴基斯坦综合家庭调查》，收入水平最低的 20% 家庭的婴儿死亡率比其他家庭高 1/3，农村比城市高 1/5，俾路支省比全国平均水平高 2/5。[2]1994 年，在旁遮普，就医人员要到家庭福利诊所（Family Welfare Clinics）就诊，平均要步行 9 公里，到生育保健中心就诊，平均要步行 71 公里；西北边省的相应数分别为 11 公里和 69 公里；信德省的相应数分别为 14公里和 57 公里；俾路支省的分别为 48 公里和 235 公里。[3] 按照 2006 年巴政府的千年发展目标实施情况报告，在开展免疫方面，西北边省奇特拉尔县（Chitral）的免疫覆盖率为 100%，但俾路支省奎拉赛弗拉县（Qilla Saifullah）的覆盖率仅有 27.9%。[4]

四　各项人类健康指标提高及人类发展指数情况

国际上通常用人均预期寿命、婴儿死亡率、产妇死亡率、儿童营养和体重等指标衡量人口的健康状况。随着巴基斯坦医疗保健业的发展，巴的

---

[1]　S. Akbar Zaidi, *Issues in Pakistan's Economy*, Oxford University Press, Karachi, 2000, pp. 352, 350, 394.

[2]　Ishrat Husain, *Pakistan The Economy of An Elitist State*, Oxford University Press, Karachi, 1999, p. 228.

[3]　S. Akbar Zaidi, *Issues in Pakistan's Economy*, Oxford University Press, Karachi, 2000, p. 363.

[4]　Ministry of Finance, Government of Pakistan, *Pakistan Economic Survey 2006 - 07*, Islamabad, 2007, p. 177.

表10—8　　1960年以来巴基斯坦医务人员及政府医疗保健费支出增长情况

单位：人

	注册医生数#	注册牙医数#	注册护士数#	注册助产士数	注册女士卫生随访员数	每个医生服务人数	每个牙医服务人数	发展支出（百万卢比）※	非发展支出（百万卢比）※
1960	477	－－	－－	－－	－－	－－	－－	8.70	57.00
1962	797	2	－－	－－	－－	59636	－－	34.10	78.00
1965	1591	151	－－	－－	－－	32533	－－	46.47	84.00
1970	3913	384	－－	－－	－－	15256	155468	61.70	151.00
1975	6018	650	1985	1201	118	11628	107661	629.10	360.64
1980	10777	928	9536	4200	547	7549	87672	942.00	794.82
1985	30044	1416	10529	8133	1574	3160	67041	1881.50	2393.81
1990	52862	2068	16948	15009	3106	2082	52017	2741.00	4997.00
1995	70670	2747	22299	20910	4185	1455	44478	5741.07	10631.75
2000	92804	4165	37528	22525	5443	1529	33629	5944.00	18337.00
2005	118062	6734	51270	23897	7073	1310	25297	16000.00	24000.00
2010	144901	10508	73244	27153	11510	1222	16854	18706.00	233820.00
2012	160289	12544	82119	31503	13678	1127	14406	17330.00	62125.00

注：－ －指统计数据不可得；#指在巴基斯坦医疗和牙科委员会和护士委员会注册的；※指财政年度而不是公元年的数据，如1961年应为1961—1962年度。

资料来源：Ministry of Finance, Government of Pakistan, *Pakistan Economic Survey 2008 - 09*, Islamabad, 2009, Statistical Appendices, Table 11.2; *Pakistan Economic Survey 2012 - 13*, Islamabad, 2013, Statistical Appendices, Table 11.2.

各项国民健康指标也不断改善和提高。

有的研究估计 1951 年巴基斯坦的粗出生率为 43.1‰—62.4‰。[①] 1965 年，巴基斯坦人口的粗出生率为 48‰，1975 年为 47.4‰；同期，粗死亡率分别为 20.9‰和 16.9‰。1981 年，粗出生率为 43.3‰，粗死亡率为 11.8‰；1998 年，分别降为 32.7‰和 9.1‰。2012—2013 年，粗出生率为 26.8‰，粗死亡率为 7‰。[②] 1965 年，巴人口出生时的预期寿命为 45.8 岁（女性 44.5 岁），1975 年提高到 50.2 岁（女性 49.2 岁），1985 年又提高到 54.6 岁（女性 54.5 岁）。1990 年为 61 岁，2000 年为 63 岁，2011 年为 65 岁。[③] 在婴儿死亡率方面，1965 年为 149‰，1975 年降为 142‰，1985 年降为 134‰，1995 年已经降到 95‰，进入 21 世纪的头 10 年年均为 79.6‰。2011 年的婴儿死亡率为 59‰。每 10 万名分娩孕产妇死亡率 1990 年为 553，2010 年为 260。[④] 在安全饮用水获取方面，1976 年，22% 的人口可以获得（其中城市为 54%，农村为 11%）；1990 年，52% 的人口可以获得（其中城市为 80%，农村为 45%）。1982—1985 年，获得改善水源的人口占总人口的 38%，1990—1996 年占 60%。同期，获得卫生设施的人口占总人口的比例分别为 16% 和 30%。2006 年，获得改善水源的人口占总人口的 90%，获得改善卫生设施的人口占总人口的 58%。[⑤] 5 岁以下儿童营养不良、体重不足的百分比 1990 年为 39%，2000 年为 31.3%，2011 年为 30.9%。[⑥]

---

① J. Henry Korson Edited, *Contemporary Problems of Pakistan*, Westview Press, Colorado, 1993, p. 22.

② S. Akbar Zaidi, *Issues in Pakistan's Economy*, Oxford University Press, Karachi, 2000, p. 362; Ministry of Finance, Government of Pakistan, *Pakistan Economic Survey 1999 - 2000*, Islamabad, 2000, Statistical Appendices, Table 12.1; *Pakistan Economic Survey 2012 - 13*, Islamabad, 2013, Economic and Social Indicators.

③ S. Akbar Zaidi, *Issues in Pakistan's Economy*, Oxford University Press, Karachi, 2000, p. 348; 世界银行：《2013 年世界发展数据手册》，中国财政经济出版社 2013 年版，第 163 页。

④ S. Akbar Zaidi, *Issues in Pakistan's Economy*, Oxford University Press, Karachi, 2000, p. 348; Ministry of Finance, Government of Pakistan, *Pakistan Economic Survey 2012 - 13*, Islamabad, 2013, Economic and Social Indicators, pp. 145 - 146.

⑤ S. Akbar Zaidi, *Issues in Pakistan's Economy*, Oxford University Press, Karachi, 2000, p. 349; 世界银行：《2000/2001 年世界发展报告》，中国财政经济出版社 2001 年版，第 291 页；世界银行：《2010 年世界发展指标》，中国财政经济出版社 2010 年版，第 129 页。

⑥ 世界银行：《2013 年世界发展数据手册》，中国财政经济出版社 2013 年版，第 163 页。

巴基斯坦是联合国人类千年发展目标的签署国，承诺到 2015 年，将婴儿死亡率从 1990—1991 年度的 102‰降到 40‰，将每 10 万名分娩孕产妇死亡率从 553 降低到 140，将避孕普及率从 12% 提高到 55%，将在熟练护理人员护理下的分娩百分比从 18% 提高到 90% 以上。但从目前的进展情况看，完成目标的可能性不大。因为，到 2012—2013 年度，巴的婴儿死亡率还高达 66‰，避孕普及率仅达到 35%，2009—2010 年度的孕产妇死亡率还高达 260‰。①

而且，与世界上其他国家相比，巴基斯坦的多数卫生指标都显得比较落后。2003—2008 年，中等收入国家每千人拥有 1.3 名医生，下中等收入国家拥有 1.1 人，巴基斯坦拥有 0.8 人。同期，中等收入国家每千人拥有 2.2 张病床，下中等收入国家拥有 1.7 张，巴基斯坦拥有 0.6 张，低于巴基斯坦的国家有 14 个。在获得改善的卫生设施人口百分比上，2006 年巴为 33%，全世界为 60%，低收入国家为 38%，下中等收入国家为 52%，南亚地区为 33%。2003—2008 年，在熟练医护人员护理下分娩占分娩总数项目上，世界平均数为 66%，低收入国家为 44%，下中等收入国家为 65%，南亚地区为 42%，巴基斯坦为 39%。在孕产妇死亡率方面，2005 年每 10 万例分娩模型估计数世界平均为 400，低收入国家为 790，下中等收入国家为 370，巴为 320。在 5 岁以下儿童体重不足的百分比上，2000—2008 年，全世界平均数为 22.4%，低收入国家为 27.5%，下中等收入国家为 25.1%，南亚地区为 41.1%，巴基斯坦为 31.3%。在出生时体重不足的婴儿占出生婴儿的百分比上，2003—2008 年，世界平均为 15%，低收入国家为 15%，下中等收入国家为 17%，南亚地区为 27%，巴基斯坦为 32%。在出生时的预期寿命项目上，2008 年，全世界平均为 69 岁，低收入国家为 59 岁，下中等收入国家为 68 岁，南亚地区为 64 岁，巴基斯坦为 67 岁。在婴儿死亡率方面，2008 年全世界的平均数为 46‰，低收入国家为 76‰，下中等收入国家为 45‰，南亚地区为 58‰，巴基斯坦为 72‰。同年，5 岁以下儿童死亡率的相应数分别为

---

① Ministry of Finance, Government of Pakistan, *Pakistan Economic Survey 2013 – 14*, Islamabad, 2014, p. 168.

67‰、118‰、64‰、76‰和89%。[①]

由于多数教育和医疗卫生发展指标较低，所以虽然巴基斯坦的人类发展指数在不断提高，但在世界上的排名始终处于较后位置。根据联合国开发计划署发布的《2013年人类发展报告》，在世界上187个国家和地区中，1980年，巴的人类发展指数（该指数由预期寿命、平均受教育年限、预期受教育年限及人均国民收入四个因素的得分算出，最高值为1）为0.337，2012年为0.515。1980—1990年，巴人类发展指数年均增长1.29%，1990—2000年年均增长0.89%，2000—2012年年均增长1.74%。2012年，巴人口的预期寿命为65.7岁，2010平均受教育年限为4.9年。2011年预期受教育年限为9.4年，人均国民收入为1817美元。2012年，在南亚国家中，斯里兰卡的人类发展指数为0.715，排名第92；印度的为0.554，排名第136；马尔代夫的为0.688，排名第104；不丹的为0.538，排名第140；孟加拉国的为0.515，与巴并列第146；尼泊尔的为0.463，排名第157。[②]

巴基斯坦人力资源对经济增长的贡献虽然在不断增加，但有待进一步提高。从表10—3可见，1961—1970年，巴基斯坦的国内生产总值年均增长6.8%，人力资本贡献了0.6个百分点，贡献率为8.82%；1971—1980年，巴国内生产总值年均增长4.8%，人力资本贡献了0.5个百分点，贡献率为10.42%；1981—1990年，巴国内生产总值年均增长6.5%，人力资本贡献了0.7个百分点，贡献率为10.77%；1991—2000年，巴国内生产总值年均增长4.6%，人力资本贡献了0.8个百分点，贡献率为17.39%；1961—2000年年均贡献了0.7个百分点，贡献率为12.28%。虽然巴人力资本对经济增长的贡献率在不断提高，但与人力资本开发程度高的国家相比，巴人力资本的贡献率还较低。例如，据最早提出人力资源理论的美国经济学家舒尔茨的估计，美国1929—1959年余值增长率（国民收入增长率大于国民资源的增长率，这两者的差额被称为余值增长率）大约是五分之三，其中教育的收益可能占这个余值的3/10到1/2。丹尼森计算出，教育、医疗卫生、知识的增进等因素对经济增长的贡献率加在

---

① 世界银行：《2010年世界发展指标》，中国财政经济出版社2010年版，第120—122、128—130、133—134、137—138、145—146页。

② UNDP, *Human Development Report 2013*, New York, 2013, pp. 143—46, 150.

一起，占余值增长的60%以上。[①] 据新华社2008年4月14日电，中国人力资本对经济增长的贡献率为35%，发达国家约为75%。[②] 战后一些经济发展基础与巴基斯坦相近的东亚和东南亚国家取得了比巴更优异的经济发展成绩，一个重要原因就是这些国家的人力资源开发程度更高，人力资本对经济增长的贡献更大。因此，可以得出结论说，人力资源开发进度慢，是巴基斯坦经济发展的重要制约因素。有学者把巴民众社会福利改善缓慢看做巴独立后政府政策失败的一个主要方面。[③]

巴基斯坦在人类发展总体方面存在的主要问题，就是上文在分析巴人口、教育和医疗保健方面指出的主要问题，包括投入不足、发展不平衡、基础设施和条件差、发展水平低等，这里不再赘述。笔者认为，在其他影响经济发展的变量既定的情况下，人类发展水平即国民素质是决定经济发展速度的重要因素。巴人口增长快，但人力资源开发进度慢，国民整体素质不够高，严重制约了巴的经济发展。

①　谭崇台主编：《发展经济学》，上海人民出版社1989年版，第183页。

②　《我国人力资本对经济增长贡献率约为35%》，http://finance.sina.com.cn/g/20080414/07534743860.shtml。

③　J. Henry Korson Edited, *Contemporary Problems of Pakistan*, Westview Press, Colorado, 1993, p. 9.

余　论

在本部分，笔者将对本书的研究作一些宏观总结，对有的问题作出简要探讨，谈一些从研究中受到的启发和体会，并对巴基斯坦今后的经济发展作出展望。

一　巴基斯坦的经济发展模式

与其他发展中国家相比，独立后巴基斯坦的经济发展有自己的模式，笔者将其总结为：以议会民主制或军人执政为政治背景，以伊斯兰教为文化背景，工业服务业发展在计划经济下由私营企业主导，农业制度变革和生产技术改进并重但以技术变革为主，农民自主经营，小农场逐渐占据优势，同时保持一定的规模经营。以下对这一模式作出解释。

议会民主制或军人执政，指巴基斯坦经济发展的政治制度基础或政治背景。从巴独立到 2014 年的 67 年中，巴在政治发展历程中，先后经历过 4 个基本按议会民主制政治制度运行的文人执政阶段和 4 次军人执政，文人执政和军人执政的时间几乎持平（军人执政时间加起来约 33 年）。巴的经济发展，就是在这样的政治制度下展开的。正如本书前面各章相关部分分析论证的，巴的政治发展，深深影响了其经济发展。大致说来，在文人政府执政期间，巴经济发展速度相对较为缓慢，在军人执政期间，经济发展速度较快一些，差距年均约 2 至 4 个百分点。下文对此还会进一步作出分析。

在发展工业和服务业方面，从独立开始，巴基斯坦就强调以私营部门为主，政府提供各方面的支持和帮助。当然，期间经历了佐·布托执政时期的国有化，从 1972 年起巴政府先后将主要基础工业、棉花和稻米贸易、银行业、人寿保险业、榨油业、农村工业等国有化，1976 年 7 月农村轧花厂、碾米厂和面粉加工厂等 4000 多家农村工业也国有化。同时，布托政府还调整工业产业结构，开始建设和发展一些机械工业和资本货物工业，试图以公营企业为主导发展工业和服务业。这样，巴公营企业投资在固定资本形成中占的百分比大大提高。据统计，布托政权刚被推翻后的1978—1981年，巴公营企业投资占固定资本形成的45%，在发展中国家算是较高的。[①] 随后推翻布托政权的齐亚·哈克军政权实施了非国有化即私有化政策，将佐·布托政府时期国有化的多数企业又私有化了。1988年巴在世界银行和国际货币基金组织指导下开始经济结构调整以来，开展了广泛的私有化，把制造业、能源生产、采矿、交通运输、电信、银行等行业的167家企业私有化。巴的私有化被认为是发展中国家中实施得较为广泛、彻底的。这样，在发展中国家中，巴基斯坦国营经济所占的比例长期是较低的，工业服务业的发展除佐·布托执政及此后几年外，基本都以私营企业为主导。当然，在1988年以前，私营企业的运行，并不是完全按市场经济规则进行的，巴政府对经济运行进行了各种干预，有时干预还很严重。主要是，巴政府实行了不同的经济发展计划，设置了各种贸易壁垒，对汇率进行管制和干预，对国内实行进口替代的工业品市场进行不同程度的保护，长期压制农产品价格，对银行信贷和利率进行干预，对进出口进行管制，实施了多种公共产品价格的补贴。巴政府的这些经济干预政策措施，在促进经济发展的同时，也在一定程度上扭曲了市场价格，阻碍了市场的运行、发展和完善，对经济发展产生了一定不良影响。1988年实行经济结构调整以来，巴政府日益放松直至取消了各项直接经济干预政策，市场力量的作用加强。尽管经历了各种变化，但巴20世纪70年代以来在促成工业产业结构转变、多样化和升级方面，做得却很不成功，使得巴今天的工业化水平还较低。

在农业领域，由于巴基斯坦没有实行耕者有其田的彻底的土地改革，且保守的土地改革也只取得有限的成功。结果，经过几十年的演变，一方面，巴的农业生产中保留了大量封建、半封建的生产关系，佃农制长期延续。当然封建、半封建生产关系的势力和影响在不断减弱，目前封建半封建生产关系的影响整体已经不大；另一方面，巴基斯坦变为以小农土地所有制为主的国家，还有大批无地农业劳工存在，与此并存的是一些中等规

---

① 谈世中主编：《发展中国家经济发展的理论和实践》，中国金融出版社1992年版，第239页。

模以上农场，保留了一定的农业规模经营，资本主义农业生产关系不断成长和扩大。在土地制度变革成效有限的背景下，巴政府从20世纪60年代中期起，转而实行以生产技术变革为主的农业发展战略。所以，巴的农业发展模式变为以小农土地所有制为主，同时存在一定规模的中型乃至大型农场（相对于巴农场的平均规模而言），以生产技术变革为动力。这种农业发展模式虽然也能使农业生产获得明显的发展，但农业生产的发展潜力没能完全发挥出来，农业发展不够快，大量小农由于拥有的土地规模太小，农业生产已经不经济，无法凭借自己的土地养家糊口。由于人口增长过快，人均耕地面积下降，土地资源的稀缺性日渐突出，大批无地农业劳工就业不足，佃农始终遭到沉重剥削，工业化和城市化速度慢，农村剩余人口向城市的转移困难。因此，巴土改后的农业发展模式，造成了大面积的农村失业现象和农村贫困现象，巴二元经济结构的转变较为缓慢。2013年，巴人口为1.844亿，其中城市人口为6987万，占37.9%，农村人口为1.145亿，占62.1%。[①]

巴基斯坦绝大多数国民信奉伊斯兰教，所以可以说巴的文化背景是伊斯兰教文化。伊斯兰教文化背景对巴经济发展有如下几个方面的影响：（1）伊斯兰教传统势力和现代势力的对立，穆斯林内部众多的教派分歧，影响到巴国民的团结和全民共识的形成，宗教极端教派势力的存在，为教派冲突和恐怖主义活动提供了基础，巴国内安全从而受到影响，经济发展由此受到制约。（2）伊斯兰教的婚姻观念和生育观念影响了巴的人口增长，使巴成为人口增长很快的发展中国家，对巴的人力资源开发、经济发展和生态环境产生了一些不利影响。（3）伊斯兰教对妇女的态度，影响了女性的教育、就业和发展，对经济社会发展有不利影响。（4）伊斯兰教对利息的态度，使得伊斯兰金融在巴获得较快、较大发展，在发展传统金融业的同时，还发展了另外一种模式的金融业，对经济发展有一定促进作用。（5）伊斯兰教背景使得巴能够从其他伊斯兰国家争取到不同程度的经济援助，并向中东因输出石油变富的国家大量输出劳工，获得大量侨汇，缓解国内就业压力和贫困问题，对经济发展产生了积极影响。

与其他发展中国家相比较，巴基斯坦的经济发展模式，在政治背景方

[①] Ministry of Finance, Government of Pakistan, *Pakistan Economic Survey 2013 – 14*, Islamabad, 2014, p. 179.

面，表现出了更大的不稳定性，尤其是在文人执政期间，政府更换较为频繁。而且，巴在真纳去世后，没有产生杰出的政治家，特别是没有杰出的文人政治家，致使巴政府在治理国家、发展经济方面，显得能力不强，在提高储蓄率和资本形成率，在促进经济结构升级，在人力资源开发领域，巴政府的表现平平。在工业和服务业发展方面，巴长期以私营经济为主导，显得更合理。但是，20 世纪 60 年代后期，巴政府对经济结构升级和转型重视不够。70 年代佐·布托政权上台后，采取广泛国有化，加强公营经济力量，重点发展基础工业和重工业的转型办法，虽有一定合理性，但并不符合巴国情。结果，巴没能像当时的"亚洲四小龙"等国家和地区那样实现轻工业的换代升级，基础工业和重工业发展有限，没能转向出口导向性的经济发展之路，工业和服务业产业结构转型升级因此被耽误了。随后的齐亚·哈克军人政权在顺应时代潮流，抓住世界经济结构转变的机遇方面，反应不灵敏，再次错过了良好机遇。再后来，巴经济结构调整的难度变得更大，面对的国际竞争更强，取得的成效较有限。所以，在发展工业和服务业方面，巴的经济发展模式虽然不比许多发展中国家差，甚至还有一定优势，但在经济结构转型方面做得却不成功。不成功的主要原因，一个是政府方面的，另一个笔者认为是缺乏优秀的企业家集团。巴独立后长期以私营企业为工业化的主导力量，除佐·布托执政时期外，巴政府都给予了私营企业大量支持。可是，巴却没有产生在国际上有影响的大企业，在工业升级换代方面，巴的私营企业表现也不好。最典型的是，在纺织业领域，巴有很好的资源优势，然而巴的纺织企业却始终以生产简单加工品和附加值不高的产品为主，缺乏高科技支撑的企业，也没有大企业集团。

　　总体看，在既成的经济发展模式下，独立以来巴基斯坦经济发展取得的成就在发展中国家中处于中上水平，经济保持中速增长，赶不上东亚东南亚一些发展快的优等生，但好于多数国家。与其他发展中国家相比，独立后至 20 世纪 50 年代，巴的经济增长是较慢的。在 20 世纪 60 年代和 80 年代，巴的经济增长率是低收入发展中国家中最快的之一。20 世纪 90 年代以来，巴基斯坦的经济增速只能算发展中国家的中等水平。

　　时至今日，巴基斯坦的经济水平不高。首先，目前农业在国民经济中所占比重还较高，多数人还依赖农业为生。在第二章和第三章中，我们指出，扣除后来独立出去的东巴基斯坦的数据，独立初期，巴农业产值占国内生产总值的 53.2% 。这一比例当时与一些周边国家和东南亚国家相差不多。1950 年，泰国农业产值占国内生产总值的 58%，印度占 50%，斯里兰卡占 56%，1958 年印度尼西亚占 51%。[①] 但是，到 2011 年，泰国农业产值占国内生产总值的比例降为 12%，印度降为 18%，斯里兰卡降为 12%，印度尼西亚降为 15%，巴为 22%。[②] 同时，像许多发展中国家一样，虽然农业产值占国内生产总值的下降幅度很大，但农业劳动力转入工业和服务业的速度却大大低于农业产值的下降幅度，大多数人仍然以农业维持生计。1951 年，在巴 950.7 万劳动力中，从事农业、畜牧业和林业的占 66%，从事渔业的占 0.2%，从事采矿和采石业的占 0.1%，从事制造业、建筑业和运输业的占 11.5%，从事贸易和商业的占 6.8%，从事公共管理、专业和艺术的占 3.5%，从事国内及个人服务的占 4.9%，从事其他工作的占 7.7%。[③] 到 2012—2013 年度，巴在农林渔猎业就业的劳动力占 43.7%，在制造业就业的占 14.1%，在建筑业就业的占 7.4%，在批零贸易业就业的占 14.4%，在运输、仓储和通信业就业的占 5.5%，在社区、社会及个人服务业就业的占 13.3%，在其他部门就业的占 1.6%。[④]

其次，巴基斯坦的工业化水平不高。从表 4—2 可见，2012—2013 年度，巴工业产值只占国内生产总值的 20.5%（制造业占 13.3%）。按照发展经济学关于工业化过程的理论，一般认为，工业发展过程正常地要经历三个阶段。在第一阶段，消费品工业如食品加工、纺织、烟草、家具等工业是主要工业部门，并且比资本品工业如冶金、化学、机械、汽车等部门以更快的速度发展。在第二阶段，资本品工业增速加快，资本品工业产值占工业总产值的比重趋于上升，但这时消费品工业在产值和速度上都仍然占主导地位。在第三阶段，资本品工业比消费品工业增速更快，并渐占优势。德国经济学家霍夫曼（W. G. Hoffman）对各国工业化过程中消费品

---

①　Lloyd G. Reynolds, *Economic Growth in the Third World, 1850—1980*, Yale University Press, 1985, pp. 396 – 397.

②　世界银行：《2013 年世界发展数据手册》，中国财政经济出版社 2013 年版，第 104、105、163、194、207 页。

③　B. M. Bhatia, *Pakistan's Economic Development 1948 – 88*, Konark Publishers PVT. LTD., New Delhi, 1989, p. 40.

④　Ministry of Finance, Government of Pakistan, *Pakistan Economic Survey 2013 – 14*, Islamabad, 2014, pp. 187 – 188.

和资本品工业的相对地位变化进行统计分析后，得出结论说：各国工业化
无论开始于何时，一般具有相同的趋势，即在最初阶段，消费品工业占优
势；在第二阶段，资本品工业迅速发展，消费品工业优势地位逐步下降；
在第三阶段，消费品工业与资本品工业达到平衡，而有资本品工业快于消
费品工业增长的趋势。他还进一步指出了不同阶段消费品工业产值和资本
品工业产值的大致比值。在第一阶段，在 100 元工业净产值中，约 84 元
是消费品工业的产值，16 元是资本品工业的产值。在第二阶段，在总工
业净产值中，消费品工业占 60%—78%，资本品工业占 22%—40%。在
第三阶段，在总工业净产值中，消费品工业占 60%—33%，资本品工业
占 40%—67%，平均起来，两种工业净产值是一半对一半。[①] 根据巴政府
的制造业统计，2005—2006 年度（截至 2013—2014 年度，巴政府没有公
布过更新的统计数据），在巴主要工业 29293.32 亿卢比总产值中，纺织业
占 26.18%，食品业占 15.52%，轧棉等占 4.46%，穿戴品占 3.50%，药
品占 3.08%，烟草占 1.79%，纸和纸产品占 1.88%，饮料占 0.98%，皮
和皮制品占 0.91%，木材及其制品占 0.40%，印刷和出版占 0.32%，体
育用品占 0.30%，工业化工品占 4.88%，其他化工品占 4.04%，石油和
煤炭产品占 9.27%，塑料品占 0.91%，非金属矿产品占 4.71%，钢铁占
4.45%，金属产品占 0.75%，非电气品占 2.05%，电气机械占 1.94%，
运输设备占 6.88%，测量、相片和光学品占 0.30%。[②] 到 2014 年 3 月，
在巴的大型工业中，纺织业的权重为 20.91，食品、饮料和烟草为 12.37，
焦炭和石油产品为 5.51，药品为 3.62，化工品为 1.72，车辆为 4.61，钢
铁为 5.39，化肥为 4.44，电子产品为 1.96，皮革为 0.86，纸和纸板为
2.31，机械为 0.40，橡胶为 0.26，非金属产品为 5.36，木产品为 0.59。[③]
把这些数据与上述工业化过程理论对照，我们可以判断说，巴的工业化充
其量只能算刚刚进入第二阶段。

在服务业方面，从表 2—3 可见，到 2012—2013 年度，巴基斯坦服务
业占国内生产总值的 58.1%。其中，运输仓储和通信占 13.0%，批发和

---

① 谭崇台主编：《发展经济学》，上海人民出版社 1989 年版，第 236—238 页。

② Ministry of Finance, Government of Pakistan, *Pakistan Economic Survey 2012 – 13*, Islamabad, 2013, Statistical Appendices, Table 3.3.

③ Ministry of Finance, Government of Pakistan, *Pakistan Economic Survey 2013 – 14*, Islamabad, 2014, p.44.

零售贸易占 18.6%，金融和保险占 3.1%，房产占 6.8%，行政管理和国防占 7.0%，其他服务占 9.7%。数据表明，巴的服务业中，主要以商业和运输业为主，先进行业、高端行业的比例较小，金融业欠发达，教育科技医疗发展滞后。与印度作出对比（更不用说与发达国家比），巴服务业的落后性就更清楚了。2011—2012 年度，印度贸易占国内生产总值的 16.6%，宾馆和餐饮业占 1.5%，银行和保险占 5.7%，房地产和商务占 10.8%，行政管理和国防占 6.1%，其他服务占 7.9%，运输、仓储和通信占 7.1%。2012—2013 年度，贸易、宾馆和餐饮业加上运输、仓储和通信占国内生产总值的 25.1%，金融、保险、房地产和商务占 17.2%，社区、社会和个人服务占 14.3%。① 巴现在一二三产业虽然已经由第三产业占据支配地位，但是是在没有经历过工业占主导地位的阶段，就进入了第三产业为主的阶段的，所以说是不健康的早熟现象。

二　军人统治与巴基斯坦的经济发展

1. 军人统治反复出现的原因

前文已经提到，在巴基斯坦独立至今的 67 年中，先后产生过 4 次军人执政，时间长达约 33 年。在当代发展中国家中，军人干政是一种较为普遍的政治现象，许多亚非拉发展中国家都出现过、经历过军人统治。对发展中国家产生军人执政的原因，学术界有多种解释。一种解释认为是冷战期间超级大国的军事援助促成了发展中国家军人政权的产生，称为"军事援助促成论"；第二种解释称"军人干政传统论"，认为军人干政是许多发展中国家的政治传统；第三种是"组织决定论"，认为军队组织的特征是军人政权产生的根本原因；第四种是"政治体制软弱论"，认为是发展中国家自身政治体制存在的问题，是社会政治不稳定造成军人干政；五是"政治文化落后论"，认为发展中国家的政治文化落后造成了军人干政。限于主题，笔者在这里不便对这 5 种解释评长论短。

笔者认为，就巴基斯坦的情况看，这 5 中解释中的任何一种，都不足于完全解释巴反复出现军人执政的情况。笔者自己的解释是：

首先，巴建国后相当长一段时间，缺乏数量充足、质量较高、能够基本整合巴不同地区、不同政党和政治派别、不同民族和族群、不同伊斯兰

---

① Government of India, *Economic Survey 2012 - 2013*, p. 213, http://indiabudget. nic. in.

教派和社会各阶层意见的文人官僚领导集团尤其是胸怀宽广的杰出领导人，从而缺乏有力、有效率和权威的中央政府，是巴产生军人执政的首要原因。巴基斯坦建国后，在还没有制定出宪法，没有使议会民主制的政治制度平稳运行时，在全国范围内有威望、有号召力、目光远大，能团结各方的国父真纳便在 1948 年 9 月 11 日逝世。1951 年 10 月，领导能力虽然平平，但威望也较高，也能团结各方，获得各方支持的真纳的战友利亚卡特·阿里·汗又被暗杀。从此之后，巴基斯坦群龙无首，"再无一人能被各派政治力量奉为共主，更不要说敦促他们推行一套建设国家的构想"。[①]与巴基斯坦形成鲜明对比的是，印度独立后，深孚众望、富有个人魅力的贾瓦哈拉尔·尼赫鲁一直担任总理近 17 年，直至去世。尼赫鲁当政期间，坚持和完善议会民主制，把印度的议会民主制推上了正常和顺利运行的轨道。

在殖民统治期间，英印政府已经把英国的文官制度引入了印度。许多印度教教徒将自己的子女送入英国殖民者在印度创办的世俗西式学校学习，受教育后通过殖民地政府组织的文官考试，成为殖民政府的中下层公务员，从而为独立后的印度准备了一大批行政管理人员。但是，穆斯林由于担心西方教育影响伊斯兰教的独特地位，对将自己的子女送入英国人办的西式学校态度较冷淡，甚至还发动过两次抵制西式教育的运动。其中，1875 年的阿里格尔运动主张穆斯林可以接受英国式教育，但不学习西方政治学。这样，一方面，穆斯林接受西式教育的人数较少，能够参加公务员考试并被录用的人数也就较少；另一方面，从阿里格尔大学毕业的穆斯林学生，即使进入政府行政管理部门，但由于没有接受政治学教育，缺乏政治预见能力和政治技巧，在与印度教教徒公务员竞争中处于劣势。在印巴分治时，在印度行政机构服务的 1157 名印度公务员中，只有 101 名穆斯林，还不到印度公务员的 10%。[②] 与文职管理人才储备少相比，巴基斯坦的军事人才储备要丰富得多。在殖民统治期间，"传统的尚武精神使穆斯林在英印军队中占有与人口比例不相适应的优势位置，但在政府

---

① 陈峰君主编：《世界现代化历程·南亚卷》，江苏人民出版社 2012 年版，第 379—380 页。

② 阿苏·甘地：《印度和巴基斯坦政治文化和政治发展的一些方面：一项比较研究》，转自引杨翠柏主编《南亚政治发展与宪政研究》，巴蜀书社 2010 年版，第 373 页。

文官当中却远远落后于文化比较发达的印度教徒，因而接受民主政治熏陶和实践比较少，而独裁和专制的思想则比较浓厚。印巴分治后，印度继承了大部分文官，巴基斯坦则接收了相对完整的军官队伍。虽然巴基斯坦军官团同样面临高级军官缺乏的局面，但文官资源更加稀缺，军官的素质使得军队在国家政治生活中的地位比他们的印度同行的地位重要得多。国家管理人才当中的文官力量较少，缺乏相应的人才储备因而不利于推行民主政治，与此相反，军官力量较多则为军人干政准备了人员基础。"[①]

正因为如此，巴基斯坦独立初在文人政府统治期间，"各组成部分的不平衡，以及财产、政治位置和工作机会分配中的竞争很快浮出水面，使得政府管理成为吃力的问题"，"前几个世纪在印度引发团结的力量，如伊斯兰教或共同的历史，也不能压倒个人和民族的竞争"。"在另一方面，西巴基斯坦各省的关系常常是互相猜疑，而中央政府不能创造平衡的、可以接受的机制，许多种族政治家（包括孟加拉的同行）责难旁遮普垄断了权力。"[②] 在这种背景下，巴从独立到 1958 年 10 月的 11 年多时间里，国内各种矛盾不断激化，政府始终无法调和，政局混乱和动荡，中央政府和地方政府不断更迭，"差不多两年要换一次总督（总统），每年要换一次总理"，[③] 经济发展缓慢，民众的不满日益增强，为军人夺权提供了理由，创造了机会。塞缪尔·P. 亨廷顿很有见地地指出："军队部门和军方人士变得政治化的程度，是文职政治机关软弱和文职官员无法处理国家面临的重大政策问题的一种函数效应"。[④]

其次，巴基斯坦独立后由于面对与印度的不信任和冲突，还有与阿富汗的不和，建立了一只力量强大、有组织优势的军队。军队内部组织严密、容易统一意见，有强大的力量，许多军官尤其是中下层军官都受到一定现代化思潮影响，有民族意识、国家意识和管理能力。这些组织特点，

①　陈峰君主编：《世界现代化历程·南亚卷》，江苏人民出版社 2012 年版，第 405 页。

②　［巴］伊夫提哈尔·H. 马里克：《巴基斯坦史》，张文涛译，中国出版集团 2010 年版，第 141 页。

③　邱永辉、陈继东、李德昌：《南亚国家的经济改革与民主化浪潮——印度和巴基斯坦研究》，四川大学出版社 1998 年版，第 176 页。

④　［美］塞缪尔·P. 亨廷顿：《变化社会中的政治秩序》，王冠华、刘为等译，上海世纪出版社 2008 年版，第 182 页。

使军人能够通过政变夺取政权，并在一段时间内执政。尽管亨廷顿认为"试图从军队的内部结构或从事干预的军官们的社会背景作为主要线索来解释军队干政同样是虚妄的"，但他同时指出，"虽然骚动、罢工和示威可以直接或间接地迫使政府修改其政策，然而这些手段本身不能改变执政者。军事政变是使政府换马，而不仅仅是改变其政策的直接行动方式"；"和尚、牧师能示威，学生会闹事，工人能罢工，但是除非在极不寻常的情况下，他们当中谁也不能证明自己有能力治理全局"，只有有组织内聚力的军队能取代政府。①

另外，军人执政期间取得的成绩，军人执政期间对自身力量的巩固，为军人再次、第三次乃至多次政变执政提供了借口和基础。阿尤布·汗执政期间，巴获得了近10年较稳定的时期，巴的经济也获得较快增长，得到了国际社会许多机构、人员和巴本国许多团体及人员的好评、认可。首次军人执政的成绩，使得军队指责文人政府无能有了依据，也被巴军方引为只有军人能很好治理国家，推动国家经济发展的证据，成为军人再次干政的资本。同时，阿尤布·汗统治期间还采取一些措施巩固、扩大了军队对巴各方面的影响。1977年，当巴国内矛盾再次激化时，尽管事态还没有发展到中央政府无法继续统治下去的地步，但齐亚·哈克还是发动政变夺取了政权，当然一些政治团体和民众也希望军队站出来干预。巴独立后军人执政取得成绩，导致"在巴基斯坦，军队作为一种组织比起政府、官僚机构或资本组织，得到更多人的信赖"。② 种种因素叠加，使巴的军人认为他们是巴国家和社会的杰出保卫者，是国家利益的代表，伤害军队就意味着伤害了国家。所以，当他们感到必要时，就会推翻无效率和腐败的文人夺取政权。③

还有，没有强大而成熟的政党。独立前，1906年12月30日建立的全印穆斯林联盟（巴基斯坦独立后改称巴基斯坦穆斯林联盟）虽然在反对英国殖民统治，领导穆斯林为建立巴基斯坦而奋斗方面发挥了重大

---

① ［美］塞缪尔·P.亨廷顿：《变化社会中的政治秩序》，王冠华、刘为等译，上海世纪出版社2008年版，第161、179页。

② 一知：《巴基斯坦当前政治经济与军事政变》，《南亚研究季刊》2000年第3期。

③ Ramesh Thakur and Oddny Wiggen Edited, *South Asia in the World: Problem solving perspectives on security, sustainable development, and good governance*, United Nations University Press, New York, 2004, p.178.

作用，但该党主要是一个穆斯林精英为主的政党，群众基础并不广泛，在印巴分治后组成巴基斯坦的那些地区的群众基础更差。巴基斯坦建国后，一方面该党群众基础很差，也不去积极争取和动员群众；另一方面，由于共同奋斗的建国目标已经实现，印度教的威胁在国内也已经不复存在，巴基斯坦穆斯林联盟内部的派系斗争便日渐凸显出来。真纳等能够赢得各方支持的杰出领导人去世后，穆斯林联盟内部便显得四分五裂，日益走向衰落。军人执政期间，为巩固自己的统治，军队领导人试图建立自己控制的政党，或让某一党派支持自己，例如阿尤布·汗在1963年12月组建大会穆斯林联盟（这一举动导致巴基斯坦穆斯林联盟分裂），穆沙拉夫执政期间利用穆斯林联盟领袖派。但是，军人政权建立或支持的政党并没能赢得广泛支持，最终没能成为全国持续时间较长的数一数二的大党。1967年11月30日佐·布托领导建立的巴基斯坦人民党，虽然在1970年12月的大选中成为西巴基斯坦第一大政党，在孟加拉国独立后成为执政党，在1988年恢复议会民主制及2008年再次回归议会民主制后保持第一大政党或第二大政党的地位，几度执政。但是，该党信德省的背景突出，过分依托布托家族或者说被布托家族控制，党内纪律不严明，制度不够健全，个人专权，执政期间或在野时更多考虑的都是本党的利益，贪污腐败严重，因此既不够成熟，又没有足够广泛的代表性。巴基斯坦穆斯林联盟在1988年恢复议会民主制后实力有所恢复，成为与巴基斯坦人民党在政坛竞争的第一或第二大政党，并曾上台执政。但是，该党随后发生分裂，分裂后穆斯林联盟（谢里夫派）实力最强，是巴基斯坦第一或第二大政党，也先后几次执政，现在是巴基斯坦的主要执政党。但是，该党主要代表巴基斯坦工业资产阶级的利益，权力基础在旁遮普省，深受谢里夫家族影响，同样面临党内纪律不严明，制度不够健全，个人专权，执政期间更多考虑的是本党和地方的利益，贪污腐败严重的问题。

再有，政治制度不完善、不稳定。巴基斯坦独立时，选择的是议会民主制和联邦制的政治制度。可是，直到1956年第一部宪法制定，才以法律的形式对巴的基本政治制度和联邦制的主要内容和形式作出了基本规定，且对一院制的国民议会、总统、总理、最高法院的权限划分有不完善之处。更为糟糕的是，这部宪法"未能协调各派政治势力的利益和统一民众的思想，也就不能缓和业已存在的政治动乱，国家仍然处于各种势力的斗争和抗衡之中，政治舞台一片混乱"。[①] 随后，1958 年 10 月文人政府就被推翻。阿尤布·汗军人统治期间，先实行"有限民主制"，后实行权利高度集中的总统制，并动用自己控制的政治力量，将自己选为总统。1971 年 12 月 30 日，巴基斯坦人民党领袖佐·布托接任巴基斯坦总统和军法管制首席执行官后，通过了 1973 年宪法，规定巴基斯坦实行两院制的议会民主制，国会分为参议院和国民议会，但对议会、总统、总理权限的划分仍不完善，且削弱和限制司法权。1977 年齐亚·哈克将军的军政府执政后，取缔了所有政党和群众集会，1981 年 3 月 24 日颁布临时宪法，增强总统和军法首席执行官的权力，使总统有权宣布国家处于紧急状态，限制政党活动，并缩小法院的权力。1988 年 11 月恢复议会民主制后，除民选政府后面站着以不同形式干政的军队外，总统、总理、国会和司法机构存在争夺权力问题。1997 年 2 月穆哈迈德·纳瓦兹·谢里夫再次执政后，4 月通过议会修改宪法第八修正案，取消了总统解散议会和罢免总理的权力。1999 年 10 月穆沙拉夫将军上台执政后，通过系列立法确保自己的合法地位，并不断扩大他 2001 年 6 月担任总统后总统的权力，巴基斯坦议会在 2003 年 12 月 29 日通过宪法第十七修正案，规定总统经最高法院批准后有权解散议会，与总理协商后有权任免三军领导人。起先，巴基斯坦的司法机构不够独立，在军人执政时，最高法院都被迫或自愿承认了军人统治的合法性。但在 2008 年巴基斯坦再一次回归民主制后，最高法院也参与了权力争夺，试图扩大司法部门权力，裁决总统和总理的冲突。2010 年 3 月 23 日，巴基斯坦国民议会通过宪法第十八号修正案，否决了总统解散国民议会的权力，使总统成为虚位元首。从这些过程中，可以看出巴基斯坦政治制度的不完善，建国后至今一直没有形成得到国内广泛认可的、稳定的政治制度，不同军人执政实行的政治制度有显著差异，文人政府时期的民主制也不尽相同。总理内阁制得到的认可虽然越来越多，但今后能否完善和坚持，尚有待观察。同时，巴基斯坦的联邦制由于赋予联邦中央的权力较大，被称为"半联邦制"，招致了各省的抱怨和不满，影响了中央和地方的团结和合作。在现行的联邦制下，人口较少的俾路支省和开伯尔—普什图省感到自己的利益受到损害，对中央政府和旁

[①] 邱永辉、陈继东、李德昌：《南亚国家的经济改革与民主化浪潮——印度和巴基斯坦研究》，四川大学出版社 1998 年版，第 136 页。

遮普省及信德省也有意见。因此，巴基斯坦的联邦制需要进一步完善。

最后，文人政府对与军方的关系及矛盾处理不当，导致军人被迫实行军事政变，接管政权。1999 年 10 月 12 日穆沙拉夫将军政变上台就是如此。这次军人政变，不是国内各种矛盾激化和不可调和导致的，而是时任巴政府总理的谢里夫与军方发生矛盾，谢里夫想让军队更听命于自己，率先采取行动，试图把陆军总参谋长赶下台引发的。如果谢里夫不草率采取行动，这次的军人政变不一定发生，至少可以说谢里夫的草率行动使军方提前实施政变。

2. 军人执政对经济发展的影响

在不同发展中国家，军人执政对经济发展带来的影响不同。就巴基斯坦的情况看，除叶海亚·汗短暂统治期间以外，其他 3 位军人执政期间，巴经济增长明显快于文人政府执政期间。特别是在穆沙拉夫将军统治期间，巴经济增长速度一度达到了巴独立以来的最高水平。在本书第二章中，我们已经指出，按 1959—1960 年度的不变要素成本价格，1949—1950 年度，巴基斯坦的国民总收入为 244.7 亿卢比，1958—1959 年度增加到 301.4 亿卢比，增长 23%，年均不到 2.5%；同期，人均国民收入分别为 311 卢比和 312 卢比，没有增加。就阿尤布·汗执政的整个时期看，1959—1960 年度到 1968—1969 年度，农业年均增长 3.4%，制造业年均增长 7.9%，国民生产总值年均增长 5.4%，人均国民生产总值年均增长 2.7%。

主要在佐·布托执政期间，从 1969—1970 年度到 1976—1977 年度，巴基斯坦实际国民生产总值（已扣除东巴数）的年均增长率降低为 4.4%，最低的 1970—1971 年度和 1971—1972 年度仅增长 1% 和 2.76%。同期，人均国民生产总值年均增长率降为 1.1%。齐亚·哈克将军执政期间，从 1977—1978 年度到 1987—1988 年度的 11 年间，巴基斯坦国民生产总值年均增长 6.5%，人均收入年均增长 3.3%。贝·布托及谢里夫文人政府交替执政期间，1988—1989 年度，经济增长 4.81%，1989—1990 年度增长 4.58%，20 世纪 90 年代，国内生产总值年均增长 4.6%，农业年均增长 4.4%，制造业年均增长 4.8%，服务业年均增长 4.6%。穆沙拉夫将军执政期间，1999—2000 年度，国内生产总值增长 3.9%，2000—2001 年度增长 1.8%，2001—2002 年度增长 3.1%，2002—2003 年度增长 5.1%，2003—2004 年度增长 7.5%，2004—2005 年度增长 9.0%，

2005—2006 年度增长 5.8%，2006—2007 年度增长 6.8%。

为什么在军人统治期间，巴基斯坦的经济增长速度更快呢？原因归结起来主要有：（1）军人统治期间，巴国内政局乃至国内安全较稳定，阿尤布·汗和齐亚·哈克执政期间尤其如此。穆沙拉夫执政期间，虽然存在一定程度的国内安全问题，但政局基本是稳定的。（2）军人执政期间的经济发展政策基本符合巴国情，不比文人政府差，甚至还比文人政府好。齐亚·哈克执政期间的经济发展政策明显比佐·布托政府的经济发展政策更符合巴国情，穆沙拉夫军人政府在推进经济改革和经济自由化、市场化及国际化方面，比贝·布托和谢里夫政府更有力。（3）军人执政期间，政府内对经济政策意见较统一，没有陷入过多争吵，且执行情况较文人政府时期有效。（4）外部因素使军人政府获得了重要的国际援助，延长了军人执政时间。1977 年 7 月齐亚·哈克将军政变夺权至 1979 年 11 月苏联入侵阿富汗前，西方主要国家对他的统治态度冷淡，巴经济发展面临很大困难，他的军人政权面临很大内外压力。然而，苏联入侵阿富汗使巴成为抵抗苏联进一步向南亚及印度洋扩张的前线国家，巴因此获得了美国为首的西方国家大量的军事和经济援助，摆脱了在国际上的孤立地位和经济发展困境，从而把军人统治延续至 1988 年 8 月哈克将军在空难中死亡。1999 年 10 月 12 日佩尔韦兹·穆沙拉夫将军政变上台后的一段时间，也遭到了西方国家为首的国际社会的冷遇，日子很不好过。可是，2001 年"9·11 事件"发生后，穆沙拉夫选择加入美国为首的反恐阵营，支持美国等发动阿富汗战争，成为反恐的前线国家，因而获得美国等国大量的军事和经济援助，既摆脱了孤立，又促进了经济增长，从而延长了统治时间。5、在军人掌握最高国家政权后，巴军人在巩固自己统治，把更多军官安置到政府官职上的同时，并没有把文职官僚都赶出政府，而是联合他们共同执政。这种做法既扩大了统治基础，有利于军人政权的稳定，又让文职专家发挥了促进国家经济社会发展的作用。

巴基斯坦在军人执政期间经济增长的情况告诉我们，巴的经济发展与政治稳定呈现正相关关系。当政局稳定，国内保持较安全的局面，政府的经济发展政策符合国情、符合经济发展规律，经济增长就较快；相反，经济增长就较慢。这种情况，我们在其他一些发展中国家中也可以看到。泰国、印度尼西亚、斯里兰卡等国都是如此。所以，似乎可以说，政治稳定是发展中国家经济发展的前提之一，是必要条件。

三　资本形成与经济增长

在发展经济学产生的早期，许多学者都非常强调资本形成对推动发展中国家经济发展的重要性。例如，在哈罗德—多马模式中，资本积累是经济增长中唯一的决定性因素。在罗斯托的经济增长阶段理论中，把资本积累率达到 10% 以上作为一国经济"起飞"的基本的、先决的条件。这类看法被看做"唯资本论"。早期西方发展经济学的工业化、计划化理论中，也体现着"唯资本论"的思想，把资本积累看做是实现工业化、城市化的关键。[①] 但是，后来许多发展经济学家降低了资本形成的作用，更重视人力资本形成等的作用。尽管如此，从东亚、东南亚国家和印度的经济发展过程看，资本形成对带动经济发展的作用总体上是非常明显的，即便现在也是如此。在东亚和东南亚经济增长较快的国家中，1965—1998 年度，中国的国内固定资产投资总额年均增长 9.9%，印度尼西亚年均增长 8.5%，韩国年均增长 11.9%，马来西亚年均增长 9.8%，新加坡年均增长 9.6%，泰国年均增长 9.0%，整个东亚和太平洋地区年均增长 9.8%，而巴基斯坦的年均增长率仅为 4.4%。同期，中国的国民生产总值年均增长 8.6%，韩国年均增长 8.1%，马来西亚年均增长 6.8%，新加坡年均增长 8.4%，泰国年均增长 7.3%，巴基斯坦年均增长 5.6%。[②] 1980 年，中国国内投资总额占国内生产总值的 35%，韩国占 32，马来西亚占 30%，新加坡占 46%，泰国占 29%；1998 年，中国国内投资总额占国内生产总值的 38%，韩国占 21%，马来西亚占 27%，新加坡占 34%，泰国占 25%；同期，巴基斯坦分别占 18% 和 17%。1980—1990 年，中国的国内生产总值年均增长 10.1%，韩国年均增长 9.4%，马来西亚年均增长 5.3%，新加坡年均增长 6.7%，泰国年均增长 7.6%；1990—1998 年，中国的国内生产总值年均增长 11.2%，韩国年均增长 6.1%，马来西亚年均增长 7.4%，新加坡年均增长 8.5%，泰国年均增长 5.7%；同期，巴基斯坦年均增长率分别为 6.3% 和 4.2%。[③] 1990—2000 年，中国资本形成总值年均增长 11.7%，印度尼西亚年均增长 -0.6%，韩国年

---

① 谭崇台主编：《发展经济学》，上海人民出版社 1989 年版，第 138—139 页。
② 世界银行：《2000 年世界发展指标》，中国财政经济出版社 2000 年版，第 20—22 页。
③ 同上书，第 212—214、180—182 页。

均增长 3.4%，马来西亚年均增长 5.3%，泰国年均增长 -4.0%，整个东亚和太平洋地区年均增长 8.0%，而巴基斯坦仅年均增长 1.8%。与此相应，1990—2000 年，中国国内生产总值年均增长 10.6%，印度尼西亚年均增长 4.2%，韩国年均增长 5.8%，马来西亚年均增长 7.0%，泰国年均增长 4.2%，整个东亚和太平洋地区年均增长 8.5%，而巴基斯坦仅年均增长 3.8%。2000—2008 年，中国的资本形成总值年均增长 12.1%，印度尼西亚年均增长 6.0%，韩国年均增长 3.4%，马来西亚年均增长 2.7%，泰国年均增长 7.0%，整个东亚和太平洋地区年均增长 11.0%，而巴基斯坦的年均增长率仅为 6.7%。与此相应，2000—2008 年，中国的国内生产总值年均增长 10.4%，印度尼西亚年均增长 5.2%，韩国年均增长 4.5%，马来西亚年均增长 5.5%，泰国年均增长 5.2%，整个东亚和太平洋地区年均增长 9.1%，而巴基斯坦的年均增长率仅为 5.4%。[1] 印度的经济发展过程同样说明资本形成对经济增长有明显推动作用。据统计，1950—1951 年度，印度的固定资本形成总额为 87.7 亿卢比，固定资本形成率为 8.7%；1990—1991 年度，固定资本形成总额为 13114.5 亿卢比，固定资本形成率升至 23%；2000—2001 年度，固定资本形成总额为 477819 亿卢比，固定资本形成率为 22.7%。同期，国内资本形成率分别为 8.4%、26% 和 24.3%。[2] 1980—1981 年度到 2000—2001 年度，虽然印度的储蓄率、固定资本形成总额和资本形成率增长不多，甚至没有增长，但绝对数的增加却是显著的，如 2000—2001 年度的储蓄总额是 1990—1991 年度的 3.84 倍，固定资本形成总额是 1990—1991 年度的 3 倍多。相应地，印度经济增长自 20 世纪 80 年代起开始提速。1980—1990 年，印度国内生产总值的年均增长率为 5.8%，1990—1999 年为 6.1%。[3] 2003 年以来，印度经济增长再次提速。同时，2003 年以来，印度的资本形成也快速提高。2003—2004 年度，印度的国内储蓄总额达 82068.5 亿卢比，储蓄率为 29.8%；2007—2008 年度，国内储蓄总额达 177961.4 亿卢比，储蓄率为 37.7%，比 2000—2001 年度高出了 14 个百分点。同期，固定资本形成总

① 世界银行：《2000 年世界发展指标》，中国财政经济出版社 2000 年版，第 258—260、226—228 页。

② Government of India, *Economic Survey 2008 - 09*, pp. A - 8, A - 10, A - 1, A - 2, http://www.indiabudget.nic.in.

③ 世界银行：《2000/2001 年世界发展报告》，中国财政经济出版社 2001 年版，第 298 页。

额和固定资本形成率分别为 68789 亿卢比和 25%，160544 亿卢比和 34%，固定资本形成率比 2000—2001 年度高出了 11.3 个百分点。2003—2004 年度的国内资本形成率为 32.1%，2007—2008 年度增为 39.1%。[1] 很显然，印度经济的高速增长，资本形成大量增加起到了较大的推动作用。据印度政府统计，2003—2004 年度，印度资本形成总额对国内生产总值增长的贡献率为 52.4%，固定资本形成总额的贡献率为 38.4%；2004—2005 年度的相应贡献率为 71.3% 和 56.4%；2005—2006 年度的相应贡献率为 63.8% 和 51.3%；2006—2007 年度的相应贡献率为 45.6% 和 43.9%；2007—2008 年度的相应贡献率为 55.7% 和 43.6%；2008—2009 年度，固定资本形成总额对经济增长的贡献率为 42.5%。[2]

显然，通过比较可以得出结论说，资本形成对发展中国家的经济增长有较大作用，巴基斯坦的资本形成率长期较低，是巴经济增长速度不够快的原因之一。所以，对广大发展中国家而言，绝对不能轻视资本形成对推动经济发展的作用，应尽量设法提高国内的储蓄率、投资率和资本形成率。

四　人力资源开发与经济增长

随着发展经济学的发展，人力资源（又称人力资本）的重要性日益得到强调。人力资本是指体现于劳动者身上的知识、技能、体力等，以劳动者数量和质量表示的非物质资本。[3] 重视人力资本的经济学家认为，劳动者素质的提高，即人力资本的形成，是经济增长和发展的关键。教育投资是促进人力资本形成的中心问题，良好的教育更是持久的、具有质量的经济增长的重要条件。卫生保健方面的投资对提高人口质量也很重要。[4] 因此，开发人力资本可以通过控制人口增长，改善医疗保健和营养，提高人口健康素质，发展教育及提高教育效率，开展劳动力培训等途径达到。

如果把巴基斯坦的人力资本开发情况与东亚和东南亚经济发展较快的

---

[1]　Government of India, *Economic Survey 2008 - 09*, pp. A - 8, A - 10, A - 1, A - 2, http：//www. indiabudget. nic. in.

[2]　Ibid. , pp. 1, 23.

[3]　谈世中主编：《发展中国家经济发展的理论和实践》，中国金融出版社 1992 年版，第 84 页。

[4]　谭崇台主编：《发展经济学的新发展》，武汉大学出版社 2002 年版，第 43—44 页。

国家相比，我们就会发现，东亚和东南亚经济发展较快的国家的人力资本开发进度明显快于巴基斯坦，因而巴基斯坦的经济增长速度也就慢于这些国家。所以，可以下结论说，在其他因素相同的情况下，人力资本开发进度快、人口总体素质高的国家，经济增长速度也较快，发展中国家应高度重视和加快本国的人力资本开发进程。据统计，1980 年，中国小学净入学率男生为 89%，女生为 80%；印度尼西亚分别为 93% 和 84%；韩国分别为 100% 和 100%；马来西亚分别为 93% 和 92%；新加坡分别为 100% 和 99%；泰国分别为 93% 和 91%；低收入国家的平均水平分别是 81% 和 67%。1998 年，中国 5 岁以下儿童的死亡率为 36‰，印度尼西亚为 52‰，韩国为 11‰，马来西亚为 12‰，新加坡为 6‰，泰国为 33‰，低收入国家平均为 92‰，巴基斯坦为 120‰。[①] 2008 年，中国的初等教育毕业率为 99%，印度尼西亚为 108%，韩国为 99%，马来西亚为 96%，低收入国家平均为 66%，巴基斯坦为 60%。同年，中国 5 岁以下儿童的死亡率为 21‰，印度尼西亚为 41‰，韩国为 5‰，马来西亚为 6‰，新加坡为 3‰，泰国为 14‰，下中等收入国家平均为 64‰，巴基斯坦为 89‰。中国的中学总入学率为 74%，印度尼西亚为 76%，韩国为 97%，下中等收入国家平均为 62%，巴基斯坦为 33%。2005—2008 年，中国 15 岁及以上人口的识字率男性为 97%，女性为 91%；印度尼西亚分别为 95% 和 89%，马来西亚分别为 94% 和 90%；新加坡分别为 97% 和 92%；泰国分别为 96% 和 92%，下中等收入国家分别平均为 87% 和 73%，巴基斯坦分别为 67% 和 40%。中国人口出生时的预期寿命为 79 岁，印尼为 71 岁，韩国为 80 岁，马来西亚为 74 岁，新加坡为 81 岁，泰国为 69 岁，下中等收入国家平均为 68 岁，巴基斯坦为 67 岁。[②]

所以，有的巴基斯坦学者认为，在 20 世纪 60 年代，巴基斯坦的经济发展水平与韩国等东亚和东南亚国家的差别实际上不大，但后来差距日益拉大，究其原因，巴基斯坦人力资源开发滞后是十分重要的。因此，巴应加快人力资源开发步伐。[③] 这一看法无疑是正确的。实际上，按购买力平

---

① 世界银行：《2000 年世界发展指标》，中国财政经济出版社 2000 年版，第 12—15 页。

② 世界银行：《2010 年世界发展指标》，中国财政经济出版社 2010 年版，第 36—38、74—76、114—116、144—146 页。

③ Ishrat Husain, *Pakistan The Economy of An Elitist State*, Oxford University Press, Karachi, 1999, pp. 361 – 362.

价法计算，到 1960 年，巴的人均国内生产总值为 820 美元，还高于韩国人均 690 美元的水平。[1]

巴基斯坦的经济发展经历和东亚、东南亚经济发展较快的国家的经历告诉我们，发展中国家在自己的经济发展过程中，一定要高度重视人力资本的开发，尽早和尽快开发本国的人力资本。不然，迟滞的人力资本开发，甚至缓慢的人力资本开发进度，将拖经济发展的后腿。

五　石油资源短缺与经济发展

笔者认为，自 18 世纪英国开展工业革命以来，人类发明和运用的科学技术中，最重要、各方面影响最大的有两种，一种是能源技术，另一种是电子信息技术。从那时以来，在能源技术发明及革新方面，人类先是运用蒸汽，随后是电力，再后来是石油、原子能、各种可再生能源等。自二战后，人类运用最多、影响最广的能源是石油。石油被称为工业的血液。后来，随着人类原油精炼能力的提高，石油的用途变得更加广泛，对人类生产生活方式的影响也更加广泛。正因为这样，石油对所有国家包括发展中国家的经济发展产生了重要影响。一些石油资源禀赋丰富的发展中国家，在 1973 年世界石油危机后通过大量出口石油迅速富裕起来，凭借石油美元加快经济建设，经济获得很大发展，沙特阿拉伯、阿拉伯联合酋长国、科威特、卡塔尔等海湾国家就是如此。今天，这些国家有的已经进入高收入国家行列。可是，几家欢乐几家愁。对一些石油资源短缺，其他可供出口的自然资源也不多，正在进行工业化但工业化水平低、生活方式受世界潮流影响较大的发展中国家而言，因为石油资源短缺，需要大量进口石油和石油产品，造成了对本国经济发展的较大阻碍。1994 年，笔者在《南亚研究季刊》第 4 期发表《印度石油短缺对国民经济的影响》一文，指出石油短缺、大量进口石油和石油产品，导致印度出现严重贸易逆差，恶化了印度的国际收支；进口石油及石油产品花费了印度政府的大量宝贵外汇资源，从而挤占了经济发展资金，带来了政府的内外债务问题；需要大量进口石油，还致使印度经济面对世界石油市场起伏不定的冲击，呈现出一定的脆弱性。20 年后的今天，石油短缺对印度经济发展的这些影响，

---

[1]　Moazzem Hossain, Rajat Kathuria & Iyanatul Islam, *South Asian Economic Development*, Routledge, New York, 2010, p. 5.

基本上依然存在。例如，2012—2013 年度，印度的商品进口额为 4907.37
亿美元，商品贸易逆差额为 1903.36 亿美元，石油和润滑剂进口额为
1639.74 亿美元；2013—2014 年度，印度的商品进口额为 4500.68 亿美
元，商品贸易逆差额为 1374.58 亿美元，石油和润滑剂进口额为 1658.37
亿美元。[①] 可见，如果印度不需要进口石油和润滑剂，则印度基本也就没
有了商品贸易逆差。因此，说印度的商品贸易逆差基本上是石油和润滑剂
进口造成的，是一点也不过分的。

　　石油短缺同样对巴基斯坦的经济发展产生了如同对印度那样的重大影
响。巴基斯坦的石油蕴藏量不丰富，到 2013 年 6 月，巴石油的可采储量
估计为 11.03 亿桶，已经开采了 7.32 亿桶，占可采储量的 68%。[②] 到
2014 年 3 月，巴未偿还的外债为 47110 亿卢比。可是，2012—2013 年度，
巴石油和石油产品的进口额高达 14475.31 亿卢比。因此，巴目前 3 年的
石油和石油产品进口支出就接近巴累计的未偿还外债。[③] 2013 年 7 月至
2014 年 3 月，巴政府的财政赤字额约为 8117 亿卢比，但是同期的石油和
石油产品进口额达 11426.7 亿卢比，大大超出财政赤字规模。[④] 从表 5—6
可以看出，1991—1992 年度，巴的石油提炼量为 2246.9 万桶，2000—
2001 年度为 2108.4 万桶，2011—2012 年度为 2457.3 万桶。1991—1992
年度，石油产品产量为 596.1 万吨，2011—2012 年度上升到 839.5 万吨。
与此同时，巴国内石油和石油产品的需求量却很大，1991—1992 年度，
巴进口石油 3001.6 万桶，2007—2008 年度高达 6491.2 万桶，2011—2012
年度受经济不景气等因素影响回落到 4710.4 万桶；同期，巴石油产品的
进口量分别为 527.9 万吨、902.5 万吨和 1150.7 万吨。在第八章中，我们
指出，1973 年石油危机后，石油及其产品在巴基斯坦进口总额中日渐占
据第一位，1975—1976 年度，石油及矿产品的进口额占 18.71%，1980—
1981 年度占 28.68%。石油和石油产品进口 21 世纪以来常常是巴基斯坦
进口额占比最大的商品，1991—1992 年度的进口额占 15%，2000—2001

---

　　① Government of India, *Economic Survey 2013 - 2014*, Statistical Appendices, Table 7.1 （B），
Table 7.2 （A），http：//www. indiabudget. nic. in/es 2013 - 14/estat1. pdf.

　　② Ministry of Finance, Government of Pakistan, *Pakistan Economic Survey 2013 - 14*,
Islamabad, 2014, p. 220.

　　③ Ibid. , p. 132, Statistical Appendices, Table 8.6.

　　④ Ibid. , p. 64, Statistical Appendices, Table 8.6.

年度占 31.3%，2006—2006 年度占 22.3%，2012—2013 年度占 33.3%。2012—2013 年度前三个季度，巴的石油和石油产品进口额为 123.63 亿美元，贸易逆差额为 128.92 亿美元；2013—2014 年度前三个季度，巴的石油和石油产品进口额为 122.06 亿美元，贸易逆差额为 132.59 亿美元。[①]所以，说巴基斯坦的商品贸易逆差基本上是石油和石油产品进口造成的，也是一点也不过分的。

从印度和巴基斯坦的经济发展经历看，在当今世界人类的生产和生活方式下，对石油资源短缺、其他可供大量出口的产品有限的发展中国家而言，如何调整能源消费类别，尽量减少石油及石油产品进口，应引起高度重视。否则，石油和石油产品进口将成为这类国家沉重的负担，大量挤占政府可用于经济建设的资金，增加政府的内外债负担，严重影响对外贸易平衡，占用巨额的宝贵外汇资源，在很大程度上影响它们的经济发展。

六　巴基斯坦经济增长展望

根据巴基斯坦目前的经济发展基础和条件，笔者认为，在今后中期至长期（5—10 年以上）内，在巴国内政治稳定和安全状况不出现严重恶化，世界经济增长不低于当前水平的前提下，巴的经济（GDP）增长有望保持年均 4—5% 的增长率；在巴国内政治稳定和安全状况不出现严重恶化甚至进一步好转，世界经济增长恢复到 2008 年世界金融危机前的水平的前提下，巴的经济增长率有望保持年均约 6.5% 的水平。

笔者作出这样的展望，从有利的方面讲，是因为目前巴基斯坦政府的经济发展政策措施是独立以来最符合市场经济发展规律的，巴的经济开放水平是独立以来最高的，市场经济机制能更好发挥作用；巴的人力资本开发达到了独立以来最高的程度，巴的人口结构很年轻，劳动力供应充足；巴的中产阶级队伍在不断扩大，国内有广大市场；巴的工业化水平较低，农业生产水平也较低，金融等服务业发展不足，三次产业尤其是工业中的制造业还有很大发展空间。从巴以往的经济发展历程看，在阿尤布·汗、齐亚·哈克和穆沙拉夫军人统治期间，都出现过中长期内经济年均增长约 6% 的情况。

---

① Ministry of Finance, Government of Pakistan, *Pakistan Economic Survey 2013 - 14*, Islamabad, 2014, pp. 122, 127.

　　笔者没有把今后巴基斯坦的经济增长速度估计得更高,是因为直到目前为止,巴的国内储蓄率从而资本形成率都不高,人力资本开发的程度也不高,农业在国内生产总值中还占约 1/5,工业结构不合理,巴政府的债务负担较重。巴还受到水资源日益短缺等环境恶化因素的制约。因而,巴经济的可持续发展能力不够强。其次,巴的基础设施建设滞后,电力短缺严重,且短期内不可能得到明显改善。还有,巴的政治制度不够完善、地区矛盾、民族矛盾、教派冲突及国内安全形势等非经济因素的不利影响,还将存在下去。这一些制约因素,请参看本书第二章等相关部分的深入分析。这些因素也造成了巴经济竞争力不强。根据世界银行最新发布的营商环境排名(2015),巴基斯坦在 189 个国家和地区中排名第 128 位,较去年下滑 1 位。报告称,在巴商业运营面临获得经营许可、进行施工、电力供应、资产登记、缴纳税负等方面的众多困难。[1] 在经济竞争力方面,虽然最近有所改进,但排名也较靠后。根据世界经济论坛的《2014—15 全球竞争力报告》,巴基斯坦在 144 个国家和地区的竞争力排名中列第 129 位,较此前有所上升。巴在之前三年的报告中的排名呈持续下滑态势,分别为 118,124 和 133。[2]

　　所以,巴在中长期内要获得东亚及东南亚一些国家曾经获得的那种高经济增长率,是很难的。

---

　　① 中国驻巴基斯坦使馆经商处:《巴基斯坦营商环境排名下滑》,http://pk. mofcom. gov. cn/article/jmxw/201410/20141000780302. shtml。

　　② 中国驻巴基斯坦使馆经商处:《巴基斯坦全球竞争力排名略升》,http://pk. mofcom. gov. cn/article/jmxw/201409/20140900721445. shtml。

参考文献

一　中文著作、文章及有关材料

1. 李德昌：《巴基斯坦经济发展》，四川大学出版社 1992 年版。

2. 杨翠柏、李德昌编著：《当代巴基斯坦》，四川人民出版社 1999 年版。

3. ［巴］法斯赫·乌丁和 M. 阿克拉姆·斯瓦蒂：《巴基斯坦经济发展历程——需要新的范式》，陈继东、晏世经等译，巴蜀书社 2010 年版。

4. 铎生：《巴基斯坦的政治和经济》，世界知识出版社 1960 年版。

5. 孙培钧等主编：《南亚国家经济发展战略研究》，北京大学出版社 1990 年版。

6. 杨翠柏主编：《南亚政治发展与宪政研究》，巴蜀书社 2010 年版。

7. 陈峰君主编：《世界现代化历程·南亚卷》，江苏人民出版社 2012 年版。

8. ［巴］伊夫提哈尔·H. 马里克：《巴基斯坦史》，张文涛译，中国出版集团 2010 年版。

9. 陈继东、晏世经等：《巴基斯坦报告（2012）》，云南大学出版社 2013 年版。

10. 李勇、李辉富：《巴基斯坦金融发展：理论与实证》，云南大学出版社 2013 年版。

11. 邱永辉、陈继东、李德昌：《南亚国家的经济改革与民主化浪潮——印度和巴基斯坦研究》，四川大学出版社 1998 年版。

12. 孙士海主编：《南亚的政治、国际关系及安全》，中国社会科学出版社 1998 年版。

13. 孙红旗主编：《巴基斯坦研究》（第一辑），中国社会科学出版社 2012 年版。

14. 谈世中主编：《发展中国家经济发展的理论和实践》，中国金融出版社 1992 年版。

15. 谭崇台主编:《发展经济学》,上海人民出版社 1989 年版。

16. 谭崇台主编:《发展经济学的新发展》,武汉大学出版社 2002 年版。

17. [美] 塞缪尔·P. 亨廷顿:《变化社会中的政治秩序》,王冠华、刘为等译,上海世纪出版社 2008 年版。

18. 储敏伟、杨君昌主编:《财政学》,高等教育出版社 2011 年版。

19. 世界银行:《2010 年世界发展指标》,中国财政经济出版社 2010 年版。

20. 世界银行:《2000/2001 年世界发展报告》,中国财政经济出版社 2001 年版。

21. 世界银行:《2000 年世界发展指标》,中国财政经济出版社 2000 年版。

22. 世界银行:《2003 年世界发展报告》,中国财政经济出版社 2003 年版。

23. 世界银行:《2013 年世界发展指标》,中国财政经济出版社 2013 年版。

24. 世界银行:《2013 年世界发展数据手册》,中国财政经济出版社 2013 年版。

25. 刘思伟:《水资源与南亚地区安全》,《南亚研究》2010 年第 2 期。

26. 杨翠柏:《伊斯兰教与巴基斯坦的政治发展》,《南亚研究季刊》1996 年第 4 期。

27. 林建永:《巴基斯坦土地所有权状况对农业规模经营的影响》,《农业展望》2008 年第 12 期。

28. 张斌:《巴基斯坦农业发展与中巴农业合作探析》,《中国农学通报》2012 年第 2 期。

29. 李文河、李冰:《巴基斯坦农业推广服务新途径——对中国贫困地区农业推广机制创新的探讨》,《世界农业》2007 年第 12 期。

30. 陈继东:《转型中的巴基斯坦经济》,《四川大学学报》2009 年第 4 期。

31. 王若溪:《浅议伊斯兰银行的发展及存在的问题》,《对外经贸实务》2011 年第 3 期。

32. 李勇:《巴基斯坦股票市场的发展历程及效率分析》,《沿海企业与科技》2011 年第 9 期。

33. 安维华:《巴基斯坦的经济调整与中巴经贸关系》,《亚非纵横》1996 年第 1 期。

34. 文富德:《论中巴经济贸易合作的发展前景》,《南亚研究季刊》2007 年第 1 期。

35. 段丽丽: 《基于中国巴基斯坦自由贸易区的中巴经贸关系研究》,

http：//doc. mbalib. com/view/29800cb4550333ef54bfeef0a9e1ad67. html。

36. 木子：《巴基斯坦经济发展计划回顾》，《南亚研究季刊》1990 年第
　　4 期。

37. 郑瑜、孙丽辉：《巴基斯坦的产业结构经济开放与经济增长的实证研
　　究》，《企业研究》2007 年第 10 期。

38. 一知：《巴基斯坦当前政治经济与军事政变》，《南亚研究季刊》2000
　　年第 3 期。

39. 戴金鸿：《全球投资者勇闯超新兴市场　巴基斯坦股市年涨 57%》，
　　《第一财经日报》，2014 年 1 月 7 日。

40. 黄绮淑：《政治十字路口的巴基斯坦发展的喜与忧》，〔新加坡〕《联
　　合早报》，2012 年 9 月 3 日。

41. 中国驻巴基斯坦大使馆经商处：《巴基斯坦矿产资源情况》，http：//
　　pk. mofcom. gov. cn/aarticle/wtojiben/m/200905/20090506216157. html。

42. 中国驻巴基斯坦大使馆经商处：《巴基斯坦石油和天然气情况》，http：//
　　pk. mofcom. gov. cn/aarticle/wtojiben/m/200905/20090506216174. html。

43. 中国驻巴基斯坦大使馆经商处：《巴基斯坦经济发展规划》，http：//
　　pk. mofcom. gov. cn/sys/print. shtml？/wtojiben/zwjing/20090506216044。

44. 中国驻巴基斯坦大使馆经商处：《巴基斯坦纺织业现状及振兴政策分析》，
　　http：//www. mofcom. gov. cn/aarticle/i/jyjl/j/200909/20090906509573. html。

45. 中国驻卡拉奇经商室：《巴基斯坦纺织业政策解读》，http：//
　　www. mofcom. gov. cn/aarticle/i/dxfw/cj/200909/20090906506804. html。

46. 中国驻卡拉奇经商室：《巴基斯坦纺织行业调研报告》，http：//
　　www. mofcom. gov. cn/aarticle/i/dxfw/cj/200803/20080305417081. html。

47. 中国驻巴基斯坦大使馆经商处：《巴基斯坦基础设施概况——公路》，
　　http：//pk. mofcom. gov. cn/aarticle/wtojiben/p/201005/20100506909066. html。

48. 中国驻巴基斯坦大使馆经商处：《巴基斯坦基础设施概况——铁路》，
　　http：//pk. mofcom. gov. cn/aarticle/wtojiben/p/201004/20100406892396. html。

49. 中国驻巴基斯坦大使馆经商处：《巴基斯坦电力业发展现状及规划》，
　　http：//pk. mofcom. gov. cn/aarticle/wtojiben/m/200905/20090506216143. html。

50. 中国驻巴基斯坦大使馆经商处：《巴基斯坦石油、天然气情况》，http：//
　　pk. mofcom. gov. cn/aarticle/wtojiben/m/200905/20090506216174. html。

51. 中国驻巴基斯坦大使馆经商处：《巴基斯坦电力缺口达 580 万千瓦》，

http：//pk. mofcom. gov. cn/article/jmxw/201307/20130700192694. shtml。

52. 中国驻巴基斯坦大使馆经商处：《2012 年中巴双边经贸合作简况》，http：//pk. mofcom. gov. cn/article/zxhz/hzjj/201304/20130400082535. shtml。

53. 中国驻巴基斯坦大使馆经商处：《历年中巴双边贸易统计》（1993—2005），http：//pk. mofcom. gov. cn/aarticle/zxhz/tjsj/200603/20060301790376. html。

54. 中国驻巴基斯坦大使馆经商处： 《巴基斯坦营商环境排名下滑》，http：//pk. mofcom. gov. cn/article/jmxw/201410/20141000780302. shtml。

55. 中国驻巴基斯坦大使馆经商处： 《巴基斯坦全球竞争力排名略升》，http：//pk. mofcom. gov. cn/article/jmxw/201409/20140900721445. shtml。

56. 中国对外经济贸易年鉴编委会：《1992 年中国对外经济贸易年鉴》，中国社会出版社 1992 年版。

57. 中国对外经济贸易年鉴编委会：《1993 年中国对外经济贸易年鉴》，中国社会出版社 1993 年版。

58. 中国政府商务部编：《2007 年中国商务年鉴》，中国商务出版社 2007 年版。

59. 中国政府商务部编：《2008 年中国商务年鉴》，中国商务出版社 2008 年版。

60. 中国政府商务部编：《2009 年中国商务年鉴》，中国商务出版社 2009 年版。

61. 中国海关总署：《中国海关统计年鉴》（2010），http：//www. chinacustomsstat. com。

62. 中国海关总署：《海关统计》，2011 年第 12 期。

63. 海关统计资讯网： 《2013 年 12 月进出口商品国别（地区）总值表》，http：//www. chinacustomsstat. com/aspx/1/NewData/Record_ Class. aspx? id = 2216&currency = usd。

64. 中国政府外交部：《巴基斯坦国家概况》，http：//www. fmprc. gov. cn/mfa_ chn/gjhdq_ 603914/gj_ 603916/yz_ 603918/1206_ 604018/。

65. 海关统计资讯网：《2013 年 12 月对部分国家（地区）出口商品类章金额表》及《2013 年 12 月对部分国家（地区）进口商品类章金额表》，http：//www. chinacustomsstat. com/aspx/1/NewData/Stat_ Data. aspx? State = 1&next = 3&currency = usd&year = 2013。

66. 《中国企业在巴基斯坦的发展前景和风险》，http：//www.
    bjfao. gov. cn/yhjw/city/asia/Islamabad/25628. htm。

67. 《中国与巴基斯坦双边贸易情况》，http：//mep128. mofcom. gov. cn/
    mep/hwzd/scgk/sbmy/94540. asp。

68. 《我国人力资本对经济增长贡献率约为 35%》，http：//finance.
    sina. com. cn/g/20080414/07534743860. shtml。

69. 第六届巴基斯坦国际食品工业展，http：//www. gbc365. com/
    zhanlanzonglan/syn/2008 - 11 - 28/25765. html。

70. 中国农业网：《巴基斯坦渔业发展现状及中巴渔业合作》，http：//
    www. zgny. com. cn/ifm/consultation/2004 - 03 - 04/66738. shtml。

二　英文著作、文章及有关材料

1. B. M. Bhatia, *Pakistan's Economic Development 1948 - 88*, Konark
   Publishers PVT. LTD. , New Delhi, 1989.

2. S. Akbar Zaidi, *Issues in Pakistan's Economy*, Oxford University Press,
   Karachi, 2000.

3. K. Amjad Saeed, *The Economy of Pakistan*, Oxford University Press,
   Karachi, 2007.

4. Ishrat Husain, *Pakistan The Economy of An Elitist State*, Oxford University
   Press, Karachi, 1999.

5. Robert E. Looney, *The Pakistani Economy*, Praeger Publishers,
   Westport, 1997.

6. J. Henry Korson Edited, *Contemporary Problems of Pakistan*, Westview
   Press, Colorado, 1993.

7. Moazzem Hossain, Rajat Kathuria & Iyanatul Islam, *South Asian Economic
   Development*, Routledge, New York, 2010.

8. Khan, Mahmood Hasan, *Underdevelopment and Agrarian Structure in
   Pakistan*, Westview Press, Boulder, 1981.

9. William B. Milam, *Bangladesh and Pakistan*, Columbia University Press,
   New York, 2011.

10. Lloyd G. Reynolds, *Economic Growth in the Third World*, *1850 - 1980*,
    Yale University Press, 1985.

11. Hasan Askari Rizvi, *The Military & Politics In Pakistan 1947 – 77*, Sang-E-Meel Publications, Lahore, 2000.

12. Ramesh Thakur and Oddny Wiggen Edited, *South Asia in the World: Problem solving perspectives on security, sustainable development, and good governance*, United Nations University Press, New York, 2004.

13. Amart Singh and A. N. Sadhu, *Agricultural Problem in India*, Bombay, 1986.

14. Ministry of Finance, Government of Pakistan, *Pakistan Economic Survey 1999 – 2000*, Islamabad, 2000.

15. Ministry of Finance, Government of Pakistan, *Pakistan Economic Survey 2002 – 03*, Islamabad, 2003.

16. Ministry of Finance, Government of Pakistan, *Pakistan Economic Survey 2003 – 04*, Islamabad, 2004.

17. Ministry of Finance, Government of Pakistan, *Pakistan Economic Survey 2004 – 05*, Islamabad, 2004.

18. Ministry of Finance, Government of Pakistan, *Pakistan Economic Survey 2005 – 06*, Islamabad, 2006.

19. Ministry of Finance, Government of Pakistan, *Pakistan Economic Survey 2006 – 07*, Islamabad, 2007.

20. Ministry of Finance, Government of Pakistan, *Pakistan Economic Survey 2007 – 08*, Islamabad, 2008.

21. Ministry of Finance, Government of Pakistan, *Pakistan Economic Survey 2008 – 09*, Islamabad, 2009.

22. Ministry of Finance, Government of Pakistan, *Pakistan Economic Survey 2009 – 10*, Islamabad, 2010.

23. Ministry of Finance, Government of Pakistan, *Pakistan Economic Survey 2010 – 11*, Islamabad, 2011.

24. Ministry of Finance, Government of Pakistan, *Pakistan Economic Survey 2011 – 12*, Islamabad, 2012.

25. Ministry of Finance, Government of Pakistan, *Pakistan Economic Survey 2012 – 13*, Islamabad, 2013.

26. Ministry of Finance, Government of Pakistan, *Pakistan Economic Survey*

2013 - 14, Islamabad, 2014.

27. State Bank of Pakistan, *Financial Stability Review - 1st Half, 2012*, http: //www. sbp. org. pk.

28. Ministry of National Food Security and Research, Government of Pakistan, *Agricultural Statistics of Pakistan 2011 - 12*, Islamabad, 2013.

29. Ministry of National Food Security and Research, Government of Pakistan, *Agriculture and Food Security Policy (Draft)*, http: //www. mnfsr. gov. pk/gop/index. php? q = aHR0cDovLzE5Mi4xNjguNzAuMTM2L21uZnNyL3 BvbGljaWVzRGV0YWlscy5hc3B4.

30. State Bank of Pakistan, *Summary of Net Inflow Investment in Pakistan*, http: //http: //www. sbp. org. pk/ecodata/NetinflowSummary. pdf.

31. State Bank of Pakistan, *Foreign Investment in Pakistan-by Country*, http: //www. sbp. org. pk/ecodata/Netinflow. pdf.

32. Pakistan Microfinance Network, *Pakistan Microfinance Review - 2013*, http: //www. pmronline. info.

33. State Bank of Pakistan, *Strategic Framework for Sustainable Microfinance in Pakistan*, Islamabad, 2011.

34. State Bank of Pakistan, *Islamic Banking Bulletin*, September 2014, http: //www. sbp. org. pk/ibd/bulletin/2014/IBB-Sep - 2014. pdf.

35. The World Bank, *World Development Report 1991*, Oxford University Press, 1993.

36. The World Bank, *Financial Inclusion Data for Pakistan*, http: // datatopics. worldbank. org/financialinclusion/country/pakistan.

37. The World Bank, *Pakistan*, http: //datat. worldbank. org /country/ pakistan.

38. Economist Intelligence Unit, *Country Profile, 2007, Pakistan*, London, 2007.

39. UNDP, *Human Development Report 2013*, New York, 2014.

40. *Aid to Pakistan by the Numbers*, http: //www. cgdev. org/page/aid-pakistan-numbers.

41. Ehtisham Ahmad, *The political-economy of tax reforms in Pakistan: the ongoing saga of the GST*, www. lse. ac. uk/collections/AsiaResearchCentre.

42. Sair Ahemed, Vaqar Ahmed, Ahsan Abbas, *Taxaction Reform*: *A CGE-microsimulation analysis for Pakistan*, http: //ideas. repec. org/p/lvl/mpiacr/2010 – 12. html.

43. Mary Swire, *Pakistani Tax Reform Plan Receives IMF Backing*, http: //www. tax-news. com/news/Pakistani_ Tax_ Reform_ Plan_ Receives_ IMF_ Backing_ 61979. html.

44. Saeed Ahmed and Saeed Ahmed Sheikh, Tax Reform In Pakistan (1990 – 2010), *International Journal of Business and Social Science*, Vol. 2 No. 20, Novermber 2011.

45. Rabia Atique and Kamran Malik, Impact of Domestic and External Debt on the Economic Growth of Pakistan, *World Applied Sciences Journal*, 20 (1): 120 – 129, 2012.

46. Kamal Munir, Natalya Naqvi, Pakistan's Post-Reforms Banking Sector, *Economic and Politica Weekly*, November 23, 2013, VoL. XLVIII, No. 47.

47. Salma Shaheen, Mahnaz Muhammad Ali, Impact of Trade Liberalization on Economic growth in Pakistan, *Interdisciplinary Journal of Contemporary Research in Business*, September 2013, Vol. 5, No. 5.

48. Stephen Guisinger, *Trade Policies and Employment*: *The Case of Pakistan*, http: //www. nber. org/chapters/c8736.

49. *Pakistan-Foreign direct investment*, http: //www. indexmundi. com/facts/Pakistan/foreign-direct-investmen.

50. Qaisar Abbas, James Foreman-Peck, *Human Capital and Economic Growth*: *Pakistan, 1960 – 2003*, http: //www. docin. com/p – 115383195. html.

51. Muhammad Arshad Khan, Shujaat Ali Khan, *Foreign Direct Investment and Economic Growth in Pakistan*: *A Sectoral Analysis*, Pakistan Institute of Development Economics, Islamabad, 2011.

52. Mazhar Mughal, *Boon or bane-role of FDI in the economic growth of Pakistan*, http: //mpra. ub. uni-muenchen. de/16468/.

53. G. M. Arif, *Economic and Social Impacts of Remittances on Households*: *The Case of Pakistani Migrants Working in Saudi Arabia*, International Organization for Migration, Geneva, 2010.

54. Udo Kock and Yan Sun, *Remittances in Pakistan—Why have they gone up, and why aren't they coming down?* IMF, New York, 2011, https://www.imf.org/external/pubs/ft/wp/2011/wp11200.pdf.

55. Abdul Qayyum, Muhammad Javid and Umaima Arif, *Impact of Remittances on Economic Growth and Poverty*, Pakistan Institute of Development Economics, Islamabad, 2008, http://mpra.ub.uni-muenchen.de/22941/.

56. Zafar Iqbal and Abdus Sattar, *The Contribution of Workers' Remittances to Economic Growth in Pakistan*, Pakistan Institute of Development Economics, Islamabad, 2005.

57. Ahmed Rizwan Raheem, Parmar Vishnu and Ahmad Nawaz, Causal Relationship between Worker's Remittances and Imports in Pakistan, *European Journal of Scientific Research*, 120 (1): 177 – 188, March 2014.

58. Rashid Hussain and Ghulam Abbas Anjum, Worker's Remittances and GDP Growth in Pakistan, *International Journal of Economics and Financial Issues*, Vol. 4, No. 2, 2014.

59. Qaisar Abbas, James Foreman-Peck, *Human Capital and Economic Growth: Pakistan, 1960 – 2003*, http://www.docin.com/p–115383195.html.

60. Salman Khalid and Kamal Munir, Pakistan's Power Politics, *Economic and Politica Weekly*, Vol-XLVII, No. 25, June 23, 2012.

61. Jan Breman, Land Flight in Sindh, *Economic and Politica Weekly*, Vol-XLVIII, No. 09, March 02, 2013.

62. M. Arshad Javaid, Sarfraz Hussain, Electrical Energy Crisis in Pakistan and Their Possible Solutions, *International Journal of Basic & Applied Sciences*, Vol. 11, No. 05, 2011.

63. IIyas, Muhammad, IBRD Proposes Land Reforms, *Dawn*, 12 September, 1996.

64. Zaraimedia Team, *Problems of Agriculture in Pakistan*, http://zaraimedia.com/2013/04/19/problems-of-agriculture-in-pakistan/.

65. Muhammad Mudassar, *A Study on Industrial Structure Upgrading in*

Pakistan. 武汉理工大学 2013 年的博士论文，用英文撰写。

66. Ministry of Information, Government of Pakistan, *Know Pakistan*, http：//www. infopak. gov. pk/.

67. Wikipedia, *Religion in Pakistan*, http：//en. wikipedia. org/wiki/Religion_ in_ Pakistani.

68. Wikipedia, *Overseas Pakistanis*, http：//en. wikipedia. org/wiki/Overseas _ Pakistani.

69. Government of India, *Economic Survey 2008 - 09*, http：// indiabudget. nic. in.

70. Government of India, *Economic Survey 2012 - 13*, http：// indiabudget. nic. in.

71. Government of India, *Economic Survey 2013 - 14*, http：// indiabudget. nic. in.

72. Wikipedia, *Education in Pakistan*, http：//en. wikipedia. org/wiki/ Education_ in_ Pakistan.

后　记

　　1991 年，我开始涉足当代印度经济发展问题的研究，在研究的过程中，自然留意到了作为印度邻国的巴基斯坦。10 年前，我曾经打算写一本当代南亚国家经济发展的书，并搜集了部分研究资料，包括巴基斯坦的资料，还写下了部分初稿。但是，后来由于行政管理工作的需要，除每天坐班外，我还把相当部分时间花到了高等教育学知识的学习和研究上，加上自己的懒惰，这项工作便停了下来。2008 年，回到人文学院工作，我的研究重点重新回归印度和南亚其他国家。我发现，随着印度经济增速加快，实力增强，影响扩大，我国学者对印度的研究大大加强，涉及的研究领域不断扩张，研究成果大量问世。然而，我国学者对其他南亚国家包括南亚第二大国巴基斯坦的研究，却关注不多，成果很少，许多方面都还是一片空白，与这些国家在世界上的地位很不相称。因此，我决定在继续关注当代印度经济发展问题的同时，逐一研究其他南亚国家的当代经济发展史。2001 年，由云南省哲学社会科学出版基金资助，我出版了《独立以来的印度经济》一书。所以，巴基斯坦的这本书我就取名为《独立以来的巴基斯坦经济发展研究》，以保持连贯性。

　　目前，巴基斯坦人口接近 1.9 亿，列世界第 6 位，领土面积列世界第 35 位。无论从人口规模看，还是从领土面积讲，巴都是世界上重要的国家。巴的地理位置十分重要，它是从东亚进入中亚和西亚，以及从南亚进入中亚和西亚，或者从相反方向进入对方的陆上必经之地，还是一些中亚国家出海最近的通道，紧邻海湾盛产石油的国家。巴与我国接壤，长期以来都是中国全天候的友好邻邦。从信奉伊斯兰教的人口讲，巴是世界上第二大伊斯兰教国家，在伊斯兰国家中有重要地位和影响。巴长期与印度关系不好甚至紧张，1947 年印巴分治后，双方之间已经先后爆发过 3 次战争。巴已经成为少数几个有核武器的发展中国家之一。当下，我国正在实施习近平总书记提出的"一带一路"对外开放战略,无论从海上还是陆上讲,巴都是实施该战略绕不过去的国家。2013年李克强总理在访问巴基斯坦期间,与巴方领导人共同提出了建设"中巴经济走廊"的构想。这一切,使得深化对巴的研究,既有重要的学术意义,又有很强的现实意义。

在写作本书的过程中,以下几点需要加以说明:第一,作为一本经济史著作,我试图把巴基斯坦独立以来整个及各部门的经济发展过程追述清楚,并进行必要的概括。对此,由于搜集到的资料的限制,我只能说基本做到了。第二,在取材和叙述方面,对早年的材料和情况,以能够说清问题为准,对近期的材料和情况,则尽量详细一些,以方便读者了解巴经济发展的近期情况。第三,笔者认为,在其他变量既定的情况下,影响一个国家经济发展成效的主要因素是其政府采取的经济发展战略、政策和措施以及其执行情况。因此,本书的每一部分,笔者都花了不少笔墨回溯和分析巴政府采取的相关战略、政策和措施。第四,笔者认为,要了解和评价一个国家的经济发展成就和存在的问题,除了从这个国家的经济发展过程中作前后纵向对比外,还要与世界上其他国家,尤其是情况类似的发展中国家比较,才能看得更真切和准确。所以,本书各章都开展了不少国际比较。第五,本书涉及的时间是巴独立至2014年度。巴在财政预算方面,采取的是跨年度制,每个财政年度从当年的7月1日起,至次年的6月30日止。故而,本书使用的最新材料和数据的截至时间是2014年6月底。当然,由于统计方面的原因和数据公布滞后等,正如读者从本书中看到的那样,在不少方面,笔者都没能获得截至时间的最新材料,望读者谅解。第六,为了节省文字,在多半情况下,当需要提到巴基斯坦时,每一段文字的开始,笔者使用巴基斯坦全称,随后就简略为"巴"或"巴的"。第七,笔者认为,在其他变量既定的情况下,一个国家的人口素质对其经济发展起着非常重要的作用。何况,劳动力本来就是基本的生产要素,教育和医疗保健服务是第三产业的重要组成部分。所以,不像许多经济学的著作不分析一个国家的教育和医疗保健,本书专门用一章回顾和分析巴人力资源及其开发情况。

在本书即将付印时,我首先要感谢中国社会科学出版社编审、国际出版中心主任冯斌先生。在2014年12月的中国南亚学会年会上,我有幸认识了冯先生。当我不揣冒昧向冯先生表达是否能够将书稿交由中国社会科学出版社出版时，冯先生给予了热情鼓励。在我把书稿的目录和参考文献电子版发给冯先生后，先生马上表示出版社愿意出版书稿。冯先生热情待人，鼓励后学的精神，让我感动。其次，要感谢本书的责任编辑陈雅慧女士和其他负责编校出版工作的所有人员，他们为本书的出版付出了大量辛劳。另外，要感谢我在云南大学教务处工作时的同事，现任云南大学人事处副处长的王菊女士，在我搜集资料的过程中，她提供了大量帮助。还要感谢我的研究生、云南省社会科学院南亚研究院的张晓东副研究员和杨思灵研究员，他们也为我搜集资料提供了热心帮助。最后要感谢我的爱人和儿子。我的大部分时间用于工作和研究，对他们的关照、对儿子学习的关注时间就少了，他们的理解、期盼和支持，给了我巨大动力。

由于本人学识和能力有限，本书一定存在不少不足和问题。实际上，在书稿修改过程中，我已经深深认识到这一点。每次不断接触新材料和新研究成果，每次修改，我都会有新的感触。但是，如果要求完美，那书稿可能就不知何日能面君了。所以，我只好厚着脸皮，把书稿交了出去。好在，给同仁和专家一个批判的靶子，抛砖引玉，也可以算作我为这个领域研究做出的一点小小贡献。

殷永林

2015 年 1 月拟，12 月修改于昆明云南大学英华园